U0067176

焦點解決短期治療：
理論與實務

許維素　著

作者簡介

許維素

學歷：國立臺灣師範大學教育心理與輔導學系博士

經歷：國立臺灣師範大學教育心理與輔導學系教授

《中華輔導與諮商學報》（TSSCI）主編

《教育心理學報》（TSSCI）副主編

Journal of Solution Focused Brief Therapy 籌備委員及編輯委員

台灣輔導與諮商學會常務理事、理事及學校輔導小組召集人

國立暨南國際大學輔導與諮商研究所副教授兼家庭教育中心主任

國立暨南國際大學教育學程中心助理教授兼行政組長

臺灣焦點解決中心顧問（設於國立中壢高中輔導室）

臺灣、中國大陸、馬來西亞、新加坡焦點解決短期治療訓練講師與督導

國立臺灣師範大學、國立暨南國際大學、淡江大學、耕莘健康管理專
　科學校等學生輔導中心督導

臺北市小學與新北市國中專輔教師團督導，以及臺北市、桃園縣、新
　竹縣高中輔導教師團督導

台灣世界展望會、家扶中心、少年之家、張老師中心、生命線 SFBT
　訓練師與督導

焦點解決短期治療荷蘭阿魯巴島 2007 國際研討會籌備委員

證照：2002 年諮商心理師高考合格

榮譽：2010 年榮獲國立臺灣師範大學教學卓越教師獎

2011 年榮獲台灣輔導與諮商學會傑出服務獎

2011 年榮獲臺灣教育學術團體聯合年會優良教育人員服務獎

2012 年 8 月～2013 年 6 月榮獲學術交流基金會傅爾布萊特資深學者
　赴美研究獎助

2013 年 11 月榮獲美加地區「焦點解決短期治療協會」（Solution-Focused Brief Therapy Association）「紀念 Insoo Kim Berg 卓越貢獻訓練師獎」（The Insoo Kim Berg Memorial Award for Significant Contributions to Training）

2014 年 9 月榮獲台灣輔導與諮商學會傑出人員木鐸獎

2014 年 11 月榮獲臺灣教育學術團體聯合年會優良教育人員木鐸獎

2015 年美加焦點解決年會亞洲經驗代表：閉幕演講與研究日嘉賓

2018 年 4 月獲邀為美國陶斯（The Taos Institute）後現代學院院士

推薦序一

　　提到許維素博士，就會與臺灣的焦點解決短期治療畫上等號。過去將近二十年的時間，維素博士對於焦點解決短期治療在臺灣的發展功不可沒。在做了大量的教學、督導、個案與研究之後，維素博士將她在焦點解決短期治療的豐厚心得與經驗寫成本書，成為國內學者獨力撰寫出版的焦點解決短期治療之代表書籍，能夠為這本書寫序是我的榮幸。

　　回想焦點解決短期治療在臺灣的發展，可說是開始於無心插柳的情況下產生的。二十年前我去參加美國心理學會的年會，在會議與工作坊中得知了當時在美國引起熱切關注的新興治療學派——焦點解決心理治療，於是我帶回了幾本焦點解決短期治療的書籍，在課堂上帶著博士班學生無師自通的開始閱讀、演練。經過一個學期，學生們對於焦點解決短期治療的正向觀點，以及表面上看起來簡易的操作，燃起了大家繼續深入實作與在臺灣推廣的念頭。

　　1998 年，《焦點解決短期心理諮商》一書在這群學生們的撰寫下由張老師文化出版，維素博士是主要的執筆者，這本書成為了臺灣焦點解決短期治療的簡要入門書，在讀者群中有了相當好的迴響。維素博士也自此開始走上了致力於焦點解決短期治療的學習與推廣之不歸路。她除了參加國內邀請焦點解決短期治療的專家學者們（包括 Insoo Kim Berg）來台的短期工作坊及訓練，維素博士也用了三年的時間，透過網路督導課程，與 Steve de Shazer及 Insoo Kim Berg 等焦點解決短期治療的大師及其他專家們進行個案討論，使她更學到了焦點解決短期治療的哲學精神與技術的精髓。在心理出版社的支持下，維素博士更積極的將國外多本焦點解決短期治療的書籍翻譯成中文，透過翻譯，她不斷地深入了解對不同議題的案主之實務處理，也使想要透過閱讀對焦點解決短期治療有更多認識的國人，有了豐富的學習資源。

　　維素博士對臺灣焦點解決短期治療最大的貢獻，莫過於透過教學與督

導，提供多方的培訓，最為特別的是，還培訓出一批學校輔導老師，並成立臺灣焦點解決中心；這批輔導教師已被培養成為國內焦點解決短期治療應用在學校的尖兵。他們能夠從初步的概念學習，並應用於青少年個案的輔導與諮商，到如今已經成為訓練者，乃肩負著培訓更多輔導教師的使命。這些都需要長期耐心的耕耘與對學校輔導有高度的使命與投入，而維素博士做到了。

除了教學、督導、個案實務，維素博士也致力於焦點解決短期治療的研究，其研究的主題涵蓋焦點解決短期治療的歷程、焦點解決取向應用於學校教師與輔導教師的訓練與督導等研究，近年來更因為經常在大陸和東南亞地區講學、與西方世界焦點解決短期治療的專家學者們的交流，而對跨文化議題加以關注，並且出版了跨文化的相關論文，在現今諮商界看重跨文化、多元文化與在地化的應用與知識建構的時代，這樣的研究主題更是顯得格外重要。

能夠維持維素博士這麼多年來專注在焦點解決短期治療的重要動力，是在於被焦點解決短期治療的哲學與諮商觀所吸引，包括：去專家化、去病理化、正向的觀點、對人的深度理解與接納、帶出行動的治療取向，以及很快就能夠讓學習者上手，但又需要不斷地深入學習，才能有更多領會的治療與哲學技術。對於維素博士而言，即使她已經專研了近二十年，但是她仍然謙虛的說，還是有許多部分是她還要繼續學習的。

這一本書是維素博士寶貴的經驗傳承，我們也期待之後能看到她繼續不斷的撰寫與出版，而造福國內諮商輔導的這個園地，並回應當今社會大眾的巨大心靈需要。

國立臺灣師範大學教育心理與輔導學系教授
陳秉華
2013 年 10 月

推薦序二

　　能夠為臺灣讀者推薦這本以中文撰寫的《焦點解決短期治療：理論與實務》一書，是我的榮幸。我很高興可以向讀者介紹本書的作者——許維素博士，她是一位擁有焦點解決短期治療（SFBT）中許多有用工具與應用經驗的學者。在撰寫本書之前，許博士已經完成了兩本中文的 SFBT 著作，並協助八本英文書籍的中文翻譯工作，以及數本翻譯書籍的校閱推薦，使得有興趣的讀者能即時得知 SFBT 茁壯發展與多元應用的相關訊息，這真是一件令人感到欣喜之事！目前，在心理健康、教育、員工協助方案等領域，已有不少有遠見的領導者，無論是在臺灣或是中國大陸，都已經快速敏銳覺察到焦點解決實作對該領域的潛在效益，而這似乎只是一個開始。各單位組織中的經理、團隊領導者和主管，已經蓄勢待發地想要獲得此一實用的焦點解決技能，更有一些研究者正在探索中國傳統文化和焦點解決實踐之間的自然強烈共振，他們很有信心能找到其間的可貴連結。就如同新芽已然萌發，我們正期待著即將誕生的美麗事物。

　　最令我感動的是，許博士邀請我撰寫此書的推薦序。是的，在亞洲各地，許博士已經愈來愈被認可為 SFBT 的訓練者、作者與領導者；是的，她不停歇的努力，讓 SFBT 在她的國家與鄰近的區域變得更容易被取得、理解與學習；是的，她遠度重洋地到世界的另一端與其他的實務工作者接軌，而化身成一座學習的橋樑；是的，她也是一個被高度肯定的訓練師，敬業、忠誠並投入 SFBT，且協助許多學校、機構、學術單位中的實務工作者，得以更為熟練 SFBT，甚至使其成為獨當一面的運作者；是的，在其學術工作中，她仍十分負責，除了發表多篇 SFBT 的文章，亦從事不少 SFBT 的歷程、效果、訓練與督導之相關研究。然而，這些理由都不是我樂意大力推薦本書的主要原因。

　　最為重要的是，許博士本身一直置身於一個學習者及推動者的角色，十

分關注 SFBT 如何能被完善地理解、教導與運用；對此，她似乎是永不滿足地一直努力不懈。許博士真的是 SFBT 領域中一位出類拔萃的提倡者，對於推動 SFBT 的事情，毫無猶豫地前進著。雖然她早已被身邊周圍的學生與伙伴高度的肯定與推崇，但她最在意、最關心的，仍然只是如何提升 SFBT 的實務、訓練與推動的成效。由於許博士對 SFBT 深摯的熱愛與孜孜不倦的敬業精神，讓我不禁聯想到一位在 SFBT 發展歷史中影響深遠的創始人——In-soo Kim Berg。相得益彰地，許博士即在 2013 年美加地區「焦點解決短期治療協會」（Solution-Focused Brief Therapy Association）於加拿大多倫多市舉辦的年度大會中，獲頒「紀念 Insoo Kim Berg 卓越貢獻訓練師獎」。

接下來，不應再讓讀者繼續等待了，趕緊介紹本書的內容。本書將應該開始的起點知識作為第一章，請讀者仔細閱讀「焦點解決短期治療的基本精義」，再往下一個章節邁進之前，請再把第一章閱讀一次；甚至，你還可以再看第三遍。經驗豐富的實務工作者總會不厭其煩地告訴你，基本精義的掌握是成功開始的基石，而所謂「進階」的實務能力，更是仰賴於對基本精義的精熟。就如同其他的藝術或專業，透過良師一路相伴的說明介紹及教練督導、持續參與基礎的練習與實作，將特別能體驗出該實務的精緻性。一個奮力勤勉的學徒經驗，將會逐步孕育出精煉的技能，並能自然地使用於期待實現希望何在，以及想要解決問題的諸多人類多元生活情境中。其實，我很想要讀者去猜解一個謎語：「實現希望」及「解決問題」兩者之間，何以存在著些微差異？

在第二章「焦點解決短期治療的反思與應用」中，除了許博士的一些實際應用心得之外，非自願個案的輔導則是本章的一項可貴資訊。透過這個主題，讀者將有機會認識到 SFBT 實務中的一個核心要素：合作關係的營造與經營。在 SFBT 早期的文獻中，曾將合作分為幾個層次（即來訪型、抱怨型、消費型），或者視其為預備改變或改變的幾個階段。然而，我們近來的學習是：這樣的分類其實效果並不高。現在我們會這樣說：合作是隨時在發生的，而且是以不同的形式與程度出現著，不管其多麼的渺小；而治療師的任務即為發覺當下合作訊號的所在，並從該處向上建構之。對於緩慢改變的

「案主」、會談中未出席的最想改變者,或被司法系統、兒少保護系統等社會控制單位強制轉介的當事人,在未使用面質的方式下,SFBT 正好有一些合適得宜的工具,可以嘗試與之建立合作、引發改變細節的討論,而讓這些當事人的態度大為轉變。在 SFBT 的晤談中,欣賞著這般情節的實地發生,真的是投身於 SFBT 實務中最大的喜悅與最重要的回報。

第三章「焦點解決短期治療於危機處理與情緒困擾的應用」,呈現的是SFBT 於危機處遇的相關經驗。對於處於危機中的人們,傳統的作法是大大地側重於評估與安全性的計畫;當然,這些作法有其道理與價值。我們則特別雀躍於 SFBT 應用於危機處理中一個強而有力的功能:幫助人們「步入『希望』」;此一過程正可反映出 SFBT 架構的精緻設計之處。人們的無望感與無助感會經常伴隨著危機經驗的出現,但其常難存活在以解決之道為焦點的溫和堅持介入下;且無法避免地,能力感與可能性才會是這個過程中漸進浮現的友伴。在危機呼救中心、社區心理健康 24 小時門診、醫院精神科急診單位,甚至是創傷服務與事件減壓工作單位,SFBT 的實務運作已然大力開展地加入其中。

由於多年的實作經驗、督導實務,以及相關研究的關注與累積,以焦點解決精神來進行督導的這個主題,正是許博士特別勝任之處,其呈現於本書的第四章「焦點解決督導構成要素的探討與應用」中。焦點解決督導正是高層次的焦點解決實作,適合於踏踏實實地精熟 SFBT 的實務工作者,繼而學習之。相信擁有豐富經驗的許博士於書中所介紹的內容,將會激發讀者更願意擔任焦點解決督導者。

我想,現在已經醞釀足夠的可能性可以來進行「預測」了。另一位 SFBT創始人 Steve de Shazer 曾經告訴我們:如同在面對面的晤談過程,當讀者在逐頁逐句地閱讀書籍時,也會與作者一起共同建構書中的諸多概念。互動的雙方共同建構著知識,正是後現代取向的重要特徵,也是 SFBT 的一項獨特性;這與資深前輩(專家)一味地填滿後生晚輩(學生)手握的知識之杯,乃為迥異之舉。所以,身於讀者的你,我有一個問題想要問你:你是否準備好想要與你自身的智慧發展新的關係?如果答案是肯定的話,我「預測」在

未來的幾個小時、幾天、幾個月內，當你以自己的方式走過本書竭心盡力琢磨的字字句句後，你將會與許博士一起合作，共同建構出新的概念、新的技能與新的實作，而此共同建構的成果，將會使你的專業工作與個人生活，創造出難以抹滅的深刻改變。

美加地區「焦點解決短期治療協會」前主席

Lance Taylor

2013 年 11 月

作者序

　　寫書對我來說，與其說是一個成果的展現，不如說是一個學習階段的彙整。對於焦點解決短期治療（solution-focused brief therapy, SFBT）的學習已經快二十年了，在學習的路途上有很多豐收與突破，但也有不少的挫折與疑問，閱讀、整理與思辨文獻，對我而言就是一個很重要的學習管道。除了閱讀文獻，多年持續接受督導與訓練更是促進我的蛻變，且在進行諮商、督導與訓練等種種實務中的體會，也激發與維持著我的反思與修練。這本書，就是在這些脈絡下得以誕生的。

　　本書主要分成四個章節與附錄。第一章為「焦點解決短期治療的基本精義」，主要介紹 SFBT 的發展以及人性觀、專業價值等基本精神，並說明SFBT 晤談中的基本元素、代表性技巧、晤談階段，最後再強調 SFBT 核心的諮商歷程要素，以及應用與學習的注意事項。以期讀者能先統整地認識SFBT 晤談的全貌，並作為後面三篇的共同基礎架構。

　　第二章為「焦點解決短期治療的反思與應用」，主要是用我自己的語言，將多年來對 SFBT 的體會，以實用的角度加以介紹；內容包括 SFBT 例外架構與目標架構的應用、非自願來談當事人輔導、後續輔導等主題，深具實用價值。建議讀者或可先讀此篇，將更易自然地進入 SFBT 的世界。

　　第三章為「焦點解決短期治療於危機處理與情緒困擾的應用」，先介紹SFBT 於危機處理及情緒輔導應用的理論重點，再舉例說明各個技巧應用於這些主題時，如何貼近當事人地進行各種進階變化的應用。

　　第四章為「焦點解決督導構成要素的探討與應用」，則說明焦點解決取如何應用於諮商督導中，其包括說明焦點解決督導模式的哲學、效能、構成要素及其特色，以及幾個應用模式與注意事項，以協助欲學習 SFBT 的諮商師持續成長，並能擔任督導者一職。

附錄主要是收錄了〈悼念焦點解決大師 Steve de Shazer〉與〈給親愛的 Insoo 督導的一封信〉兩篇文章。這兩篇都是我當年在得知這兩位 SFBT 創始人過世時所感所寫，內容包括他們的生平以及接受他們督導時的互動經驗，以為深深的誠摯感念。

　　前四章的內容，除了彙整與萃取相關文獻之精華以及呈現我的心得之外，各篇整理的架構以及撰寫的方式，其實也反映了我學習與應用 SFBT 的重點與歷程。這四章可做為四個獨立的篇章，當然明顯可見地，因為一致的 SFBT 哲理與技巧基礎，此四章呈現出其共同性，但也因各主題的不同，而有其偏重的獨特性與組織架構。

　　除了文章內容撰寫之外，在第一章到第四章中，每一章還會有十餘個「活動 BOX」。這些活動匯集了我多年帶領 SFBT 工作坊的訓練重點，也擷取與修改自我曾經參與過多位 SFBT 代表人物之專業訓練中所提供的活動，以及併入我參加 SFBT 協會所舉辦每期半年的四次網路課程之專業督導作業；這些大師包括：Insoo Kim Berg、Steve de Shazer,、Theresa Steiner、Ben Furman、Alasdier Macdonald、Peter De Jong,、Harry Hoffman、Lance Taylor、Heather Fiske 等人，在此非常感謝他們的指導與智慧的分享。於各段落所插入的「活動 BOX」的用意，即是希望讀者透過這些相關活動，除了對 SFBT 各重點與要素更為掌握，也能更加深刻地體驗與了解 SFBT 的精神與應用；當然，這些活動也正是欲帶領 SFBT 訓練者可多加善用的課程媒材。

　　這幾年，SFBT 的英文著作與相關研究如雨後春筍般的可見，令人相當欣喜與驚艷，也鼓勵喜歡 SFBT 的讀者與諮商師能多涉獵這些累積自身寶貴經驗的大師之第一手資料，並能爭取接受他們的實地訓練與督導，以有機會窺見與吸收他們對 SFBT 經驗之深度內化與游刃有餘。畢竟，學習 SFBT 如同諮商專業與其他諮商取向的進修一般，是一個辛苦經營的、無法速成的、需形塑自我風格的專業發展歷程；所以，希望本書能成為華人領域中想要學習、精進與培訓 SFBT 者，一個重要而暫時性的橋樑；而此，也是我對我親愛的督導 Insoo 曾承諾，要不斷推行 SFBT 所完成的階段實踐之一。

　　最後，謝謝國立臺灣師範大學教育心理與輔導學系陳秉華教授引我入

SFBT 之門，以及林昕蓉同學的協助校對。特別感謝心理出版社以及林敬堯總編輯，多年來推廣 SFBT 相關叢書這份堅持的支持。

許維素　敬上

2014 年 1 月

目次

Chapter 1 焦點解決短期治療的基本精義 ……………………………001

　壹、焦點解決短期治療的發展 ……………………………001

　貳、焦點解決短期治療的基本精神 ……………………………004

　參、焦點解決晤談的基本元素與代表性技巧 ……………………025

　肆、建構解決之道晤談的階段 ……………………………061

　伍、建構解決之道晤談的歷程要素 ……………………………075

　陸、應用與學習的注意事項 ……………………………114

Chapter 2 焦點解決短期治療的反思與應用 ……………………121

　壹、以解決之道為焦點 ……………………………122

　貳、讚美是創造改變的動能 ……………………………132

　參、當事人「犯錯」時──目標架構的引航 ……………………146

　肆、培養當事人成為其生命的專家 ……………………158

　伍、以柔克剛的非自願來談當事人之輔導策略 ……………177

　陸、堅持後續輔導的重要性 ……………………………213

　柒、結語 ……………………………233

Chapter 3 焦點解決短期治療於危機處理與情緒困擾的應用 ‥‥237

　壹、焦點解決短期治療對危機處理的觀點 ……………………238

　貳、積極運用因應問句及例外問句，鼓舞即可執行的有效行動 ‥271

　參、焦點解決危機處理的其他注意事項 ……………………343

　肆、結語 ……………………………356

Chapter 4 焦點解決督導構成要素的探討與應用 ················· 359

壹、焦點解決督導的基本精神 ······················· 361

貳、焦點解決督導歷程的構成要素 ··············· 378

參、個案研討督導形式的變化應用 ··············· 425

肆、面對受督者的其他原則 ······················· 450

伍、焦點解決督導的專業效能 ····················· 457

陸、結語 ··· 462

參考文獻 ·· 465

中文部分 ··· 465

英文部分 ··· 467

附錄一　悼念焦點解決大師 Steve de Shazer ······················· 477

附錄二　給親愛的 Insoo 督導的一封信 ····················· 481

Chapter
1

焦點解決短期治療
的基本精義

壹、焦點解決短期治療的發展

　　隨著後現代時代的來臨，諮商（counseling）的學派也有所變遷。焦點解決短期治療（solution-focused brief therapy, SFBT）不同於傳統的問題焦點（problem-focused）取向，轉以建構解決之道（solution-building），歸屬短期治療之一支，也被稱為後現代及社會建構論取向，是心理治療派典轉移的代表之一（Kim, 2006）。自從 Steve de Shazer 於 1982 年開始著書發表 SFBT 的相關論點以來，SFBT 的發展已有近三十年的歷史。源自於家族治療 SFBT 是透過 Steve de Shazer、Insoo Kim Berg，以及來自不同背景夥伴所組成的工作團隊率先提倡的。1970 年間，de Shazer 和 Berg 在無法滿足當時主流治療取向及其操作方式，乃透過與單面鏡後團隊細心地觀察整個治療過程，正式與非正式地聚會探討諮商影片的結果，特別聚焦於使當事人滿意的有效介入，探究唔談效果與介入之間的關係，而不斷地修正與發展 SFBT 的哲學與技巧。終於在 1978 年，de Shazer 和 Berg 的團隊於美國威斯康辛州密爾瓦基之短期家族治療中心（Brief Family Therapy Center, BFTC），創立了屬於自己的機構，正式創造了 SFBT 這個新興學派。之後，de Shazer 與 Berg 的團隊便一直以這個新穎的諮商取向來與當事人工作，並努力使 SFBT 此一取向的特徵愈

顯明確獨特（De Jong & Berg, 2012; Franklin, Trepper, Gingerich, & McCollum, 2012）。

de Shazer 和 Berg 皆致力專業生涯於 SFBT 個人、夫妻及家庭治療工作，著有許多專書，周遊世界各地講學，並在地培訓出多位 SFBT 的專業實務工作者。在 SFBT 的發展過程中，專業協會的成立，乃是另一個重要的里程碑。1994 年，de Shazer、Berg 和歐洲一群喜愛 SFBT 的夥伴，成立了歐洲短期治療協會（European Brief Therapy Association，網址為 http://www.ebta.nu）。2002 年，再於北美地區成立焦點解決短期治療協會（Solution-Focused Brief Therapy Association，網址為 http://www.sfbta.org）。這兩個專業協會十分具有代表性並深受 SFBT 專業實務者認可，其以非營利組織的形式，持續在世界各地推動 SFBT；除了固定舉辦年度研討會之外，亦提供 SFBT 實務與研究等多方面的專業支持，對 SFBT 的生根茁壯深具貢獻。

所謂「最好的實務」即是對特定當事人—諮商師系統「有效」者（Fiske, 2008）；SFBT 一路的發展，都是看重著諮商的「有效性」，並透過臨床實務結合研究歷程而逐漸茁壯成長的（Trepper et al., 2010）。亦即，SFBT 是由直接探究晤談歷程的實務效果而發展，並歸納出實務中為何有效之處，而非先有某個理論假設再加以驗證之，所以其有效性深得實務工作者及當事人的好評。但是，正如 de Shazer 曾說過，雖然知道 SFBT 有效，但是並不十分了解何以有效；於是，近年來，眾人更加致力於了解 SFBT 的效果何來，並闡明其背後的哲理，同時透過相關實證研究以積極證明 SFBT 的療效所在。Stams、Dekovic、Buist 與 de Vries 於 2006 年，即針對 SFBT 的二十一個相關研究進行綜合的後設分析（引自 Macdonald, 2007），結果發現：在婚姻及精神疾病等問題上，SFBT 比行為學派更有幫助；大人比兒童更喜歡 SFBT；於收容機構的當事人較非收容機構的當事人更接受 SFBT。更為重要的是，焦點解決短期治療協會開始針對 SFBT 大師（如 de Shazer 和 Berg）的錄影晤談逐字歷程進行溝通語言之微觀分析，並研發於執行研究時的 SFBT 操作手冊，而對 SFBT 的專業化十分有推進效益（Bavelas, Healing, Tomori, & Gerwing, 2010; De Jong & Berg, 2012; Franklin et al., 2012）。

在不到三十年的時間，SFBT 已廣為人知；SFBT 的相關著書、研究及應用領域亦不斷增長，其包括：社區心理衛生中心、州立與私立醫院、心理和社會工作機構、學校與牧師協談工作機構、兒童保護服務、收容福利機構與監獄司法系統、企業機構組織等場域；中小學生、青少年、成人、夫妻、家庭、青少年、偏差行為學生、中輟生、高關懷族群、特殊教育學生與家長等對象；藥酒癮、網路沉迷、非自願個案、過動或其他行為問題、精神疾病、家暴與虐待、親子關係、生涯、低自尊、情緒與創傷、危機處理、人際關係等主題，以及個別諮商、團體諮商、家庭諮商及督導、網路諮商、管理與教練等領域，真可謂一個實用性與應用性高的諮商派別（許維素、蔡秀玲，2008；許維素、鄭惠君、陳宇芬，2007；De Jong & Berg, 2012; Franklin et al., 2012）。如同 Macdonald（2011）所強調，雖然不能說 SFBT 都適用於所有人與所有事情，但是，所有的人與事皆可試著採用 SFBT 這個取向來予以協助或介入。

諮商領域大師 Corey（2013）認為，當心理治療能著重於解決之道及未來導向，協助當事人透過以解決之道為焦點來進行晤談，並讓當事人以個人優勢來重新導向時，那麼，心理治療是很有機會於短期內發揮效用的，而SFBT正為如此。然而，SFBT 之短期治療的色彩，並非意指一定得在特定次數的短期內工作，反而是強調「不做沒有必要的晤談」。至於SFBT的療效，如同 Kim（2006）、Stams、Dekovic、Buist 與 de Vries（2006）、Macdonald（2007），以及 Trepper、Dolan、McCollum 與 Nelson（2006）於彙整 SFBT 研究後的宣稱：SFBT 可以產生小而正向的治療效果，且特別在個人行為改變上有所成效；雖然 SFBT 沒有比其他學派的療效更高，但與其他學派具有一樣程度的效益。不過，對於特定議題及某些類型的當事人（如某些接受傳統治療方式無效者），採用 SFBT 所需的晤談次數更少，且更具經濟效益，甚至比其他取向更能滿足「當事人自主的需求」。

亦即，SFBT 支持著諮商是能在較為短期的時間內，就能達到一定治療效果，並擁有著當事人改變的加速和維持、治療滿意度的提高，以及較少的諮商師專業耗竭等效益，所以相當符合臨床實務、政府部分、保險制度等現

代社會需求（Kim, 2006）。近二十年，SFBT 也進入大陸、臺灣、新加坡、香港、馬來西亞等華人地區，以及韓國、日本等亞洲地區的諮商服務工作之中；特別是因 SFBT 與華人文化的契合，深受華人區域實務界好評。故此，SFBT 以短期為導向，以解決之道與優勢為焦點，不重視過去歷史，更致力於現在及未來的看重，於現代社會中，是一個相當值得推廣的諮商派別。

本章彙整 SFBT 相關的文獻重點，先介紹 SFBT 的基本精神、基本元素與代表性技巧、重要階段，以及諮商歷程要素，最後再以應用與學習 SFBT 的注意事項做為總結，以期讀者能統整地認識 SFBT 的全貌與精髓，並做為本書後面三章內容的基本理念框架。

貳、焦點解決短期治療的基本精神

透過 de Shazer 廣泛的閱讀興趣，SFBT 深受 Gregory Bateson 早期的溝通學作品及系統觀點、Milton Erickson 的催眠心理治療取向、Palo Alto 的 MRI 策略學派，以及東方佛教與道教思想的影響（de Shazer, Dolan, Korman, & Trepper, 2007; Trepper et al., 2010），特別是社會建構論的諸多觀點能說明 SFBT 的哲學精義。

一、社會建構論的影響

21 世紀，SFBT 歸屬於社會建構論的一支，展現心理治療領域重要的派典轉移，提供了諮商實務工作者更為廣闊的多元化觀點，對於心理治療領域的發展，影響甚鉅。過去，現代理論者（modernist）看重客觀與科學的觀點，強調唯一、外在的現實（reality），探尋著人們的本質與真實，認為人們尋求諮商的來談問題，乃因當事人認為所擁有的問題，是背離了大眾認定的「正常」行為範疇，並且，此問題肇因於過去的經驗，而決定了現在的行為，值得加以揭露。然而，不同於這些現代理論在個別治療與家庭系統治療工作的焦點，社會建構論乃特別看重以下幾個觀點（Corey, 2013; Hearling & Bavelas, 2011; Kim, 2006; Nelson & Thomas, 2007）：

1. 社會建構論不認為任何的知識都是理所當然的，其挑戰著傳統的、約定俗成的知識，提醒著人們要去質疑對世界「應該是如何」的假設。社會建構論也強調著多元差異的框架，認為可擁有知識者的統整與合作。社會建構論看重當事人主觀的現實，不會質疑其是否正確或合於邏輯。社會建構論還呼籲，沒有所謂過生活的「正確」或「唯一」之方式，也沒有哪一個人理解知識的方式會比另一個人更為優秀。

2. 社會建構論強調，了解與描述「世界為何」的語言與觀點，是具有個人歷史與文化脈絡的獨特性與關聯性。任何對現實（reality）的了解是基於語言的使用，以及人們處於所屬生活情境的功能運作；而特定主流社會脈絡中的歷史事件與語言的使用，會對個人真實（truth）的範疇有所限制。當事人描述故事的語言型態與用字，乃創造當事人經驗的獨特意義；每一個訴說故事的當事人，都有其對特定情境中的主觀知覺；而其表達，也有著個人化的真實。

3. 社會建構論認為，知識不是來自於孤立的心及個人化的經驗，知識與語言不是固定不變或普遍存在的，亦不存在著所謂語言表達者背後深層的結構。人類的知識是被建構而來，而非被發現的，知識是需要依賴脈絡而存在；知識與意義是人們解釋歷程的一些面向，是基於交談的參與者之間的關係基礎，共同完成並一起協商而得的。所以，知識是源自人們相互主觀及互動關係特殊性，透過對話詮釋、分享及關聯性經驗的過程，而被創造的；亦即，這個過程並不是由知識引起的個體內在過程，而是一個溝通的社會過程。

4. 社會建構論相信，知識的建構是透過「社會互動」而來，所謂的知識與社會互動是同時並存、相互影響、共同建構的；換言之，人們在社會關係中創造了意義。眾人所認為的「事實」是人們日常生活中與人互動的產物，且人類的本質是社會性的故事化生活（socially storied lives）。所謂的「理解」（understanding），亦是從社會互動中相互協商而來，這些協商得來的理解，被視為是很實際影響社會生活的實務運作，並非僅是抽象的概念。一如社會行為最重要的層面是溝通的影響，且溝通是社

會行為順序裡最重要的因素，每個人在與不同的人溝通時，其行為是有所不同的。於是，在進行溝通互動時，要去理解整個溝通脈絡與歷程，而非只著眼於單一事件與訊息；進而，改變一個人，不僅只是處理內在議題，而是可以透過改變溝通互動及外在系統而得（Nelson & Thomas, 2007）。

基於前述，對於諮商歷程，社會建構論的工作哲學為：

1. 當事人對問題的解決之道並沒有絕對正確的，並且應該由擁有資源與力量的當事人，來加以建構編輯。所以，社會建構論並不高估一位專業人員的專家角色，而更看重當事人位於自己生命的專家地位。當事人乃位於一個優勢位置，能夠理解自己、知道什麼是對自己為最好的，而能產生生活經驗的意義。諮商則是由當事人與諮商師共同建構出的一種所欲現實，因而當事人與諮商師平等合作的位置與關係是更被提倡的，甚至更重要於衡鑑或技術。

2. 由於「溝通」是心理治療的基本工具，於心理治療的溝通過程中，此一溝通本身就受到這個溝通歷程的影響，所以，以解決之道為焦點的知識無法只單靠諮商師或是當事人來啟動，其乃為一種對話的產品，是一種雙方參與者的共同資產；治療的對話以及尋找解決之道的過程，都是於諮商師與當事人的合作關係中一起發揮創造力而得的，且此共同合作的過程是透過每一時刻、可明確辨認的互動與共同理解所形成。

3. 為理解當事人並幫助他們建構所欲的改變，了解當事人的敘說以及對其語言歷程的解構，就成了諮商工作的核心。亦即，當社會主流文化的力量被削弱時，當諮商師與當事人能共同建構新生活意義時，改變始能展開。因而諮商為一個動態過程，諮商師主動投入於協助當事人能以不同的方式與角度來詮釋自己、所處的情境、個人的行為、人際互動及模式，進而運用既存的力量與優勢來確認與發展自己的解決之道。

SFBT 依循著社會建構論者 Wittgenstein 的其他言論，包括：行動重於空想、解釋有其侷限性，以及語意在應用過程中的辨識等觀點；同時，SFBT 也呼應著現象學的看法，相信應透過當事人對解決之道的豐富、特定、具體描

述，而非去置入特定理論的解釋，來了解當事人所經驗到的解決之道。由於與人分享對話以及了解別人內在，都需要有外在評估的準則，例如：看到對方的特定行為表現，推知其內在想法與情緒，所以，SFBT「跟隨具體行為資訊的引領」，相當看重外在可觀察的具體行為，而不去詮釋闡述當事人的內外在語言；當事人的行動以及具體發生於當事人身上的事件才是重要的、才為可供分享的資源與知識（de Shazer et al., 2007; Nelson & Thomas, 2007）。所以，SFBT 視心理治療為一個過程，所謂的問題是存在於當事人的語言、經驗以及脈絡之中，諮商過程就是在描述當事人經驗本身的同時，脈絡化（context）地理解當事人；往往，人們不是藉由搜尋新資訊來解決問題，而是透過重新整理已知的一切來突破困境（de Shazer et al., 2007; Nelson & Thomas, 2007）。因而，在諮商歷程中，SFBT並非找尋或進行絕對性的解釋與診斷，甚至，在不特別注意當事人歷史背景及病理診斷之下，專注於傾聽當事人如何主觀理解自己所關注的議題及身處情境的知覺，包括他們使用什麼語言及如何描述自己的故事；同時，諮商師也會以當事人希望問題解決後的不同生活為諮商目標，並與當事人善用其個人優勢與內外在資源，來共同建構出讓當事人可以美夢成真的特定行動方式。尤為可貴的是，若當事人於SFBT 治療脈絡中，共同創造關於改變的行動資訊，當再回到自己生活中之後，其往往會變成足以內化的、持久的、非特定脈絡化的行為（Trepper et al., 2010）。

　　是以，深受社會建構論影響的 SFBT，為一「以現在與未來為焦點」、「以可能性及目標為導向」之取向，重視著當事人的優勢（strengths）、復原力（resilience）、成功經驗及有效用之處，顛覆過去看待問題及解決之道的框架，認為對於過去的失誤、個人的弱點、問題及病理診斷等強調，都應減至最低，因此，可謂是「以勝任能力為基礎的模式」（competency-based model）（Corey, 2013; de Shazer et al., 2007; Trepper et al., 2010）。SFBT 的核心假定是：諮商的目標乃由當事人所決定，而諮商師的任務則是以尊重的、合作的、不評價的姿態，在當事人的參照架構（refrerence frame）運作內，針對當事人的目標，協助其建構出具體、正向化、行動化、情境化的小步驟，

並平穩地一步步前進。也由於當事人的解決之道是以其個人真實的生活為基礎，並非是其他專家的灌輸，因而 SFBT 相當適用於各種文化背景的對象與工作之中（Macdonald, 2007）。

二、人性觀與基本信念

SFBT 並沒有運用特定理論的活動，且認為特定理論雖然提供了某一領域總體性解釋之知識，但會失去對人們脈絡性、獨特性與事件性的關注。不過，強調發展性、復原力、去病理化、尊重好奇，以及實用主義的 SFBT，仍持有其偏好的人性觀。對 SFBT 而言，人是健康的、勝任的，是可以面對生活帶來的種種挑戰，同時，也是有能力建構自己的解決之道，以提升個人生活。所以，SFBT的人性觀乃為樂觀積極取向，充滿人性本善價值的展現，並持有以當事人為決定者的高度尊重（許維素，2011b；Corey, 2013; Nelson & Thomas, 2007; Trepper et al., 2010）：

1. 每個人都希望被人尊重，也願意尊重別人。
2. 每個人都希望自己是好的、可以更好的，也希望別人過得好。
3. 人們是希望維持仁慈、道德、友善、禮貌、誠實，希望改善自己的生活，也想使他們所愛、所尊重、所景仰的人之生活能有所改進的。
4. 每個人都希望與別人和睦相處，希望被別人接納，並歸屬於某個團體。
5. 人們都希望留下正向美好的足跡，並對世界具有正面的貢獻。
6. 每一個人都是獨特的，任何兩個人的經驗都是不同的，無法被另一個人的觀點所決定。
7. 每個人都有力量、智慧及經驗去產生改變，特別是當他們被允許時，常是擁有驚人的資源。
8. 當事人是帶著解答與資源而來的，只是他們不知道自己已經知道答案或擁有著資源。
9. 每一個人雖然不見得都能做到想做的事情，但都有優勢、資源與能力去解決自己的問題，不管處境是多麼的辛苦。
10. 在非常困難的處境下，每一個人都是已經盡了全力的。

11. 人們擁有自然的復原力，也會持續運用這個復原力來改變自己。

12. 一個人會被過去影響，但不會被過去所決定。人類的行為與大腦、基因或環境有關聯，但不會被其所控制，反而是提供無限變化的可能性所在。

13. 人們會從個人經驗和歷史中，學習與擁有克服困難的能力與資源。

14. 一個人所欲的未來會影響現在的行動方向；而未來是可以被創造與再協商的。

15. 當事人不等於他們的問題；當事人是當事人，問題是問題；問題發生在社會互動之間而非當事人的內在。

16. 「有問題」並不是暗示著當事人有其弱點。來談的問題只是暫時使當事人卡住之處而已；而其他部分，當事人仍是足以應付的。

17. 當事人最了解自己的狀況，包括能夠判斷於過去與未來中，對自己而言，何為目標、何為進展、何者有用、何者無用，以及何時結案。

18. 信任當事人是想要改變的、有能力改變的，以及會盡全力去做出改變的。

19. 相信人們在任何時候都會為自己做出最好的選擇。

20. 一個人是願意努力實踐自己所構想出來的意見。

　　由於 SFBT 晤談的焦點是為現在與未來導向，其主要的治療任務在於探討當事人自身所欲的未來，以及需要做什麼以達成想要的不同，而非持探究過去的問題或現在的衝突為路徑；當然，SFBT 晤談方向的發展，都是促使當事人更為健康發展的。因此，Berg 與 Dolan（2001: 1）認為，若為 SFBT 下定義，則可直言 SFBT 是一個「希望與尊重的實用主義」（pragmatics of hope and respect）；其具體的重要基本信念，則圍繞在解決之道、例外資源、合作關係、改變等核心重點上（Corey, 2013; Nelson & Thomas, 2007; Trepper et al., 2010）。

（一）關於解決之道

· 諮商是基於建構解決之道（solution building），而非問題解決（problem solving）。

· 談論更多解決之道而非問題，將促使當事人擁有處理問題的主權。

‧ 雖然問題不見得能被全然消除，但解決之道仍可嘗試被建構。

‧ 事情沒有絕對的因果論；當事人的解決之道，不見得必然會與任何被當事人與諮商師予以確認的問題，有著直接的關聯。

‧ 諮商工作的重點在於：辨認潛在的解決之道並強化之，其包括在過去類似的情境中、在目前某些時候，為有效處理或減低問題嚴重度的方法，或者曾對其他人有助益之處。

‧ 解決之道即在當事人的個人經驗之中。

‧ 適合的解決之道（如所欲目標、偏好未來與解決方法），不見得適合另一個人。每個人都是獨一無二的，所需要的解決之道也有其獨特性。

‧ 發展解決之道歷程的語言，迴異於探討問題的語言。

（二）對於例外的重視

‧ 問題不會總是一直在發生，總會有例外（exception）情況發生。

‧ 問題應出現之時卻沒有出現，即為例外，其可被當事人與諮商師運用來共同建構解決之道。

‧ 當事人被鼓勵去增加現今有效行為出現的比例；有效就多做一點，無效就做些不同的事情。

‧ 當事人看到自己的例外與優勢時，將提高改變的可能性。

‧ 聚焦於例外的內容，快速改變，是有可能發生的。

‧ 例外的探尋使當事人獲得有效解決之道的線索，而能面對生活中的挑戰，而重獲控制感。

‧ 諮商是協助當事人再認自己的優勢，並用於解決之道及未來生活中。

（三）關於合作平等關係的強調

‧ 諮商師是與當事人這個「人」一起工作，而非僅對他的問題或病理診斷予以處理。

‧ 無論當事人帶來的問題為何，與之工作的態度與模式都為一致相同。

‧ 相信當事人是願意與諮商師合作的。以理解合作而非教育之姿，來與

當事人建立關係，所謂「當事人的抗拒」將不復存在。

- 諮商師是協助當事人辨識自己目標、優勢與所欲改變方向的專家；是一個創造改變脈絡卻不主導改變內容的專家。

- 治療不是強加諮商師的目標於當事人身上，而是讓當事人本身擁有的資源得以釋放，以能解決問題。

- 若當事人感覺到是自己在決定晤談的方向，並體會到可貴的合作平等關係，將使當事人願意更加投入於治療；而此正是成功治療的關鍵要素。

（四）對於改變的看法

- 當事人之所以來晤談，乃是希望發生改變，並會期待能盡快地不再需要諮商的協助。

- 改變可以透過晤談對話來進行建構。

- 改變一直在發生，如佛語：「人生無常」；因而，當事人的經驗與語言表述是暫時性的。當有互動對話或新的行動結果，情況就會有所變化。所以諮商常使用「暫時性」（tentative）而非結論性的語言。

- 事情不會一直一樣，因而所謂的目標、例外與成功，其定義也會隨著晤談發展而有所改變。

- 若當事人對於問題開始有不同的觀點，或開始做些不同的事情時，改變將會發生。

- 當事人若能看見未來的願景並開始預備未來，也將導致改變。

- 當能開始期待改變發生，當事人的行為將易顯現具體的改變。因此，諮商師主要的責任是去創造當事人對於改變可能性的一種期待，而帶出當事人的希望感與樂觀性。

- 相信正面的改變將會發生，並能說出改變為何，這即是一種改變。

- 當情況變得更好時，是可被確認的，且周圍的人是可以注意到的。

- 幫助當事人覺察任何正向改變的發生以及何以能發生，將有助於當事人增進處理來談問題的勇氣與方法。

‧行為改變往往是最能有效幫助當事人提升生活的方式。

‧改變常來自：有效就多做一點，無效就改做別的。

‧小改變是很可貴的，其影響可能會是深遠的。小改變的增加會導致大改變的「滾雪球效應」出現，所以關注與擴展持續的改變，相當重要。

‧諮商是幫助當事人發現與發展出其他選擇，以替代與改變目前不想要之行為模式。彈性與選擇，讓當事人在生活系統中擁有控制感。

前述這些人性觀與基本信念，並不是盲目的樂觀，而是對人深層的尊重與信任，將深深影響諮商師所信、所見及所為；特別是，在諮商派典不斷轉換的時代以及面對實務工作中的模糊地帶時，這些人性觀與基本信念將是諮商師做出決策的重大參考（Berg, 2003）。

明顯可見，SFBT 除了不看重問題與歷史的成因，也不以病理學的角度來分析當事人的問題或成因，因為病理性的標籤並沒有辦法導致當事人的改變，只會讓當事人更卡在其問題裡。SFBT 相信，「復原」乃開始於當事人願意改變的那一刻，因而十分強調，人們不會只被過去、心理疾病等所侷限，人們是可以創造出自己想要的未來。聚焦於未來的探討將會比探索過去更可提升人們能量；尤其人們在社會建構足夠的支持下，將會走出所要的不同人生道路。所以，在 SFBT 晤談中，諮商師會特別看重與開發當事人想要有所不同之處、已有過的成功經驗，或者他們已經試著改善問題情境的作為，這些即是所謂「可能性的徵兆」（hints of possibility）之所在，其乃為建構解決之道的重要基石。

活動 BOX 1-1：可能性的徵兆

進行方式：

1. 諮商師四人形成一小組，一人扮演下列案例的當事人，兩人擔任提問的訪談者，一人當觀察員。

2. 兩位提問訪談者先針對當事人提及的問題，進行發生過程細節的了解，約五分鐘，當事人則配合回答之。另外一位成員則觀察當事人的反應。

3. 之後，訪談者及觀察員一起尋找值得加以探究深入、可能用以建構解決之道的「可能性徵兆」之所在，例如：(1)當事人想要有所不同；(2)已有過的成功經驗，或者(3)他們已經試著改善問題情境的作為。

4. 接著，原提問訪談的兩位小組成員，再針對已經討論出來的「可能性徵兆」，對同一位扮演的當事人，針對這些「可能性徵兆」的相關細節進行探問，當事人則盡可能予以回答。負責觀察者亦不改變其角色與任務。

5. 結束後，小組進行討論，探討可能性的徵兆以及探討問題細節的差別效益。進而討論、探索可能性徵兆所反應出來的人性觀與基本信念，與傳統其他諮商取向者有何不同。

案例簡述：

　　名為建華的當事人主動來晤談，想討論的主題是如何使自己不會生氣。他認為生氣是一種不科學、不理智的反應，尤其對他這種相當受器重的優秀主管來說，更是如此。在平常的生活中，他給人的印象總是溫文有禮、有條不紊，只有在和助理相處時，才會有生氣的反應。他和助理的衝突是：當他客客氣氣告訴助理哪裡該改進時，他的助理會嘻皮笑臉地說小事一樁，然後岔開話題亂聊，後來略有改進，但未全改；於是當助理再用類似的態度對待他時，他因為擔心上司的要求以及自己的責任問題，便直接指責他的疏失，用力摔助理的企劃書，說他不負責任。

事後他知道助理跟其他人在抱怨他，很想出面澄清，但又擔心事情反而鬧大，所以沒有任何動作。他真的覺得自己目前這樣的情況很不好，相當自責。

可能性徵兆的方向舉例：

· 建華對於如何當一位好主管有他的想法。

· 建華對於自己的情況有所覺察且努力想改變。

· 建華曾嘗試以不同方式來處理助理的事情。

三、專業價值

對應著前述的人性觀與哲學信念，De Jong 與 Berg（2007a）提出 SFBT 對專業的基本承諾與認同，以及 SFBT 評量諮商專業可接受的「專業價值」（professional values），為以下幾點。

（一）尊重人類尊嚴

SFBT 尊重當事人所有的觀點與知覺，強調當事人這個「人」的所有面向都必須被接納，而不同於當事人生活中其他人的任意評價；這也是合作諮商關係的重要基礎。當然，接納不等於是同意當事人的不當行為；接納的重點在於，對當事人而言什麼是真實的，而非什麼是最對的。焦點解決晤談方式是接納當事人的知覺（perception），在其參照架構中工作，並將晤談中出現的解決方法加以「脈絡化」，且考量著當事人身處環境的價值觀。亦即，焦點解決諮商師會邀請當事人成為自己與生活的專家，在晤談過程中表現出，當事人知覺是最有價值且最為重要的資源，並看重當事人目標設定、引發自身動機，以及諮商關係等的看法，而使得每位當事人都能擁有並提升個人價值及尊嚴感。

（二）個別化服務

　　尊重每位當事人的獨特性與差異性，是焦點解決晤談的基礎，而此也是人類共同之渴望。SFBT 服膺社會建構論及後現代觀點，尊重當事人是自身專家的位置，諮商師會採取「未知」（not-knowing）的好奇、真誠、開放態度，對當事人懷有真誠的關懷和興趣，注意傾聽當事人的訴說、在乎及當中顯現的目標（goal）與資源，並予以「身後一步引導」（leading behind one step）。如此，諮商師才能持續在當事人的參照架構及其自身語言中，尋求確認與澄清個人化目標，並從每位當事人特殊生活事件所產生的例外（exception）經驗及因應（coping）策略中，逐步建立起具個人意義的解決之道；而此，也正可增進諮商師多元文化的勝任能力。

（三）助長當事人的願景

　　SFBT 重視當事人的經驗以及這些經驗所呈現的意義，其中，特別會尊重、引發及支持當事人的期待；亦即，SFBT 非常重視傾聽當事人所想、所要，同時也關注能達到願景的線索。SFBT 會引導及培養當事人的希望感，協助當事人找尋有可能改變的未來，並且，也利用當事人自身參照架構，對問題創造出新穎且具較佳解決方法的願景。如此，將能助長當事人的希望感與改變動機，減少對諮商師給予建議的依賴，從而實踐了個別化服務及提升當事人自我決定之專業價值。

（四）以當事人的優勢為基礎

　　SFBT 相信，儘管生活艱困，每個人仍然擁有能提升與改善生活品質的優勢力量。SFBT 強調探索及澄清當事人的例外經驗，持續讚美當事人的優勢力量、小小成功，以及對於解決方案有助益之處，並以此與當事人連結。當諮商師能聚焦於當事人的優勢力量時，將能使諮商師遠離評斷或責備當事人的誘惑，也不易對當事人產生負向刻板印象；甚至，諮商師反而能轉而察覺：即使在最困難的環境情境中，當事人到底是如何能設法存活下來的。亦

即，SFBT 認同助人專業者應有義務讓當事人因自己獨特的優勢而能自我賦能（self-empowerment）；而此，也成為 SFBT 的代表標誌。

（五）鼓勵當事人參與

SFBT 強調，諮商師應協助當事人學習自助之，而且，諮商師是與當事人「一起」（with）工作，而非「對他」（to）或「為他」（for）工作。諮商師在晤談中參與著當事人所關注的事情與重視的經驗，來與之合作，也特別會去引導當事人定義奇蹟的未來，界定例外經驗，以及探索過去的成功優勢。如此，將使當事人更容易與諮商師合作，並主動參與及投入於晤談之中。

（六）充分提高當事人的自我決定

SFBT 認同當事人擁有自己選擇與決定的自由權利與需求，以便能成熟發展「我是誰」的觀點。SFBT 也相信，當事人的自信心與滿足感是來自於自身責任的執行，以及善用了使生活更為成功的最佳選擇，絕非是因為諮商師為他做了什麼事所致。因此，焦點解決歷程會邀請當事人界定生活中的問題為何，也會邀請當事人專注於構想更滿意的未來，並且提高現存的期望、動機與信心程度，以積極培養與助長當事人的自我決定，好讓當事人透過建構解決之道的歷程，來對自己的生活負責。使當事人的自我決定最大化，是 SFBT 最為強調的專業價值。

（七）助長轉移性

為了使當事人能將晤談期間所學的解決之道轉移並應用於其他生活事件上，焦點解決晤談會催化當事人更能敏於覺察自己的內外在資源、過去成功與現在力量，進而與當事人討論如何維持進展，以及如何將晤談所得，類推應用到其他情境中。

（八）極大化當事人的賦能感

SFBT 是一個賦能導向的取向。焦點解決問句能夠藉由形成當事人自身

的目標，整頓其內在力量以及家庭、社區等資源。SFBT 亦會促進當事人增進對自己的反思與覺察，並更加懂得連結、運用與擴大自身解決導向的相關資源。在當事人心智與知覺有所轉變後，對自己的生活便會產生合理的控制感與改變力，並擁有賦能感且不斷提昇之。

（九）保密性

諮商歷程中的保密，是相當重要於諮商關係的信任發展。SFBT 會就當事人想要達成的目標，了解基本的背景資料，但不深究負向故事與過去歷史，也不需要協助當事人揭露重要議題之詳情。亦即，SFBT 讓當事人可以自行決定：為了建構解決之道，於晤談中，需要及想要談論哪些內容；因而創造了更深層的保密脈絡，也更不容易遭遇到所謂當事人抗拒的問題。例如：評量分數的運用，即讓當事人可以表露自身的觀點，但無須說明不想透露的個人故事。

（十）促進一般化

對於當事人的狀態與情緒（feeling），SFBT會予以接納，並會反映這些情緒與狀態在其生活脈絡中是其來有自、有其意義的，如此將能助長當事人一般化（normalizing）的想法。由於個人的經驗與語言表達常是一個當前的暫時性結論，反映著生命的隨時變化性與不可確定性，因而 SFBT 常會運用「暫時性」的語言（如「似乎」、「目前」、「我困惑的是」），以了解、允許及尊重當事人的知覺會在晤談及生活中隨時有所改變，或會隨時修正對現今人、事、物的理解。藉由引導當事人懂得如何於這個階段的處境下重複使用並超越過去的成功經驗與有效因應策略，將能鼓勵當事人變得較有希望感並能接受更為實際的作法。例如：透過因應問句，當事人往往產生要如何與痛苦或失能「與之共處」、「共同生活」的新想法；尤其，能夠與一般人一樣平等的一般化，對身心障礙者來說，甚至是所謂的首要目標。此外，SFBT 不會指稱當事人是酒鬼、飲食疾患患者等，而視當事人只是暫時被飲食疾患困擾者，或目前被酒癮議題一時卡住之人。

（十一）監測改變

由於問題的累積與持續性，當事人往往忘了改變的可能，而易陷入一成不變的無力與擔憂中。在焦點解決晤談中，諮商師相信改變是無可避免的，所以會一直監測當事人的改變，也會不斷引導當事人具體評估自己改變的速度與方向；這些改變的發現，往往能促使當事人覺察被自己遺忘的優勢力量。若當事人產生具體改變時，諮商師會深入探討其漣漪影響效應，以帶出滾雪球效果，並促使當事人可以維持改變與類化應用。當然，若發現當事人沒有進步或某一方法無效時，諮商師則會鼓勵當事人做些不同的嘗試，好讓當事人保持在「進行實驗」的努力以及合理的期待中。

四、諮商互動與合作關係

（一）未知之姿的強調

因著上述之專業價值觀點，SFBT 諮商師持有積極、尊重、希望感的態度，不評斷當事人、不假設當事人行為背後的意義與動機，反而是仔細傾聽當事人，尊重所有和當事人之間的溝通。諮商師的未知之姿，讓諮商關係更具發展性；尤其因 SFBT 視當事人為有創造力者，能展現自己的個人特色，而使諮商師更易找到與之合作的獨特方式。

諮商師的未知態度不表示諮商師是無知的（knowing nothing），而是無須非知不可（not having to know），或者擁有著「慢一點才會知道」的特殊耐心。諮商師能穩定於未知之姿，是一定程度的自信表現。諮商師的未知態度傳遞著想要了解更多當事人述說的需要、在乎、目標、優勢等之真誠好奇與謙虛意願。諮商師應進入當事人的世界，需要將自己多年辛苦累積的專業經驗先置於一旁，願意處於被當事人告知的狀態，而非將自己先入為主的觀點及期待轉到當事人身上。甚至，對於晤談中什麼會造成當事人改變，或當事人將會有什麼改變，諮商師也都採取不預設的心態（Korman, 2011）。

亦即，SFBT看重每個人的獨特性，透過未知尊重之姿與身後一步引導，

當事人的合作態度將自然呈現，同時也促使諮商過程創造了一個空間，讓當事人可以看見自己、討論自己的經驗，進而能讓晤談所發展的方向符合當事人的價值觀或推論架構，由當事人自己浮現出解決之道的答案，以達成發現與強化解決之道的晤談任務（Nelson & Thomas, 2007）。

活動 BOX 1-2：好奇的練習

進行方式：

1. 諮商師六人形成一小組，一人擔任當事人，一人擔任 A 諮商師，一人擔任 B 諮商師，其餘則為觀察員。

2. 課程帶領者分發撰寫「明確性」（certainty）、「好奇性」（curiosity）定義的小卡片給各組A、B諮商師閱讀之，其他成員則不知卡片內容。

3. A 諮商師以「明確性」的姿態與當事人進行五分鐘的晤談，之後 B 諮商師以「好奇性」的姿態，與同一當事人再進行五分鐘的晤談（Thomas, 2013: 26）。同時，請觀察員比較兩段晤談的特色差異。

4. 六人小組討論何謂「好奇性」及「明確性」，並提出相關心得與疑問。

5. 課程帶領者予以回應，並再次解說SFBT晤談中未知之姿的重要性與意義。

明確性的態度	好奇性的態度
不喜歡模糊性	能忍受模糊、混淆，不過早下結論
快速下診斷，並以診斷為依歸	對於問題下定義，慢速進行，並關注晤談室內所發生的經驗
依賴著有關問題行為的描述	關注於問題例外的發現
以個人所持的假設，來縮小觀察的內容與範圍	願意開放於觀察從不同系統層次而來的資訊
側重於教學、解釋、傳遞知識的專家性	提出問句以尋求特定性、在地化的知識
傾向於較多階層化	傾向於較多合作性
會營建一個較為被動取向的脈絡	會營建一個較為發現取向的脈絡
可能會不慎地助長依賴性	意圖助長勝任感、自信與獨立性

（二）重視合作性

SFBT承認諮商關係中是有位階存在的，但是SFBT也認為，諮商關係一定會比獨裁制度更具平等、尊重及民主。尊重與信任是一體兩面，將能助長當事人與諮商師之間的情感連結，以及提高晤談的治療效益（de Shazer et al., 2007; Thomas, 2013）。

SFBT 認為，具合作與理解的諮商關係是重要的，是可以鼓勵與催化當事人改變的，但是 SFBT 並不同意諮商關係是當事人改變最為重要的核心，或造成當事人改變的主要媒介。雖然，SFBT 諮商師會營造一個相互尊重、肯定及開放對話的氣氛，使當事人經驗到能自由地創造、探索，以共同創作自己的生命與生活故事；但是，SFBT 更強調當事人以自己的方式來尋求改變的發生（Berg & Reuss, 1998）。所以，SFBT 乃視諮商關係為「可以把藥吞下去的一匙糖」，是改變過程之元素之一，而非造成改變的主要元素。當事人本人才是造成改變的決定因素，連當事人的動機都可視為是晤談關係的一部分（Korman, 2011）。此外，SFBT諮商師必須向當事人求知探問，而由當事人來教導諮商師如何幫助他，因此諮商師並不是一位治癒或修理當事人的人（許維素，2011b）。因此，對照於傳統以問題為焦點的取向、非常依賴諮商師擁有不為當事人所知的絕對專家知識，SFBT 乃是十分獨特的諮商派典（De Jong & Berg, 2012）。

SFBT 強調，當事人與諮商師是一個治療的團隊，會相互合作、一起進行實驗，諮商師只是透過顧問角色及合作夥伴的關係，來協助當事人達成其所欲目標。因而，於諮商過程中，諮商師是「催化當事人目標與解決導向者」，是「邀請」的專家；當事人是其自身生命與生活的專家，為治療過程（包括目標與方向）的「決定者」，並代表著真正創造成功權威之所在（Corey, 2013）。

（三）語言的使用

由於每個字的語言運用性是由交談的多位參與者依其語言規則在使用著，所以具有個人的特殊脈絡意義；猶如諮商為一「語言遊戲」（language game），其語言的使用亦有特定的運作規則。舉例而言，於諮商中，當事人提及的「『好』人、『好』事」、「人『美』、物『美』」，同一個字詞對同一個當事人可能有不同的內涵，更何況是不同的當事人於使用時的意義差異；因此，諮商師需要能關注並嘗試理解當事人描述個人經驗與脈絡的語言（de Shaser et al., 2007）。當諮商師能精準配合當事人的語言運用方式（language matching）時，便掌握與當事人快速建立關係之重要關鍵（Macdonald, 2007）。

明顯可見，不同於傳統心理治療為「讀者焦點」（reader focus）、看重潛意識機制及隱含動機等內在深層結構，SFBT 是為「內文焦點」（text focus）者；即是，對 SFBT 而言，當事人所使用的語言、所提供的資訊、所擁有的理解、所連結的思想，以及這些向度對其個人及與人互動的影響等等表述，是更被相信尊重、充分看重及被運用的。SFBT 認為，晤談中此刻的真實是透過對話而來，而非以過去為基礎，也拒絕無法被觀察的各種假設，因而並不去挖掘當事人所謂語言背後的「真正議題」或「隱藏的意涵」，而是針對當事人可以接受且諮商師能夠工作的真實性解釋框架來進行工作（Macdonald, 2007）。

當然，雖然SFBT認為詳細的歷史探究並非必要，但是基本的背景脈絡、當事人想表述的內容故事，或阻礙晤談進行的相關資料，諮商師仍會加以了解與傾聽之；而且於必要時，亦會進行當事人的安全評估（safe assessment）（Macdonald, 2007）。

活動 BOX 1-3：焦點解決思維的體驗

進行方式：

1.於 SFBT 訓練課程中，成員兩人一組，進行訪談。

2.一人擔任受訪者，一人擔任訪談員。訪談員根據下列兩組問句，一一訪談受訪者；訪談員可依據需要自行將問句修改得更為口語化。受訪者則根據一個輕微的個人困境，逐一回答訪談問題。進行約 10 至 15 分鐘。

3.訪談問題如下：

第一組

· 你最近遭遇的一個困境為何？

（訪談員詢問一至三個關於困境細節的問題）

· 發生這樣的事情，你的感覺與想法是什麼？

· 這個困境持續了多久？對你造成的影響是什麼？

· 你認為這個困境何以會發生？又是誰造成的？

· 你曾經用過哪些方法來處理這個困境，你想何以會失敗？

· 因為處理失敗，你的感覺與想法又是什麼？對你又造成什麼影響？

· 你覺得目前是什麼阻礙了你突破困境？

第二組（焦點解決取向）

· 你最近遭遇的一個困境是什麼？（與第一組同一個困境）

· 你希望這個困境最後的解決情況或者最美好的結局是什麼？如果發生了，你的狀況會有什麼不同？

· 這個困境何時沒有發生（或比較不嚴重）？何以能如此？

· 當你面臨這個困境時，什麼力量支持著你面對？

（訪談員詢問一至三個關於較好情況或者內外在資源的細節）

· 若詢問你周圍的好朋友，他們對於你面臨這個困境，會給你什麼樣的建議（或鼓勵、肯定）？

· 你覺得你還需要什麼資源或力量來幫助你處理這個困境？你要如何找到這些資源？

· 若你想要的結果是 10 分的話（第 10 題答案），你目前在幾分？若具有前述資源後（第 13 題答案），又可以再到達幾分？到目前為止，你覺得需要跨出的「第一小步」是什麼？

4. 完成訪談後，兩人角色互換，並完成前述流程。

5. 同組兩人皆接受訪談後，則根據兩組問句訪談對同一困境的引導方向及其產生效果之差異（包括回答時的感受與想法、回應內容、難易度等），進行相互分享與討論。

6. 於課堂上進而討論「以問題為焦點」以及「以解決之道為焦點」兩個取向派別，在晤談焦點、問句型態與意圖上，各有何重點（可參

考下表）（Macdonald, 2011）。課程帶領者並加以補充及彙整之。

晤談焦點：

以問題為焦點	以解決之道為焦點
·抱怨	·目標
·過去	·未來
·何者有問題	·何者有效用
·對問題的假設	·正向特質與優勢
·缺點	·資源
·僵局	·進展
·何處被控制	·何處有影響力
·諮商專家知道最多	·雙方的合作
·複雜化	·簡單化
·重視頓悟預測	·重視行動
	·第一小步

問句型態與意圖的差異：

以問題為焦點	以解決之道為焦點
·專家如何幫助你？	·你對晤談成功的定義為何？
·你認為的問題為何？	·你想要改變的是什麼？
·在你目前的狀況之下，還有什麼更深層的問題？	·我們澄清了什麼議題，是你想要專注討論與改變的？
·你可以多告訴我一點關於問題的部分嗎？	·我們可以探討更多關於例外的部分嗎？
·我們如何了解存在於過去的問題？	·沒有問題的未來會是什麼樣子？
·需要多少次的晤談？	·需要什麼才能到達目的地？

活動 BOX 1-4：維持在焦點解決思維脈絡中

進行方式：

1. 請SFBT訓練課程中的諮商師，以下列題目檢查自己對於各題目觀點的認同度（Macdonald, 2011）。

2. 找出個人認同度最高及最低的三題。

3. 針對低認同度的三題，找尋課堂中之高認同者，並訪問何以其認同度可以為高。

4. 最後，四人組成一組，討論與分享這些題目的觀點，可以如何協助諮商師維持在焦點解決思維脈絡中。

問卷題目	毫不認同	低度認同	中度認同	高度認同
1.問題就是問題本身，當事人不是問題。				
2.問題是發生在兩人互動間，而不是在這兩人身上。				
3.問題不盡然就是暗指當事人有缺陷。				
4.問題不總是一直發生或出現；例外是存在的。				
5.複雜的問題不盡然需要複雜的解決方法。				
6.過去的事件已經發生了，探討過去的成因會引發責難；而目標乃是根據未來的責任來發展的。				
7.積極於探討「沒有問題的未來」，甚至無需一定要了解過去的行為。				
8.診斷並無法決定未來。				
9.許多改變雖然微小，但卻是非常有價值。				
10.改變可以透過對話歷程而發生。				
11.在尊重當事人語言表述下進行工作，別猜測當事人的弦外之音，因為那可能只是諮商師自己的詮釋而已。				
12.積極尋找什麼是有效的，而非什麼是有問題之處。				
13.當事人早已擁有對問題的解決之道，只是需要被協助去發掘而已。				
14.由當事人產生的解決之道會是更有意義、更能達成，以及更有成就感的。				

問卷題目	毫不認同	低度認同	中度認同	高度認同
15.對有些人來說的有效方法，不見得對眼前這位當事人有用。				
16.增加當事人的選擇空間，將能促使當事人行為的改變。				
17.當事人的目標必須是對他有意義，而且也需要是符合法律與倫理的。				

參、焦點解決晤談的基本元素與代表性技巧

因著前述獨特的人性觀、基本信念與專業價值，在晤談過程中，SFBT諮商師如何邀請當事人建構解決之道的必備晤談會話技巧，乃與那些針對當事人問題本身進行介入之派別策略，有著很大的不同。SFBT希望透過「傾聽、選擇、建構」來與當事人建立合作協力的互動，並建立「共同理解基礎」（grounding）。「傾聽」表示諮商師會就當事人的發言內容，非常仔細地傾聽、掃瞄、捕捉有關任何以解決之道為焦點的可能性徵兆；「選擇」意指在晤談中某一當下的時機，諮商師從所注意到諸多的可能性當中，挑選出最為有用的內容來加以回應；「建構」則表示諮商師會形成一個簡述語意或問句（通常兩者皆會有），於下一次發言中提出，以邀請當事人朝建構解決之道的方向邁進（De Jong & Berg, 2012）。

換言之，在晤談時，諮商師會全神貫注地傾聽與理解當事人的詞彙及其意義，特別關注於他們重視什麼、想要什麼以及相關的成功經驗，然後進一步思考、形塑與提問下一個問句，並儘量於問句中併入當事人的關鍵用字。於當事人的接續回答中，諮商師會嘗試從當事人的參照架構持續傾聽與理解當事人，然後根據當事人的回答，再接著形成下一個問句。亦即，透過諮商師傾聽、理解、連結，以及當事人的回應，諮商師與當事人一起共同建構了新的、不同的意義以及共同理解基礎；也因著當事人參與著發現與建構自身

正向能力的過程，而使晤談更能朝向建構解決之道，並能創造更令其滿意的生活（Trepper et al., 2010）。

SFBT的介入技巧即欲引導與催化當事人能保持正向敘說，SFBT的問句也往往隱含著對當事人的能力與專家地位的肯定，特別能引發當事人的成功發展與正向改變，並有助於與當事人建立關係。如同其他諮商技術一般，SFBT的技巧亦是容易理解但卻不容易熟練的；尤其，SFBT技巧往往反應的是諮商師對生命與生活各種情境與脈絡的深度接納與理解（許維素，2009b）。若沒有以這深度接納與理解的諮商關係為基礎，諮商師將無法彈性地依據當事人的獨特性量身訂製地使用介入技巧，那麼諮商亦不容易產生成效（Corey, 2013）。

由於 SFBT 聚焦於當事人如何改變，所使用的語言亦是有關「改變」的語言；SFBT也將溝通與語言，視為心理治療的核心。SFBT為人所知的是各種代表性問句，然而，在 SFBT 晤談中，如同一般諮商歷程，仍然有著非常重要的基本元素與基本技巧。若缺乏這些基本元素與技巧的功能發揮，SFBT的代表性問句將無法妥善提出，SFBT 晤談亦無法流暢進行（許維素，2009a，2009b）。不過，由於 SFBT 深受後現代思潮、社會建構論、MRI 系統觀、Erickson 催眠學派、東方佛道教的影響，SFBT在使用一般諮商基本技巧時，仍有其偏重之處。故在此先介紹 SFBT 重要的基本元素、基本技巧，進而介紹 SFBT 的代表問句技巧，以及晤談的重要意圖與方向。

一、傾聽與理解基礎

（一）建構理解基礎

Bavelas 等人（2010）透過研究 SFBT 大師逐字的晤談歷程，首先提出SFBT 晤談中「理解基礎」（grounding）的存在性與重要性。「理解基礎」是一個傾聽者與發言者相互協調的系列行動，有了這個「理解基礎」，才能確保晤談對話每一片刻所說的內容，都是被雙方所理解的。建立彼此的「理解基礎」之過程，是雙方彼此合作的一個微觀歷程；這個過程是可以被觀察

的，因為雙方都有具體行動，其行動包括：發言者傳遞訊息、傾聽者確認理解與否、發言者再確認與得知傾聽者是理解的，或者糾正被理解的訊息（Bavelas et al., 2010）。換言之，一個共同「理解基礎」最簡單的型式包括三個系列步驟：(1)「呈現」一些新訊息的發言者；(2)一位「顯示或展現」其了解或不了解新訊息的接收訊息者，以及(3)發言者「體認」到接收訊息者是否正確地了解他（De Jong & Berg, 2012）。

　　諮商師常是晤談對話中接收訊息的傾聽者，當事人則為發言者；有時，晤談中傾聽者的反應可能很短，如「嗯哼」；而發言者再去確認諮商師的理解也可能是很含蓄的，或會假定已被理解而繼續發言下去。有時，傾聽者的反應會很明確，如複述當事人的話或換句話說，而發言者也可能很明確地表示他被理解了（Bavelas et al., 2010），例如：

　　發言者：「我們從臺北市來。」
　　傾聽者：「臺北市在臺灣。」
　　發言者：「對啊！」

　　「理解基礎」所展現的一個功能是，當傾聽者與發言者發現沒有理解對方時，他們會進而澄清之；若沒有「理解基礎」，對話中接收的訊息是較不正確且較不具效益的。「理解基礎」具備的另一個功能是，雙方知道彼此是共享這個基礎，而且是由他們一起共同建構了這個「理解基礎」（Bavelas et al., 2010）。所以，SFBT 諮商師與當事人在「理解基礎」之中共同合作，而「理解基礎」讓 SFBT 諮商師可以透過對當事人的知覺及參照架構的了解與尊重，能對當事人的生活與生命脈絡擁有全貌性的認識，不會只限於某個層面的關注而已。「理解基礎」除了是雙方合作的重要基礎外，同時也是諮商師之後要提出適合當事人思考的問句以及推進晤談的重要資源。

　　SFBT諮商師十分重視當事人所表述的一切，對於當事人的經驗、意義、期待、較為主導及不突顯的生活面向，都持續保有好奇的心；對於當事人表達的負向看法與情緒，也會展現盡力的理解、接納、賦予意義與價值。SFBT

諮商師的好奇心並不企圖往成因、解釋或分類的方向邁進，而是以當事人的觀點為焦點，並朝向正向的方向前進。由於 SFBT 認為，諮商之所以會成功，絕大部分是來自當事人的貢獻，因而諮商師需要向當事人學習並理解當事人。SFBT 諮商師還常思考的，會是要如何提出合宜的問句，以及要做些什麼，才會使當事人於回到實際生活中能有所幫助，同時，還會特別好奇當事人想要的生活以及想成為什麼樣的人；而此，都將會促使諮商師與當事人繼續共同建構「理解基礎」（Nelson & Thomas, 2007）。

是以，SFBT 晤談中所強調的「理解基礎」概念類似於「諮商關係」，但更強調「理解」的意義與價值。

（二）傾聽

晤談的對話是一個「共同建構」的溝通歷程。在晤談的對話中，往往包含了一些必備要素，例如：語言內容（非摘要或被糾正過的）、有意義的聲音（如笑、嘆氣）、聲韻品質（如音調、音量、加重音、速度）、補充表達文字意義的臉部表情（如微笑、看起來是有興趣或疑惑的）、姿勢（補充說明用詞的意義）、眼睛注視的對象與方式等，而這些要素的整合，成為一個「整體」的訊息。通常，發言者（當事人）直接對傾聽者（諮商師）說話，且一直在為自己設計這個溝通過程的內容與方向，而傾聽者（諮商師）會同時表示著理解，也會說話、摘要或提問問句；值得注意的是，傾聽者（諮商師）雖名為傾聽者，但實際上仍是會影響這個對話過程的發展（Bavelas et al., 2010）。

心理治療最有效的一個要素是：當事人覺得諮商師是傾聽著他，並且嘗試去理解他。然而，在傾聽的過程中，不同的諮商派別，會因為理論取向的差異，而有不同選擇的傾聽重點（Korman, 2011）。一般的諮商歷程認為，所謂的傾聽是了解與抓住當事人溝通的訊息，不論是語言或是非口語、清楚或是模糊的，都要能聽出當事人想要表達的內容，並篩檢出背後感覺的線索（林美珠、田秀蘭譯，2000）。對於 SFBT 而言，傾聽是非常重要的基本技巧與態度，諮商師會耐心傾聽當事人的訴說，尤其對當事人來說，故事訴說

會有宣洩其挫折情緒的作用。然而，不同於其他取向的是，重視傾聽的SFBT，則會因不持有特定的預設理論及應該為何的假設與解釋，在晤談傾聽的過程裡，更專注於與當事人談話的本身與對話的內容（de Shazer et al., 2007）；同時，SFBT 諮商師會以「建構解決之道的耳朵」傾聽著當事人說出的故事，並努力傾聽出當事人未說出的特定角度——那些有能量、有意義的部分，進而，對於當事人所表達的內容，會在理解當事人的生命脈絡下，表達接納並賦予意義；甚至，SFBT 諮商師還會適時引導，讓當事人思考與表達出：當事人究竟希望諮商師聽到他說什麼，才會對他是有所幫助的。簡言之，在一般助人專業的基本教育中，強調透過傾聽來篩檢並評估當事人，並著重於情緒線索的檢視；但 SFBT 卻強調，傾聽是協助諮商師形成後續介入技巧的重要關鍵，透過傾聽從對當事人來說重要的人、事、物當中尋找正向訊息及成功的例外，並企圖釐清與遵循當事人的參照架構，以當事人為專家的角度，來協助當事人解決問題。因而 SFBT 諮商師傾聽所偏重的重點，是有其獨特之處（Bavelas et al., 2010）。

當然，在助人過程中，相當重視諮商師傾聽時的非口語行為，包含：說話的語調、身體的姿勢、眼神的接觸等；諮商師的非口語行為常被認為是顯示其有無專注傾聽當事人說話的表現。諮商師的非口語態度，如何以身體、聲音、表情等媒介，表現出尊重、溫暖、專注的態度，是影響諮商能否建立一個支持性氣氛的關鍵因素（林美珠、田秀蘭譯，2000）。在專業晤談中，任何派別取向的諮商師皆會注意避免出現不適宜的非口語行為，例如：不安於座位上、奇怪的眼神，以及令人分心的姿勢等，以使諮商能順利進行。不過，非口語行為固然重要，但 SFBT 更重視諮商師所使用的言語與問句，因為 SFBT 認為，當諮商師學習停止以自己的參照架構來解讀當事人的敘說，而仔細地傾聽「誰」和「什麼」對當事人是重要時，適當非口語行為與傾聽的態度便會自然而然地展現。由於 SFBT 相信專注傾聽與使用當事人的用字會是很有療效之舉，諮商師因而時時思考自己到底選擇傾聽了什麼內容，以及需要詢問什麼問句，方能證明諮商師是一直在尊重傾聽著當事人的訴說。亦即，SFBT 並不是不注重諮商師的非口語行為，而是讓專注傾聽的非口語

行為在透過專注於彼此的語言互動中自然地展現；如此一來，諮商師不但不會因為要去注意自己是否有表現出專注傾聽的樣子，而疏漏了當事人所要表達的重要訊息，同時也將會自然而然地展現其專注的非口語行為，而又不顯得做作（De Jong & Berg, 2007a）。

是以，SFBT 宣稱自身是一個「傾聽」而非僅是發問的諮商派別（Korman, 2011）；SFBT諮商師的傾聽為開放不預設的積極傾聽，有如佛教之「無為」與「放空」，但又是在一個很專注的投入過程中進行（Fiske, 2008）。整體言之，在焦點解決晤談的過程中，當事人的抱怨被視為是解決之道的重要基石，不過，諮商師需要放下個人的參照架構，努力地去傾聽出什麼人與什麼事情對當事人才是重要的，並且刻意捕捉當事人訴說中有關正向資源優勢及例外的成功經驗；當諮商師能找出可能性的徵兆，併入當事人的用字地使用未知態度的開放式問句來詢問當事人更多細節時，諮商師的非口語溝通之展現，便會自然地傾向於搭配對當事人發言的內容，而以一個統整的狀態呈現。在此同時，晤談的過程也將會獲得四個重要的結果：(1)諮商師能很快聚焦在當事人參照架構上的某些重要環節；(2)將會阻止諮商師養成評估當事人話語的習慣，而能更尊重與理解當事人所言；(3)可預防過早從傾聽者的觀點來解決問題，並能轉為協助當事人擴大知覺並探討各種解決之道的可能性；以及(4)諮商師將會仔細傾聽當事人在乎的事，或對當事人的處境表達自然同理，而不會只是忙著使用 SFBT 的相關技巧，反而導致當事人對諮商師產生不滿（De Jong & Berg, 2007a, 2012）。

（三）自然同理的態度

Carl Rogers認為，諮商師需具備的特質之一是「正確同理性（empathy）的了解」，係指諮商師要能進入當事人的主觀世界，深入地了解他的感受，與當事人同在一起；其目的是鼓勵當事人更接近自己，更深、更廣地去感受，並能確認和處理存在於內在的不一致（修慧蘭、鄭玄藏、余振民、王淳弘譯，2013）。亦即，一般助人諮商認為，當事人的情緒乃和當事人所說的內容同等重要，而情感反映是助人中最重要的技巧之一，因其可幫助當事人指認、

澄清和表達感受，並讓當事人深入探索其感受，同時也成為建立關係的必備原則，如此，晤談才能繼續前進以解決他們的困擾（林美珠、田秀蘭譯，2000）。

然而，SFBT 對於前述想法則有不同的意見。SFBT 認為，針對當事人的情感進行詳細的對話或可促進同理，也可提升彼此間的正向關係，但是，SFBT 並不認為應該將情緒獨立於認知與行為之外，也不應視情緒為問題的肇因；因為，一個人的「知覺」是整體的、有其道理的、有其脈絡的（de Shazer & Miller, 2000），而獨立探討情緒可能會增加諮商師專家角色的解釋，強加於當事人的困境和解決方法上，創造出傾向於視情緒為導致當事人困境的對話脈絡，而此，將會限制合作關係的建立，並阻礙當事人進行擴展建構解決之道的知覺（許維素，2011b）。

SFBT 諮商師傾向採用自然傾聽之「自然同理」（natural empathy）態度。「自然同理」是表示傾聽者已經留意到發言者所描述的內容，但是以一種更真實、更表達關心對方的方式來回應之，例如：在當事人敘述她的丈夫不願意回家吃晚餐而讓當事人苦惱時，諮商師的回答為：「噢，不！」、「當然！」——即有如一般人在傾聽時的自然反應。之後，SFBT 諮商師便會開始探索當事人想要有些什麼不同，或者協助當事人可以做些什麼來啟動他的優勢之處，以開始建構解決之道（De Jong & Berg, 2007a）。

換言之，SFBT 認為諮商師的同理心，是穿透當事人生命的經驗，並專心傾聽當事人的一切；對 SFBT 而言，自然同理不是一個單獨的技術，而是持續貫穿於整個晤談過程中的一種專業態度與能力。所以，在 SFBT 的晤談過程中，諮商師會展現對當事人情緒的接納與理解，但是，不會特別重視負面情緒或語言的反映，反而是強調對當事人「整個人」及「全體知覺（含情緒）」的同理與理解。亦即，SFBT 強調的是，諮商師能夠進入當事人認知、情感與行動的整體主觀世界，將其反映出來，但不會陷在當事人的困難與情緒裡，或予以大量停留探討（許維素，2011b）。因為 SFBT 認為，諮商師的同理，的確會影響到「理解基礎」的建立及諮商關係的發展，但是，並不一定與當事人的改變有著絕對的相關。

（四）一般性與明確性的回應

身為傾聽者，SFBT 諮商師於對話中的角色，還包括給予一般性的回應（general response）與明確性的回應（specific response）（Bavelas et al., 2010）。一般性回應是指不特別明確的說話內容，如說「嗯哼」、「好」，或者點頭，在晤談大多的時候都是很合宜的反應。明確性回應指的是，在某一特定時刻，如當事人的樣子是重視的、放鬆的、退縮的、用手勢時，諮商師緊接著當事人所說的內容而發言，而這段發言在特定的時刻是合適的，但對別的時刻則不見得合宜。對 SFBT 而言，當事人的目標、例外、一小步、進展，常是明確性回應的重要向度，例如：

當事人：「我有做了一些改變了。」
諮商師：「有改變啊！」（驚喜的）

有時，諮商師會把一般性回應放在一個明確性回應中，這可用來表示同意（如「這是一定的！」）、表示聽到（如「你有四個孫子要照顧啊！」），以及表示了解（如「喔，原來如此！」），或如：

當事人：「我的孩子想自殺。」
諮商師：「嗯哼！」（很用力地，並關懷地注視當事人）

SFBT 研究顯示，一般性與明確性的回應需要緊緊跟隨著當事人敘說內容的軌道，諮商師也會跟著彼此眼神的注視與觀察當事人的非口語訊息，而自動調整這些回應的方式。若諮商師沒有做出一般性或明確性回應時，有時甚至會瓦解當事人這位發言者的敘說歷程，足見此二者之重要性（Bavelas et al., 2010）。

活動 BOX 1-5：何謂傾聽？

進行方式：

1. 於訓練課程中，請諮商師兩人一組，一人扮演發言者，一人扮演傾聽者，進行一個實驗活動。

2. 先請發言者自由發表一個主題約二分鐘，傾聽者則故意做一些反應與動作（如打呵欠、打斷等），而讓發言者有「講不下去的感覺」。

3. 時間到時，兩人交換角色。

4. 兩人小組討論：「什麼行為會破壞談話的進展」，並進而討論：「何謂傾聽的表現」。

5. 課程帶領者整理與補充「諮商中的傾聽行為」，並介紹 SFBT 特別看重的自然同理、一般性與明確性回應。

6. 接著，再進行另一個實驗活動。請發言者表達一個主題約三分鐘，而扮演傾聽者需要表現出自然同理的傾聽行為，並且在聽發言者說話時，以一般性及明確性回應的方式來表示自己的專注。

7. 時間到時，兩人交換角色。

8. 之後，兩人小組討論：「對於第二個實驗活動過程有何感想？」、「這樣的傾聽行為有何效果？」並再針對這個實驗活動的其他過程與感想，提出分享與疑問。

9. 課程帶領者彙整小組的討論內容，並整體回應之。

二、形塑

　　形塑（formulation）一直真實地發生在人們日常生活的對話當中，常是隱晦或未被注意的，除非雙方發生爭執。形塑是指：「就發言者剛才所講的內容，傾聽者加以描述、說明、闡述、轉譯、摘要之，或者予以特徵化、歸納之」，常接在「所以、你的意思是指、你剛講的意思是、換句話說」等字句之後。亦即，形塑即為諮商師針對當事人的說話內容，選擇性地去談論或

發表回應。在心理治療晤談的對話中，形塑是被諮商師有意識地在進行著。形塑的反應並不是一般自然的溝通反應，而是一個想要去推動或製造「改變」的選擇，因而不可避免地，形塑勢必會「轉化」（transform）原本發言者的表述，例如：省略發言者表述中的某些字、保留某些內容，甚至對保留的內容做一些修正或增加一些新的用字與意義（Bavelas et al., 2010）。這些語言的組合，將會具有暗示性，並把對方置於特定的位置上（Nelson & Thomas, 2007）。換句話說，諮商師的回應常保留當事人所言，但在保留的同時，也刪除了另一些發言的內容，以致於在傾聽者回應中所呈現的訊息，已然「轉化」了當事人所說的內容，修改了當事人描述的主體及其描述的方式，進而會擴大了當事人的知覺。此外，有時諮商師轉化當事人表達的程度並不多，有時卻會轉化很大的程度，而這些轉化的內容與程度，將會反映出不同諮商取向認為「什麼才是對當事人有幫助」的獨特重點或其他特定假設（De Jong & Berg, 2012）。

若以 SFBT 的形塑重點為例：

當事人：「我來談是想要處理我酗酒的問題，這問題搞了我很久了。」
諮商師：「哇，你現在願意處理酗酒這個問題，這是很不容易的。」

又例如：

當事人：「我之前一直陷在這件事裡。」
諮商師：「所以，是指現在已經走出來了？」

這些例子很明顯地不同於其他取向可能會選擇性地優先探究「這問題『搞』很久」以及「之前『陷』在這件事裡」的字義、情況及痛苦感受。

然而，SFBT 諮商師在進行形塑時，需要去彙整當事人所言，但又需要保持其原貌，而不分析或過度剪裁，其實存在著一個很高的難度（Korman, 2011）。

不同於多數關於晤談文獻跟隨著 Carl Rogers（1957, 1961）強調晤談技術是「反映性的」（reflective），認同語言心理學及溝通領域研究論點的 SFBT，反而認為晤談的技術更是具有「選擇性」（selective）及「轉化性」（transformative）（引自 De Jong & Berg, 2012）。在形塑的意圖下，摘要（summarizing）、簡述語意（paraphrasing）、一般化（normalizing），以及重新建構（reframing），即是常見的幾種具體諮商技巧。

（一）摘要

透過一般諮商晤談中的摘要技巧，可讓當事人確定諮商師的確是仔細在傾聽，同時，也讓諮商師確認自己是否確實聽懂當事人所說的內容，並將當事人之前所說過的話做一番整理與連結。在 SFBT 晤談中，於當事人訴說一個段落並獲得當事人描述部分故事細節之後，諮商師亦偶爾會用摘要來複述與整理當事人的想法、行動及感覺，以提供當事人修改諮商師知覺的機會，並促進當事人自身的反思。在進行摘要時，諮商師需要使用當事人的字詞和說法；這不僅是一種尊重，也是盡可能了解當事人參照架構的方法之一。尤其，當諮商師是以開放的精神來描述和提供摘要時，常能產生邀請當事人說得更多的效果，因為摘要技巧本來就具有反思性效果，亦是一個能讓當事人決定如何繼續描述其經驗的有效方法（De Jong & Berg, 2007a）。當然，摘要也將會幫助諮商師以當事人剛剛所表達的內容為基礎，形成後續的下一個問句。

（二）簡述語意

簡述語意即是重複當事人表述話語中的重點，好讓當事人有加以闡述的機會，但是簡述語意又不像摘要技巧一樣，會打斷當事人的思緒而進行整理。SFBT 認為，簡述語意的方式與目的，乃與摘要相類同，但又比摘要簡短，可用來簡化和澄清當事人的話語，以回饋當事人話語中的本質。因此，透過簡述語意，SFBT 諮商師不但能對當事人表達傾聽與尊重，也能跟隨著當事人的參照架構來工作，並可因此建構出解決之道（De Jong & Berg, 2007a）。

然而，Carl Rogers 在個人中心學派中，強力主張晤談過程要多使用摘要技巧，但是 SFBT 則認為偶爾使用摘要技術即可，甚至認為摘要是適合初學者使用的技巧，因為經驗豐富的 SFBT 諮商師反而會採用較多的簡述語意（類似於前述明確性回應），而只使用較少的字詞去展現他們對當事人的細心傾聽與自然同理。

但是，無論是簡述語意或摘要，SFBT 都非常強調諮商師需要以當事人的關鍵字與整體知覺為基礎，而非以諮商師的語言來詮釋當事人的故事，如此，才能發揮真正同理、理解以及形塑的效果。

活動 BOX 1-6：傾聽的回應

進行方式：

1. 於訓練課程中，請成員三人一組，並分別命名為 A、B、C。A 敘述個人經驗故事，C 負責觀察，B 則於合適時機給予回應，並以下列重點為主，進行十五分鐘。

   · 注意與反應何人、何事對當事人是重要的，例如：「對你來說，很重要的是（你看重的是）……」、「你希望能發生改變（有所不同）的是……」。

   · 注意哪些關鍵字是對當事人重要的，並加以探討與確認其意義。

   · 不定時使用摘要與簡述語意。

   · 讚美當事人的優勢、成功與難得之處。

   · 表示理解當事人的困難。

2. 於結束後，C 給予回饋。三人亦可自由討論與分享。

3. 課程帶領者針對 SFBT 的傾聽、理解、同步、自然同理等原則之看重予以強調，並討論前述方式可以如何催化當事人朝向解決式談話的發展（De Jong & Berg, 2007b）。

（三）一般化

在當事人談論問題與負向情緒時，SFBT 諮商師有時會選用一般化技巧來回應當事人，使當事人得知所處的困境及其反應（特別是情緒反應），是一般多數人皆會發生的情形，為常態性的一種展現，或者只是發展階段中一種常見的暫時性困境。一般化的展現，將會讓當事人能將其困擾視為生命中預期的挑戰，而更能接受其情緒反應是其來有自的、有其道理的，甚至會覺得自己並不是那麼孤單或特異；亦即，一般化將能促使當事人對他們的困難產生「去病理化」（depathologize）的思維（許維素，2011b）。

SFBT 諮商師在使用一般化的技巧時，常引用「當然、自然、可以了解」、「像大多數、是典型的、難怪」等用字。諮商師也會將當事人所說的內容以「過去式」、「階段化」、「暫時性」的用詞加以回應，例如：

「你『曾經』想要動手打他。」

「於『目前』這個階段，一般人都不容易熬的。」

「『暫時』『尚未』找到工作，讓你難過。」

這些一般化的用詞乃暗示，現在的負向感受將會成為歷史或已經成為歷史，或者目前的狀況仍是有可能會有所變動，因為改變是一直在發生的。又或者，諮商師會將當事人以為的負向事實改為「主觀」的「部分」覺知，例如：加上「是你說的」、「似乎」、「看起來」、「變得」、「感覺上」等字詞，而非「你就是」的語詞，以去除絕對性。甚至，諮商師也會把當事人所用的強烈性、擴散性、絕對化的字眼，配合著當事人表述的內容，轉換為嚴重程度較低的詞彙、發生比例較少的用字，或者是較為明確具體設定的範圍，例如：諮商師可能回應：「這樣的事情常『令人』害怕」而非「這樣的事情『令你』很害怕」，或者「離婚這件事對人們的生活都會有很大的影響」，而非「你深陷於離婚的動盪中而難以平穩自己」；又例如：

當事人：「我考試考壞了，我真差勁，我很痛苦、快活不下去了。」

諮商師：「上次考試考得不盡理想，讓你目前對自己的成績感到不滿意，也覺得十分難受。」

再例如：

當事人：「我一直找不到工作，無法養家，真不是個男人！」

諮商師：「現在尚未找到工作的情況，讓你目前在身為男性角色上特別感到挫折。」

綜言之，一般化技巧暗示著，當事人一切的負面感受是可以理解的、是暫時性的、是仍可改變的狀態、是針對某些特定情境而非生命全部。當然，諮商師於回應一般化時，仍必須符合當事人所描述的故事情節，以及當事人個人的情緒脈絡，同時也要能理解地回應當事人所感受的強烈程度。亦即，面對當事人的強烈情緒時，SFBT 諮商師會使用一般化的技巧來幫助當事人減弱害怕自己過於特異獨行的恐懼，不過度擴散其情緒的效應，但是，對於當事人負向情緒的程度，仍同時是有相對應程度的回應支持，且展現著尊重接納的態度。

活動 BOX 1-7：SFBT 對話的態度

進行方式：

1. 於訓練課程中，請成員三人一組，代號分別為 A、B、C。A 與 B 對話十分鐘，A 負責敘述個人經驗故事，B 的回應則都以下列「甲版」的開頭語句為主，C 則予以觀察。

2. 之後，請 A 繼續就原故事與 B 對話，而此次 B 的回應開頭語言改為「乙版」；C 則對 A 於兩段對話中的反應差異，進行觀察。

3. 最後，三人進行活動經驗的分享，並討論：

   (1)甲乙版本語言型態所反應出回應者態度的差異為何？

(2)於傾聽及建立共同理解的基礎過程中，B 角色的困難、常出現的「甲版」反應（如：易置入個人假設），以及 A 認為所訴說能有「被聽見」的原則為何（如：如何顧及 A 所說的情緒強度）？

(3)將乙版與 SFBT 尊重接納當事人之語言表達模式進行相關連結與討論。

甲版	乙版
·你怎麼會……	·原來你是……
·但是／不過……	·難怪你會……
·是的……但是	·是的……而且
·我覺得你是……	·我了解到……
·我不認同……	·我同意你說的……
·我認為你應該做○○對你最好	·我不太確定，如果你去做○○是否會比較好，你覺得呢？

甲版

A：「我很氣我爸媽假日不讓我打球，要我讀書。」

B：「我覺得讀書對你也很好啊。」

A：「他們說話不算話。」

B：「但是他們也是關心你啊。」

乙版

A：「我很氣我爸媽假日不讓我打球，要我讀書。」

B：「原來你是氣這件事情。」

A：「他們說話不算話。」

B：「我了解到你希望你父母守承諾。」

（四）重新建構

重新建構即是用另一個新的正向語言與觀點，來重新看待與詮釋同一個問題。舉凡某行為背後所反應出當事人的特質、優點、能力、資源、動機、

意圖、努力、本意，或某事的意義與功能，都是重新建構的向度，例如：一個喜歡控制的人，往往是一個很有計畫與架構性的領導者；一個青少年的違抗行為背後，也有開始獨立思考的發展與行動的勇氣。亦即，重新建構即是諮商師將當事人所描述的事件，重新賦予新的正向意義，或是特別強調與反應其中的某些正向價值與個人目標，而促使當事人看到自己真正看重與在乎之處，形成新的解決方法。當然，重新建構的表述，仍需要被當事人所認同，也需要符合心理健康與社會規範（許維素，2011b）。

於重新建構中，常用的中文語言結構至少有五種：

1. 「雖然（負面）……，但是（正面、可貴、難得）」，例如：「雖然你成績不及格，但看到你很努力」、「雖然你一直在擔心你的孩子，但也從這裡看到你十分關心孩子」。

2. 「我不確定……，但我確定……」的語句也是常用的一型，例如：「我不確定你的孩子是否能馬上變成你要的樣子；但我確定的是，你希望孩子擁有一個好的未來。」

3. 「至少」、「起碼（沒更糟）」的語句檢索，將容易看到正向價值，例如：「至少你的孩子會跟你說他有這樣的交友煩惱」或是「你的上司雖然對你不滿，但起碼他目前沒有採取任何行動」。

4. 最重要的是，從當事人的抱怨與強烈情緒中，去發掘其正向的意義及其在乎之處，例如：「從你對先生過世的痛苦中，看到你們很深的感情」、「從你對你父親的不滿中，看到你好像很期待他能認同你」。

5. 「你一定有一個重要的理由」之信念，是諮商師探問「某些不當行為的背後動機」之重新建構態度，也是一種直接回應當事人的方向，例如：「原來不上學是你用來保護自己不再被同學欺負的方式。」

SFBT認為負向情緒的同理，有時反而易使當事人更加深陷於痛苦之中，而難以採取有效行動。以重新建構來辨識、認可及肯定當事人各類情緒背後的正向意涵，將能轉化當事人的負面情緒。一般化與重新建構往往會帶給當事人新的觀點，當事人的負向情緒也會有所減緩；並且在當事人的情緒被理解接納後，這些負向情緒將可轉化成為有效能的改變行動力，而帶動出不同

的情緒狀態與行動策略；尤其，當諮商師能以重新建構釐清當事人真正在意之處，或者在考量了當事人負向反應背後的正向性之後，當事人的目標設定與解決之道，將會更為彈性與多元（許維素，2011b）。

活動 BOX 1-8：維持停留在當事人的脈絡中

進行方式：

1. 三人一組，一人扮演 SFBT 諮商師，一人扮演當事人，進行十分鐘的晤談。第三位成員擔任觀察員，記錄晤談內容。

2. 擔任當事人者，以抱怨的方式描述目前的情況，並盡可能含括以下六個重點，即使不是以正向的方式敘述：
   - 帶來的問題。
   - 想要改變的目標。
   - 晤談前的改變。
   - 例外與資源。
   - 進步。
   - 下一步。

3. 諮商師在不知當事人故事內容的情況下進行晤談。觀察員則儘量以當事人的語言來記錄重點。

4. 之後，諮商師與觀察員則分別根據前述六個重點，各自彙整與分享。

5. 三人討論諮商師及觀察員的彙整向度、內容與語言，是否與當事人所描述正確，何以有差異；進而，三人亦探討，若想要以這些向度精準彙整時，所會面臨的挑戰與突破之道為何。

三、代表性問句

（一）未知態度的開放式問句

在一般助人歷程中，諮商師需要適時提出適當的開放式問句（open questions），以蒐集資訊並具體了解當事人所言的內容與處境，同時也讓當事人有機會澄清或探索其想法和感覺，而不只是被動地獲得一個明確的答案（林美珠、田秀蘭譯，2000）。當然，諮商師要避免一連串問太多的問句，因為這會給當事人一種被詢問、被挖心事的感覺，而使當事人減少自我開放（林家興、王麗文，2000）。

除了傾聽、建立理解基礎以及使用形塑，SFBT 諮商師的工作當然也包括提出基本的開放式問句。於 SFBT 晤談中，一開始，諮商師除了會想了解當事人選擇來晤談的期待，也仍會需要了解當事人來談議題的概況，所以在理解支持的態度下，諮商師仍會簡易的詢問：發生什麼事情？何時開始？持續多久？出現的頻率有多少？做了什麼處理？周圍的人誰注意到？誰說或做了什麼？影響是什麼？何以這會是一個問題？周圍的人同意否？當然，有時當事人在描述來談議題或回答諮商師的其他問題時，就已經回答了一些背景資料的問題，仔細傾聽的諮商師，則可選擇必要且重要的問句，再邀請當事人確認或回答。

不過，一般助人過程對開放式問句的定義十分之多，但卻沒有一個定義能全然符合所有情況。而 SFBT 最有興趣的是不設定答案之「未知態度的開放式問句」，以能獲得提問的諮商師尚未知情的訊息；但是，SFBT 並不認為，開放式問句僅僅是為了資料蒐集而已，開放式問句還會開啟當事人與諮商師一個相互作用的序列，即提出問句及回答的這些行動，將會共同影響並建構晤談的對話歷程。

這是因為開放式問句通常包含了：提問者一個未言明的聚焦焦點之強調，以及符合某些假設的預設立場；在當事人回答問句時，便會就這個預設立場去思考相關經驗，也間接地接受了問句中的預設立場，進而影響當事人、雙方互動、晤談聚焦層面，以及未來發展方向。通常當事人不會去挑戰這個預設立場，於是當他們在回答開放式問句並抽取舊有經驗時，會依據該問句的預設立場，以不同的組織方式來呈現，甚至會創造了不同的意義及新觀點，例如當諮商師詢問：「我知道這一週，跟之前一樣，會讓你上班時覺得難受。不過，有特別注意到，在這一週當中，除了上班外，何時你覺得是好一點點

的？」此時，諮商師會讓當事人聚焦的是：「這一週、除上班外、是好一點點」等重點，一旦當事人能回答時，他便能接受問句中設定有較好時刻的預設立場，並注意到這個較好時刻的存在，而此較好時刻的相關資訊，也能進入晤談互動之中了。當然，當事人握有回答問題的主權，針對特定預設立場的問句，有可能給予不同於問句方向的答案；雖然如此，當事人不跟隨問句的答案，值得讓諮商師整理與思考，何以這樣的問句方向讓當事人會聯想到這些資訊，而成為更為理解當事人主觀世界的機會。所以，當對話持續下去時，諮商師與當事人的問與答內容，也會繼續成為諮商師與當事人之間建構新的、共同的「理解基礎」（Bavelas et al., 2010; Hearling & Bavelas, 2011）。

在傾聽當事人的敘說後，特別是當事人的敘說開始有所重複時，在前述基本諮商技巧與態度的原則下，SFBT 諮商師常會向當事人表示，此時或可開始進行不同方向的思考，而開始大量運用「改變導向」（change-oriented）、具預設立場的問句來加以引導，以讓當事人的注意力能放在之前未曾注意到的經驗。SFBT 諮商師提問的開放式問句之引導方向，往往不同於問題式談話，除了沒有直接給予建議與方法的意圖之外，也將會產生辨認、開啟及強化「可能性」的效益；透過這些問句，當事人將會敘述與建構出不同的故事敘說，甚至發展出不同的行動（Korman, 2011）。形成 SFBT 各種問句最簡單且重要的通則是：從當事人最後或較早的回答內容中，來形成與選擇下一個問句；當然，諮商師的提問也需要在前述整體的「理解基礎」以及基本元素、技巧的考量下，才得以發展出下一個合適的問句（Bavelas et al., 2010）。亦即，SFBT 諮商師所提的問句，將顯示其是否有理解與接納之前當事人所說的內容，同時也會反映出諮商師是否一直在判讀、選擇、形塑新問句的狀態。尤其，持未知態度的 SFBT 諮商師相信：在當事人回答問題之前，諮商師不可能知道所問的問句究竟意義為何；所以，諮商師便需盡可能關注當事人的回應，在避免重複提出相同問句的同時，也能後續提出合宜的問句（de Shazer et al., 2007）。

當然，在 SFBT 中使用問句的最大意圖，是想發揮前述 SFBT 的精神與哲理，所以諮商師需要謹慎地考量、判讀、選擇適合的技巧及運用時機。最

重要的是，諮商師需要在發揮共同的「理解基礎」下，以及併入當事人的關鍵用字，來提出問句（Macdonald, 2011），如此，將會創造出當事人與諮商師共構的語言體系，當事人也能體會到諮商師對他的接納與理解，甚至是擁有一種被佩服欣賞的感受；這不僅能使晤談關係更為堅固，也會使當事人更願意跟隨著諮商師問句而投入思考與回答。同時，SFBT 諮商師將會置自己於「身後一步引導」的位置，一方面嘗試理解當事人，並確認自己對於當事人理解的正確與否，另一方面還會思考著如何讓當事人於回答問句的同時，能夠產生自我賦能的效益。

（二）代表性問句的類型

為人耳熟能詳的是，SFBT 各種具代表性的焦點解決問句，包括：成果問句（outcome question）、奇蹟問句（miracle question）、假設問句（suppose question）、例外問句（exception question）、差異問句（different question）、因應問句（coping question）、評量問句（scaling question）、關係問句（relationship question）、讚美（compliment），以及追蹤問句（follow-up question）。這些 SFBT 代表性問句的形成與貢獻，是促使諮商師能協助當事人建構解決之道的基礎方法（陳郁珊、黃淑賢、鄭瑛瑋、謝蕙春、許維素譯，2007；De Jong & Berg, 2007a; Walter & Peller, 1992）。

以下簡介 SFBT 各代表性問句的定義與例句；這些問句除了可以單一提出外，也可以加以彈性組合變化之。當然，由前述可知，SFBT 的問句雖然看起來簡單，但在實際運用上，乃需要十分貼近當事人的整體主觀知覺，注意語言的選用及其暗示性，並需服膺前述 SFBT 的種種精神與架構，才能得以選擇與形成出合宜的問句，而發揮良好功效。

1.成果問句

成果問句是 SFBT 諮商開場階段常會使用的技巧，以理解當事人的來談動機與期待，並引導當事人開始朝向正向、未來及解決導向的晤談方向，例如：

「今天你覺得我們討論什麼主題，對你是最重要的？」

「今天你來到這裡，你希望我可以如何對你有所幫助？」

「要讓今天的晤談真的變成一個有效果的晤談，需要討論什麼事情？」

「今天晤談結束後，如果你獲得了什麼，會使你覺得來晤談的這個決定是值得的？」

「在晤談後你的生活如果有什麼改變，才會讓你覺得來這裡晤談是一個好主意？」

「你如何知道自己何時不必再來接受諮商？」

2.奇蹟問句

奇蹟問句給予當事人深層的相信與想像：他們的生活是可以改變的；而此，將能鼓舞當事人擁有希望，也讓當事人願意思考改變可能的結果及好處。奇蹟問句特別能在尊重當事人的問題強度下，使當事人戲劇化地從談論問題轉而開始聚焦思考解決之道，甚至還能幫助當事人形成願景與具體可行的目標。必要時，奇蹟問句可採用當事人世界中的特殊語言（如仙女棒、水晶球、廟裡的籤詩），而讓當事人更加理解與接受。

奇蹟問句引導當事人進入想像：當問題已經獲得解決時其所欲偏好未來（preferred future）的美好、細節，以及正向影響為何；之後，再結合其他問句帶領當事人思考如何由目前的處境向此願景靠近一步。奇蹟問句的探問不只包含了當事人目標的建立，也包含如何達成目標、生活會有什麼樣的改變、其他人如何發現、如何確定改變已經發生、他人會因而有何不同或如何對改變塑造意義。亦即，奇蹟問句不只是為了要讓當事人說出「美夢成真」的奇蹟為何，也想知道當事人認為何時諮商可以結束，進而探索、辨識和形成的具體諮商目標，以及了解可能影響目標達成的因素，例如：

「你的想像力好嗎？我要問你一個奇怪的問題。（停頓）今晚你回家睡覺時，有一個奇蹟就這麼發生了，你帶來這裡的問題就解決了。（停頓）由

於你在睡覺，所以不知道奇蹟已經發生。當你隔日起來，你會注意到什麼，便知道奇蹟已經發生了？」

「當奇蹟發生後，你的家人會看到你有何不同？」

3.假設問句

以假設性語句（「如果」之詞）探問當事人在「未來」的某特定情境下可能的想法與作為，特別是關於當事人偏好的結果或達成目標時的情景，而非針對過去已經發生或既存的事實予以假設。透過假設問句來形成當事人期待的目標及願景，所產生的目標會是當事人想要的目標，而不是諮商師認為他「應該」擁有的目標。此外，若當事人很難用正向的角度來看待問題或想不到例外時，諮商師也可以用具建設性預設立場的假設問句來創造可能性，例如：

「如果有一天，你走出了外遇的陰影，你會看到自己過著什麼樣的日子？會跟現在有何不同？」

「當問題已經解決時，你會如何得知？」

「如果我是你家牆上的時鐘，當你們家已經改變時，我會看到你們在做些什麼事情？」

「如果我問你的太太，她會認為如果你有了什麼改變，會對你、對這個家是有幫助的？」

「在你的生活中，誰會最驚訝你有這個改變？誰最不會驚訝？怎麼說？」

「當事情有所改善的時候，你第一個會注意到的訊號是什麼？」

「如果你已經開始往解決的方向前進時，你的生活會出現什麼訊號？」

4.例外問句

例外問句引導著當事人去看到問題不發生或比較不嚴重的時刻（如發生時間較短、次數較少的時期），並探討這些時刻是如何發生的，以能開發過

去成功的解決方法，進而判讀可否運用於現在的困境解決。能達成當事人所欲目標的相關例外及最近的例外，是特別值得重視的。除了連結例外以達成目標之外，「多使例外產生」，也可能會是當事人想要追求的一個方向。

　　例外問句促使當事人有意識地注意與參酌自己過去的成功之法，而讓當事人從注意問題的嚴重性，轉而思考問題可以如何解決的可能性與具體策略，進而提升當事人的自信心與賦能感。當有例外發生時，諮商師記得要詢問足以促發例外的人、事、時、地、物等有用資源與互動細節歷程，並且適時摘要、重複提醒當事人的優勢與成功之處，例如：

　　「過去什麼時候，你們夫妻是像你們期待的那樣，比較能平心靜氣地討論孩子的事情？」

　　「那時是怎麼發生的？」

　　「以前有沒有遇過相似的困難？你那時是如何處理的，而讓情況沒有變得更棘手？」

　　「你還做了哪些有幫助的事情？」

　　「你認為你應該繼續做些什麼，才能讓這些小小美好的事情繼續發生？」

　　「跟最近的日子比起來，你如何得知你擁有了比較美好的一天？」

　　「別人又注意到你已經有何不同？」

　　「當這些（例外）更常發生時，你的生活會有什麼不同？」

　　「這會是你想要的嗎？」

　　SFBT 諮商師也常在初次晤談一開始時，特別探問當事人於預約晤談後到第一次來談期間，在面對問題時已有的自發因應行為，即所謂「晤談前改變」（pre-session change）的例外；由於這些例外是在預約諮商晤談之前發生的，這樣的探討將使當事人更加倚重自己的力量，而非諮商師，例如：

　　「你有沒有注意到，在你預約後到現在來談的這段期間，家裡已經發生了些改變？」

「你們是怎麼做到的？」

「這些改變會是你想要繼續維持的嗎？」

5.差異問句

　　差異問句邀請當事人思考與回答：在目前現況與例外經驗之間，或者在目前現況與美好願景之間，關於「有何不同」的差異細節，以使當事人在詳細對照之下，能夠找到適用於目前可以開始行動的次目標或具體策略，並激發希望感。此問句常接在奇蹟問句與例外問句的使用之後，例如：

「你過去能認真平靜念書的時候，跟現在的情況有什麼不一樣？」

「你是如何發現有這樣的差異？」

「你覺得在奇蹟發生後的景象，會與你目前的狀況有什麼不同？」

「奇蹟發生後，你就可以做什麼是現在不能做的，或者，就可以不用做什麼是現在不想做的？」

6.因應問句

　　因應問句是指，詢問當事人一些很小的、被視為理所當然的行動與動力是從何而來，特別是當事人針對問題情境的自發因應與處理。因應問句能在同理支持當事人感受的同時，又激發當事人看到自己已在發揮的能量，以及目前走過困境的小小有效方法，而此即為可優先多加運用之處，以使現況不至於更糟。因應問句亦可邀請當事人從困境的關注中，轉移注意力至確認自己如何能持續承受或對抗此一困境的種種優勢，而減少被困境擊垮的挫折感，例如：

「在最近因為失戀心情不好的狀態下，你都是怎麼讓自己還能夠去上班的？」

「我很好奇，在維持婚姻這麼辛苦的過程中，是什麼力量支撐你走過來的？」

「你採取了什麼步驟，讓事情沒有變得更糟？」

「在這麼不樂觀的情境下，你們怎麼能夠做到不放棄努力？」

7.評量問句

　　評量問句以 0 分（或 1 分）至 10 分量尺，請當事人就其經驗進行評量。諮商時，常將大的願景或正向目標的描述置於 10 分的位置，詢問當事人目前的現況所在分數，對照兩者差異，並詢問再進 1 分後與現在的不同，以及如何邁進 1 分的方法。當然諮商師也可配合易懂的圖片（如臉譜、線條）來變化應用評量問句。

　　當事人內在特定感受與態度、在乎之處、已經做到之處、自信勇氣與動機程度、與人的關係親密程度、不同時期的特定狀態、行動選項的適合度或可行性、必要的生命安全性評估，以及身邊不同重要他人對同一評量向度的差異觀點，都可幫助當事人捕捉意念、表達自己、擴大知覺，特別能協助年幼或不易表達的當事人。

　　評量問句促使當事人與諮商師覺察與了解，在問題情境與解決方案之間並不是非黑即白的二分法，而是一個連續的線段，如此將能協助當事人發現已經做到或擁有的例外，並得知希望如何進行下一步的方向與行動。進行評量時，要使評量的過程配合當事人的表述與經驗，並為當事人易懂、易操作的形式，例如：

　　「以 1 到 10 分，10 分是你剛說的，奇蹟發生後，你能平靜充實過日子的樣子，1 分則是相反的狀況，那麼你覺得現在自己在幾分的位置？」

　　「何以能在這個分數，而不是更低的分數？」

　　「若再進 1 分時，會跟現在有什麼不同？」

　　「你覺得需要什麼才能夠再進 1 分？」

8.關係問句

　　與人連結會使人產生價值感並提高尊嚴。關係問句是找出當事人的重要

他人，並將其含括至當事人人際互動脈絡中的一個問句。常見諮商師使用關係問句來探問當事人生活中的重要他人，對當事人或對特定事物的觀點、期待，以及對當事人的肯定與鼓勵；因而，關係問句會激發當事人的現實感與外在資源，並能在人際互動觀點中，思考生活情境中自己與別人想要的不同，進而啟動目標與解決之道的產生。亦即，關係問句有助於在「當事人想要的目標」、「願意去做的目標」，以及「別人對他的期待要求」之間取得平衡。有時，對於特定當事人，關係問句可以提供當事人與諮商師之間一個安全距離，因為當事人可以不用先談自己的看法，而是先說出別人的意見，例如：

「如果你的爸爸在這裡，他會說你在工作中的什麼表現，讓他以你為榮？」

「如果我詢問把你送來輔導室的老師，他會希望你至少有些什麼改變？」

「如果我問你的好朋友，他們會對你的處境提出什麼建議？」

「如果你的老闆看到你有什麼不同，就不會再找你麻煩了？」

關係問句也可與循環問句（circular question）結合之，以促進當事人發現人際互動之間的相互循環性，且更能了解重要他人（如配偶、孩子）有其不同於自己的獨特特質、想法、需求或立場，例如：

「你說你要有耐心地跟老闆溝通，那是指什麼？要如何做？」

「從你老闆的眼中，會看到你有什麼表現？」

「他會覺得跟以前的你有什麼不同？」

「當你的媽媽改變時，你會因此有何不同？」

「你媽媽會如何得知你改變了？」

「你又會如何注意到你媽媽已經察覺到你有改變了？」

「如果問你的女兒，她會說住在家裡的安全度會有幾分？」

「她會認為到幾分左右她才願意回到家裡？」

「妳覺得以她的角度，妳與先生的關係有何改變，才可能增加她的安全度？」

「你另一個孩子會說，若你做什麼，可能對你的女兒有所幫助？」

9.讚美

讚美主要是針對當事人執行對他自己有助益或有助於朝向目標達成的行動。讚美應是以「現實為基礎」（reality-based），並依據當事人表述與經驗而來。讚美應是一種讓當事人可以選擇接受與否的、非評價式表達。讚美可以結合假設問句、關係問句進行間接讚美，或以振奮性引導（cheer leading）使當事人自我讚美之。除了直接讚美外，諮商師所給的最有效讚美，是透過提問問句，讓當事人在回答過程中，吐露自己的能力、自覺與善意，同時更為意識化成功的方法，並提升個人自我價值，例如：

「如果有一天你的孩子長大了能說話了，他會最感謝你這段時間為他做的是什麼？」

「他會怎麼說？」

「你又是如何能為他做到這些？」

「你怎麼能夠在同事惡意批評你時，還是很冷靜地、就事論事地與他們討論？你是怎麼做到的？」

10.追蹤問句

若當事人找到願意嘗試的特定方向時，諮商師會繼續追問如何具體執行行動的細節；或者，諮商師會積極引導當事人，如何將晤談過程所得持續運用至平日行為或結束晤談後的生活中，以強化當事人日後的行動執行力與落實性，例如：

「你在害怕的時候能夠提醒自己要深呼吸，這真的不容易啊！你是怎麼做到的？」

「你日後如何提醒自己繼續維持這個方式？」

「如果別人看到什麼，就知道你的改變是繼續維持的？」

「如果你的改變能繼續維持，對你的生活會有什麼不同的影響？」

「未來如果發生什麼，你就知道自己的這些經驗都是值回票價的？」

「日後你如果看到什麼，就會知道自己一直維持在進步的軌道上？」

「看到什麼就知道自己又進了一步？」

「其他人又如何知道？」

「對於晤談的收穫與改變，你會如何繼續運用在晤談結束後的生活中？」

「需要什麼才能使這些收穫與改變效益發揮到極致？」

11.還有呢？

「還有呢？」（What else？）是一個看似普通但卻非常重要的問句。一旦諮商師與當事人確認與探討了奇蹟、例外或進展的存在時，要記得再多接著詢問幾次「還有呢？」當事人在持續回應這個問句時，將會發揮聯想力，平行擴大思考，往往會帶出一連串的記憶或擴大的圖像（Korman, 2011; Macdonald, 2011）。

（三）提問後的態度

在一般助人過程中，當諮商師提出問句後，若當事人不知如何回答或想要回答時，即會沉默。當事人之所以會沉默的原由有很多；一般諮商中會認為，沉默可能是一種沉澱，表示當事人正在靜思之前談話的內容，或是在琢磨剛剛的覺察（修慧蘭等人譯，2013）；但是，也有可能是這個問句對當事人造成威脅，或是當事人不知道要如何表達自己。因此，有些助人專業認為，諮商師必須評估沉默所代表的意義，並決定是否繼續沉默，或是打破沉默（林美珠、田秀蘭譯，2000）。

在 SFBT 中，由於當事人的思考與沉默，是面對 SFBT 問句一種常見的反應，所以 SFBT 更為強調諮商師應增加他們對當事人沉默的包容度。這是因為 SFBT 的提問多為引導正向思考問句，不為當事人所熟悉，非常需要當

事人於費心思考後，才能將他們的反應訴諸言語。若諮商師能夠忍受當事人沉默，那麼當事人就有機會醞釀出答案，且其答案經常會讓當事人自己都覺得驚豔。如果諮商師發展出維持沉默的應對能力，當事人反而會認為是該自己這方進行思考與回答，並且很快就會學到：諮商師不會幫他們回答問題，他們需要為尋找自己的答案而努力。諮商師需要特別覺知，自己說什麼或不說什麼，本身都會有治療性存在（Korman, 2011）。當然，新手諮商師要學習對當事人沉默的忍受度並不容易；但是，唯有接受當事人的沉默，諮商師才不至於產生焦慮，也才能進而給當事人足夠的空間思考，以建構屬於他自己的解決之道；而此，也是 SFBT 促發當事人自我賦能的重要方式之一（De Jong & Berg, 2007a）。

　　此外，除了請當事人具體澄清所言內容之外，諮商師可以於各種代表問句後面多接幾次：「還有呢？」（What else？）的提問；有時「還有呢？」的問句，會引發當事人更多的連鎖思考及答案（Macdonald, 2011）。

活動 BOX 1-9：併入當事人用字的提問

進行方式：

1.請諮商師五至六人一組，一人扮演受訪的當事人，其他人則扮演提問者。當事人則根據小組成員所提問的問句簡要回答之，小組成員則為輪流發問。

2.在當事人述說完一個簡短段落時，則由一位小組成員對當事人提問一個問句，於提問時，提問者必須將當事人前段述說中的用字併入於所提問的問句裡，否則，扮演當事人者不予回應。若當事人不回應時，則可由另一位小組成員立刻接續提問之。

3.如此進行六至八回合的問與答活動。

4.結束問與答活動後，所有小組成員對於問句中併入當事人用字的訣竅與效益進行討論；課程帶領者亦針對採取未知態度的開放式問句，以及併入當事人關鍵用字的原則，將會如何建構諮商互動與對話歷程（包括共同理解基礎），予以回應與補充（Macdonald, 2011）。

四、其他重要原則

（一）以「澄清式自我揭露」與「溫和挑戰」取代面質

一般諮商中的自我揭露（self-disclosing）是指，諮商師對當事人表白自己過去的一些經驗，其目的是為了提升當事人的洞察，並促進當事人對自己的想法、感覺、行為及相關議題的了解；有時也可用來挑戰當事人，處理所謂當事人的「抗拒」（林美珠、田秀蘭譯，2000）。然而，SFBT 並不建議諮商師告訴當事人有關自己的過去經驗，尤其是個人之前的慘痛故事，或直接提出建議當事人的個人體驗，因為諮商師個人故事的自我揭露難免會影響當事人，而造成當事人模仿，或讓當事人有自嘆不如的感受，如此將會削弱當事人建立他們自己解決之道的能力。

但是，這也不表示 SFBT 諮商師不能揭露自己，若當事人說話內容中有矛盾或不一致時，為了幫助諮商師了解與澄清當事人對他們生活的知覺，此時告訴當事人諮商師當下的想法與困惑是重要的（De Jong & Berg, 2007a）；但是，SFBT 諮商師的這種自我坦露應是以「澄清」的方式來詢問當事人，並仍緊扣著目標導向與優勢觀點（許維素、鄭惠君，2006），例如：

「你剛剛說你痛苦欲絕，但又能記得照顧你的孩子，我很困惑這兩件事如何能夠同時發生？你又是如何同時兼顧的？」

這樣澄清式的自我坦露，將催化當事人於面對自己掙扎的同時，仍能從中看到自己的優勢力量，繼而願意往解決導向的路線前進。當然，有時當事人會十分堅持想知道諮商師的個人故事，那麼 SFBT 諮商師則會先詢問當事人認為獲得這樣的資訊將會有什麼幫助，然後再針對當事人的需求，非常簡短地、就事論事地回應當事人，並再盡快地回到 SFBT 的晤談軌道中（Berg & Reuss, 1998）。

不少諮商派別會針對當事人不一致的言行或所謂不合理的信念進行面質

（confrontation），以促使當事人面對自己想法的扭曲（林美珠、田秀蘭譯，2000）。然而，SFBT 卻認為，面質的技術可能會造成當事人難堪，並使當事人對自己更加否認與懷疑；甚至，有研究也發現，面質還會讓當事人問題（如酒癮）更為嚴重。由於 SFBT 相信當事人的任何想法在其脈絡中一定其來有自、有其道理，值得諮商師尊重與嘗試理解，因此，SFBT 諮商師並不贊成強烈面質當事人的不一致，或以此處理當事人所謂的抗拒行為，反而會選擇採用前述較為溫和的澄清式自我揭露，來表達諮商師所發現當事人的矛盾之處，並嘗試了解其存在的主觀詮釋。最多，SFBT 諮商師會以「溫和挑戰」（gentle challenge）的態度與技巧來催化當事人產生反思，例如：「我知道你不認為你的脾氣是一個問題，但是當你想表達你的不滿及不同意時，你會希望你的太太在當時看到你是如何在表達的（或不同於以前的是什麼）？」若當事人能回答，便已承認了當前的困境，即使沒有坦承自己的錯誤，而此同時也促使了當事人的反思，甚至產生「面質自己」的更佳效果。往往，當一個人被迫改變時，願意改變的程度很少，但當他是自己願意改變時，則改變的質量將會增大（de Shazer et al., 2007）。而且，溫和挑戰的方式不但可以避免使當事人產生負向感受或影響，亦可避免諮商師藉自我揭露之名而滿足自己的需求。當然，由於 SFBT 視當事人為專家，諮商師會虛心地向當事人學習如何幫助他，並時時同步跟隨著當事人，因此無須提出面質性高的問題而讓當事人害怕回答；由此所創造的正向運作氣氛，反而會更加促進當事人自發的自我反省與面對現實（許維素、鄭惠君，2006）。

　　再者，SFBT 也認為，在諮商中並沒有所謂當事人抗拒的存在；諮商師對於當事人，是以合作的態度來與之共事的（David & Osborn, 2000; Lipchik, 2002）。de Shazer（1985）曾撰寫〈抗拒之死〉一文，強調 SFBT 不以抗拒的觀點來看待當事人，而將當事人的「抗拒」，善意解讀為一種當事人保護自己的方法，或者，只是反應了諮商師沒有貼近當事人的需求與目標，而提醒輔導人員要謹慎處理與放慢腳步。甚至，SFBT 認為諮商師工作中的「僵局」和目前的失敗，並非導因於當事人抗拒諮商師為其努力的專業付出，而是源自於諮商師無法傾聽當事人，以及沒有認真理解當事人所致。換言之，

所謂當事人的抗拒反而被 SFBT 視為是：人們自然的保護機制、現實性的警戒，或為諮商師沒有同步於當事人的失誤表現（Trepper et al., 2010）。

SFBT 假定：沒有所謂抗拒的當事人，當事人都是竭盡所能的與諮商師合作，只有諮商師才會有與當事人合作困難的可能（Korman, 2011）。因此，諮商師要如何辨視與找到當事人願意接受的合作方式，來與當事人合作，才是所謂專業性的挑戰所在。在建構解決導向談話的過程中，諮商師並不企圖藉由克服當事人的抗拒來促進當事人的動機，反而是讓諮商師退出自身的思維架構，用著解決導向談話的耳朵去傾聽當事人，並邀請當事人參與建構解決之道的對話（De Jong & Berg, 2007a）。SFBT 相信，成功的治療，是奠基於當事人自己所做的決定；無效的治療，正是諮商師需要再思考如何與當事人再合作的契機。諮商師需時時捫心自問，當事人如何能得知跟諮商師談話會對他是具有意義的、是對他有好處的，或者直接求教於當事人，如此，諮商師將能避免直接以傳統諮商取向的強烈面質，來挑戰當事人所謂的抗拒行為（許維素，2011a）。

（二）重視「行動」成效體驗，不以「解釋」產生頓悟

在一般諮商中，當事人常常疑惑於發生在他們生命中的事件究竟有何意義，某些諮商師常會加以反映並提供一個解釋（explanation）架構，來給當事人思考。亦即，解釋技巧意圖超越當事人所描述或承認的陳述，給予當事人一個新的定義或架構，以促進當事人採用新的觀點來看待自己的想法、行為、感覺及問題，進而產生頓悟（林美珠、田秀蘭譯，2000）。然而，SFBT 諮商師並不使用一般諮商技巧中所強調的解釋技巧；因為 SFBT 非常強調諮商師需要以當事人的整體知覺為基礎，而不以諮商師的框架或理論來詮釋當事人的故事，才能落實「當事人才是專家」的原則，並能真正同理與理解當事人。SFBT 也擔心，有時諮商師的解釋會對某些當事人產生暗示的作用，反而會誤導當事人的主觀感受或意義詮釋；而此，也符合社會建構論的觀點：「在關注發生了什麼事之時，『找尋解釋』乃是一個錯誤」（Fiske, 2011）。

再者，一些當事人在描述他們的困擾時，會談到他們想要「別人」做些

改變。在某些諮商取向中，可能會認為那是所謂的「防衛機轉」，用來掩飾當事人的焦慮，因此諮商師會教導當事人，應在晤談過程中以自己為焦點，才會獲得良好的治療效果及自我了解（林家興、王麗文，2000）。然而，由於 SFBT 看重當事人的知覺（包括談論別人的問題），所以 SFBT 乃採取了與其他學派不同的角度與觀念，而出現不同的回應態度；當然，SFBT 與其他學派一樣，會嘗試將晤談焦點再轉回至當事人身上。

具體而言，SFBT 諮商師會尊重當事人期待別人改變的知覺，但不會過度解釋其是否為當事人的焦慮或防衛機轉，反而視這樣的期待為當事人目前如何看待他們生活方式的表徵。不過，若要使當事人從無力感轉而擁有賦能感，當事人的確需要轉換思考的焦點——較少期待他人的改變，而多加思索自己在目前困境中所欲的目標，以及自己如何能夠為問題解決去做哪些努力。使當事人轉移思考焦點的方式即是透過提問問句的方式，直接或間接地引導當事人將焦點轉回到自己身上，例如：「如果我問你的老闆，他會說，當他看到你有什麼不同時，他就不會再一直指責你？」當 SFBT 諮商師再把晤談焦點放回到當事人時，其實也是將行動與改變的責任回歸於當事人的身上（De Jong & Berg, 2007a）。

SFBT所服膺的社會建構論，認為語言的存在乃包含著某種「活動」（如寫作、閱讀），而思想與行動本身之間很難有所區隔（下棋時的思考以及舉棋落棋的動作），因此當事人的描述、意義、經驗與行動之間，會有交互建構與相互循環的作用；在此交互循環中，SFBT 十分重視行動，認為先有行動改變了現況後，當事人的感受與想法也就會跟著改變（許維素、鄭惠君，2006）。亦即，SFBT 的晤談方向，在探索當事人生活中的例外資源及期待生活中有什麼樣的改變之後，會將晤談對話朝往「有效行動」移動，並邀請當事人開始思考，如何以實際作為落實所希望擁有美好未來的選擇與努力。

在晤談中，SFBT 諮商師除了瞭解問題發生的基本狀況外，會更深究的是當事人如何達成目標的相關背景、環境資訊，因而諮商師並不會停留於問題成因的分析而尋求解釋頓悟。SFBT 堅信，當事人知覺的轉變應由他自己本身來創造，且頓悟並非一定要發生在行動之前；一如「行動研究」（action research），當事人往往在行動之後，才可能對於自己的過去與行動有更多領悟，且在行動後的領悟會更為真實適切，而此，也才能促使當事人產生更多的選擇空間。

當然，SFBT 諮商師會配合當事人能夠接受及願意接受的速度前進，來溫和推進行動的產生，例如：以實驗的態度前進或建議「多做有效之處」。然而，有趣且開放的是，若當事人認為對自己有效協助的方法，是不同於SFBT 價值或介入的醫療模式或傳統派別時，只要當事人同意，SFBT諮商師仍會鼓勵當事人繼續使用之（Trepper et al., 2010）。是以，SFBT看重日常生活中的具體行動成效，認為諮商乃應充分發揮與達成諮商中——「改變」，此一必要成分的治療效益。

（三）關注晤談的過程並同步於當事人的非口語訊息

在諮商過程中，若要了解當事人，常需要就當事人表達的內容（content）和過程（process）來進行理解。「內容」，指的是當事人的口語訊息或所說出的平面資料；「過程」則指，當事人表達資訊的方法、立場與態度，也就是當事人提供資訊時，同時所傳達出的感覺或影響（De Jong & Berg, 2007a）。而諮商師即可選擇對當事人表達中的內容或過程的素材，來進行介入。

當事人之非口語訊息，就是「過程」類別的一個重要線索。如同諮商師要注意自己的非口語行為一樣，一般諮商多會強調諮商師需時時觀察當事人的非口語訊息，然後再選擇是否要探究其非口語訊息背後的意義，因為非口語訊息含有個人獨特性及文化差異性的意義，同時也是一種自我呈現的方式（林美珠、田秀蘭譯，2000）。SFBT 也認為，非口語訊息會因為當事人的脈絡、文化及個別差異，而產生不同的意義，但是，在 SFBT 晤談中，對於當事人非口語訊息的介入，則不盡相同於一些諮商取向。SFBT 諮商師對於當事人所言，都會以支持了解的態度來展現；諮商師在與當事人的互動中，亦會觀察當事人特定的人際溝通與表達能力，併入其獨特的語言使用習慣及世界觀，再依據當事人口語及非口語的反應，調整諮商師回應的內容、速度

與語調；因此，SFBT 講究的是「同步」（pacing）的藝術。

　　舉例而言，若當事人的內容和過程的資訊互相吻合時，SFBT 諮商師會簡述和摘要內容，以確定諮商師與當事人擁有相同的對話共同理解基礎。不過，如果當事人表達的內容和過程並不相符時，SFBT 諮商師則會透過簡述語意、摘要、澄清或溫和挑戰來提出這些不一致，或者，會暫且擱下，於稍後的晤談中再提出；對於應該如何進行下一步，則會以「對當事人產生最佳效益」的方向來進行選擇判斷，好讓當事人體會到晤談正朝向一個建設性的方向前進。是以，開放地直接回應當事人的非口語訊息，甚至是面質當事人口語與非口語的不一致，或者直接處理諮商師與當事人的關係等其他派別之介入方式，都不會是 SFBT 諮商師的選擇。

　　SFBT 會做的是，兼顧當事人表達之「內容」和「過程」的各種訊息，用之於後續問句的提出，但並不企圖面質與分析之；同時，SFBT 諮商師雖會參考並同步於當事人的非口語訊號，但更看重語言的運用，一如 SFBT 雖關注諮商關係，卻更重視當事人的目標與行動（許維素、鄭惠君，2006）。換言之，SFBT 不會依賴非口語行為對當事人進行解釋，或是據此分析與探索諮商關係，反而會參酌當事人的非口語行為，確認對話是否有捕捉到當事人的知覺或可能性的徵兆，進而繼續修正提問問句或反應的方向（De Jong & Berg, 2007a）。這是因為 SFBT 看重未知態度的開放式問句及當事人參照架構下的答案，並希望在此晤談問與答的往返過程中，能創造出改變的可能性；而當事人非口語行為的種種訊號，將能反應出諮商師的陳述和回應是否尊重了當事人、是否看重當事人的資源性與主控性，以及是否有以當事人的參照架構在工作。當然，若諮商師覺得當事人透過非口語訊息，表現出投入晤談的意願降低，諮商師則會重新檢視晤談的目標是否為當事人所要，並再進入當事人的參照架構中，了解其目前所欲探究的真正方向。

活動 BOX 1-10：問句的練習

進行方式：

1. 請諮商師五至六人一組，針對以下案例，一起討論並相互修改可以詢問的一般開放式問句及 SFBT 的代表問句。

2. 課程帶領者亦針對 SFBT 各代表技巧的使用予以指導。

3. 之後，請一位小組成員扮演當事人，其他諮商師則輪流以剛才所討論的問句，配合當事人即時回答的內容，當場選擇適合的問句予以提出。一次一人提出一個問句；當事人則根據問句自發的回答。進行約十分鐘。

4. 針對問與答的練習，討論心得與疑問。課程帶領者再予以回應。

案例：

　　高一的小芬說：「因為我爸爸工作的關係，從小五開始在加拿大居住，又因爸爸工作的調動，再回到臺灣來這個學校就讀高一。我很想念加拿大的朋友與生活，覺得臺灣天氣太熱、太吵、太小。讓我特別不能適應的是，這裡的老師很權威，要求很嚴格。這裡考試很多，又很看重升學，我一沒有念書，考得不好，就會被老師提醒檢討，我的國文、歷史等科目都很差，數學也跟不上，只有英文遙遙領先，但上英文課又變得很無聊。與同學相處時更痛苦，同學會說我愛現，喜歡講英文，但我真的需要先把英文翻譯成中文再講出來，有時就不小心講了英文。我也很困惑，為什麼有時我很積極參與社團活動或在班上分享加拿大的生活時，都變成愛現。有時同學不高興或不同意都不明講，還要透過另一個人來講，我實在很不了解為什麼要這樣講話。我一直跟爸爸媽媽鬧說要回加拿大，我想當加拿大人，爸爸媽媽說得到大學畢業後自己去，我覺得很遙遠、很憂鬱、很無望。所以我也開始食慾不振，只想躺在床上懷念加拿大，或者在家上網與加拿大的朋友聊天，什麼都不想做……。」

肆、建構解決之道晤談的階段

　　SFBT 看重當事人的參照架構，強調正向積極面與可能性，注重現在與未來，為一個積極的、未來導向、具希望感的建構解決之道晤談。是以，致力於擴充、發展「解決式談話」（solution talk）的治療對話，正是 SFBT 諮商師最重大的任務，而當事人來談問題的解決之道，乃從諮商晤談的互動協商中被逐步「概念化」（conceptualizing）及漸進「建構」（building）之（許維素，2009a；許維素、鄭惠君，2006）。亦即若當事人一直陷於談論其問題與困難時，SFBT 諮商師會企圖將晤談的對話，從討論問題本質與細節的「問題式談話」對話，漸進轉為加入運用 SFBT 特定的技巧，以可能性徵兆為獲取細節的焦點，逐步形成與維持探討當事人目標、例外與行動的「解決式談話」之方向（De Jong & Berg, 2007a）。

　　為了要建構解決之道、為了要發展「解決式談話」，綜合前述可知，SFBT 諮商師會藉由詢問與確認當事人的知覺，真正接納他們的告知，肯定這些知覺的重要性；同時，SFBT 也重視短期治療取向強調「現在發生什麼」（what now）以及解決方法的重點，而不會以潛意識的觀點來臆測與詮釋當事人的言行，也不花時間探討問題根源（Macdonald, 2007）。再者，SFBT 諮商師亦不會教導或面質當事人，反而會運用提問問句，採用較為同步且未知的方式，展現尊重當事人、與當事人平等的態度，將焦點轉回當事人身上，並致力於從當事人身上獲得關於問題定義、解決方法或任何其他主題的資訊；而在此一詢問與回答的過程中，讓參與晤談的當事人透過共同理解基礎，產生新的覺察，為未來創造新的可能性，並促發其自我賦能（許維素，2011b）。由於賦能感乃是一種知覺，為了要使當事人更具有賦能感，須透過「解決式談話」來提升其賦能感的心理感受（De Jong & Berg, 2007a）。

　　亦即，SFBT 整個解決式談話的互動共構過程，正是一個使當事人改變的介入。而建構解決之道的 SFBT 晤談，基本上可分為以下幾個階段（許維素，2011b；De Jong & Berg, 2007a; Kim, 2006）。

一、正向開場

一個簡短的社交開場（如詢問名字、如何稱呼），可以讓當事人感到放鬆，諮商師也會簡單地說明晤談架構、流程與進行方式，好讓當事人可以安心的了解與同意。接著，諮商師會詢問當事人背景（如工作職稱或所屬班級），讓當事人從容易回答的人、事、物開始，並盡快找到可以肯定當事人的正向之處（如專長）；或者，讓來談的家庭成員有機會相互讚美，而開始營造一個正向運作的氛圍，對於有兒童與青少年在場時，此舉更為重要。

諮商師也常會運用成果問句來詢問當事人初步來談時的期待與目標，以使晤談有聚焦焦點或前進的大方向。若當事人處在較高情緒或不安的情況下，諮商師則需高敏感度地表示關懷理解、等待當事人或者伺機邀請談話。甚或，於初次晤談前的電話聯絡，秉持 SFBT 精神的諮商師也會開始邀請當事人注意晤談前的改變，以促進改變的發生。配合案例說明如下：

> 諮商師：「從妳剛剛的自我介紹，我發現妳是企業界很成功的女經理。」（直接讚美）
>
> 當事人：「沒有啦，是有一點成就而已。」
>
> 諮商師：「要這麼有成就，妳每天得工作幾個小時？」
>
> 當事人：「大概十二個小時以上。」
>
> 諮商師：「哇，很長的時間呢！」
>
> 當事人：「我的團隊工作時間都很長啊！不只有我。」
>
> 諮商師：「如果有機會詢問妳的團隊最欣賞妳之處，他們可能會回答什麼？」（關係問句的間接讚美）
>
> 當事人：「大概是很當機立斷，不像一般女性主管容易鬧情緒。」

二、問題簡述

諮商師需要知道現在發生了什麼事使當事人覺得困擾而在意，所以諮商師會積極傾聽當事人的訴說，於選用語言的同時，理解、認可與回應當事人

的想法與痛苦，並累進對當事人的各方認識，以建立共同理解基礎的合作諮商關係。在此同時，諮商師也會嘗試了解當事人對問題的主觀詮釋、問題對當事人的影響、當事人如何處理問題等個人與問題之間的互動，以聚焦於當事人期待晤談的大方向。例如：除了詢問當事人「何以覺得自己是憂鬱」，諮商師也會探問當事人遭逢問題時希望自己有何改變，或者，嘗試探討可能存有的「晤談前改變」與有效因應：

諮商師：「在我們初步認識，以及了解我們的晤談流程後，可否讓我了解，如果今天我們談了什麼，會讓妳覺得這次來晤談是很值得的？」（假設問句，初步了解諮商目標）

當事人：「我先生外遇，跟他的秘書，我……我整個人都失控了……都混亂了。」（煩躁樣）

諮商師：「當然（自然共情）。發現先生外遇，對太太常會是一個很大的衝擊。」（一般化）

當事人：「是啊！」

諮商師：「對於先生的外遇，妳最在乎的是什麼？」（了解當事人的主觀知覺）

當事人：「我們都是事業成功的人，他怎麼會這麼糊塗？要不是我不小心看到他的手機，我還一直被蒙在鼓裡呢！」（生氣狀）

諮商師：「所以妳一直很信任他，也很信任妳們的關係，所以外遇的事情讓妳很生氣。」（摘要、接納並反映當事人所在乎之處）

當事人：「是啊！」

諮商師：「發現先生外遇，一時之間讓妳覺得有些混亂、甚至失控（使用當事人用字，一般化），不過，在妳知道之後，妳做過什麼處理？」（了解當事人與問題的互動）

當事人：「我立刻找我先生來談，也跟那個不要臉的女秘書談了一下。」

諮商師：「看來妳像平時一樣很當機立斷地做了處理（反映當事人之前提及的優勢）。跟他們談了以後，結果如何？」（了解當事人

　　　已做的處理及效果）

當事人：「沒有效啊！我先生否認，那女人什麼都不說。我不知道再下
　　　　　來該怎麼辦，所以我才來這裡啊！」（迷惘狀）

諮商師：「這對妳是很重要的一件事情。所以，如果今天來談之後，妳
　　　　　獲得了什麼，會讓妳覺得來這裡晤談是正確的決定？」（形成
　　　　　晤談的初步大方向）

當事人：「嗯……嗯……我想想。嗯，唉，嗯，其實我是想要挽回我的婚
　　　　　姻，結束這個外遇！」（漸冷靜）

三、建立良好構成的目標

　　SFBT諮商師會協助當事人澄清，對於問題解決時所欲的美好願景為何，
而非以諮商師認為當事人該如何改變為目標。從當事人所偏好未來之細節探
討，將引發當事人改變的動力，並易發展具體的行動計畫。SFBT 也會從當
事人多個目標中有所聚焦，逐步引導當事人從問題的描述與抱怨，轉而能與
諮商師共同建構出「良好構成目標」（well-formed goal），即為正向所欲
的、明確具體可行的、具人際情境互動的、個人能力意願所及的、符合當事
人生活脈絡的，以及立即可以開始行動的目標。

諮商師：「難得妳能這麼快的發現妳是想要挽回婚姻的，但妳是怎麼幫
　　　　　助自己知道這是妳想要的目標？」（反映當事人的優勢之例
　　　　　外，自我讚美）

當事人：「這樣吵吵鬧鬧也不是辦法，我想過，為了孩子，為了我們家
　　　　　庭的名譽，為了我自己，我覺得挽回婚姻才是重點。我告訴自
　　　　　己一定要冷靜，像處理公司危機一樣。雖然我心理很難過，很
　　　　　混亂。」（平靜多了）

諮商師：「這真的不是多數人都能做到的。妳怎麼能夠在這麼難過、混
　　　　　亂的情況下，還可以告訴自己要像危機處理一樣冷靜？」（讚
　　　　　美，因應問句，併入當事人用字）

當事人：「我不知道，就是很難過、混亂啊！但覺得還是得挽救婚姻一
　　　　　番。」

諮商師：「所以我也想確認一下，妳想先討論如何挽回婚姻，還是覺得
　　　　　先處理妳心裡的難過與混亂，哪一個較重要或急迫？」（根據
　　　　　當事人的回答，再次確認當事人晤談目標的大方向）

當事人：「我的情緒我相信我可以慢慢梳理的，我還是覺得挽回婚姻才
　　　　　是重點。」（確認狀）

諮商師：「嗯哼。如果挽回了你的婚姻，妳會希望妳的婚姻變成是什麼
　　　　　樣子？」（嘗試建構良好構成的目標）

當事人：「沒有外遇啊！」

諮商師：「沒有了外遇，妳期待可以與先生擁有什麼樣的婚姻關係？」
　　　　　（再次嘗試建立「正向所欲」的目標）

當事人：「彼此關心、可以信任彼此。這件事讓我都無法相信他現在講
　　　　　的任何話了！」

諮商師：「當妳們能彼此關心、彼此信任時，會做哪些是現在沒有做的
　　　　　事？」（建立具體可行的目標）

當事人：「喔……怎麼說呢，一下子也說不清楚。」

諮商師：「嗯。所以，我想問妳一個很有想像力的問題……」（開始詢
　　　　　問奇蹟問句，並追問奇蹟發生後的各項細節，以建立偏好未來
　　　　　的願景）

四、探討例外

　　每一件事都可能會成為潛在的資源或優勢。針對當事人的目標，SFBT諮
商師會積極探討當事人過去與最近相關的小小成功經驗、資源、優勢力量，
並使其對各項例外、優勢力量的運作歷程與有效要素，更為意識化、更願意
多加執行或觀測如何發生，以開發各種可能性，逐步建構解決之道。當事人
面對問題情境的自發因應策略，諮商師也會與之充分討論並鼓勵先做目前能

做得到的有效行動，使問題先不要變得更糟，例如：

諮商師：「妳說，當奇蹟發生時，妳與妳先生會放下工作、每天有一、兩個小時獨處的時間，聊聊每日的工作與心情，談談孩子，而妳的孩子會看到這個家庭是有笑聲的（使用當事人用字，摘要當事人的奇蹟圖像）。還有其他什麼事情會發生嗎？」

當事人：「差不多了吧？這樣已經很奇蹟了。」（微笑）

諮商師：「所以，妳們結婚十多年來，有沒有曾經彼此獨處、彼此交談、有笑聲的時候？」（嘗試尋找過去成功的例外）

當事人：「嗯（思考狀）……剛結婚的時候吧。我們那時候很同心協力地要打拼，我們很愛彼此的……他現在都變了。」（落淚）

諮商師：「妳很希望妳們可以一直是同心協力、相愛、彼此信任、能交談且有笑聲的。」（使用當事人用字，簡述語意當事人在意之處）

當事人：「是的……是的。」（平靜些）

諮商師：「可否多說一些，在剛結婚時，妳們是怎麼能做到同心協力、相愛、信任、有時間獨處交談與有笑聲的？」（深入探索例外，使其意識化）

當事人：「我也不知道。不太清楚。怎麼說呢……」

諮商師：「好，我換個問法，如果用一個 10 分的量尺，10 分代表奇蹟發生後的日子，妳們是同心協力、相愛、有獨處時間、會交談、家裡有笑聲，1 分表示正好相反，妳覺得妳跟先生目前在幾分的位置？」（以評量問句了解現況）

當事人：「1 分，我們都不講話，一講話就吵。」

諮商師：「嗯哼。我再用另一個量尺，10 分代表妳很有信心可以挽回婚姻，讓妳們的婚姻裡同心協力、相愛、有獨處、交談與笑聲，1 分表示妳沒有任何信心，妳覺得妳目前的信心是幾分？」（嘗試以評量問句尋找例外）

當事人：「6 分，因為我先生還會否認，我問了這件事後，他後來每晚

都有提早回家，還有我們之前是這麼的相愛，所以，我想⋯⋯我想應該可以有 6 分。」

諮商師：「哇，6 分呢！如果發生什麼事情，妳的信心就可能再增加 1 分呢？」（繼續討論後續可行的具體步驟）

五、回饋

SFBT 晤談進行四十分鐘完成前述階段後，會暫停十分鐘；於暫停後，諮商師會給予讚美（compliments）、橋樑（a bridge）、建議（a suggestion）等回饋（feedback）訊息，以鼓勵當事人於晤談室外促使改變行為的發生。讚美是對當事人整體的肯定，特別是針對與目標達成有關的優勢力量；橋樑是在讚美與建議之間提供有意義的連接性訊息，讓當事人覺得去執行後續提出的建議是很重要且有意義的；建議即為鼓勵當事人開始嘗試的行動，如提議當事人繼續多做一些於晤談中提及的例外，或開始朝著所欲的未來願景前進一小步，或觀察例外的發生，或嘗試作些不同的事情等，例如：

諮商師：「對於妳面對先生外遇時能當機立斷地立刻去處理，以及，妳能夠在心裡難過、混亂時，還能幫助自己冷靜下來思考什麼是妳目前最在乎的目標，這些讓我覺得印象深刻，這真的是很不容易（讚美）。由於妳考量到孩子、家庭的名譽，以及在乎妳們多年的感情，妳決心要挽回婚姻。為了要挽回妳的婚姻，讓目前的情況不要變得更糟，是很重要的一步（橋樑）。妳能在這麼難過的情況下看到妳先生的一些反應是很可貴的；如妳剛剛所說，若能對於先生提早回家，在妳能承受的範圍內，妳多表現一點正面的反應，可能會使妳們兩個人現在的互動有好轉的可能（建議）。所以，如妳所提議，我們兩週後再晤談；當妳再回來時，請告訴我，在妳嘗試這樣做之後，妳們的情況有了哪些不同。」

六、後續晤談

後續晤談以探問改變與評量進展做為開場，積極討論進展與改變何以能發生，並確認其與目標軌道的一致性，以使進度能穩定與擴大。之後，再詢問當事人於改變後，還想要再往前走的一小步方向為何，繼而循環前述各階段。倘若沒有進展，除了探討何以沒變得更糟之外，更需重新檢視當事人的目標與方法，例如：

諮商師：「這兩週妳覺得情況哪裡好轉了？」

當事人：「差不多吧，我想。」

諮商師：「所以，當妳先生回家時，妳的反應跟之前差不多，還是有一點點不同？」（嘗試引導當事人覺察改變的發生）

當事人：「嗯……情況沒有好轉啦，我沒有辦法跟他談外遇的事情，因為他還是一直否認，我為了應付冷場，就只好講一些家裡的瑣事。」

諮商師：「雖然要與先生談外遇的事情目前尚未突破，但是，妳怎麼能願意開始跟他談一些家庭瑣事？」（擴大進展）

當事人：「我就告訴自己，別再把情況弄得更糟了，我要挽回婚姻。」

諮商師：「妳是怎麼能這樣告訴自己、提醒自己的？」（擴大進展）

當事人：「我心裡還是很難過，後來我發現，我如果一直問自己，我現在做的是幫上忙還是幫倒忙，我就會冷靜一點。」

諮商師：「這真的很不容易做到呢！當妳跟先生開始聊家庭瑣事時，他的反應是如何呢？」（以關係與循環問句擴大與增強進展）

當事人：「他很開心喔，好像可以鬆一口氣一樣。」

諮商師：「真的，當妳看到他開心、鬆一口氣時，妳又有什麼反應呢？」（循環問句）

當事人：「我什麼都沒有說，但我心裡很心酸，想說你還在乎我，為什麼還要傷害我。」

諮商師：「所以在難過於先生外遇的傷害下，還能看到他對妳的在
　　　　　乎。」（形塑，反映資源）

當事人：「因為這樣，我就在想啊，我覺得我可能需要先跟妳談談如何
　　　　　原諒他，不然我沒有辦法跟他講太久的話。」（當事人產生新
　　　　　目標，再循環進行各階段）

　　對應於前述建構解決之道的晤談階段，Korman（2011）以及 Sklare
（2005）（引自蔡翊楦、陳素惠、張曉佩、王昭琪、許維素譯，2006）將初
次晤談與後續晤談的流程，以圖示呈現（如圖 1-1 至圖 1-4 所示）。雖然Ko-
rman 以及 Sklare 的晤談架構流程圖略有不同，但都可以看到其乃配合前述
SFBT 各晤談階段性的重點，以及 SFBT 的理念與技術。

初次晤談

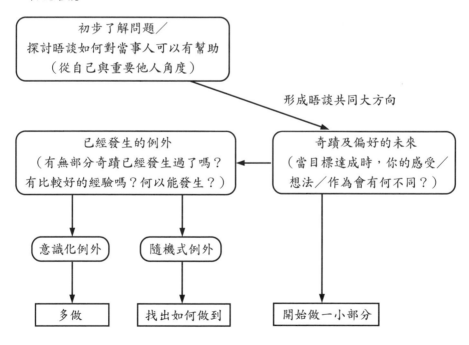

圖 1-1　Korman 的初次晤談流程架構圖

後續晤談

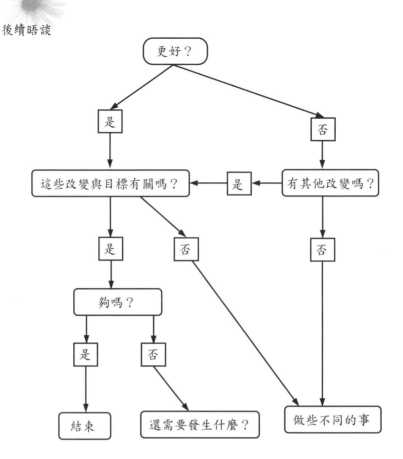

圖 1-2　Korman 的後續晤談流程架構圖

初次晤談

目標設定
來這裡想要達成的目標

負向目標
停止某些行為

正向目標
出現某些行為
探索細節

我不想要……
「所以你希望做些什麼事情來替代？」

「你會做些什麼讓你知道你……」
我希望其他人可以停止……
「如果是這樣的話，會有何差別？」
「我如何幫助你完成這個目標？」
「對你而言這何以是個問題？」
「當他們沒有改變時，你會怎麼做？」

奇蹟問句
「如果今晚奇蹟發生，而明天早上起床時，你的問題解決了，
第一個徵兆將會是什麼？」
「你將會有什麼不同？」
「第一個注意到你不一樣的人會是誰？」
「他們會注意到什麼？」
「當他們觀察到你的不一樣時，會如何反應？」
「對他們的反應，你會有何不同的回應？」

「當奇蹟發生後，還會有什麼不同／發生什麼？」（問三或四次）

圖 1-3　Sklarex 的初次晤談流程架構圖

關係問句

「當奇蹟發生了，你的（配偶、老師、朋友、父母、老闆、子女等）
將會說有些什麼不同？」

「當他們看到你不一樣時，會有什麼反應？以及當你觀察到他們對你有不同的反
應時，你會用什麼不一樣的行為來回應他們？」

例外

「告訴我，什麼時候這樣的奇蹟已經發生過，或這奇蹟已開始在發生了，即使只
發生了一小部分？」「那是如何做到的？」

「問題何時沒有發生？何時比較不嚴重？」

評量

「在 0～10 的量尺上，0 是指最糟的情況，10 是當奇蹟發生後的狀況，
你現在是在哪一個位置上？」「何以有此分數？」

「當你的位置提高 1 分，你將會有什麼不同？」

「如果……你將會怎麼做？」

有什麼其他事情是我需要詢問／知道的？

回饋

讚美（至少三個）— 橋樑 — 建議

圖 1-3　Sklarex 的初次晤談流程架構圖（續）

後續晤談

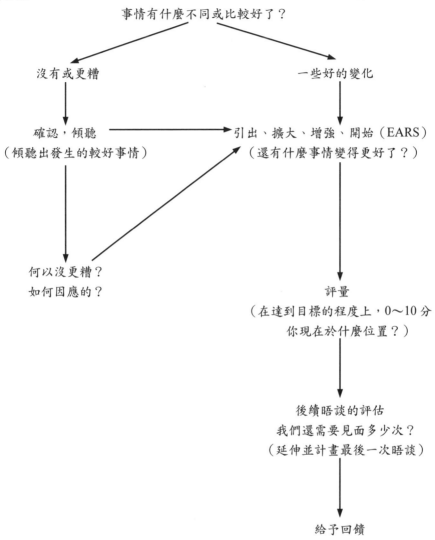

圖 1-4　Sklare 的後續晤談流程架構圖

　　許維素等人（1998）則以「目標架構」、「例外架構」、「假設解決架構」，將 SFBT 的晤談流程路徑圖彙整如圖 1-5 所示。

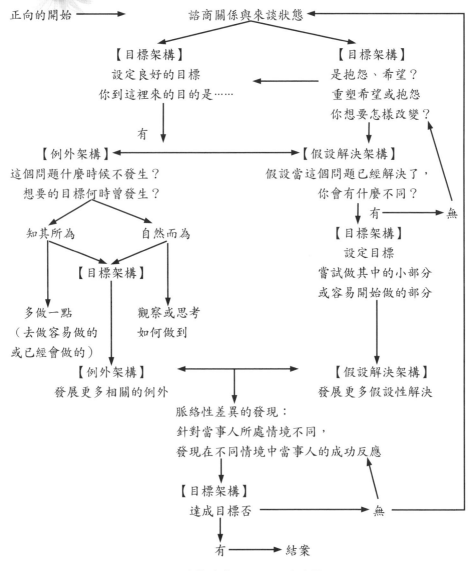

圖 1-5　許維素的 SFBT 晤談路徑圖

　　許維素（2009b）透過 SFBT 晤談逐字稿的探究，整理出 SFBT 的有效治療因素（重要事件）於晤談過程中可能出現的階段，乃有助於諮商師對 SFBT 晤談流程的掌握（如表 1-1 所示）。在晤談較為前面階段出現較多的是，探

討個人與其困境互動的重要主觀詮釋、正向所欲諮商目標的探究與形成等治療因素，以開始引導當事人確認與思考所欲目標與優勢資源；而晤談間進展的確認與強化之治療因素，則是第二次晤談以後的開場方向或後續晤談中持續被強調的重點。注入希望感的遠景建構與描繪、因應困境及其正向力量的轉化、晤談前例外的深究與善用等治療因素，則是多出現於大量產生協助當事人知覺擴大與轉化的中期階段；特別是在當事人已準備好解決問題的時候，諮商師則會特別深入遠景的探討，若當事人處於抱怨訴苦、還未預備改變時，晤談則會進入困境因應主題的深入。至於具體立即可行的小目標之確認與建構、諮商所得的彙整與追蹤應用、正向回饋等治療因素，則是在當次或整體晤談較為後面的階段出現，而此也突顯了 SFBT 重視當事人於晤談之後的行動及其解決方法的維持。

表 1-1　SFBT 治療因素於晤談過程中可能出現的階段

前面階段： 了解現況與諮商目標	中間階段： 知覺擴大與轉化	後面階段： 行動與推進
1. 探討個人與其困境互動的重要主觀詮釋。	1. 注入希望感的遠景建構與描繪。	1. 具體立即可行的小目標之確認與建構。
2. 正向所欲諮商目標的探究與形成。	2. 因應困境及其正向力量的轉化。	2. 諮商所得的彙整與追蹤應用。
3. 晤談間進展的確認與強化（於後續晤談中）。	3. 晤談前例外的深究與善用。	3. 正向回饋。
	4. 晤談間進展的確認與強化（於後續晤談中）。	

伍、建構解決之道晤談的歷程要素

　　雖然 SFBT 並非只是進行一次晤談，但視晤談彷若最後一次或唯一一次來進行晤談（Walter & Peller, 1992）。從前述焦點解決建構解決之道晤談的階段，顯見以下幾個重要的晤談歷程要素，值得學習 SFBT 的實務工作者特別加以掌握。

一、於當事人知覺中工作的重要性

（一）尊重、確認與轉化當事人的知覺

一個人所處的現實世界，乃由它如何被經驗和被回應的方式所構成，亦即是從一個人的覺知、分配、合理化、賦予意義，以及討論世界的方式中被建造。一個人的現實世界無法被客觀分析，而且每個人的現實世界都具備有機的演化特性，可透過個體間諸多的互動溝通，產生新的構念連結。而語言是協商現實世界的基本媒介；不同領域、不同層次的語言對話方式，均可反映並傳送對談的需求和基本要素（Nelson & Thomas, 2007）。

因此，於諮商中，當事人與治療師其實亦共同創造了一種「治療性的現實」（therapeutic reality），其主要是仰賴當事人所知覺的現實而成。諮商師會依據自己的理論，以當事人的生活為藍本，創造一個未來，而此被創造的未來可能會與當事人有關，也可能與當事人無關。換言之，諮商師其實不知道當事人真正的現實世界為何，只能信任於諮商室內所創造出的真實，同時也只能相信諮商室內的真實是與當事人的生活有關，能反映他的生活，也能影響他的生活。在諮商室內，當事人會將特定生活的部分加以強調，但對於某些部分則會予以省略，所以諮商師要記得自己不是全知全能者。當事人對於自己與生活本來就有固定的看法，於離開晤談時，可能會有些改變，也可能毫不被動搖。是以，諮商師只是一名治療性對話的知識建構參與及詮釋引導者，需堅持採取未知的立場，努力讓當事人扮演自己生命中專家的角色；而「共同理解基礎」就成為建構晤談室內現實，以及當事人生活現實的共同重要基礎了（Korman, 2011）。

為建立共同理解基礎，在SFBT晤談中，存在著一個重要的意圖與基準，即是：尊重、確認與轉化當事人的知覺。SFBT 認為，探索和肯定當事人的知覺，是建構解決之道過程中需要去完成的主要事項之一。所謂知覺，包括個人的想法、感覺、行為和經驗，也是當事人對自我及生命的一種覺察；透過這些知覺，當事人擁有思考、感受等能力。SFBT 諮商師會探索當事人知

覺之處，主要包含：當事人本人和困擾本質相關聯之處、已經嘗試做些什麼處理來克服他們的困擾、想要在生活中有什麼改變，以及還沒有做什麼行動（De Jong & Berg, 2007a）。這樣的知覺探索，希望能多加認識當事人的經驗及其對處境的參照架構；如此一來，除了能了解當事人主觀的詮釋之外，也能引導當事人去覺察已經存在但未被注意的一些知覺，尤其是所欲目標與正向資源。當諮商師能尊重當事人的知覺時，表示諮商師視當事人為一獨立完整的個體，鼓勵著當事人重視與信任自己體驗生活的知覺與方式，而此也將影響當事人更加願意信任諮商師，並能發展出一個共同理解基礎及合作關係。

　　而改變則被視為是產生新的、與前不同的行為與知覺。諮商師工作的焦點是在當事人的「知覺」而非「事實」，看重的是當事人的自我陳述，而此亦正為治療是否成功或失敗的證據化實徵資料。藉由當事人說出改變的知覺，當事人會將之轉變成「事實」，因此 SFBT 會側重於探尋當事人覺察到的改變。換言之，在改變的道路上，是當事人建構他們的經驗，而此建構經驗的歷程將反映出他們如何闡述與談論這些經驗，且此談論的過程，也將會讓他們擁有不一樣的體驗；在後續的晤談中，即是不斷引出有關差異與改變的知覺描述與經驗討論（Nelson & Thomas, 2007）。

　　再次強調，SFBT 諮商師會透過許多問句，特別是開放式問句，來促發當事人透過個人知覺中的過去例外經驗及未來可能性，尋找出屬於自己的解決之道。由於 SFBT 相信，個人的意義是發生在所屬的社會脈絡之中，因而除了探討當事人個人的看法，也會從重要他人與所屬系統的眼光來深究之。對於 SFBT 來說，開放式問句的運用乃使諮商師更能聚焦停留在當事人的參照架構之上，並能在回應當事人的關鍵用字下，試圖從當事人身上引出相關細節，而擴大當事人的知覺範疇；同時，諮商師不會用「是的……但是」（yes- but……）來回應當事人，反而會以「是的……而且」（yes- and……）的概念，來連接當事人與自己語言的關係（Korman, 2011）。更為可貴的是，當諮商師由衷地、好奇地使用開放式問句詢問當事人時，諮商師已經將控制權和責任轉至當事人手中，而給當事人更多選擇空間來決定如何描述他們自己的內容與方式，這即是一種尊重及助長當事人「自我決定」的方式之一；

而自我決定乃是 SFBT 最為看重的專業價值（De Jong & Berg, 2007a）。

（二）情緒是整體知覺的一部分，會透過外在行為展現

SFBT 認為，情緒是當事人知覺中一個相當重要的部分，但情緒不會比當事人整體的想法、態度、信念，以及行為來得更為重要（De Jong & Berg, 2007a）。不過，SFBT 仍將情緒視為人們生命中的核心，對於當事人的情緒會予以接納認可，並看重其代表的意義與價值（de Shazer & Miller, 2000），例如：SFBT 諮商師會將情緒視為當事人「希望自己在生活中更能獲得什麼」的一種反映，甚至是一種能反映當事人資源與目標所在的指標。

換言之，SFBT 並非不注重或忽略、否認當事人的情緒，而是將情緒視為當事人整體知覺的一部分，並不會特別將當事人的情緒從整體知覺中獨立抽離出來予以單獨探討，反而是在接納當事人情緒之下，非常重視地去了解包含情緒的整體知覺，甚至會透過「行為化」的外在評估準則（而非內在歷程），來了解當事人在何種情境脈絡及日常活動中產生此一情緒，且不視情緒為一種問題或問題肇因。例如：若當事人表示他對太太生氣，那麼諮商師會去了解當事人會說什麼或做什麼行動，來表示其生氣，而當事人與太太的互動關係與歷程究竟為何，如何使得當事人產生生氣的情緒；因而，當事人的生氣是可有外在表現行為的，是有其緣由的。又例如：SFBT 諮商師不會積極詢問當事人：「除了難過還有什麼其他感受？」而是會多加探詢：「你的太太如何得知你感覺更好了？」、「你更開心時會做些什麼？」這亦是側重「情境脈絡」下「外在行為描述」的另一種表示。評量問句亦是另一個好例子，當事人在量尺的評量分數乃用可觀察的、有行為表現的內容，來表達與描述內在狀態或情緒感受；在當事人「感覺更好些」時，仍可以量尺分數的等級，來說明當事人在日常生活的自然環境下，個人情緒變化的「外在行為」，如此將使當事人的內在不再是一個模糊難明的事件或神秘難解的過程（de Shazer et al., 2007）。

SFBT 不將情緒獨立於當事人的社會建構或認知、行動之外（McNeilly, 2000），反而更關注於定義情緒外顯的行為，以及可觀察的因素與情境；並

且，以當事人知覺的接納與轉移（shift）為主要工作，以期能與生活自然環境連結並產生「感覺更好」的結果，同時成為「強化」建構解決之道的一個重要部分（de Shazer et al., 2007）。來談的當事人常只呈現關於自己生活的某一個面向而已，故 SFBT 會邀請當事人去檢視所訴說故事的另一面向；亦即，透過前述晤談階段的推進及各種技巧的運用，SFBT 希望擴大探索和確認當事人的知覺層面與範疇，並且在精確貼近當事人的情緒脈絡下，再確認出當事人知覺中的目標、例外、方法的這一面。往往，在此知覺轉移的同時，當事人將會重新定義問題並產生積極行動，負面情緒也會隨之轉化；或者，當事人在執行行動有成效或影響情境之後，也將改變原有因問題情境而來的負向情緒，而帶出正向的情緒。一旦當事人的知覺能有所轉移時，諮商師還會邀請當事人立刻加以覺察與確認；而當事人能夠轉移知覺的能力，又可被視為是當事人的一項優勢（De Jong & Berg, 2012）。所以，SFBT 是相當能幫助當事人增加對自己情緒狀態及處理情緒能力的覺察，同時又能積極創造新的、可遵循的情緒運作規則，甚至可以改善當事人長期性的情緒狀態（mood），而讓當事人的改變不再只停留於治療室的意識，反而能成為生活情境中的長期應用（許維素、鄭惠君，2006；de Shazer & Miller, 2000）。

　　以下的對話片段，即舉例當事人的知覺如何從擔心與先生的溝通困難，轉移到願意努力於突破婚姻困境的方向：

當事人：「我是想說，因為之前就有與公婆衝突、公婆就離家的問題發生嘛！然後我現在跟我先生通電話、或講話時，我會覺得好像他對我是不是很生氣、厭煩，還是怎樣，我就會有那種……那種想法。」

諮商師：「從妳擔心先生可能是生氣厭煩，看到妳很重視他的感受。」

當事人：「所以我也不知道怎麼辦啊！」

諮商師：「雖然目前暫時還沒有找到改善的方法，不過我很好奇的是，是什麼讓妳這麼堅持著努力於妳的婚姻？」

當事人：「為了孩子、為了自己，我想要給彼此再一次的機會。」

諮商師：「妳可以多說一些，為孩子以及為自己，是指什麼嗎？」

當事人：「家庭的完整對孩子還是很重要的啊！而且我發現我還是很在
意我先生的。我只是希望在處理公婆問題時，他能支持我
啊！」

諮商師：「妳先生知道妳這些想法嗎？」

當事人：「可能不是很清楚吧！」

諮商師：「如果妳先生清楚知道妳這些想法，他可能會有什麼不同的反
應？」

二、致力於發展願景並注意可能性

　　傳統的因果論認為，特定事情應是由特定方式來產生，但是實際上，特
定事情可能會由多種其他方式而造成（de Shazer et al., 2007），如同一個願
景，也可以透過不同的多元方法完成。SFBT 諮商師在了解當事人問題的基
本情況之後，可能會採用以下三類大方向的開放性問句，邀請當事人繼續建
構其主觀意義：(1)詢問當事人過去做了些什麼，或考慮未來做些什麼，會是
有效用或有幫助的；(2)尋求當事人對未來可能性之意義，例如：「如果有一
個奇蹟發生，會讓你的生命有些什麼不同」；以及(3)詢問互動的意義，例
如：「你認為這樣做，會讓你和你家人之間，產生些什麼不同呢」（De Jong
& Berg, 2002）。透過這些未知的問句，引導出當事人希望晤談後能包含認
知、行動與情緒的未來改變，而此也是 Korman（2011）強調於晤談開場後，
需先與當事人建立符合倫理、可實現的晤談大方向。在建立晤談大方向時，
當事人便已開始建構著未來可能行動的意義，如此也易真正形成符合當事人
意義與價值的解決之道（De Jong & Berg, 2007a）。而在諮商師與當事人之間
建立起晤談大方向之後，便適合接著運用奇蹟問句來獲得當事人偏好未來的
奇蹟願景，或希望未來什麼有何不同改變的描述。

　　未來導向的 SFBT 認為，引發與釐清當事人偏好未來的奇蹟願景藍圖是
很重要的，而此也符合短期治療「知道何時是終點」（knowing when to end）

的理念；當知道終點為何時，便可倒回來引導現在晤談方向的開展與前進。
畢竟，當事人知道自己何時需要協助，也就相對地能夠知道可以停止晤談的
時機與訊號。奇蹟問句正是從結局倒至開頭的逆向操作原則之代表；奇蹟願
景，也往往能幫助當事人開始從晤談室轉而走回其生活脈絡中（Korman,
2011）。換言之，奇蹟問句可以幫助當事人體會到，在諮商師已經聽到他所
表述過去發生的事情之後，他已經可以開始慢慢地轉向於思考未來想要過什
麼樣不同的生活。因而，奇蹟問句能創發某種治療情境，使當事人對所欲達
成的治療目標，產生有效的心理回應──如同目標於現實生活已然實現一般。
奇蹟問句也會讓當事人客觀地在「相信自己能達成目標」的當下，產生內省
與行動，因而奇蹟願景並不是一種空泛希望的想像（Nelson & Thomas,
2007）。由於未來的奇蹟願景是由當事人所提供，將是符合當事人生活脈絡
的，是以在當事人「如何行動」以欲完成「何種願景」的兩者之間，會是十
分能互相對應、彼此相合，以致於常會是較可能成功的，甚至，較能持久的。

　　奇蹟問句傳遞著，諮商師相信當事人能對自己想要的生活進行有意義的
描述，也有能力築夢踏實，更信任當事人了解現實的實際性與限制處；而此，
正是諮商師於詢問奇蹟問句時，所展現很想聽到當事人描述奇蹟的好奇與關
懷的信任態度（de Shazer et al., 2007）。一旦當事人能初步描述想要的未來
願景圖像時，諮商師記得一定要盡可能的尋求這個願景發生時的種種細節，
以使圖像詳盡豐厚，例如：諮商師可探討奇蹟後當事人自己的轉變、其他人
的觀察、人際間互動的不同，以及各種循環或漣漪的變化，而使當事人有如
進入「奇蹟圖像的旅行」。因為願景的探討，反映了當事人希望事情有所變
化之處，也反映了當事人的真實世界，往往可使當事人有了實際的情緒體驗，
容易激發當事人改變的可能性，而提高正在前進突破中的希望感（Korman,
2011）。

　　為了要使當事人進入奇蹟圖像的旅行，並有真實的情緒體驗經驗，在奇
蹟問句中，並沒有詢問當事人要如何做或做什麼來解決問題、使問題消失，
而「只是詢問」奇蹟發生之後，當事人會「如何發現」及「發現什麼」（Ko-
rman, 2011）。同時，於此過程中，諮商師需要保持輕鬆的舉止與溫柔平靜的

音調，同時又能小心翼翼地不錯過會談中任何關於當事人需求的線索，以及每個口語和非口語的細微變化。尤其，諮商師要特別控制自己，在當事人能詳盡描述願景細節之前，千萬別急於快速詢問當事人應做些什麼或暗示當事人要做什麼才能達成其願景，也一定要避免提出解釋及建議，這樣就會變成「偷走當事人聲音的人」，幫當事人發表了意見；反而，諮商師要保持晤談維持於奇蹟發生後的狀態，讓當事人持續進行奇蹟願景故事訴說的晤談結構；這並不是一件容易的事情，需要諮商師有意識的自我訓練（de Shazer et al., 2007; Korman, 2011）。

為了要豐厚當事人對未來奇蹟願景的訴說，SFBT 會藉由提問各種代表問句來獲得奇蹟發生後的描述性細節。諮商師要避免陷在當事人困擾中無數的、重複的細節對話，或者忽略了脈絡以及改變的意義；要避免這種傾向的方法之一，即是要非常留意當事人所說的任何話，並於理解當事人的目前處境下，致力於澄清、確認與擴大當事人的目標、優勢和成功之處等「可能性之徵兆」為重點，來得到值得獲取的細節（De Jong & Berg, 2007a）。在透過問句獲得更多細節的同時，諮商師還會專注傾聽且「注意」（noticing）對當事人來說「什麼是重要的」徵兆；「注意」，即為諮商師反映出當事人個人所在乎的興趣、信仰和假設所在。專心和注意於當事人所做的陳述，將能成為開啟某些建構解決之道對話的力量。由於 SFBT 特別重視當事人的正向經驗，諮商師會多詢問當事人關於可能性的正向細節，在此同時，當事人會更加沉浸在自己的正向經驗中，而更能轉化當事人對自己的知覺，更為正向看待自己，也更能提高尋求解決之道的能量與動力（De Jong & Berg, 2007a），例如：

> 諮商師：「如果剛講的奇蹟發生了，妳說『我會比較穩』，當妳比較穩的時候，妳會是怎麼樣？」
>
> 當事人：「離婚後，我前夫來恐嚇我說，妳以後會很慘什麼的，他已經預言了我會真的那麼慘，會那麼不堪，下場會真的那麼悽涼。我才不要讓他預言成功呢！我不要這樣子，我不要這樣子。我

一定、一定要讓他刮目相看啦！」

諮商師：「所以，當妳比較穩而且可以讓他刮目相看時，他會看到妳是
　　　　什麼樣子？」

當事人：「養得起孩子，甚至還可以擁有另一份幸福。對，我就是想變
　　　　成有幸福的樣子。」

諮商師：「當妳變成有幸福的樣子時，目前一直在鼓勵妳的那些好朋
　　　　友，會看到妳跟現在有什麼不同？」

當事人：「不再這麼擔憂、氣憤。」

諮商師：「那他們會看到妳變成什麼樣子？或是你會開始做些什麼
　　　　事？」

當事人：「會笑啊，會多跟他們出去啊，不再聊我前夫的事情了。」

諮商師：「還有呢？」

……（繼續奇蹟發生的圖像）

諮商師：「離婚後這些年，什麼時候妳孩子、朋友看到妳會笑，你會與
　　　　朋友出去，或少聊前夫的事情？」

當事人：「我不知道啊。很少吧。想不起來。」

諮商師：「那麼，如果以 0 到 10 分，10 分是妳看起來擁有另一個幸福、
　　　　養得起孩子、會笑、會跟好朋友多出去、不再聊前夫……，0
　　　　分正好相反，妳覺得目前的自己在幾分的位置？」

　　奇蹟問句允許時空的轉換，使未來比過去更為突顯，而改變諮商師和當
事人原有的思考方式。奇蹟問句會引發當事人對改變的期待而產生希望感，
開始突破被問題掌控的無力感，並開展一連串可能性的探討與營建；亦即，
僅僅描述未來問題已經被解決的細節，就可以幫助當事人建立問題被解決的
期待，而這個期待一旦形成，將能催化當事人以某種完成此期待的方式去思
考和表現行為。再者，在奇蹟願景的詳細探討過程中，有時解決問題之路會
自然浮現；有時，當事人回答奇蹟問句的內容，可以讓當事人與諮商師知道
何處是終點、何處是起點，並找到目前開始的一小步。奇蹟問句也可為尋求

例外而預備：「在你描述奇蹟發生後的情況，有哪些部分是已經發生過了？」當奇蹟願景圖像描繪的愈清楚，當事人愈有可能回憶起過去的例外時光或過去的有效解決策略；即，沒有充分想像奇蹟願景，使難以聯想到已經發生過的例外。藉由例外，能讓當事人開始在生活中辨認「部分奇蹟」甚至已然存在的訊號，而引導當事人開始更能夠去看到、表達、覆製生活中的美好，並擁有逐漸在改善中的前進感（de Shazer et al., 2007）。

簡言之，當事人來晤談時，不見得清楚知道自己想要的未來願景為何，需要諮商師漸進引導，所以諮商師的開放、好奇與探索之姿，是相當重要的態度（de Shazer et al., 2007）。先以假設問句詢問當事人當問題被解決、困難被化解時的景象，或設想來談的議題被何事所取代時的樣貌，將會引發當事人從問題描述進入解決行動的預備。在當事人較能正向思考或擁有晤談大方向時，諮商師便較能成功的續以奇蹟問句來引導當事人，從目前的優勢為起點，嘗試建構未來可能發展的願景，或者構想與期許問題不存在的結果。如此一來，將能使當事人理解、肯定目前的深層渴望，並開始追求自己所偏好的未來。透過未來種種可能性的探討，將使當事人不膠著於過去或現在的困境，反而更能掌握目前可有何作為之處，同時也能對所處困境與所欲未來，產生新的詮釋與方向；進而，也將引發或恢復當事人對未來的信心、盼望與正向情緒，甚至轉化出當事人對於改變與解決困境的高度動力、決心與希望感（許維素，2009b）。

活動 BOX 1-11：想像願景的影響力

進行方式：

1. 兩人一組，一人當受訪者，一人當訪談者；訪談者就下列問句（Fiske, 2011），進行訪問。

2. 訪問結束後，兩人角色交換。

3. 兩人互訪完畢後，對於擔任受訪者回答這些問句時所產生的效果，進行分享與討論。

訪談問句：

・如果可能，你的生命，從現在開始，可以有五分鐘到一天內的改變，你希望有何不同？

・你一定有一個重要的理由選擇了這樣的改變？那是什麼理由？

・當有了這個改變時，你的生活可能會有什麼連鎖改變或影響？

・當有了這些連鎖改變或影響時，你又會去做些什麼？

・在你的生活中，誰會驚訝你有前述這些不同或行動？

・還有呢？

・還有呢？

・還有呢？

・如果這個改變後來可以成為一個習慣，你想你需要多久的時間，來讓你自己養成這個習慣？

・誰可以幫助你開始養成這個習慣？

・什麼樣的人、事、物可以提醒你要記得去養成這個習慣？

・如果你真的養成了這個習慣，什麼樣的人、事、物可以幫助你維持這個習慣？

・如果你真的養成了這個習慣，你的生活又會有些什麼不同？

・誰會因為你養成這個習慣，而有所獲益或感到開心？

三、正向所欲目標的發展與形塑

（一）目標的意義與重要性

　　設定目標是日常生活的一部分，人們總是在做這件事。Dorner 曾說：「我們總是想著做些什麼來完成我們的行動，或是避免與預防那些我們不想要發生的一切。當我們形成目標時，這些目標就成了問題解決的重要角色。」目標最能激發出我們的資源，最容易讓我們往前進，也最能完善自我監控系統（引自 Egan, 2010）。

　　當事人之所以會來晤談，是因為他們希望自己「更好」；「更好」，可能是想去追求他們想要但尚未做到的境界，或是想要停止他們現在正在做的某些事情。亦即，當事人所帶來的問題，其實乃代表著他「現在」的「關注在乎」，或反應當事人「想有所改變之處」，不然當事人無須提及這些問題。往往當事人經澄清後的目標，很可能與一開始來找諮商師的緣由不盡相同；有時，同時來談的兩位當事人對於問題與改變方式的看法並不同，但是他們對於目標卻很容易產生共識。甚至，不少當事人來談，不是因為他有問題，而是因為他有目標，例如：只是想要突破目前的情況變得更好，讓事業、成績更有成，或讓自己過得更幸福美滿（類似於正向心理學所強調的人們追求幸福感）（Korman, 2011）。須知：「有問題一定有目標，有目標不一定有問題」；問題與目標之間可能有其關聯性，可能沒有，但目標的重要性應重要於問題。因此，SFBT 不是不關懷當事人對問題的抱怨，只是對於當事人的目標更有興趣。畢竟，問題的描述不見得包含了當事人想要的改變，但是，當一個人在描述問題時，其背後的假定，乃設定應該有一解決之道的存在，或者至少應該知道如何判定何時問題不復存在。往往，當諮商師了解當事人目標的同時，也同時了解當事人的問題。

　　換言之，SFBT 相信，當事人能定義問題，也能定義目標，而且，諮商師不能改變當事人，只有當事人能改變自己，因而諮商目標應該由當事人自己決定。所以，在目標的發展與選擇上，SFBT 乃以當事人想要的目標為晤談主要方向。透過對當事人自身所欲目標的討論，將能表達出諮商師一種深層尊重與同意當事人所看重的力量，甚至也展現相信當事人對於自己的問題已經花費很多力氣與時間去思考與處理，對於問題一定存有相當程度的深入研究。SFBT 也堅信當事人是知道自己的解決之道，即使他們剛開始晤談時還沒發覺事實上自己已經知道了。所以，諮商師千萬不要將當事人的目標，混淆於自己的目標及機構的期待，而需堅持於了解當事人自身設定的目標為何。當然，由於當事人的獨特性，每位當事人的目標發展與設定歷程都需要量身設計及彈性處理；尤其，處理目標的發展與形塑是 SFBT 晤談相當核心的重要軸線，特別是在晤談初期階段。忽略了當事人的目標、對晤談的最大

期望，或對未來所欲的偏好結果，將使諮商師與當事人之間產生嫌隙；若當事人覺得諮商師沒有傾聽與理解其關注和在意之處，其實是難以幫助當事人透過建立關係並進一步形成當事人目的的（許維素，2011a）。

　　SFBT 是一個「建構解決之道」的晤談，而非致力於探究成因而形成策略的「問題解決」取向（Korman, 2007, 2011）。由於 SFBT 諮商師關注解決之道的本質勝於問題的本質，也相信解決之道不見得與問題會有直接的關聯，所介入處理的不是傳統諮商派別定義的「過去的」、「深層次」問題，因為 SFBT 認為，應「深入」的是當事人「『現在的』日常生活以及希望生活中想要的變化」；而此也將促使當事人開始思考更多可能性的存在（de Shazer et al., 2007）。

　　舉例而言，來談的當事人是人際關係差的青少年，若詢問這位青少年，其認為變成什麼樣子就會擁有改善後的人際關係，這青少年可能會說「有自信以及能表達自己」，如此一來，如何增加自信與表達自己的過去成功經驗、之前有效方法，以及各種可能性的嘗試，都可以成為晤談可後續努力的可能方向；而此目標的追求與達成，並不一定需要關乎其人際關係不佳的肇因與經驗。又或者，教師轉介當事人的理由是其自信心低落，但當事人目前關心的是功課議題，若諮商師先與當事人進行的是這個人的目標——如何增進功課，其自信心仍會間接增加，但不見得在晤談中會直接討論到。是以，在探索願景及各種可能性的同時，當事人與諮商師將在這過程中，共同建構出當事人真正所欲之正向可行目標，諮商師也會積極協助當事人能用不同的角度來看待自己、行為、人際模式或身處情境，並從已發生或可能發生的生活經驗中尋找解決之道的訊號，以充分運用既存的優勢與能力，來發展與建構出有效的解決之道。有趣的是，討論解決之道有時會比談論問題更為容易進行；不少當事人常能夠先定義出他的解決之道，而非問題，或者在發現解決之道後，會回頭去修正其原先定義的問題。當然，談論問題容易引發當事人的缺點與缺乏資源的痛苦，而談論目標反映的是當事人的勝任能力與優勢，即使談的是一個可能的最小改變，都會帶給當事人的一些力量（Corey, 2013; De Jong & Berg, 2007a）。

（二）設定良好構成的目標

夢想與目標是不同的，引導當事人於可能實現的夢想願景處停留久一點之後，將容易更進一步建立良好構成的目標；當事人的未來是被協商創造出來的，而此也正是探討可能性徵兆的意義所在（De Jong & Berg, 2012）。因此，SFBT 諮商師會緊扣著當事人當時對問題的主觀知覺與描述，透過未來與目標導向的問句提問，促使當事人更理解、聚焦、確認自身的目標，其方向包括：單次晤談目標、後續諮商之期待、希望改變的方向與全景、內心之真正需求與深度在乎，或者至少需要改變的底線。SFBT 的目標中還會含括了系統與人際中的改變，以幫助當事人在現實生活中實踐更佳的解決之道，並擴大當事人的選擇權與可能性。隨著目標的發展與引導，當事人常會主動吐露更深的擔心與重要的個人資訊，也會從問題的訴說與抱怨，開始轉為正向具體實際的思考與描述，並將目標建構於原有的優勢基礎上，甚至會對困境與目標不斷產生新的修正與觀點，而再次擁有希望感。SFBT 的建構解決之道過程，真可謂是一個「目標概念化」的歷程（許維素，2009b）。

由於形容解決之道的語言，乃迥異於問題描述。為了形塑目標，SFBT諮商師在積極傾聽當事人自然抱怨與訴說的同時，並不會鼓勵當事人進行更多負面的探究，反而是要對當事人的目標充滿好奇，以企圖引導當事人將「抱怨」轉成「想要的」目標，並不再以「不要什麼」的語言陳述，因為諮商師無法從當事人的訴苦抱怨中精確獲得他想要的目標。若當事人以負向描述自己的目標時，諮商師會主動地與當事人確認：目前不想要特定負向事件的存在，那麼，取而代之（instead），希望發生的是什麼？例如：當事人希望自己不再沒耐心，諮商師則需詢問「不再沒耐心」時，會如何表現，而獲得其以「沉穩」來進行的正向描述。亦即，諮商師除了避免自行為當事人設定目標外，也需從當事人口中獲得其如何描述目標的正向語言，即使當事人不希望自己不快樂，也不等於他就是想要快樂，因為，他可能只是想要平靜而已（許維素，2011b）。

良好構成目標的定義包括：

1. 目標是對當事人具建設性、重要性、吸引力的，是符合當事人價值觀與被其認同的，是可能性高但又有些難度的。當目標是當事人想要的、對當事人有意義的、有好處的、可以帶來希望感的時候，將會讓當事人產生高度的改變動力。當然，目標的意義即在於需要當事人努力而得的，而非輕而易舉可致。

2. 目標是可具體觀察評量、清楚明確的、可反映改變訊號的。當諮商師與當事人是以此原則在討論目標時，便讓可能性的探究轉化為具體選擇的探討，也將成為當事人心理可事先模擬演練的素材，而讓當事人更容易於真實情境中落實執行；存有具體的標準，有助於當事人事後自我評量有無達成目標。亦即，當諮商師能協助當事人將目標動態視覺具體化地去除抽象化，將使得當事人有所預習、覺得行動不致過難，而增加執行的動機與成功率；在此同時，當事人也往往更能接納與面對現在的問題或擔憂，並覺得自己已經在解決或預防問題的軌道上，而更增加內心的合理掌控感。

3. 目標是具人際互動情境及行為動態歷程化細節描述的脈絡。由於當事人隸屬於社會系統的一部分，生活中的重要他人總是與當事人的生活相互影響，因此當事人的改變也一定發生於社會系統與社會互動當中。於是，SFBT 諮商師會特別去關注當事人身邊擁有的社會支持，並運用這些社會支持來幫助當事人獲得支援，或提醒、檢核自己的狀況、目標與資源。

4. 目標是在當事人控制內並可以承擔的，是合於目前現實且符合成本效益的；最重要的是，目標是於晤談後「立即可行」的追求，而非最終之目的點，或所謂最核心的議題。在當事人未來願景為大目標之下，諮商師會與當事人探討所考量到的各個面向，使當事人在確認與掌握已有的成功經驗或資源的同時，能發展出新的小目標，並思考其可能的結果，以真正展開此刻認為重要的、願意立即執行的特定行動或實際具體可行的第一小步。當事人可以「開始」行動時，將拾回一種控制感，而且，由於行動中實際可行的高掌控度，讓當事人容易創造出小小的成功經驗，如此也將能回頭提升當事人的自信與動力；反之，若目標設定是遠距的、

困難達成的，往往會使當事人更容易放棄。不過，諮商師仍然需要以間接的方式讓當事人知道，達成目標是需要持續努力與練習的，以使當事人負起改變與建構解決之道的責任（許維素，2009b；De Jong & Berg, 2007a; Egan, 2010）。

SFBT 的目標發展，關於前述良好構成目標的標準，也可用以下幾個小訣竅來涵括之：由多選一、由負面到正面、由大到小、由抽象到具體、由內在到人際、由他人到自身（許維素，2009a，2009b，2011a；Taylor, 2010）；例如：當事人表示改變後內在會有所不同，諮商師則繼而追問：內在不同後的外在行為表現為何、他人會如何注意和注意到的哪些層面，以及人際互動的連鎖擴大效應會出現於何處等。傾聽關注當事人在意之處，永遠是目標建構的引路。

（三）催化良好構成目標的發展

當事人行動是有內在圖像（目標的）導引的，而非只是靠著感官經驗來做決定。SFBT諮商師不會特別去想什麼問題是SFBT所無法有效幫忙的，因為 SFBT 看重的是：如何達成目標（Korman, 2011）。好的目標是成功改變的開端，好的目標也才能導致正向的結果。

為了發展與達成目標，在具體技巧運作部分，諮商師常常以成果問句做為開場，針對當事人所用的關鍵字加以突顯及具象化，以探討與確認當事人每次晤談的目標。除了常用一般開放式問句來蒐集相關背景資料、了解當事人對問題現況與困難處的主觀詮釋外，更常用假設問句、奇蹟問句、差異問句、評量問句、關係問句等，持續探問當事人所欲未來及改變後的可能情況、其與現況之差異距離，以及此差異距離所反映的意義與價值。諮商師也會藉由探問以前沒有問題或已有進展的例外時刻，在肯定當事人所擁有力量的基礎之下，了解當事人是否還希望這些例外繼續發生及其意義為何。特別是，奇蹟問句能帶出的場景通常是實際化、細節化，且符合個案生活脈絡、是當事人能力範圍內可促成的。將奇蹟場景細節化或續以評量問句測量，將更有助於當事人掌握。由於 SFBT 認為應引導當事人將內在感受描繪成更具體的

外在象徵，所以評量問句是最常用來確認在此刻當事人認為 10 分代表的所欲願景，以及目前分數所代表的狀態或已有成功經驗與策略，進而探討如何先維持目前分數或再往前突破 1 分或 0.5 分時，所需立即具體行動之詳細細節、各面向考量或可能的結果。假設問句、關係問句及循環問句也常接連結合使用，使當事人對可立即開始的第一小步更為視覺具體化、實際可行化。諮商師亦會大大肯定與讚美當事人自發所想出來願意開始行動的第一步，並摘要其所提及的細節內容。此時，若當事人提及擔心行動失敗的可能性，諮商師除了會探討當事人需要什麼才能增加成功率外，也會以一般化加以支持，並用重新建構來提醒其看重的目標之重要性與意義，以促使當事人願意繼續往前（許維素，2009b）。舉例來說：

> 諮商師：「聽起來現在的情況，如同妳剛告訴我的，專業學習上目前暫時是比較難以改變的，可是在這個時候如果多做點什麼或少做點什麼，至少讓妳可以撐完研究所這學期的最後兩個月？」
>
> 當事人：「對，好主意。嗯，可以多做的事可能就是，像現在就是繼續去接觸專業的訓練；然後，少做的事情，嗯，其實我在想可能是減少人際上的那個哈拉閒聊的時間。」
>
> 諮商師：「喔！喔！（讚美的態度）我看到妳願意讓自己更能夠為專業準備、繼續願意努力往前，我看到那份很強的一個意願。也希望自己更能把握擁有的時間。」
>
> 當事人：「對！我的確是真的很想在專業上能夠更上一層樓。」
>
> 諮商師：「那麼關於多接觸其他的專業或減少人際的相處，妳又要如何開始進行呢？」
>
> 當事人：「就是把時間更多花在專業學習上好了。」
>
> 諮商師：「所以妳打算如何開始規劃與分配妳平日的時間呢？」

此外，為了要使當事人真正能朝目標前進，在持續對話的過程中，提升當事人朝向目標前進的「承諾」，也是很重要的。除了前述之外，引導當事

人能對目標有所承諾的一些其他原則，包括（許維素，2011a；Berg, 2003）：

1. 諮商師需具備使用「要……」（而非「不要……」）的語言習慣，並引導當事人也如此使用。

2. 運用當事人的語言，並讓當事人知道你從他的話中聽到了他的渴望與在乎之處。

3. 於每個段落處，以當事人的語言清楚地重述當事人的目標；在特定目標上，與當事人重複確認。

4. 多詢問當事人所有相關的行動細節，以提高行動意願（例如：要「如何」進行、要「做什麼」等）。

5. 提醒當事人他已經做到的每個步驟，並將問題的變化與結果進展列為改變脈絡的里程碑。

6. 有時候與當事人不斷地重新約定目標，乃是常見的事。

當然，對於當事人的目標，諮商師不能比當事人更為熱切、樂觀或關心，而是要能同步地與當事人前進；因為 SFBT 相信，當事人乃有權力去設定形成目標與達成目標之速度與方式。

四、例外與優勢力量的極大化

（一）生命另一章：發掘例外的影響

SFBT 相信，每位當事人都是獨一無二的，每位當事人都擁有與生俱來的力量與資源在幫助著自己，所以 SFBT 相信當事人是自己生活環境中的專家，並重視當事人優勢力量的開發與運用（David & Osborn, 2000; Lipchik, 2002）。SFBT認為，導致改變最重要的關鍵，來自於當事人的能力及潛力；當事人所認定的優勢力量，若能前後一致地受到重視，那麼當事人對於問題的嚴重性及永遠性的知覺，將會將低，改變的動力便會隨之增加。「例外」即是這些優勢、資源、力量的統稱。若要能發現當事人的優勢力量，就需要有當事人與諮商師一起合作於探索例外的過程。當然，對於當事人期待如何應用這些優勢力量，以及認為需要什麼才能改善生活的觀點，諮商師並不具

有最後的決定權。簡言之，SFBT 是持「優勢觀點」（strengths perspective），並看重如何引發當事人自我賦能（許維素，2009b；De Jong & Berg, 2007a）。

　　SFBT 相信，沒有一件事會永遠都是負面的，例外總會存在。問題何時能比較不嚴重或當事人曾有效處理的方法與資源等，都是例外的所在。比方說：經常暴怒的家長，也有平靜處理事情的時候；有幻聽的當事人，有時也可不受到幻聽內容的影響或仍能與他人直接溝通的時期；即使是藥物濫用的當事人，也都會有數日或數小時沒有用藥的日子。例外可謂是「產生『差異』的訊息」，是當事人已經開始有行動之處，將可能會成為潛在的、可建構的解決之道。任何小小的例外都會是有用處的，且因為例外已經是發生過的事實，值得認真慎重看待。當然，每一個例外的價值與意義，並不會等同，並由當事人予以評定之。進行這些小而未被確認的例外探討是很重要的，因其可幫助當事人更為意識化地多加應用這些製造例外的知識，以小步驟的行動提高例外的發生機率，如此，將可能在最短的時間內減低問題的負面影響，甚或多做一些有效的模式取代無效的行為，而帶來改變與希望，例如：詢問抱怨孩子不夠好的母親，孩子何時是自動自發或何時自己是能夠影響孩子的，往往會讓母親回想孩子與自己的另一面，而帶出自己教導孩子的好方法以及認為孩子能夠改變的信心。

　　諮商師堅持的一個信念是：當事人來晤談時，已然帶著解答或已知解決之道的起點，只是他們尚未察覺自己已經知道了；而諮商師就是要協助他們更為意識覺察與擴展應用之（Corey, 2013）。任何的例外若與願景、目標有所連結，將可能會成為解決之道的前驅之身或重要關鍵的基石。人們總會製造一些例外；這些例外創造的細微差異，使人們看到希望所在，並可進而善用這些例外、產生小改變以遠離問題困境。當諮商師能提醒當事人被自己所遺忘的資源時，當事人會對自己產生正向信念、對改善的可能性產生信心，並會信任自己一直在往解決問題的方向前進，而此也會減低當事人擔憂問題嚴重性或自責的負向情緒，甚至會對自己、他人、現況、現實、界線、限制等，更為接受、理解及願意進行反思。例外探討愈多、愈能了解哪些成功經

驗可以與達成目標連結，愈能提升當事人建構解決之道的動力，也會促使當事人對自己自發的問題解決能力產生信心，並強化其對問題處理的主控感、自我負責及力量感（許維素，2009b，2011b）。

因此，探討例外並不是對當事人的生活創造虛擬的故事，而是營造一個可以「成為可能」的故事，對當事人而言，是可以看見的，是可以從中學習已然在某處等著他的故事。亦即，例外探討將創寫一個新的、可能存在的故事，讓當事人學習自身的成功經驗，覺察自己的生活其實比以前所設想的還要好些，同時又更能懂得運用這些能力和資源，來幫助他們自己解決問題。因此，在探討例外時，諮商師和當事人乃共同創造一個持續前進的故事，而這個故事甚至可聲稱當事人已經開始實現了他的奇蹟（Nelson & Thomas, 2007）。即使這些例外的探討沒有立即成為當事人願意嘗試的行動，但這探討的過程本身以及所探討的例外內容，往往也可能會成為當事人生命未來希望的種子（Berg, 2003）。

（二）逐步琢磨：探討例外的過程

例外問句充分展現了諮商師的支持與熱忱，乃有助於諮商關係的建立與維持（許維素，2009b）。在SFBT的晤談中，諮商師會緊扣當事人此刻目標之方向，積極引導或反映當事人與目標相關的例外成功經驗，或緊跟隨著當事人自發聯想的例外經驗——問題沒有發生或較不嚴重的時候、問題曾經被解決過的階段，或者晤談前的一些改變與努力，不管其發生於現在或過去。諮商師最常會優先使用「振奮性引導」來對當事人的例外做反應；也會於詢問完奇蹟問句後，以評量問句的10分位置表示奇蹟已經發生的狀態，再請當事人去評量現況，而最低分與現況間的分數，將引發對例外經驗的覺察。SFBT 諮商師還會運用開放式問句、關係問句、評量問句、假設問句、重新建構與讚美等技巧，引導當事人從自己與他人的觀點，思考、覺察、確認，整理例外的影響與效果、意圖與努力、內容過程細節與成功要素、已有的資源力量與有效方法，以協助當事人有意識化的再複製，特別是最近所發生的例外，是更容易再被複製的。除了例外的成功之法，諮商師還會特別連結其

與達成目標之間的可能關聯，因為最有助益性的例外乃是與目標有關者（許維素，2009b）。舉例而言：

諮商師：「妳說妳和先生目前比較難溝通，那麼妳之前提到，在三個禮拜前，你們在電話中聊起來是比較愉快的，那是如何發生的？那時候妳的態度跟他的態度，和平常有什麼不一樣？」

當事人：「那時候我也是這樣子啊！他那時的態度也很好啊！只是說最近這一兩個禮拜我打電話給他是打得是比較密集啦！或許我心裡就是對他的行蹤不放心啦！然後他就覺得煩啊，我就更不放心、更想問他在忙什麼？」

諮商師：「至少有一個很重要的地方是，如果他的態度好，妳反而打得是少的。」

當事人：「對啊！嗯，對啊！」

諮商師：「如果妳先生能夠知道，當他對妳態度比較好，妳反而就比較放心、電話會打得比較少，他可能會有什麼不一樣？」

當事人：「他可能就會態度好一點，然後也不會覺得我很煩。」

諮商師：「妳想讓他知道其實妳很在乎他對妳的態度嗎？」

當事人：「很想啊！他態度好我就沒事了嘛！」

諮商師：「那麼在過去妳們相處的經驗中，妳都是如何把妳的想法或需求讓他知道的呢？什麼方式較容易讓他了解與接受？」

當事人：「嗯。一下想不起來。」

諮商師：「那麼如果我有機會現在問妳先生，他可能會說妳過去什麼的態度或方法，是能幫助他表現出所謂更好的態度？」

　　例外乃散落於晤談歷程中，需要訓練有素的諮商師之耳去確認與珍視之。諮商師的確需要協助當事人去發現與認可自己已經擁有的正向優勢力量，並能了解這些優勢力量是如何能被記得提取、如何運作，以及如何展現的（David & Osborn, 2000; Lipchik, 2002）。亦即，SFBT 諮商師不僅僅要關注

當事人的小小成功之處而已，更要特別注意當事人已經嘗試了什麼方法、已經做到之處，及其所反應的優勢能力。一旦發現了例外經驗，諮商師要記得加以停留探討，除了有效方法之外，也需要多多探討當事人的感受、想法、行動，並催化其間的相互連結（Korman, 2011）。所以，當諮商師發現當事人的例外經驗，千萬別立刻建議當事人以該例外作為問題解決的策略，也不要比當事人更為樂觀；反而是要先探問：例外發生的細節、當事人對於該例外所知覺的意義與重要性，以及現在是否願意嘗試將該例外作為解決之道的要素（許維素，2009b；De Jong & Berg, 2012）；倘若當事人不接受這些被發現的例外，就得尊重地再重新開發之。

於例外經驗範疇中，探討當事人對於困境之「因應」是非常重要的向度，特別是對於負向情緒高昂、有慢性疾病，或處於危機情境的當事人來說，更是如此。畢竟，對於目前停留在痛苦而不易想像偏好未來願景的當事人，若先與之討論所謂的目標及更佳的狀態，也可算是不同步於當事人的狀態，而易破壞了諮商合作關係。對處於這樣狀態的當事人，SFBT 諮商師會先多元探討與認可當事人對其所處現實環境的知覺，包括：目前因應困境之各方優勢、正向力量、情緒狀態與變化等。對於困境因應的探討，諮商師特別會大量地以因應問句引導當事人反思自己是如何面對困境、何以沒有更糟、如何在困境中還可有所作為，以及探究自我照顧的方法與背後的正向力量。或者會用重新建構、一般化正向詮釋出所處困境的正面意義，以及當事人言行背後所反映的努力、改變、在乎、期待，並予以深度肯定。有時，從深入探討當事人如何因應困境中，將促使當事人更加了解與肯定自己的優勢力量（例如：力量、資源、成就、努力、堅持、毅力）、目標（例如：期許、需求、在意）與改變進展等各方優勢之所在，甚至可以讓當事人更能接受困境之自然存在性、必要性、影響性、脈絡性、現實性、限制性，以及暫時性，並能發掘目前困境所反映或代表的意義與價值，轉化當事人的負向情緒，以及產生對困境與自己的寬容觀點。有時，當事人因回答因應問句，會發展出正向情緒，並且更能全盤的自我開放、覺察與接納，也能於自我肯定、自我決定、自我負責、自我照顧、自助成長等層面上，更有所擴展化、層次化、概念化，

以及增強化。同時，如何因應困境的探討，會讓當事人更快離開了受害者角色，更能懂得評估：現實環境、與困境及現實環境的相對位置，以及現況的各種可能性，且更能聯想與運用自己的改變進展、優勢力量或可為之處，而能承認、面對、承受困境或與之共處。甚至，當事人還會因此有巨大的轉變，包括：努力轉化負面經驗、企圖減低困境的負向影響、從困境中有所學習成長，以及更能有決心與動力地在困境中發展出後續實際可行的明確目標與因應行動，而更能掌握自己的過去、現在與未來（許維素，2009b）。

　　簡言之，例外的探討，包括因應的深入，往往會帶出正向運作的晤談氣氛，讓當事人更信任諮商師是一個幫助他而非指責他的角色，合作關係也將更為容易建立與維持。例外經驗的探討常會幫助當事人更為堅定欣賞自己已有符合目標需求的豐富力量與資源，也常使得當事人知道自己已經做了什麼，如何多做哪些有效方法來一步步地達成目標，至少可得知如何先行努力維持不更糟的自我協助方法。在當事人能更意識化地解釋偶發或隨機式例外何以能發生時，或者當他們覺得意識化例外的是發生在自己的掌控下時，其改變的意願與決心將更為增強，而於未來，當事人便能更易再創一次例外或進展。此外，當事人常因為例外經驗與因應能力的開發，而產生觀點的轉變，藉此又帶出修正下一步目標及努力方向的效果（許維素，2009b，2011b）。

五、回饋

　　回饋是 SFBT 晤談中很重要的代表性要素之一，乃和其他晤談歷程要素一樣地重要。回饋代表著諮商師看重當事人於晤談中所言、所投入的精力，因而諮商師需要好好彙整晤談所得，給出合宜的回饋。於每次晤談了四十分鐘之後，晤談會暫停十分鐘，好讓諮商師可以和單面鏡後的專業團隊討論，或者讓諮商師能夠抽離晤談環境安靜的進行思考，以便將晤談訊息組織成給當事人的回饋。

　　回饋是諮商師針對晤談歷程的理解，進行回顧並做成歸納摘要。回饋的目的是組織與強調晤談中所得的重要訊息，讓當事人感受到他們被仔細聆聽，同時也表達了諮商師同意當事人對問題的觀點，重述對當事人的理解，肯定

當事人對自己問題的看重，而提供當事人增進生活滿意度的步驟。回饋設計的目的主要是：「提醒當事人所期待的未來願景」、「做什麼可以對當事人更好」，以及「幫助當事人能夠感覺到成功及勝任能力」。在暫停後給予回饋時，諮商師會先表示認可當事人問題的意義及其對當事人的影響程度，進而彙整地「讚美」當事人自從晤談以來所展現的優點、努力、進步、例外，以及具體方法，或者重新建構當事人的負向情緒或目前狀態的正向意義；之後，再提供當事人改變的意義與價值之「橋樑」，最後給予「具體建議」。必要時，諮商師會運用追蹤問句，或讓當事人自行設定家庭作業，以更能確認進步的可貴、凝聚改變的決心，以及形成行動的意義與步驟。如此，將會讓當事人更為理解與肯定現在的自己，更加了解自己的正向力量與資源，以及對於自己改變的意義與重要性更為印象深刻，以致於在晤談結束後，能有信心與決心地朝向晤談目標地實際嘗試行動（許維素，2009b）。

亦即，回饋可以幫助當事人發展良好構成的目標，並將焦點擺在與他們目標相關的生活例外經驗，鼓勵他們注意與肯定誰做了什麼讓例外經驗發生，尤其當例外的發生是基於當事人自己所做的功勞時。回饋給予當事人一些有效的指導方針，而當事人其實也往往期望諮商師給予建議，因此，回饋也將有助於建立治療聯盟。不過 SFBT 諮商師所給予的建議，只是一種試探性的回應與刺激，乃由當事人決定如何運用以及如何激發自己產生嘗試性的行動（Berg & Reuss, 1998; De Jong & Berg, 2012）。所以，提供回饋的首先原則是：找出適宜給予的建議底線；即什麼樣的建議是在晤談資料中有所顯示的，包括：目標設定良好的程度、例外的程度和形式、當事人與諮商師的關係，以及當事人對於自己能投入於解決之道的動機、意願及努力程度。當不確定底線時，則傾向於較為保守的選擇；如此，當事人晤談後的表現就更易超過所建議的範疇。清楚可見，回饋是透過評估當事人個人的動機與信心、當事人的目標建構程度，以及與目標有關的例外優勢來發展建議，而非諮商師個人的主觀判定。此外，諮商師記得要去認同對當事人來說重要的部分以及當事人想要的目標。回饋時儘量要使用當事人的字詞，保持簡單易懂。停留在當事人的參照架構裡，靠近當事人對於事情的解釋立場，以能持續地在當事

人的解釋系統及語言溝通模式中工作。當然，諮商師要慎重且真實的表達回饋，勿情溢乎詞或詞溢乎情，同時也觀察當事人的反應是否同意這些回饋（De Jong & Berg, 2007a; de Shazer et al., 2007; Macdonald, 2007）。

以下說明回饋的架構，包括：提供讚美、建立橋樑，以及給予建議。

（一）讚美

諮商師提供當事人直接與間接的讚美，除了認可與一般化當事人對其生活與問題的見解外，也會肯定當事人對解決之道的看法、自身的優勢，以及正在做與已經做到的事情。往往當事人對過去的選擇是感到沮喪的，對未來的預期也常是如此。當諮商師從暫停時段回來後，許多當事人會有負向的想法，甚至會緊張地詢問：「好吧！情況有多差？」或「你認為哪些事情對我們有幫助？」因此，諮商師對當事人用讚美來開始回饋，不只製造了希望，也暗示了：諮商師認同著當事人是如此認真看待自己的問題，而達成目標的答案，主要是藉由當事人自己的例外成功和優勢力量來執行的。

開始一連串的讚美來強化目標、例外，與解決之道的關係，對當事人來說，乃有驚奇和戲劇性的效果。當諮商師提供當事人讚美時，需看看他們的反應。大多數的時候，他們看起來都是愉悅的，也常是搖著頭同意、微笑或說謝謝；假如沒有，諮商師可能需要重新評估之前所得到的資料。當然，諮商師也需要注意各地文化對於讚美次數、強度與向度的接受度，而修改其表達的方式，因為最重要的是能傳遞「相信當事人可以運用自己的例外與優勢來產生改變」的這份希望與信任。

讚美表達了對當事人的肯定，指出讓諮商師印象深刻之處，也認可什麼對當事人來說是重要的目標或較佳的選擇。在證實當事人成功之後，諮商師會接著提出可以鞏固這些成功的建議。

（二）橋樑

橋樑是連結讚美與建議之間的重要訊息。橋樑的內容經常是從當事人的目標、例外、力量或知覺中抽取出來，欲提供何以要執行建議的一個基本理

由，說明了諮商師給予建議的依據，而讓接下來的建議看起來是有道理的。任何建議必須是對當事人有意義的，或被他們所重視的，如此當事人才更易去執行。提供橋樑時，諮商師常會強調：這是個很重要的時機，是當事人可以開始做些什麼事情的時候；或者，常見開始橋樑訊息的語句是：「我同意你的……」，「既然……」，「因為……」，「我們同意……」，或者「部分的團隊認為……」。提供橋樑時，盡可能組合當事人之語詞和字句：「我同意你，試著理解你的憤怒是一個重要的目標，這對你的工作是不好的。所以，我建議的是……」。

（三）建議

回饋的第三個部分，是給予當事人建議。建議乃是要提供當事人朝向達成目標方向前進的方法。所謂的建議都與當事人例外或目標有關聯，因為回饋的內容都是依據當事人在方才晤談中所說的內容加以組織，而非額外發展出一個本次晤談並未討論到的內容。尤其，諮商師要相當注意的是當事人平日現實生活的脈絡，以及如何於現實生活中執行行動，而非僅關注治療室內的歷程。建議常是請當事人多做在晤談中提及的有用之事，或做些不同的事情以取代無效行為。諮商師給予的建議需要是清楚、具體的，所強調的是有難度且需要付出的任務，但千萬不要是太難或容易執行失敗的建議。諮商師也可以試著稱呼建議為：「讓我們來做一個嘗試、實驗」；「試試看」的實驗態度讓當事人對於任何嘗試的結果，不管成功或失敗，都保持著開放接受的態度。當然，諮商師也可以請當事人自己設計一個任務；若當事人能自己設計一個可執行的作業，則所謂的「抗拒」也就會隨之減少，投入度也自然會愈來愈高。此外，諮商師給予建議後，多不再讓當事人評論之，以讓當事人印象深刻地去執行之。

給予什麼樣的建議和如何給建議，是回饋中最難的一部分。最常見的建議主要有兩種類型：「觀察型建議」和「行為型建議」。觀察型建議是依著晤談中所蒐集到的資料，建議當事人特別去注意、觀察可用的解決方式何在，例如：在晤談結束時，若當事人沒有發展出目標、但有例外時，則邀請他回

去觀察及特別注意，在下次晤談之前，何時情況又有比較好一點？然後請他詳細的告訴諮商師：「為何會發生？」、「當發生時，情況有何不同？」、「是誰、如何讓他發生的？」如果晤談中當事人沒有提及任何例外，諮商師也可以請當事人回去特別注意生活中小小例外的發生；如此除了能促發當事人產生預期例外發生的效應，也暗示有益的方法會來自於當事人的經驗中，而為解決之道提供可能的線索。當然諮商師也可請當事人特別留意：在生活中有哪些訊息，可以告訴他這問題何以能被解決，或者在他的生活中有什麼是他希望能繼續發生的，以促發當事人擴大覺察到自己的目標以及改變的可能性所在。

　　與觀察型建議一樣，行為型建議也是從晤談中獲得資訊的，同時也必須是對當事人之參照架構具有意義的行動。行為型建議需要當事人實際地去做些作為，即採取諮商師相信會對當事人建構解決之道有所幫助的行動。其可分為以下幾種（De Jong & Berg, 2012; Korman, 2011）：

1.若當事人提及的奇蹟圖像是清楚的，且當事人是有信心去使其發生時，可請當事人嘗試去做做看。相同的，當事人的晤談前改變或例外是清楚易見時，則可與當事人討論如何有助於「繼續做」或「多做一點」原本已經做到的部分，並觀察生活會有何變化。當然，諮商師也可同時結合觀察型作業，請當事人除了繼續做有用的事情之外，也同時觀察還有什麼其他策略是有用的，而暗示當事人能做的，遠比自己所認知的還多得多。

2.如果當事人能描述奇蹟圖像，但卻沒有信心使其發生，或者有一點小小的成功或例外，但是當事人卻無法清楚描述例外是如何發生的，此時，則可請當事人每日進行一個擲硬幣的活動。當看到硬幣是正面時，則請當事人嘗試去使這些例外或部分奇蹟發生；若硬幣是反面時，則請當事人維持現狀，然後請當事人特別注意在這二種作法下生活產生差別，而增進當事人對例外的期待與關注。

3.若在晤談結束時，當事人提及奇蹟但沒有想到任何例外時，諮商師則應讚美當事人能釐清奇蹟圖像，並請當事人於下次晤談之前，開始佯裝

（pretend）有如奇蹟已經發生般的行動與試驗，以讓當事人開始有一些行動，允許自己嘗試想出各種可能性，並試著進行一、兩次，而使當事人在較不費力的情況下，覺察出任何可能的變化。

4.若當事人無法意識自己的例外何以能發生，但其改變動機相當強烈時，則可邀請當事人預測例外是否還會再發生，並且觀察若發生時會有何不同。甚至，還可以請當事人每一晚預測明日是否有例外會發生，並注意預測與實際發生情況之間的差異，而運用了暗示的效益，也讓當事人對例外產生期待或更為敏銳，甚至更能有意識地創造例外。

5.倘若當事人具有高度動機，但在晤談中沒有形成任何目標時，則應肯定當事人的努力，同理當事人的挫折，並請他去做一些「不同」的事；只要願意想嘗試，不管是多奇怪、多迴異於一般作法的嘗試（在不傷害他人與自身的情況下）都去做做看。如此，將可幫助當事人信任自己對資源的知覺，並能使覺察有用資源的直覺更為敏銳，進而促發當事人更能自動自發且有創意地面對問題。

6.當事人沒有改變動機，也沒有提及任何目標或例外時（例如：非自願前來的當事人），則不給予任何建議，通常諮商師只會給予當事人讚美，表示十分樂意下次再與之見面。這會讓當事人知道他的感受被用心聆聽，且有受尊重的感覺；而此也將會增加當事人願意再次晤談的機會，或讓當事人更願意轉為合作的態度。

所以，SFBT 視建議為可能的潛在解決之道，但更視其為是一種催化或實驗，讓當事人在停滯卡住中能有所「嘗試」行動，以能更加了解何者才是影響力所在或有效的方法。

關於回饋的給予，舉例來說，諮商師可對一位因為有強烈社交恐懼反應而造成生活危機的女性當事人，提供以下的回饋：

〔讚美〕

「首先，我想要告訴妳幾個令我印象深刻的事。其中之一，我可以看到妳非常關心妳的家庭，妳希望看到先生與孩子更快樂，所以妳想要找出能克服妳社交恐懼的方法。」

「我非常驚訝妳對妳奇蹟願景的圖像非常清楚，妳也十分願意去嘗試各種方法，而且，我也看到妳已經做了很多不同的事，我覺得妳是一個很有創造力的人。」

〔橋樑〕

「我知道妳很想要改變，而且妳目前已經在做一些對妳是相當有幫助的事，這讓我們更有空間去探討如何去改變妳的情況。尤其妳是這麼希望能擁有理想中的美好日子，也能使妳的家庭更快樂。最重要的是，妳知道妳的改變將會對家人造成美好的影響。所以，在這次晤談後，我有以下幾個建議。」

〔建議〕

「首先，請繼續去做妳現在已經在做的這幾件有效的事，像是來這裡、祈禱或試著與人交談。我看到祈禱讓妳會有勇氣和力量去嘗試；而且，如果當別人給妳一個好建議時，妳也會去試試看，再評估它是不是適合妳；還有，讓自己休息、呼吸新鮮的空氣等，都是有效的方法。我真的很佩服所有妳曾經嘗試過的事，那是多麼地不容易。請繼續去多做，然後特別注意看看妳的日子會有些什麼不同。」

「接下來，也請妳特別注意那些感覺比較好的日子，並且看看這些好感覺的日子有什麼特別不同之處，以及是如何發生的，包括：何時發生？家裡有什麼不同？以及誰做了什麼？然後，請下次回來這裡時，再與我分享。」

活動 BOX 1-12：SFBT 諮商的綜合演練

進行方式：

1.請訓練課程中的成員三人一組，一位扮演諮商師，一位扮演當事人，一位扮演觀察員，進行二十分鐘的諮商演練。

2.根據當事人的情況，諮商師儘量表現 SFBT 的態度以及使用 SFBT 的代表性技巧（如下表所示）；於結束前，諮商師亦以讚美、橋樑、建議等回饋原則，給予當事人回饋。觀察員則記錄諮商歷程的進行過程。

3.演練結束後，根據 SFBT「未知的態度」以及「身後一步引導」的精神，觀察員先與諮商師討論下列幾項（De Jong & Berg, 2007b）：

(1)對於當事人來說，什麼是最重要的？

(2)當事人訴說時的關鍵字是什麼？諮商師如何挑出或使用這些關鍵字？而當事人的反應又是什麼？

(3)諮商師做了什麼企圖理解當事人的動作？

(4)是什麼讓諮商師確認自己已經理解了當事人？

(5)諮商師還提出什麼問句是在探討當事人的推論架構？

(6)有什麼要素是可能有助於諮商信任關係的建立？

(7)回饋的內容如何形成？對於當事人可能的影響是什麼？

4.之後，當事人與觀察員再給予諮商師回饋，盡可能具體，包括：

(1)讚美諮商師任何表現不錯以及介入有效之處。

(2)諮商師使用了哪些 SFBT 的技術與態度？效果如何？

(3)在諮商歷程中，何處可改為使用 SFBT 的哪個技巧？何以如此建議？

(4)於回饋的部分，哪些內容呈現得很好？還可以如何修改或組織回饋的內容？

(5)其他學習感想與疑問。

5.課程帶領者針對各組心得與疑問給予回應。

SFBT 的代表性技巧與態度：

共同理解基礎	
正向態度與肯定回應：	問句：
積極傾聽	成果問句
自然同理	奇蹟問句
一般性回應	假設問句
明確性回應	例外問句
一般化	因應問句
重新建構	差異問句
簡述語意	評量問句
摘要	關係問句
直接讚美	自我／間接讚美
回饋	追蹤問句

六、後續晤談中進展與差異的探討

（一）深入停留探討「何處較好了」

SFBT 相信，如同佛教所言之「人生無常」，改變乃一直持續且不可避免地在發生，小的改變會帶來大的改變，尤其是正向的改變一定會存在；畢竟沒有事情會一直相同，沒有什麼事情是「不可能」（never）發生與一直「永遠如此」（always）的（David & Osborn, 2000; Lipchik, 2002）。所以，如圖 1-2、圖 1-4 所示，於後續晤談中，SFBT 皆會先以「何處變好了（what's better），即使只有一點點？」作為開場，諮商師也會積極持續探問當事人在兩次晤談之間任何細微的進展或累進的改變。之所以不詢問當事人「有沒有」變好，是因為這樣的問法會暗示當事人，諮商師有些懷疑他的進步或改善，也會加深當事人在晤談過程中的矛盾及猶豫。因此，諮商師詢問「何處變得比較好」的類似問句，將反映出諮商師有信心於當事人能夠勝任地行動；當然，這個問句也反映了解決之道乃建構於當事人對例外的知覺，並相信即使有問題存在的時候，仍然可以有小小例外產生（De Jong & Berg, 2007a）。

　　SFBT 諮商師要記得上次晤談中給予當事人回饋的內容，可以略為間接詢問當事人執行上次建議的情況。在當事人表示沒有執行建議時，諮商師無需執著於探討當事人何以沒有完成上次的建議，反而轉而詢問有什麼其他改變的發生。由於 SFBT 並不將諮商師的建議視為當事人問題的解答，且仍秉持當事人是他自己問題的解決專家，能替自己做出最好的決定，因而 SFBT 重視的是，完成建議對當事人來說是否能有效的解決問題。除此之外，直接明瞭地詢問當事人何以沒有執行建議，會將諮商師及當事人推到一個棘手的位置，因為當事人可能會感到有義務去解釋為什麼沒有完成建議，諮商師也得要解釋為什麼認為當事人必須完成這個建議。畢竟，改變永遠在發生，在兩次晤談之間，當事人的生活可能會有插曲隨時發生，而使得原先的建議變得不再那麼有意義。甚至，當事人的所做所為可能會超越建議的範疇，例如：沒有執行該建議，但其實卻創造了另一個不預期的改變，因而當事人的改變可能具有目的性並與目標有關，也可能是具有其他意義但與目標無關。因此，詢問當事人有無完成建議，將會限制這些可能性的發生，且會失去給予建議本身具備的「實驗」意義（De Jong & Berg, 2007a）。

　　EARS 導引，是後續晤談的一個系列處遇（Berg, 1994）：

　　E 是指「引發」（elicit）：觀察與引發當事人去注意什麼事情已經變得比較好了。

　　A 是指「擴大」（amplify）：拓展較好之處，特別探討其對自己、人際與解決問題的效應，以及達成改變的種種方法及執行細節的歷程，以能類化至其他處。

　　R 是指以態度與語言「增強」（reinforce）當事人產生的改變。

　　S 是指「開始」（start）：再次探索其他進展的成功經驗。

　　於後續晤談中，記得要多開啟幾次「何處已變好了」之 EARS 循環（蔡翊楦等人譯，2006）；這樣的 EARS 的問句，將能引發當事人細細品味描述自己的高峰經驗、改變歷程，以及朝向目標的進展。

活動 BOX 1-13：擴大進展

進行方式：

1. 於 SFBT 課堂中，六人為一組，先由一位成員扮演受訪者，一位成員擔任觀察員，其餘為訪問者。第一位訪問者可以自創或參考下列關於工作的一個訪談問句來詢問受訪者，接著，其餘訪問者則以 EARS 的技巧原則，接續詢問受訪者何以有進展的細節。

2. 一位訪問者一次只問一個問題，受訪者則立刻予以回應；其餘訪問者提問時，最好跟著受訪者前一句的回答來形成下一個問句。而觀察員則特別注意哪一個問句讓受訪者最有反應或對受訪者最為有用。

3. 練習十分鐘後，於預備結束這次訪問前，第一位訪問者彙整所有的訪談資訊，以回饋的原則，回饋給受訪者（例如：讚美其進步、進步對他的意義，以及如何保持其進步等）。

4. 之後，小組成員進行討論並分享剛才進行的經驗，包括：每個角色的心得、EARS 的應用，以及探討進展對受訪者的意義與效果。

5. 之後，換人擔任受訪者、觀察員及訪問者的角色，並以上述順序進行；可進行二至三輪。

第一位訪問者選用的訪談問句：

· 你工作最近有什麼進展或更佳成果之處？

· 你在工作中，哪一件事情是最近讓你感到驕傲的新事件？你是怎麼能做到這件事的？

· 最近在哪些方面你會覺得你的工作是更有效率的？你運用了你個人身上的什麼優勢力量來達成此成果？

· 最近在工作中有無突破困境的經驗？那是如何發生的？

· 最近在工作中誰注意到你哪方面的改變？他是怎麼注意到的？

（二）進展的滾大，是重要的晤談療效所在

　　沒有任何事會無緣無故地發生變化。SFBT 諮商師會深究當事人有些微變化之處，並協助當事人對其意識化以及提升自我監控能力，例如：當事人「覺得」自己「好像」有改變，諮商師則會具體探討當事人做了什麼以及何以能做到後，當事人就更能相信自己「真的是」有所改變而能內化於心中。亦即，SFBT 透過對進展的發現與強化，讓當事人的改變更為持久與類化，而終達當事人所欲之目標，並產生正向的情緒狀態及擁有滿意的生活。探討進展的差異，將促使當事人更為具體發現與理解自己刻意努力或自發轉變的內涵與層面、過程與結果、方法與策略、信念與力量。彙整造成這些進展的核心要素、意義與各方策略，將促使當事人能鞏固、維持或擴大這些正向轉變，並確認當事人能在目標的軌道上，繼續達成所欲之目標；而當事人對於維持改變、保持進展的自信，乃表示當事人能夠自我幫助的程度與方法，是更為 SFBT 所看重之處（Korman, 2011）。換言之，引導當事人更有意識地明白進展的累進及相互影響的歷程，當事人將變得更有意願、更得知如何繼續維持與內化，並能鞏固已有的改變；而此也會使當事人更能懂得現況與目標的相對位置，產生更高的動機與意願，並繼續運用這些進展往達成晤談目標的方向前進。往往，如滾雪球效應一般，當事人還會自發創意地擴大與類化已有的進展，持續累進新的正向經驗。於是，當事人將更能自我肯定與強化、自處與自我照顧，也更能增加正向的思維與穩定情緒的效果。甚至，還能化被動為主動地解決問題或離開受害者角色，更相信自己已經在困境與經驗累積中有所學習與改進，而對未來也就更具有力量感與希望感，並更能掌握生命的自主負責及限制性（許維素，2009a，2009b）。是以，「小改變成大改變」、「一個改變帶來更多的改變」的跨情境「滾雪球效應」，是需由持有系統觀的諮商師積極催化的，不過，當然仍是由當事人本身自己創造了改變，並有意識加以維持的。舉例而言：

諮商師：「這兩週過得如何？有什麼地方變得比較好些了？」

當事人：「這樣跟你談這兩次之後，我覺得真的學到很多啦。我真的有回去想、回去思考。」

諮商師：「哇！有一些學習、有思考，可以多說一些嗎？」

當事人：「就是說把我們所談的，我回去又反覆想一想。好像我有一個動力，對工作那種投入愈來愈強，也好像更有信心去面對那些問題。對，更有力量啦！」

諮商師：「所以更有動力、對工作更投入、更有信心面對問題；妳是如何讓自己的思考可以產生這些改變的？」

當事人：「就是集中注意想如何解決問題，別多怪自己怎麼這麼笨。」

諮商師：「那麼，對於自己能持續去做『集中注意想如何解決問題』而不再怪自己，妳的信心會是幾分？如果 10 分是很高，1 分是很低的話。」

（三）當沒有進展時

　　如圖 1-2、圖 1-4 所示，有些當事人可能會表示，自上次晤談之後「沒什麼不同」。諮商師不必為這種回答而失望，因為其中可能還是會有正面意涵。至少，「沒什麼不同」代表情況並沒有朝著負向方面發展，而表示當事人仍然有能力控制與維持自己的生活與狀態。若當事人認為於上次晤談後，生活變得更差，以「事情總會有起起伏伏」的一般化回應，將會是很重要的晤談開端；當然諮商師也必須問明詳情，了解讓情況變差的脈絡並檢視之。事實上，災難、意外、疾病，以及其他不可預測的事件，都可能突然發生在任何人的生活裡，而使得情況一時變得更為棘手。諮商師應以尊重的態度傾聽當事人描述這些突如其來的事件，用開放的心去傾聽與重新建構出其中的細節變化與重要意義，並且嘗試了解當事人：處理這些情境的方式是否與過去不同、是否已有小小的進展、是否與目標有關、採取的方式是否需要更為積極，抑或事情惡化的速度，較之常態已經慢了許多，而對照出當事人仍然擁有的

優勢之處。或許此時，諮商師也需要與當事人重新設定目標與更換方法策略。使用因應問句，加上評量問句與關係問句，來啟發當事人客觀檢視自己的狀態，理解自己的相關優勢力量，並且明白自己是如何在自發性的解決問題，而讓情況沒有更為惡化，也是一種選擇（蔡翊楦等人譯，2006）。而此，也正展現著「有效的方法就多做一點，無效，則改採別的方式」之 SFBT 重要原則（David & Osborn, 2000; Lipchik, 2002）。舉例而言：

當事人：「我回去之後仍然無法振作，我忘不了我先生，我還是會想起先生的死，然後一直哭。」

諮商師：「當然，要一下子忘記相處二十年的先生真的不是一件容易的事。」

當事人：「是啊。」

諮商師：「在這一週內，當妳想起先生又一直哭時，妳都會做些什麼事情，會有一點點幫助的？」

當事人：「我什麼事都做不了，我就是一直在處理先生的後事而已。」

諮商師：「妳處理了哪些後事呢？」

當事人：「就是做些法事，商量喪禮等。」

諮商師：「在這麼難過的情況下，是什麼讓妳還能處理法事、喪禮？」

當事人：「這些都是得做的事情啊！」

諮商師：「當妳在做這些事情的時候，是一直哭，還是可以如平常一點的處理？」

當事人：「嗯，對啊，……我在做法事的時候，是不能哭的。」

諮商師：「妳又是如何做得到控制自己不哭的？」

當事人：「這是我現在唯一能為先生做的事情，我一定得努力控制。」

諮商師：「妳真的很希望妳能為先生做些事情。」

當事人：「當然。我以後再也無法為他做什麼了。」

諮商師：「那麼，除了法事，如果先生在天有知，妳猜，他還會希望妳為他做些什麼？」

當事人：「當然，是希望我能振作起來，把孩子養大。對，嗯……，我
　　　　　應該是要振作起來的。」

（四）結案有如畢業典禮的祝福

SFBT 一開始便以成果問句在預備結束結案（Berg & Reuss, 1998）。在強調「接受限制但不放棄希望」的生命哲學下，SFBT 諮商師會協助當事人維持改變的動力，保持一小步的進展，以協助當事人平穩地、有信心地繼續朝目標邁進。然而，SFBT 也認為當事人在往好的方向發展時，只要到達「夠好」程度即可，因為生活本來就不能「完美」或沒有問題，當事人只要能因應生活種種所需，即可預備結案（許維素，2011b）。所以當事人對於自己狀況穩定維持的程度，以及自信於可自行處理後續問題的評量，位於量尺上的7、8 分時，就可以考慮結束晤談。De Jong 與 Berg（2012）追蹤訪談當事人發現，當事人認為在 7、8 分的狀態下結束晤談時，暗示著諮商師相信當事人可以自己完成後續行動，而當情況更為改善時，當事人的自我效能感會更為強壯。

在晤談的結束時，諮商師會整合性地彙整與確認當事人參與晤談的收穫、整體改變及其意義與影響，也會探討當事人如何準備將所獲得的進展或因應困境中的經驗、優勢、力量與方法，持續應用於晤談結束之後的生活中，其中包括：如何繼續維持目前的進展、如何承受繼續存在的痛苦、可能面對的未來挑戰及可繼續努力的目標等。追蹤問句則為主要的介入，評量問句、假設問句、奇蹟問句、因應問句、關係問句、讚美、一般化、重新建構等技巧，常結合用來探討、確認與強化：當事人於治療中的整體改變與其意義、產生改變的方法與力量、如何應用諮商所得於未來的預設挑戰、如何不產生更糟的因應、未來可再努力的方向、對維持與進展的信心、對下一步行動之信心、預計結案的時間與具體步驟等，以促使當事人更能掌握晤談所得，並更有信心、動力與希望於晤談結束後繼續自助地穩定發展下去（許維素，2009b）。舉例而言：

諮商師：「以 1 到 10 分，10 分是妳覺得可以不用再來晤談了，1 分是很需要繼續談，妳覺得妳自己目前在幾分的位置？」

當事人：「我覺得 8 分了，其實我覺得我可以不用再來了。」

諮商師：「哇，怎麼說呢？」

當事人：「我已經知道如何幫助自己了。現在就是繼續練習信任自己。」

諮商師：「繼續練習信任自己，是的。那麼，讓我了解一下，以 1 到 10 分，10 分表示妳很信任自己，1 分表示妳很不信任自己，目前妳自己在幾分的位置？」

當事人：「7 分。」

諮商師：「那麼，當我們的晤談結束時，妳會如何讓信任自己繼續保持在 7 分呢？」

當事人：「當我覺得不高興時，我就要停下來問問自己怎麼了，而不是責怪自己又不高興了。」

諮商師：「是的。那麼當妳萬一掉到 6 分時，妳會如何幫助自己回到 7 分？」

當事人：「嗯……我會找上次跟你講的朋友，或者回頭看我的日記提醒自己。」

諮商師：「太好了。那麼當妳看到什麼，就知道自己已經到達 8 分了？」

當事人：「這個嘛……當我停下來問自己的時間縮短時，甚至是不會停下來的時候。」

de Shazer 認為「SFBT 不做沒有必要的次數」，Korman（2011）也呼籲別受長期治療的影響，而有次數的概念與限制；所以，SFBT 諮商師不是因為當事人的特性來決定晤談的次數，而是由諮商師有無協助當事人找到目標以及解決之道而定。雖然 SFBT 的晤談次數並沒有明顯的規定，但研究上常見是六至十次左右；較之其他取向的諮商，SFBT 能在較少次數下產生一樣

程度的療效，甚至對於某些特定議題的介入，晤談的次數還可更短些（Macdonald, 2007）。當然，若晤談幾次之後，當事人若沒有具體改變，或諮商師自覺無法協助當事人有所改變時，諮商師則需與當事人討論轉介其他諮商師或單位的可能性（Korman, 2011; Macdonald, 2011）。

　　是以，SFBT 強調進展的里程碑以及晤談何時結束，突顯了 SFBT 認為當事人是有能力建構解決之道，並使其生活變得更好的深度信任；也因此，當事人的結案，更像是擁有「畢業典禮」時的成熟與祝福（Macdonald, 2011）。

活動 BOX 1-14：成為 SFBT 諮商者

進行方式：

1. 於訓練課程中，將成員分成五至六組，每組三至四人。
2. 請各組成員先討論出其他人對 SFBT 的一個質疑，或者於實務工作中，當事人可能會對 SFBT 諮商師介入的不配合或一個挑戰性反應。
3. 先請一組簡要提出其挑戰反應或質疑，其他組則先針對此挑戰反應或質疑思考如何加以回應，並且一一輪流向全體成員分享之。
4. 重複第三點的方式，直至每一組皆完成提出及被回應的步驟。
5. 於大課程中討論與分享活動過程的心得與學習。

例一：

　　挑戰：「當事人若說：『我覺得你很不真誠喔！』怎麼辦？」

　　回應：「真誠地說：『怎麼樣會讓你覺得我真誠？』或者『如果我是真誠的，你會在晤談中有何不同？』」

例二：

　　質疑：「SFBT 不處理人格。」

　　回應：「SFBT 其實是一個擴大選擇的取向。」

陸、應用與學習的注意事項

平行於正向心理學（positive psychology）發展、與優勢觀點取向有異曲同工之妙的 SFBT，同樣為正向導向者，非常重視當事人的成功經驗，也珍視當事人力量、資源、希望、行動有效之處、小的改變與合理可行的目標，透過解決導向的對話，使得當事人在面對問題時願意去思考：對他來說，什麼是有效的解決方法，以及這些方法是如何產生的；如此一來，當事人不會一直陷在問題裡，而能減少挫折感、增加自我效能感。所以，SFBT 採取和當事人合作的方式，秉持正向性及整體性的觀點，接受當事人的本來樣貌，相信當事人是自己問題的專家，重視已經既存與可能發生的小改變，這樣的姿態，將迅速帶動當事人投入於自身的改變，而使 SFBT 成為一個相當具有影響力的諮商取向（Corey, 2013）。SFBT 是一個著重「改變」的對話，而不是「問題式談話」的對話，企圖引導當事人從「問題式談話」（problem talk），經由「未來式談話」（future talk），而能展開「策略式談話」（strategy talk）。諮商的一開始，雖然當事人常是問題導向且易對未來無望，但是透過 SFBT 樂觀導向之對話及技術，將引發當事人的動機、澄清所欲的未來生活及具體目標，以及掌握明確可行的行為改變；同時，也可幫助當事人了解自己如何維持已經擁有的一切、如何再學習補強不足之處、如何評量自己的行為策略等，以及如何追蹤並強化改變（O'Connell, 2001）。亦即，SFBT 是一個能引發當事人「知覺轉移」及「重新建構」問題的取向，讓當事人從停留膠著於問題的思考，轉移至朝向各種可能性的方向前進（Corey, 2013; O'Connell, 2001）。

由於 SFBT 逐漸茁壯發展，有關 SFBT 的訓練也蓬勃發展。然而，從 SFBT 的訓練過程中，訓練者或受訓者常會表示，雖然 SFBT 的哲學與技巧在一開始時，常讓人覺得很容易理解，但是後來則會發現，要能精熟 SFBT 是一件相當不容易的事情（許維素，2002；de Shazer et al., 2007），例如：於初學 SFBT 時，常會卡在新舊諮商派別之哲學衝突中，包括是否要進行過去

歷史的深究、負向情緒的深度同理等，顯示了對 SFBT 的學習，需要時間產生認同以能熟練；而後期學習 SFBT 的瓶頸，則是如何將 SFBT 運用於不同類型的諮商情境中，以及如何組織地同步貼近或身後一步引導地使用 SFBT 之技巧，此時往往需要更多的督導與實作練習（許維素，2002）。Lammarre（2005）在兩年期的 SFBT 諮商師培育訓練中也發現，於第一年時，受訓者雖然能開始初步應用 SFBT 的技巧，但實際要到第二年時，受訓者才更能發揮 SFBT 的精神。因而 Pichot 與 Dolan（2003）這兩位 SFBT 的重要人物，藉由分享他們的學習經驗，提出學習 SFBT 需要經過三個層次的階段整合：第一層次的整合，是將 SFBT 的技巧整合入既存的諮商取向；第二層次的整合，為開始採用 SFBT 的技巧與核心信念，作為諮商的基礎；第三層次的整合，則是將 SFBT 的核心信念變成生活哲學。熟練 SFBT 的歷程，乃與認同、實作、成效有其密切關係。即諮商師在逐漸理解與熟練 SFBT 理論與技巧的同時，也更認同與內化之；由於諮商師對 SFBT 的掌握能力增加，帶來與當事人工作時的具體諮商成效及諮商效能感的增加，也會進而強化其對 SFBT 的認同與內化；而諮商師對 SFBT 哲學與技巧的內化，會又促使其自然運用於諮商輔導工作上，甚至也在個人的生活、生命及情緒，有其正向轉化的影響（許維素、蔡秀玲，2008）。所以，只是開始能使用部分 SFBT 的技術，不等於是應用、熟練與內化 SFBT；欲精熟 SFBT，如同欲擅長其他諮商取向一般，是需要時間與努力的持續投入與練習。

許多實務工作者都宣稱，SFBT 是一個「知易行難」的派別（de Shazer et al., 2007），需要不斷地加以實作與反思。Trepper 等人（2010）也認為，成為 SFBT 諮商師的標準，至少要有心理諮商與治療相關領域專業訓練下的碩士學歷，以及接受過大學學院的 SFBT 課程或工作坊等訓練與督導。特別是擁有以下條件者，較可能容易學習成為 SFBT 諮商師，其包括：擁有溫暖、友善、正向、支持的特質；相信也容易看到人們的優點；對於新的意見是開放與彈性的；是一個優秀的傾聽者；特別能從問題中聽出優勢之處；以及有耐心與擇善固執之人。當然，諮商師也可能是在接受 SFBT 訓練的養成過程中，慢慢培養出這些特質與優勢（Trepper et al., 2010）。

目標導向、正向導向、改變導向、行動導向的 SFBT，對於當事人的在乎與願望不加評判，反而搭配基本的諮商歷程，而提出一系列的問句，帶著尊重、欣賞與佩服的態度，擴大當事人的知覺與選擇，而提升了當事人的希望感與自我賦能。而為了順利使 SFBT 晤談能達成上述種種的原則與意義，一些基本諮商技巧的運用仍是必要的潤滑劑，且其仍需呼應著 SFBT 原則來使用；而欲學習與熟練 SFBT 的實務工作者，亦不可輕忽 SFBT 技巧如何發揮各種基本精神的獨特性。亦即，實務工作者必須能深入理解 SFBT 的精神與哲學，才能實際發揮 SFBT 精髓於一般基本諮商技術及 SFBT 代表技巧的運作，而真正帶來當事人自我賦能、自我協助及自我決定的力量（許維素，2009b）。

在筆者近二十年來進行 SFBT 訓練與實務的工作中，發現初學者雖然知道「目標、例外、一小步、進展」等是 SFBT 的重要核心概念，但是，卻不容易學習 SFBT 及其容易產生誤解之處，最主要有以下幾點，是初學者可以特別注意之處。

首先，多數初學SFBT的人容易掌握SFBT之例外、優勢、資源的觀點，但卻容易以為SFBT不可以談論任何負向的話題。其實不然，SFBT諮商師雖不故意引發更多負向的情緒或問題成因的探討，但是仍會嘗試理解問題發生的現況，並接納理解當事人想說的內容與主題；在理解接納的同時，又精確地同步或身後一步引導當事人同時看到事情的另一面，而擴大其視野。尤其，不少初學者因為看到當事人的正向力量，就想要強勢說服當事人接受這個觀點，或比當事人更為樂觀，殊不知，SFBT諮商師所反映當事人的正向資源，只是一種世界觀的示範，要否接受，則乃由當事人自行決定（Berg & Steiner, 2003）。若當事人不想接受，諮商師可以多去理解的是他的價值觀及其看待人、事、物的參照架構為何，包括當事人的標準何在。再者，雖然「例外」的部分是很容易被初學者優先接受的觀點，但是多數人很容易忽略「進展」這個重點。其實，若 SFBT 少了強調進展的部分，就可能真的會符合有人認為 SFBT 是治標不治本的誤解。強調了「進展」，才會有所謂的「滾雪球效應」的發生，當事人也才能掌握如何改變以及如何維持。試想，當一個人能

夠維持自己的改變並成為一個習慣，此改變就會是長遠的、深入的。而催化當事人發展與意識此進展的部分，即是諮商師的責任。不過，於後續晤談中願意多花時間探討進展，就會嚴重考驗諮商師對於 SFBT 哲學的信任與認同。

　　雖然「例外架構」是多數人學習 SFBT 的入門，但光是看到例外及深入探討的習慣養成，就需要諮商師長期的自我要求。然而，實際上「目標架構」的重要性並不亞於例外架構，甚至更為重要之。要了解 SFBT 不是忽略當事人提出的問題，而是更看重他想要的目標，往往在了解當事人目標的同時，也會得知一定程度的困擾狀態。在目標的建構上，對初學者常見的困難是奇蹟問句的掌握，包括：何時提出奇蹟問句、如何不斷邀請當事人回到奇蹟發生後的景象描繪，以及連結後續相關問句。而最大的挑戰是，初學者難以從當事人一大堆的訴苦語言中去找到或澄清其所在乎之處，甚至會不自覺地替當事人選擇了目標，或認定某一個目標對當事人比較好，或用傳統分析式的觀點來替當事人設定諮商目標，而忽略當事人口語表達出來的個人所欲目標。而任何例外優勢之運作，是緊扣著目標釐清與達成的軸線，如此才會對當事人更有意義，而此也常是被遺忘的重點之一。此外，SFBT 代表技巧之一的評量問句雖然簡單，但要注意必須能依據當事人的推論架構、談論的經驗與主題，與其目標相關且不過度使用，並併入當事人於兩個極端尺度的語言用字，而設計合適的、易懂的向度。換言之，就當事人口語表達的目標來工作，對當事人就是一種深度信任、尊重與賦能的行為，但是，如何讓當事人從問題困擾中釐清其真正想要的目標，並不容易，這其實是一個精細的「同步與傾聽」之歷程；而且，目標的形塑也往往是一個「不斷確認」的「變化」歷程。所以，關於前述目標架構的種種理論重點與應用技巧，值得學習 SFBT者特別多加關注。

　　不少人對於 SFBT 看待情緒與諮商關係的觀點也有所誤解；有些人認為SFBT 不重視情緒與諮商關係，其實不然。SFBT 與一些派別對於情緒與諮商關係的定義與運用方式只是不同，而非不看重。SFBT 對情緒的看法乃含納在「知覺」這個概念之中，是以「整體的一個人」而非單獨的層面來看待當事人。在 SFBT 諮商中，當事人的負向情緒是被理解接納的，是被賦予意義

與價值的，是有其道理的，且可反映出當事人所在乎與擁有力量之處。由於秉持正向目標的概念，SFBT 是在支持、同步於當事人此時的狀態及想去的方向下，更看重運用行動解決了困擾而化解負面情緒，進一步創造出當事人的正向情緒。有興趣者可多涉獵「社會建構論」對情緒的觀點及 SFBT 對知覺的種種重點。在諮商關係的部分，對 SFBT 來說，乃以「合作平等」的關係來看待之，以賦能當事人，其不同於一些學派認為，要與當事人建立長期緊密的關係或維持上下的位階。近來，SFBT 代表人物研究了 SFBT 大師的諮商歷程，而強調諮商師與當事人之間能否建立「理解基礎」，是相當重要的重點，此核心概念與諮商關係是很類似，所以 SFBT 的運作仍需要在當事人與諮商師和諧的互動與理解下發揮效能。「理解基礎」是 SFBT 晤談中十分重要的根基，也常常是許多學習與應用 SFBT 諮商師非常容易忽略與產生誤解之處。尤其，「以當事人為中心」的「理解基礎」，說起來簡單，但要能進入當事人整個人的主觀世界與參照架構，並以整體理解、深度接納的語言表達出來，對很多初學 SFBT 者，特別是問題焦點派別者，是相當不容易做到之處。

其實，SFBT 深受策略學派以及催眠學派的影響，其代表性技巧的暗示性以及回饋的多元變化式，處處可見受影響之處，特別不容易學習，例如：奇蹟問句、丟銅板的預測活動或佯裝行動。尤其，如何設計以引發當事人一回答就能自我賦能的問句，如何捕捉當事人關鍵用字立刻併入問句，如何貼近接納地反映對當事人的理解，如何保持不預設立場的未知之姿及身後一步引導等，都需要多年對 SFBT 理念的理解與認同以及不斷練習後，才能初步掌握的。此外，如前述，在 SFBT 歷程中，諮商師仍會運用一般諮商晤談的共通基本技巧，這往往是較少被著墨與強調的，甚至有些人以為 SFBT 並沒有使用基本的諮商技巧；其實，缺少基本的諮商技巧，諮商師將難以順利執行晤談工作，但是諮商師在使用這些基本技巧時，仍需要往 SFBT 的工作哲學與方向前進。

暫停與回饋，也成為 SFBT 的代表架構之一；其中，如何選擇與設計合適的回饋，乃反映了諮商師能否掌握一次晤談的整體流程與重點內容，是否

能以當事人的知覺與語言來彙整對當事人的「個案概念化」，並發揮 SFBT 的各原則重點；這是初學 SFBT 者，需要特別加以自我要求與訓練之處。

「簡單，不等於容易」（simple, is not the same as easy），「簡單，並不等於簡化」。精熟 SFBT 是相當困難的，尤其又要能安穩於 SFBT 的「極簡」哲學更為不易；如何在「困難的情境中，保持簡單的想法」，並能於晤談中避免處於病理診斷與解釋內在機轉的思維，而保持一個單純簡單的心。SFBT 是一個透過晤談，幫助當事人能夠使生活保持單純，並化解因語言所造成的混淆與問題，而此乃是相當實際的一種專業追求，也有別於其他領域對分類或解釋的看重（McKergow & Hoffman, 2008）。SFBT 創始人 Insoo Kim Berg 曾分享，SFBT 之所以知易行難，是因為諮商師難以保持一顆「極簡」心向（mind-set），所以在諮商工作中發現「保持簡單」是最重要但卻不容易的原則，例如：對於不斷冒出問題的青少年，可能就是「看到他們的好以及不放棄他們」這一個原則極具關鍵性，但是要長時間持續做到，則成為很不容易的事。所以 SFBT 的原則都很簡單易懂，但如很多的生命哲學，是不容易做到。是以，當諮商師面臨困難而複雜的情境時，回到簡單的思維，是一個需要自我鍛鍊的習慣。

SFBT 代表人物 Korman 曾於督導中對筆者說：「最棒的 SFBT 諮商師是在當事人走出晤談室時，他忘了他的治療師是誰，只記得自己的目標、例外與行動。」這種不居功的姿態，真令人動容。對筆者來說，學習 SFBT 最難之處，除了技巧使用的精確性外，就是那份尊重、理解當事人之高度謙虛、廣度信任與深度理解；而此，往往令筆者深深感動，也是促使筆者持續留在 SFBT 學習之路的動力之一。學習 SFBT 對筆者來說，仿若是一輩子的功課，除了「知易行難」的體會之外，SFBT 更像是一種令筆者不斷體驗與蛻變的生命哲學。

Chapter 2

焦點解決短期治療
的反思與應用

　　不少諮商師原來慣有的輔導方式，會去探究當事人問題行為的癥結，但是，在了解問題成因之後，常會發現了解問題成因並不等於可以找到問題的解決方法，而許多當事人或轉介者希望輔導結果是快速、有效的，所以常間接造成某些諮商師的壓力。對多數的諮商師來說，一開始接觸 SFBT 的正向精神，會有一種「逆向思考」的新奇與挑戰；當諮商師以慣用的輔導方式介入不能立即見效時，SFBT 思維的「逆向思考」，能從另一個面向找到從未想過的解決方法，往往會產生意外良好的效應，且此發現解決方法的歷程較之過往的方式，乃會節省更多心力與時間，並可因應前述的各種挑戰。

　　本章的內容是將 SFBT 的基本精義，結合筆者多年來於實務經驗或進行訓練時的體會來予以介紹。以下先介紹 SFBT 的例外架構與目標架構如何應用於當事人輔導，再就非自願來談當事人之輔導為主題，提出 SFBT 相關的介入重點；最後，針對 SFBT，說明對後續輔導的重要觀點。以期讀者經由筆者反思體驗的分享，更為認同與熟練SFBT，充分發揮SFBT的獨特功能，並提升個人的諮商效能。

壹、以解決之道為焦點

一、積極開發蘊含解決之道的既存多層例外

SFBT 名詞中的「solution-focused」這個字，即是強調以「找尋與建構解決之道為諮商焦點」，而且這解決之道常是建構在當事人已經擁有的方法與資源之上！

有些諮商師會認為這是矛盾的，如果方法與資源真的已經存在了，為什麼當事人還需要接受諮商？——那是因為當事人往往不知道自己已經擁有方法與資源了，因而需要諮商師去引導他們發現（Walter & Peller, 1992）！不過，當事人本身真的可能存有一些方法與資源嗎？SFBT 相信，只要諮商師能看到當事人的「例外」經驗，就有可能「按圖索驥」地找到！

什麼是例外？就是發生問題以外的時期，即如問題沒有發生、問題較不嚴重、問題發生次數較少等的「閃亮時刻」。

例外的思維，是找尋方法與資源的放大鏡；例外的內容，是形塑解決之道的重要素材（Corcoran, 1998）。

舉例來說，當一名青少年當事人一星期內有三天不去上學，常見一些諮商師會去探究何以這三天不上學；現在，則請諮商師逆向思考地特別注意：何以當事人有兩天會來上學？來上學與沒來上學的時段各有些什麼不同？或許諮商師就會發現一些小小的例外線索。好比，諮商師可能會注意到當事人會在有體育課的那一天來上學，顯然，體育課可能對此當事人具有高吸引力，或體育老師對該生可能具有較高的影響力——這樣的資訊對諮商師來說，又可以如何運用來形成輔導該生到校念書的策略呢？

又例如：當事人一星期內會於工作時遲到兩天，諮商師除了探問此當事人何以會有兩天遲到外，更值得探究何以其他三天可以不遲到，至少在這三天中當事人所展現的自我控制力是已經存在的——他是如何具備的？如何願意發揮的？如何選擇或造成哪幾天不遲到的？凡此，即是諮商師可引導當事

人思考之處，並可推進與鼓舞當事人多加發揮自我控制力與其他有效資源，以期改善遲到的問題。

例外的向度是多面向、多層次的。

例如：當事人的問題是跟先生經常有爭吵，那麼諮商師可以詢問當事人：「妳和先生哪一天沒有爭吵？那時在聊些什麼？用什麼方式溝通？」

若當事人說每天都會爭吵，則可再問其他層次的例外：

「何時爭吵的情況比較不嚴重？」

「何時爭吵的時間比較短？」

或者改問：

「當妳用什麼方式來跟先生溝通時，他會比較能接受？」

「當妳先生用什麼方式跟妳溝通時，妳也比較能聽得進去？」

探討問題何時「沒有發生」、「較少發生」，或者詢問當事人何以能「應付」、「停止」、「阻擋」不好的情況發生，都是例外問句可以嘗試詢問的方向。這樣的例外探詢，還需要諮商師帶領當事人好好停留與回想例外發生的方法及其美好景象，有時就有可能會提高當事人改變的動機，或找到足以造成改變的小小線索；這些方法、動機或小小線索，在當事人同意下，甚至可以馬上就成為當事人立即可用的建構解決之道。

是以，SFBT看重當事人既存的方法、動力、優點、優勢、資源之例外；看到當事人的例外，諮商師就有機會激發有助於當事人改變的動力，或是引導當事人發現、意識、善用、多做已經做到的一些有效方法；當然，在發現例外之後，端看諮商師如何再運用與推進，使當事人可以多做一些有效的事情，而擴大增加了例外發生時刻！

這樣的輔導哲學觀如果用圖 2-1 表示，當事人的狀態可能會起起伏伏，問題有時發生、有時沒有發生。而 SFBT 的重點在於尋找與探討當事人在意之處的高峰例外點（圓形），而問題為焦點的諮商派別則探討低點（長方形）的部分，希望去除問題。SFBT 即是多探究如何能增加高峰之處，以使正向的部分增加延長，自然就會取代了問題發生低點的比例與程度。

若再以一個陰陽太極圖來表示，以問題為焦點的諮商取向，為看重

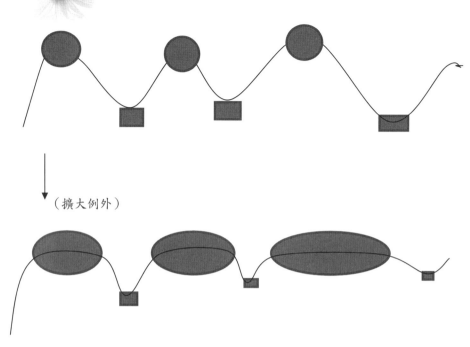

（擴大例外）

圖 2-1　以解決之道為焦點 vs.以問題為焦點

「黑」的部分，那麼 SFBT 深入探討的，則是側重「白」的部分（如圖 2-2 所示）。也就是說，以問題為焦點的諮商取向，希望能找到形成問題惡性循環的模式，進而打斷之、重建行為模式；而 SFBT 的意圖，則是直接找尋可以立刻造就正向循環的力量與要素，進而立即串連，以形成正向循環。

再以 SFBT 諮商的動態歷程來看，當事人剛來晤談的時候，往往只有談到問題（如圖 2-3 黑的部分），經過 SFBT 的歷程，當事人開始看到例外、資源、優勢、力量，白的部分（正向知覺）不斷增多，那麼黑的部分，即使整體的比例都沒有改變，但在當事人的知覺裡，黑的部分所占的「比例」，是會相對減少了。所以在當事人正向知覺擴大、看到自己的優勢力量之後，再回頭看問題，對於問題的定義、感受及想要的目標，都會隨之改變。而此即是 SFBT 所謂的知覺擴大與轉移的工作，也服膺社會建構的觀點。

所以，SFBT 這種檢索與造就正向循環與擴大的過程，在促進當事人的

以解決之道為焦點：
已存在的解決之道，例如：
方法、因應、動力、優點、
優勢、資源等例外

以問題為焦點：
歷史成因分析及形成新策略

圖 2-2　SFBT 以解決之道為焦點

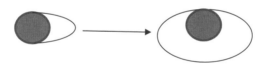

圖 2-3　擴大正向知覺比例

改變上，可能較問題導向派別所需的時間來得較短些。因著發覺當事人既存的例外，當事人會比較容易信任諮商師，也會覺得諮商過程並不會那麼痛苦，如此一來，當事人除了會更相信自己是有力量可以去面對問題之外，也會更容易投入於改變！

前述種種，正如 McKergow 與 Hoffman（2008）所指出，SFBT 於晤談中會做的事情以及不會做的行動（如表 2-1 所示）。

表 2-1　SFBT 中會做與不做之事

SFBT 會做的	SFBT 通常不做的
聚焦於當事人（及相關人士）表述他們想要與重視之處，以及這個想要之處會對日常生活造成的不同。	不聚焦於「何處有錯」以及「為什麼」。
在當事人想要改變的方向上，詢問什麼可以幫助當事人的進展。	不探討什麼阻礙或停止當事人前進。
使用當事人自身描述想要的改變以及已發生之處的文字用語，以使相關涉及的每一個來談者都能一起做出決定：當事人多做什麼會對他是有幫助的。換言之，僅「診斷」當事人本人同意何者為「正確之路」。	不進行病理診斷，或使用當事人生活何以有錯的各種理論。
對於當事人所說的一切，仔細傾聽，認真看待，詢問他們生活中那些因問題而被忽略的相關層面（如優勢）。所謂「停留於表層」（stay on the surface）其實即為此意而已。	並不認為當事人沒有說的一切，會比他說出來的，更值得被關注。
根據當事人的描述為基礎，使用簡易具體的語言。	無論何時，不在晤談對話中或諮商師的內在思考中，引用抽象化、心靈化的、專業化的語言。

活動 BOX 2-1：例外──生命點滴的美好

進行方式：

1. 於 SFBT 課堂中，請四人組成一組，各為 A、B、C、D 代號者。

2. 進行順序為：

   ・由一位成員扮演受訪者（A），先分享他近來所尋求的目標，例如：「我最近希望能在工作上有所晉升。」

   ・B 就下列訪談問句，選擇其中一個問句來訪問 C，例如：「最近有發生什麼事情讓你覺得生命是有意義與價值的？」

   ・當 C 回答完後，D 則根據 C 的受訪內容，分享一個自己類似的故

　　事；若無，則分享近來讓他振奮的一件事。

　　・之後，就 C 和 D 的故事，A 分享對其產生的一些些意義或小小幫
　　　助；若無，則分享聽完的任何體會。

3.小組的每個人輪流依序擔任 A、B、C、D 的角色。但是每位 B 夥伴
　提問的問句不可為同一題，B 夥伴也可自行造句或改編問句。

4.結束後，討論活動過程的體會，並以「眾人關注於生命例外經驗會
　產生的各種影響」為主要方向，來進行反思。

訪談問句（Macdonald, 2011）：

・今天發生什麼事情讓你不禁微笑起來？

・今天發生什麼事情讓你覺得生命是有意義與價值的？

・最近有發生什麼事情讓你感到振奮？

・最近你有些什麼成就，雖然細小但卻很難得？

・你最近有什麼學習，是讓你覺得很享受的？因為這個學習，你有何改
　變？

・你何時會特別珍惜你與別人的交情與連結？

・你在工作中，哪一件事情是最近讓你感到驕傲的新事件？你是怎麼能
　做到這件事的？

・你的工作最近有什麼進展或更佳成果之處？

・最近在哪些方面，你會覺得你的工作是更有效率的？你運用了你個人
　本身的什麼優勢力量來達成此成果？

・在最近的生活中，有什麼事情會讓你覺得情況是朝向你想要的方向在
　發展？

・最近發生了什麼事，讓你更為恢復對人的信心？

二、與其急著教新的策略，不如先開發已會的方法

　　一些諮商師在輔導當事人的過程中，有時會有時間上的壓迫感或一時找不到方向的窘境；如果諮商師能引發並直接運用當事人過去的成功經驗來幫助他，將能節省很多時間與精力——因為過去的成功經驗即是一種例外！

　　舉例來說，當這次月考考壞的青少年當事人來找諮商師哭訴時，諮商師除了安慰他、與他討論改進的方式外，還可以提醒當事人前幾次的月考是如何考好的，而引導他找回前幾次考試時的信心與有效的應考方法；這些方法的再提醒與應用，會是當事人最熟悉也最容易馬上採用的。同樣的，面對研究所考試而緊張的當事人，諮商師可以引導他回想自己過去如何度過如大學聯考的時期，當事人便可能因著回想成功經驗或如何能夠度過壓力的記憶，而帶來力量感，接著，諮商師則可引導當事人思索當時有哪些有用的方法，於目前仍然可以再度使用的。

　　又例如：輔導與同事衝突的當事人時，若能先提出當事人與哪些同事是相處得宜，並追問當事人是怎麼做到的，將會協助當事人因為覺知自己的人緣不是那麼差的情況下，比較能冷靜下來，或者可進一步反思自己平日是如何在判斷與選擇行為表現的，或是擁有哪些控制自己、增進人際關係的方法。諮商師進而再引導當事人，在期望與衝突對象建立什麼樣關係的設定下，思考自己哪些現成的自我情緒控制以及人際策略，是可協助自己去營造所設定的這個關係型態。

　　常見諮商師在與當事人討論如何處理問題與困境的策略時，當事人常會告訴諮商師這些方法早就試過無效了。所以，諮商師在輔導當事人時，先辨識、確認何者是當事人已經會了的方法與策略，會是很重要的開始。亦即，積極幫助當事人回想過去生活中、個人身上已經存有的力量與資源的例外，是 SFBT 優先強調的重點輔導方向，不管當事人的例外是偶發的、片刻的、短小的。由於這些既存的方式是當事人曾經做過的，因此當事人要「回憶」、「恢復」使用它們的速度，將會比「學習」新的方法要快速得多；而也由於這些例外都是既存的、都是當事人已經會的方式，因而，再次複製或擴大應

用他們的容易度，會比當事人重新學習諸多新的策略，也要來得簡易許多（Corcoran, 1998）。

是以，諮商師在面對當事人問題時，與其急著教當事人新的策略與方法，不如先探討、擴大、鞏固當事人已經會的方法，同時，當諮商師優先去引導當事人回憶曾有的小小成功經驗，從中提取造就成功的方法與策略，並應用於目前的困境上時，將會使諮商師輔導當事人的時間、精力與成效事半功倍，並能增強當事人的自我效能感。當事人過去小小的例外成功經驗，乃是值得諮商師大大開發與啟動的重大資源。

三、肯定與沿用當事人自發的因應能力，先讓情況不要更糟

一些諮商師在面對情緒低落或不穩定的當事人時，有時會擔心當事人的情緒穩定度；或者，對於身世悽慘的當事人，有時會有一種難以改變其坎坷命運的無奈感。然而，SFBT 提醒諮商師，在遇到諮商師之前，當事人依然活著，儘管當事人心情低落，但他也一直在承受著已經發生的問題，並能夠前來尋求協助；所以，諮商師可以想想：「這位當事人究竟靠著什麼力量與方法，讓自己可以撐到現在？」、「如果當事人能看到與善用這些力量與資源，他又會有何不同？」──這即是「因應問句」。

換言之，當諮商師能發現當事人本能的、自發的因應力量時，常會使自己焦急的心有所平息，同時，還會讓當事人在痛苦煎熬中看到自身已經擁有的力量，而能產生對自己的一些信任與信心；且此發現，是可以在絲毫沒有減損諮商師對當事人痛苦的接受與理解的情況下發生的。

以因應問句思考與探究當事人的現況，將能深究當事人已然發揮的自助方法與自發力量：

「在工作壓力讓你這麼痛苦的情況下，是什麼讓你仍然願意堅持要準備升學？」──當事人的意志力，是一個值得肯定其繼續擁有的特質。

「在申報復學之後要適應學校實在不容易，是什麼讓你還能每天來到學

校？」——或許會發現，一整天不能跟上進度的中輟生願意來到學校的動機或毅力。

「在你的上司企圖排擠你的情況下，是什麼讓你還能坐在辦公室裡？」——幫助當事人看到其生存策略，常是有意義的事。

「在與同事有嚴重衝突的情況之下，是什麼讓你還願意和他努力溝通？」——看到當事人面對問題的善意與能力，會讓當事人有被了解的支持感。

「在常陷於困惑生命意義的痛苦中，是什麼讓你能決定繼續活下來？」——強化當事人在乎的生存理由，是擴大鞏固其繼續活著的可能力量。

要能看到當事人的因應能力，其實需要諮商師願意相信當事人在困境中有其盡力之處——SFBT 相信，每個當事人都是花盡自身所有的力氣而變成今日的他（Berg & Reuss, 1998），所以諮商師可以試著開啟另一個評估當事人的眼光，看到當事人在承受問題發生時的一些小小努力。有時，從當事人的生命脈絡中，諮商師所發現所謂的小小努力，可能對當事人而言，是如寶石般的可貴。

特別是在當事人的情況是處於危機時，諮商師更需要肯定地詢問當事人，何以還能在危機情境中幫助自己完成日常生活之所需（如能夠吃飯、睡覺），或者擁有哪些平復自己經常波動情緒的方法，例如：一個擔憂會再度受到家暴的太太還能持續照顧孩子，是一個多麼有勇氣的舉動！這些行動看似平凡無奇，但是在承受危機的壓力下，則顯得難能可貴。

因應問句的探問，除了傳遞著諮商師高度的同理與欣賞之外，有時還能感動當事人而激發出原先堅持的信念與希望努力的目標，而再成為支持當事人自己的力量。尤其，當事人目前已經用來幫助自己的方法，是此時此刻的當事人較能夠做到有效的策略，值得諮商師先行強化與鼓勵之，因為讓當事人先多採用這些他目前能夠做的、已經存在的方法來幫助自己，往往會使當事人能夠「不變得更糟」。諮商師一定要記得，一個人在危機或高漲情緒下，往往是無法學習新的策略，而援用已有的方法與策略，常是最能立即發揮效果的。若當事人的情況能先穩定、不變得更糟，諮商師也就握有更多的空間來幫助當事人，當事人也才有機會來學習如何幫助自己改善。

活動 BOX 2-2：何謂 Solution──SFBT 問句的導向

進行方式：

1. 將 SFBT 訓練課程中的成員，分成「提問國」、「當事人與影子國」兩組。於「提問國」中，三人至四人為一小組；而「當事人與影子國」則為兩人一小組，一人為當事人，一人則為當事人的影子。活動過程中不更換角色。二國各小組的數量需相同。

2. 在「當事人與影子國」中，每小組的當事人心中得鎖定自己的一個困擾，並先向他的影子簡述其困擾。

3. 進行「提問國」和「當事人與影子國」的配對，讓「提問國」的一小組和「當事人與影子國」的一小組成為一隊。「提問國」的各小組成員，在不知所配對的當事人的困擾下，每人輪流提問一個 SFBT 的代表問句，共提問約四至五個問句，每個問句不要相同。當「提問國」小組成員提出一個問句時，當事人便立刻就此問句認真思考與回答，但不用特別先講自己的困擾；此時，當事人的影子則在一旁觀察當事人所講的內容及其表情的變化。

4. 再次重新配對出新的「提問國」和「當事人與影子國」的一隊，但是，每位當事人的困擾仍為同一個，再進行第三點的活動。不管新舊「提問國」的小組所提出的問句是否類似，當事人都要分別予以一一回答。

5. 請各小組成員進行小組討論。在「提問國」中的小組，分享提問的經驗，尤其探討在不知當事人困擾的情況下，所體會到的經驗。在「當事人與影子國」的小組中，請當事人分享回答 SFBT 問句的體驗，也請影子回饋給當事人其說話內容與表情的變化。

6. 進行跨小組的分享。課程帶領者將此活動的各種經驗連結至 SFBT 的哲學與技巧使用；在此處可特別討論以解決之道為焦點的問句引導方向與傳統派別的差異（Fiske, 2011）。

貳、讚美是創造改變的動能

一、優先而充分的讚美，促使當事人握有資源地面對問題

　　當事人明明就帶著問題，為什麼還要讚美當事人呢？為了協助當事人能解決問題，當事人身上既存的優點、成功等例外經驗，是最先能用來幫助他自己的優勢資源，而讚美則是能幫助當事人看到、意識並強化這些個人的優勢之重要工具。奇妙的是，在當事人能看到自己的優點、資源、成功時，他的自尊感會立刻提高，陷於問題的困難感或需要改變的恐懼感就會降低，因而會更願意面對所謂的問題或困境。亦即，當諮商師能讚美當事人時，當事人也會比較願意相信與接受自己的優點、資源與成功經驗的存在，而提升了自尊與自我效能感。此外，當諮商師能在輔導初期先讚美當事人時，當事人往往會更容易信任諮商師，而會有更多的表露與傾吐。

　　與人對話時，話題的順序是很重要的。諮商師可以想想看，在輔導當事人時，如果先討論當事人的優點之後，再進行當事人問題的討論，和一開始就直接討論當事人問題的方式，會有何不同？——輔導氣氛不同、工作關係不同。最重要的是，當諮商師能先讚美當事人的優點，再來討論當事人的問題或困境時，當事人就彷若能站在自身例外經驗的基地之上來面對問題，而不易使當事人產生深陷於困境或被痛苦淹沒的窒息困頓感中，甚至會更有能量地去承擔痛苦並發展解決之道！

活動 BOX 2-3：背後讚美

進行方式：

1. 諮商師四人分成一組，小組中，先彼此自我簡短介紹。之後則相互輪流回饋對彼此初步的正面印象：「就一開始接觸的感覺，在我『想像』中，我覺得你可能是一個……（正面詞彙）的人。」

2. 之後設定成員代號分別為A、B、C、D。A開始分享一個自己的優勢之處，兩分鐘後，B詢問A此優勢從何學來，C詢問A擁有這個優勢對他的影響，D則詢問A會如何多加運用此優勢；A於B、C、D個別提問後，立即簡短回答之。

3. 之後，四個人皆輪流A、B、C、D之角色，共輪流四次。

4. 在所有角色皆輪過後，每個人再輪流被其他三個成員直接讚美；直接讚美的格式是：「從剛剛的分享中，我看到你擁有的優點是……」。被回饋者則自由地對所收到的回饋內容加以回應。

5. 在每一個人都被直接讚美過後，再進行背後讚美。請一位成員退出四人所坐的位置區域，但仍坐在旁邊聽得到其他三人討論的位置，此三人則以討論別人八卦話題的「誇大」方式，來議論退出者的種種「優點」，約二分鐘。每個人皆輪流被如此背後議論其個人優勢。

6. 結束前述所有活動後，小組討論這個過程的體驗，並將討論重點集中於讚美會產生的效益，也可討論：想像讚美、直接讚美與背後讚美的效果不同。

7. 課程帶領者還可以特別連結各種讚美的多元應用，例如：使用於家長教育孩子、教師帶領班級，以及諮商師應用關係問句於家族會談等。

二、打破生活中理所當然的視框，浮現無所不在的正向素材

（一）以重新建構的眼光，找到當事人難能可貴之處

當事人什麼樣的表現是值得讚美的，除了優異的表現、具道德的行為之外？一位青少年當事人得到一百分的成績值得讚美，但是六十分的表現又具有什麼樣被讚美的意義呢？

如果只等到當事人表現極佳的時候才不吝給予讚美，那麼很多問題與困擾行為不斷的當事人，就永遠得不到周遭重要他人的讚美了，那麼當事人又何以具有改變的動力與提升自尊的力量呢？

猶如以「進步獎」的眼光一般，諮商師也可試著看到當事人優異表現之外值得肯定的小小優點；要看到這樣的優點，乃需加入「重新建構」的眼光。例如：當事人工作的業績不佳，但是至少當事人具有積極衝刺的決心；考試成績不佳的學生，仍有努力考試的嘗試；猶豫是否要結束生命的當事人，還是有能拉住他的力量；被同事攻擊而沒有還手的當事人，至少有一顆不願傷害別人的心；被恥笑而動手打人的當事人，至少想要保護自己……。凡此，皆是諮商師值得肯定與強化之處。這些優點若能被諮商師看到、辨識出、肯定之，對當事人來說，會很具有鼓舞效益，也將使當事人繼續保有這些優點，而能在這些優點的基礎上，再選擇具有建設性的接續方法，來解決問題、向上成長。

很明顯的，諮商師辨認當事人何處值得讚美的挑戰之一，在於諮商師認為值得讚美的標準與向度——諮商師需要打破日常認為值得讚美人的世俗標準。除了優異的表現之外，當事人的計畫、預備、嘗試的行動、猶豫、掙扎的心、良善的特質與用心等，都是諮商師可以用來讚美的向度，因為這些小小的「好」，對當事人來說，往往是不易具備的美德與優勢力量，可使其更為「醞釀」而蓄勢待發。當然，諮商師仍要保有不絕對化的、非評比評價式

的態度，例如：給予當事人讚美時，可加上「我猜想、我想像、我看到」這種可以給予當事人修改空間的尊重姿態。

（二）「停止做錯」即是值得立即讚美的小小進展

一個值得思考的問題是：如果一位青少年當事人今日打人，周圍的成人會找他來教訓，十日後這位青少年當事人又打人了，大家也會找來輔導；但是，這十天中，周圍的成人會有什麼反應或處理？答案往往是——沒有反應。

然而，值得思考的是：這十天，這位學生是停止打人的，這算不算是一種進步？

若諮商師及周圍的人並不將青少年當事人沒有打人視為理所當然或不足為奇的行為，而能改為對青少年當事人這樣的小進步，予以大大加以讚美與強化，這當事人可能會有什麼轉變？當然，如果諮商師能深入探究並了解青少年當事人如何在這十日都做得到不打人，或者曾想打人而能控制自己不動手的方式，又會對這當事人有何助益？

成人的關懷，青少年多是了然於心；如果成人只有在青少年做錯事的時候才對他有所反應，對有些青少年來說，有時反而會強化其認為做錯事才能獲得成人的注意之不當邏輯。事實上，成人在要求與輔導青少年後，於近期內，青少年多會自我約束，如果於此時段增強青少年的自我約束並探究何以能做到，將使青少年沒有做錯的時間更易延長，甚至使青少年能從中學習如何發展更為有效自我約束的能力。

「停止做錯，就是開始做對的第一步」；一如從大打出手變為開始冷戰的夫妻，已然停止相互直接攻擊的行為，具有值得讚美的細微意義。諮商師需多加關注與反應當事人行為細節的小小改變，往往，當事人的小小進展，容易為眾人所忽略，但卻可能正是其改變的大大契機！

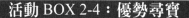

活動 BOX 2-4：優勢尋寶

進行方式：

1. 於 SFBT 訓練課程上，四位成員為一組，請一位學員提出一個優勢的描述，其他成員則腦力激盪：在這個優勢之下，可能會包含什麼其他的優點，例如：有成就者，可能會包含勤勞、聰明等特質。

2. 進行前述步驟兩次至三次。

3. 再由另一位學員提出一個缺點或弱點的描述，其他成員則自由聯想，在這個缺點或弱點中，仍然可能同時包含的正向優點，例如：沒有耐心的特質下，可能包含了行動力高的優點。

4. 進行前述步驟兩次至三次。

5. 小組成員進行心得討論，課程帶領者可歸納優勢的相關特點，及其如何與讚美、重新建構等技巧合併使用。

註：

· 優勢項目，例如：生產力高、善於觀察學習、善於發問、懂得善用過去經驗、善於彈性適應、懂得多方蒐集資訊、善於應用策略、善於做出決定、善於組合安排事情、能專注一個方向、有堅定信念、善於自律、善於給予命令、善於語言表達、善於競爭、懂得促使效益最大化、具有前瞻性、善於同理、善於發現別人潛能、善於與人快速連結、能與人建立深度關係、能真誠一致表現自己、寬容接納、能夠隨緣、活在當下、顧及大我及自我、行事得體合宜、自重自愛等。

· 優勢中的其他優點，例如：幽默包含反應快、社交能力高，包含察言觀色能力好。

· 缺點或弱點中的優點，例如：衝動是具有高表達力、抗拒代表有其自我力量、嘮叨可能為堅持力的表現等。

三、符合實際與倫理的讚美，能帶給當事人自信與資源

當回想被讚美的經驗時，每個人都是愉快的；因為讚美會帶給人自尊，而自尊是一個人基本的需求（De Jong & Berg, 2007a）；甚至，一個人的自信高低以及快樂與否，乃深度取決於他在生命中被讚美次數的影響。SFBT 鼓勵諮商師多多真誠具體地讚美當事人，讓當事人從讚美中認識自己的優勢，以提升正向的自我價值感。

然而，不少人擔心讚美當事人會造成當事人的驕傲自大，或者錯誤增強當事人的不當行為，但是，不讚美當事人又難以提升其自信，而造成是否要讚美當事人的兩難。其實，如何讚美是一種藝術，並需有以下幾個原則。

（一）不誇大事實的讚美

「哇！你的書法寫得很好，你一定是『全世界』書法寫得最好的人！」的確，這樣的讚美雖然會帶來鼓舞效益，但會有浮誇的危險，可能會讓當事人變得自以為是，也可能使當事人覺得這份讚美只是在敷衍他。

「你的書法寫得很好，在學校是排在前三名的喔！很不容易的！」會是較佳的選擇。讚美要如何「實在」呢？——即根據現實客觀的事實，平實地加以描述之，如此才能說服當事人相信讚美的事項是存在的，當然也才能使當事人真正認識客觀的自己，而不致於驕傲自滿。

（二）非期待式的讚美

「哇！你的工作業績不錯喔，日後一定可以升官！」這樣的句型到底算不算讚美？——只有一半是；前半句是讚美，後半句是期許。期許不算是純然的讚美，因為那是一種期待當事人能夠或應該表現得更好的表達。對有些當事人來說，他們會解讀這樣的期待為一種看重；但是，對有些當事人來說，期待則意味著對方認為他目前還不夠好，例如：若安慰因努力半天還是成績不佳而想自殺的青少年說：「沒有關係，你再多念一點啊，你可以的啊！這樣就會念得懂、就不會想自殺了。」但是這可能會讓他覺得，安慰者認為他

還不夠用功，有時反而會導致這當事人產生更多的自責與氣餒。

因此，讚美是以當事人「已經做到」的表現為肯定的素材，而非遙指尚未發生的未來表現。

（三）讚美詞彙需符合文化價值與內心真誠

「你做事懂得瞻前顧後，讓我覺得你真是一個『保守』的人啊！」、「你寫錯字時都會擦掉重寫，讓我覺得你真是一個『完美主義』的人！」像這樣的讚美方式，由於用字遣詞的意義在文化上的意涵之故，反而像是一種譏諷。

「你做事都會三思而後行，讓我覺得你真是一個謹慎小心的人！」、「你做事真的都會很盡力做到最好！」會是一個比較好的選擇。諮商師在讚美當事人時，需注意該形容詞在文化上的意義，以免弄巧成拙。即使如此，諮商師都還需要有心理準備，當事人不見得覺得這形容詞是讚美，例如：讚美青少年當事人能夠控制打人的衝動，但這位青少年可能認為這是一種「懦弱」的表現。當然，詞彙選擇往往反映著諮商師的價值觀，所以，諮商師要更為彈性多元地思考什麼叫做「好」，特別是就當事人的脈絡與價值觀而言。此外，諮商師也無須勉強自己，如果真的認為當事人的表現不是一個優點，就可以選擇不說，或選擇一個自己可認同的層面或用詞；「真誠」的讚美，才會真正具有感人與強化的力量！

（四）符合心理健康、法律、倫理的讚美

基本上，諮商師的讚美是希望強化當事人某些具建設性的行為，使之繼續產生；雖然諮商師讚美當事人的角度應能放寬化、多元化，以看到當事人優異成就以外的努力、掙扎、用心、嘗試、願意學習等小小例外，但是，若當事人所做的行為是違反心理健康、法律、倫理時，仍是不適合被讚美的，否則，讚美不僅會變成一種諷刺，甚至會使當事人更加強化其不當行為。

例如：「你好會諷刺下屬喔！」、「你好會打架喔！」、「你怎麼這麼厲害，怎麼割腕都割不死自己？」相對於前，諮商師可選擇讚美的是：「你

希望能提醒下屬，是很難得的。」、「你想要保護自己是有意義的。」、「顯然你並不想失去自己的生命，這是很可貴的。」所以，如何在擴大讚美當事人與選擇讚美的向度之間，謹慎考量是否合宜及其可能效果，是諮商師需要多加思量與斟酌之處。換言之，諮商師的讚美是有「界線」的，不要讓當事人強化了他成為「加害者」或「受害者」的角色，亦不可不當地增強了當事人不符合心理健康、法律、倫理的行為。

（五）一致於當事人目標導向的讚美

　　SFBT 諮商師的讚美，不是用來安慰當事人或只表示當事人有此優點而已。SFBT 其實想要從當事人的生活情境與生命脈絡中，發掘當事人的優勢力量、有效方法、成功經驗、小小進展，讓他能夠覺察而加以應用，進而促成當事人來談目標的達成。因此，這些優勢資源愈是最近發生的、愈接近近況的，予以引用的效果也會愈好。

　　所以，當諮商師協助當事人發掘他的種種資源後，記得要引導當事人更為「意識化」自己是如何產生或運作這些優勢力量與有效方法，或者需要討論如何可再複製這些成功經驗或小小進展，以使其懂得持續鞏固、掌握或發揮之。諮商師可接著詢問當事人的方向是：若這優勢力量或有效方法能夠多做、多發揮，或者更懂得複製和鞏固成功經驗、小小進展，對於當事人的現況，會有什麼不同？可改善當事人的來談問題嗎？或者，對於達成他想要的目標，又會有何幫助？通常，多做有效的、對的方法，是能消融無效的疆域，甚至是「多做對的，就沒空做錯的」的推進。當然，倘若當事人並不覺得這些資源可以幫助他達成目標，或者不願意多做時，諮商師則需要另起爐灶，再次找尋當事人願意多加行使且可達成目標的其他資源及優勢！

　　亦即，SFBT 的讚美不是敷衍的寬慰，而是在符合當事人價值及有助於達成所看重的目標下，強調當事人面對困難的勇氣、決心以及所做的努力，來肯定當事人所做的有效方法，讓他更覺察到什麼是對他最好的、有用的資源，那麼，這些資源才能夠成為當事人願意用來迎戰目前生活困境的有效工具。

活動 BOX 2-5：捕捉讚美

進行方式：

1. 於 SFBT 訓練課程上，兩位成員一組，一位成員擔任抱怨者，先抱怨一件讓自己不開心的事情五分鐘。另一位學員擔任傾聽者，專心傾聽對方的抱怨，不予打斷。

2. 當抱怨者訴說結束時，傾聽者需要根據讚美的原則，表達對提出抱怨者三處的欣賞與讚美。

3. 兩人角色交換，再進行前述活動。

4. 訓練課程全體成員一起討論：
   · 抱怨者聽到讚美時的感受、影響與效果為何？
   · 傾聽者如何發現可以讚美對方之處？
   · 傾聽者如何形成讚美的語句？
   · 傾聽抱怨與表達讚美的過程有何困難？

5. 根據討論內容，課程帶領者根據「讚美」以及「選擇性傾聽」的原則和效應，適時予以回應（De Jong & Berg, 2007b）。

四、充分深入讚美的意義

（一）充分的讚美有其必要性

在當事人有進步之時，不少人會讚美當事人，但是也多是一語帶過，例如：面對業績第二名的當事人，上司可能說這次表現得不錯，但是下次還可以加油變成第一名；面對考五科 100 分、一科 60 分的青少年，家長在匆匆讚美一句「有五科 100 分很難得」之後，就會急於跟當事人檢討何以那一科會 60 分。又例如：有些老師經常會以「雖然你很努力，但是你目前的人際關係還是不好」的方式表示一點點讚美，但是當事人聽到的可能完全是對方的指責。雖然這類行為是有讚美當事人的舉動，但是並沒有「充分地」讚美之。

　　諮商師若能在當事人做對之處、好不容易進步之處，充分探討、多加停留，將能讓當事人感受到諮商師對他的進步是關心的、有興趣的，也會覺得諮商師真的是善意想幫助他；同時，這樣的深入讚美不僅會提升當事人的自信心，也多能致使當事人更加關注自己的優點、更加明白自己何以能有此表現，如此，當事人重複表現良善行為的比例或擴大進步的可能性將會增加。

　　因此，所謂「充分地」讚美，就是對當事人所有的努力，都能「對等的」讚美之。而充分讚美的表現方式，最簡單的作法之一，就是多問「你是怎麼做到的」之人、事、時、地、物等相關細節。

　　若當事人懂得如何多做對的行為時，不當行為的發生比例即會減低。所以，SFBT 諮商師不是以打破惡性循環為目的，而是逆向思考地致力於推動當事人改變的正向循環，所以諮商師會多開發當事人「何以能做對」的相關決定歷程、方法步驟、過程細節、結果效應等處，並加以大大讚美之；而此，也成為 SFBT 諮商師輔導當事人的優先選擇！

（二）自我讚美效益高

　　諮商師多能讚美當事人的良好與進步，但是何以有時讚美當事人的效益卻無法維持或發揮更大作用呢？這是因為當諮商師直接讚美當事人，例如：「你真是一個努力的人。」當事人可能會認為這個優點不是什麼了不起的事、不符合其文化的價值，或不見得被其他人所認可，也可能猜想諮商師只是日行一善，所以並沒有把這些讚美放到心上，因而直接讚美的內容很容易被當事人予以駁回。

　　為了真正達到讚美的效能，諮商師可以試著針對發掘到的當事人優點，詢問當事人：「你是怎麼做到的？」（即振奮性引導）。

　　針對當事人具體的優點，詢問「你是怎麼做到的？」並邀請當事人具體回答之，乃是一種「自我讚美」的技巧（De Jong & Berg, 2007a）。諮商師可以試著比較「直接讚美當事人」和「引導當事人自我讚美」的效果差異；諮商師將會發現，當事人為了回答「你是怎麼做到的？」的問句，必須同意諮商師所提這個問句的立場（即當事人已有該優點），而當其能說出自己在內

心或行動上是如何執行時，就會從心中真正收下諮商師之讚美而產生被讚美的效果；同時，在當事人說明自己如何能做到某種對的行為之方法與背後信念時，這份思索與說明的過程，也將促進當事人於日後更易有意識地再次使用這些提及的方法，或再度強化了所提及的信念。亦即，自我讚美能提供當事人對其有效行為產生反思與回顧的效果。

例如：諮商師針對平日容易向同事發怒的當事人，讚美地問他在這次與同事的互動中是「怎麼做到沒有發怒的？」若當事人的回答是：「想到家人會擔心生氣。」則可肯定當事人開始可以想到後果而產生一種克制力。除了詢問當事人自我控制的具體策略之外，諮商師也可續以強化當事人的自我讚美：「你同事對你的看法因此有了改變，你又會怎麼欣賞自己？」當然，諮商師也可接著詢問當事人：「家人擔心生氣，對你何以這麼重要？」如此就可以深入了解當事人在乎的力量而再多擴大之，那麼，當事人克制發怒的能力也將會增加。

活動 BOX 2-6：自我讚美的體驗

進行方式：

1. 於 SFBT 訓練課程上，四位成員一組，每一位成員被其他成員以下列直接讚美的格式予以肯定；被讚美的成員在聽完後，不做任何回應。

   直接讚美的格式如下：

   ・驚嘆（語言或態度）。

   ・客觀事實（舉證之）。

   ・正向形容詞（符合文化與當事人價值觀的）。

   ・「這是很困難的，因為⋯⋯」（陳述可貴）。

2. 接著，每一位成員再被其他成員以下列自我讚美的格式予以肯定；讚美的向度可以同前，也可以為新的向度。被讚美的成員在聽完後，需要選一位成員的讚美向度與振奮性引導，予以詳細回應：自己是怎麼做到的，特別是具體的行為或背後的理念。

   自我讚美的格式如下：

・驚嘆（語言或態度）。

・客觀事實（舉證之）。

・正向形容詞（符合文化與當事人價值觀的）。

・「這是很困難的，因為……」（陳述可貴）。

・「你是怎麼做到的？」或「你怎麼能夠……？」（說明自己何以擁有
　此優點，或解釋成功的秘密）。

3. 每位成員都回答了一個自我讚美的問句後，則進行討論直接讚美與
　間接讚美的效果不同，特別是有回答「自己怎麼做到」與沒有回答
　的效果有何差異？

4. 小組接續討論給予讚美時可能會遭遇的挑戰為何。課程帶領者並予
　以回應。

5. 之後，再進行自我讚美效果的強化。請各成員回到小組中，再分成
　兩個次小組，兩人一組地互相訪問，就每位成員方才有回答如何做
　到的優點，以下列問句來進行追問之：

・這個讚美對你的意義與影響是什麼？

・何以你會相信這個讚美的存在？

・在往後的日子裡，你何時再想起這個讚美時，會有何幫助？

・你會如何善用你這項被讚美的優點？

6. 兩人相互訪問後，再就自我讚美的效益及其效益維持的意義，進行
　討論。

7. 再回到原四人小組，進行各個次小組的分享及提問，課程帶領者再
　適時予以回應。

（三）間接讚美是另一種鞏固的方式

　　當然，在探詢當事人優勢或發現當事人有小小進展時，諮商師還可以從
他人的眼光，來間接讚美當事人一番：

　　「如果你的父親知道你在學校不再打架，他會有多開心？他會稱讚你些

什麼？」

「對於你的業績進步，你的上司會如何讚美你？」

「如果你的太太知道你這麼盡力在找新工作，她會有多寬慰？」

「當女兒知道你的苦心時，她對你的反應會有什麼不一樣？」

亦即，除了直接詢問當事人他是怎麼做到的之外，諮商師也可以運用關係問句來引導當事人思考，從別人的角度可能會看到他有什麼樣的改變，或會表達什麼樣的讚許與欣賞。由於這位重要他人比諮商師更了解當事人，且其與當事人既有的關係與情感會使當事人更容易接受之，因而，間接讚美會讓當事人好不容易擁有的優點與改進，能因在乎的人之看重，而有所鞏固之，進而會再成為提升當事人改變的意願與動力。

活動 BOX 2-7：間接讚美的體驗

進行方式：

1.三人一組，成員代號各為 A、B、C。

2.A 成員簡短分享一個自己的優點（或曾被讚美的事件）。

3.B、C 成員就 A 成員提及的優點或事件，依序以下列間接讚美的格式，分別以不同人物（如親人、朋友、同事）的角度向 A 進行提問：「如果（某人物）現在／當時／未來知道你這個優點（或事件），他會如何（正向反應，如讚許、欣賞、看重、崇拜、學習等）？」

4.A 成員則分別依據 B、C 成員的提問，依序回應出上述各人物可能會有何正向反應。

5.A、B、C 之角色互換，直至都輪流過為止。

6.小組成員討論回答間接讚美的體會，以及其與自我讚美的效果差異。

諮商師若看到當事人有其優勢與優點時，也可問其從何處學來，而找到對當事人來說，相當重要的支持者；或者諮商師可以直接問，誰與當事人的關係最好，最理解他、最欣賞他，以能採用適合的對象來發展關係問句。

萬一當事人不認為別人能理解、欣賞他，諮商師可使用假設問句，嘗試

引發當事人的優勢覺察：

「如果你的同學有一天終於認識你內心對他們的關懷，你想他們會有何不同？」

「如果有一天你擁有一位知心好友，你猜他會說他最欣賞你什麼地方？」

「如果你家養一隻金魚，牠總是安靜的在水族箱裡觀察你，你猜牠會說當你一個人獨處時，你身上的什麼優點是表現無遺的？」

活動 BOX 2-8：支持者間接讚美的體會與設計

進行方式：

1. 於 SFBT 訓練課程中，兩人成為一組，一人擔任受訪者，一人則以下列問句訪問之。

   訪談問句：

   ・請分享一個自己的優點。

   ・這優點是從誰那裡學來的？（支持者）

   ・你會如何感謝他？

   ・你曾經用這個優點做過什麼好的行為？

   ・如果他在這裡，他可能會如何讚美你能擁有這個好行為？

   ・如果你向他表示你對他的感謝，你想他會有什麼反應？

   ・他的反應會對你們之間的相處有何影響？

   ・這影響又會怎麼帶動你對他、對自己、對生活的改變？

   ・日後當他不在你身邊時，你要如何讓你們美好的互動記憶，繼續影響著你？

2. 兩人角色交換。

3. 合併兩個兩人小組成為新的四人小組，共同探討這些訪問問句的效果，並思考關係問句、間接讚美和社會支持系統對一個人的影響，及其在諮商歷程中的應用。

4. 各四人小組輪流分享討論的結果。

5. 之後，再回到四人小組，依據前述訪談問句、間接讚美及討論結果，重新設計或修改上述訪談問句。再與其他四人小組分享。課程帶領者予以適時修正。

6. 最後，課程帶領者加以適度解說與歸納各種讚美形式的特色與效益（包括：直接讚美、間接讚美、背後讚美、自我讚美），並回應小組的心得與疑問。

別小看讚美這個技巧與態度，當事人在難過困頓時，不見得想得起或看得到自己的優勢；因此，SFBT 協助當事人發現、覺察、確認、認可、聯想自己的優勢與資源，也不會是一個簡單的歷程。所以，「讚美」是 SFBT 諮商師輔導當事人的基調與持續作為，「充分讚美當事人」是輔導當事人的優先要務！

參、當事人「犯錯」時──目標架構的引航

諮商不同於教誨與閒聊；諮商是有方向性、意圖性及特定的工作流程；當然，使當事人的不當行為或犯錯行為有所改善，卻也常是諮商被人期許的一個任務。

然而，當事人犯錯究竟有何意義？應如何看待？當事人犯錯究竟如何改善？如何幫助當事人能從犯錯中有更多的學習與成長，而非僅是停止犯錯而已？──SFBT 的「目標架構」乃有一些可參考的實用想法。

一、當事人「犯錯」之際，正是學習與成長的好時機

當事人的問題行為，尤其是青少年的經常性犯錯，常令關心當事人者倍感頭痛、挫折，以致於在處理當事人之問題或層出不窮的事件時，會以追究責任、道德勸說或生氣指責的方式來對待當事人，但是這些方式反而容易會造成當事人的反感與反彈，而這些用心良苦者，常有大呼「當事人不受教」的感嘆或枉費用心之深的傷感，於是便容易放棄了當事人。

其實，冷靜下來，諮商師可以輕輕的提醒當事人身邊的人：當事人，尤其是青少年，何時最願意改變或最容易接受別人的影響呢？往往是「出事」的時候。

某些當事人，例如青少年，他們的自我還在發展中，對自己的認識也還在處於形成的過程，因此會發生一些逾矩行為，是因其錯誤評估自己或現實所致（例如：認為偷竊應該不致於會被捉到）；因而當發生問題時，當事人多為慌張、不知所措的，儘管他看起來一副不為所動的樣子。然而，在當事人（特別是青少年）出事的時候，是他最需要被幫助的時候，也常常是最容易受教、最容易反省自己、最有改變意願的時候；如果諮商師與其周遭的人能正向看待當事人犯錯及出事的時機來善加支持與引導，當事人會心存感激，也易願意從教訓中學習成長。

SFBT 諮商師會引導當事人身旁的人，從一個重新建構之正向觀點來看待當事人：當事人會出事、犯錯，正表示他有些不足之處，正需要「開始學習」或「重新學習」之，例如：會偷竊的青少年，可能表示其需要再學習人我的界限、金錢的使用或慾望的控制；會打人的當事人，可能需要學會以語言表達自己的情緒、以溝通的方式表達自己的不滿，以及如何與人協商的方法；剛出社會十分緊張至不敢上班的當事人，正表示其需要學習認識自己與現實世界，以及練習壓力中工作的調適力以及承受生命的不確定性；因談戀愛而情緒波動的當事人，正是需要學習認識何謂愛情，評估自己是否具有承擔愛情的精力，甚至需要學習如何經營親密關係的能力，並培養在工作與感情之間平衡發展與轉換能力。

換言之，在當事人出事時，有時即表示當事人於這個年齡與人生階段的這時期，「正」需要學習的發展任務，企盼由諮商師來引領學習完成之；或者，這事件表示出當事人在成長的過程中「尚未」學會的課題，正需要由諮商師再「重新」引導其發展之。如果諮商師及當事人周遭的人能以此心態來看待當事人所謂犯錯出事的時候，將更能把握當事人犯錯出事時的意義、時機與效益，也將能更冷靜地發揮所長而引導當事人從錯誤中成長，而此同時還發揮了一般化的技巧態度以及發展心理學的教育意涵。

然而，引導當事人從錯誤中學習與成長，有何具體原則與方法呢？由 SFBT 的精神中，可以有以下幾個可能。

二、引導出現正向所欲行為，而非要求停止不當行為

在當事人犯錯時，周圍的人都會想要透過提醒當事人犯錯行為的不當性，來告訴當事人不要再這樣做了，但是值得檢視的是：以這樣的方式，當事人就一定知道怎麼改進了嗎？就不會再犯了嗎？──不見得！那麼，到底要如何增加當事人從犯錯中改進的可能性呢？

首先，當周圍的人想要指正當事人的犯錯行為時，要能清楚地向當事人說明：希望看到當事人「要去做」的行為，而不是「不要做」的行為，否則當事人會不知所措，或者只是「停止做不要做」的動作，但不見得會做出別人所期待的行徑，例如：一名教師不要只是告訴學生在班上不要吵鬧，而是能清楚表示希望當事人上課專心，同時還可以仔細描述何謂上課專心的模樣（如「眼睛看著老師、抄寫筆記、好好坐在座位上」），甚至還可提出學生之前在班上表現出上課專心的例外表現，如此學生就更容易捕捉教師的意念，也就更容易表現出教師所欲的行為了；當然，在清楚說明如何表現特定良善行為的過程中，教師如果還能平和地解釋自己的動機，學生將能從其示範中，同時仿效如何思考及如何表現特定良善行為的動機與具體步驟。

相同的，在諮商中，諮商師不是要引導當事人如何「停止」不當行為，因為「停止」是很難想像與表現的行為，諮商師要引導當事人的是，取而代之的是、要做到什麼好的行為，或做什麼行動，或停止不當行為後是要做什麼行為等；當然，也可透過關係問句詢問重要他人希望看到當事人表現出的行為，或者於當事人改變後，別人目睹當事人的什麼行為而相信他的改變，如此，才能使當事人理解什麼是被期待表現的正向行為。而此番討論也將幫助當事人於腦中預演一次所謂良好的行為。

諮商師還可以引導當事人去澄清自己希望的未來美好願景，可包括或不包含特定的問題行為。「假設問句」便是一個可以引導當事人正向描繪所欲未來圖像的重要技巧，例如：

「如果可能，你會希望事情最好的結果是什麼？」

「如果可能，你希望自己的生活是什麼樣子？」

「你看到什麼，就知道你的目標達到了？」

「當你的老師看到你做什麼行為，你就可以不會再被送到學務處了？」

「如果你不再有這些父母會擔心的行為，你的日子會過得如何？」

　　若當事人能清楚表達正向所欲的願景與其中的具體行動時，有時便提醒了當事人可以如何表現出所謂對的行為或實際可追求的方向。有時，當事人為了追求自己的願景，自然而然地改變原有的錯誤行為，或者因為想像到改變不當行為後的好處，而願意開始努力。在此同時，諮商師將更能知道當事人在意的個人目標為何，而以此鼓勵其先做一些特定良好或有效的行為，而能連鎖效應地帶動其他改變。當然，諮商師也能相對詢問當事人其目前所做的行為，是否有助於其願景的達成，或關懷地困惑於其背道而馳的行徑，如此，將能具有提醒當事人的實際效果，而不讓當事人覺得只是一些大道理的訓話而已。

活動 BOX 2-9：「正向所欲語言」的體會

進行方式：

1. 請參與 SFBT 訓練課程的成員，全部閉上眼睛，深呼吸，根據課程帶領者的指導語進行一小段冥想。帶領者的引導語以成員「不要做什麼」為主，例如：不要想事情、不要覺得有壓力、不要去體會你的身體坐在椅子上的重量。結束後，請成員張開眼睛（Taylor, 2010）。

2. 再請成員閉上眼睛進行另一段冥想，這次帶領者的引導語則以成員「要做什麼」為主，例如：想像你坐的椅子是沙發的、很柔軟舒服的，你整個人陷在沙發裡；想像你在度假等。結束後請成員睜開眼睛，再回到課堂上來。

3. 課程帶領者詢問大家，哪一次的冥想較容易進行，通常答案會是第二次。帶領者可由此帶入：在目標設定中，以「要做什麼」、「要出現什麼」的「正向所欲語言」來形塑目標的意義，以及各種如何引導當事人思考與表述出正向所欲目標的方法。

　　根據上述，以網路成癮的議題具體舉例。很多家長與老師會要求學生不要上網，並指稱此為一不道德良善的行為，這樣的說法不易贏得這些青少年當事人的認同，反而容易引起他們的排斥。多數的家長與老師，希望這些有網路成癮行為的青少年能「立刻停止上網，並在課業上有良好的表現」。然而，這樣的目標對這些青少年來說，他們的行為所需要調整的步驟，至少包括：減低上網的時間與次數而終至不再上網，願意把上網的時間拿來念書；擁有讀書的物理與心理環境，懂得念書的策略，且在考試時能得高分。這對多數青少年來說，不是一個一蹴可幾之舉，尤其是對於有其他家庭生活與學校適應問題的青少年來說，更是加倍的困難。因此，家長與老師此類的期待容易造成這些青少年的壓力，讓他們覺得過於困難而自動放棄，甚至更加沉迷於上網的樂趣之中。所以，如果把青少年網路成癮行為的輔導方向，重新定錨如：如何培養自我控制，包括如何減低上網的時間與次數，甚至逐步停止上網；如何與上網的慾望相處但又不致於被此慾望控制；如何在上網時間與其他生活重心建立平衡的機制；如何在上網以外的現實裡，擁有如同上網時的樂趣與成就等向度。這些目標將會修正對諮商目標過高的設定，也會使成人較願意與容易找尋到這些青少年希望擁有的目標，或至少是他們開始願意嘗試的起點，而能真正與這些青少年建立起工作關係與輔導契約。

　　此外，諮商師需要特別提醒自己，當事人在抱怨或訴苦問題時，不等於其說明了他要的目標。舉例來說，當一位太太向諮商師抱怨：「我一直在跟我先生吵架，吵了很多年，我不想再這樣吵了。」此時，諮商師可問問這位太太期待的晤談目標是什麼。若她的答案是：「不要再吵了。」諮商師還不能就此打住，因為這並不是 SFBT 式的目標。諮商師可以接著詢問：「你希望你們兩個不要吵了，那麼你希望你們兩個的互動是什麼樣子？」諮商師千萬別預設自己知道當事人的目標，因為這位太太的目標可能是希望雙方是「恩愛溝通」，可能是「井水不犯河水」，也可能是「分居或離婚」。即使當事人回答是雙方恩愛溝通時，諮商師仍可再追問，對她本人來說恩愛溝通的定義以及雙方的行為表現為何，畢竟同一詞彙，不同的人有著不同的認定與期許。亦即，諮商師無法從當事人的訴苦或抱怨中，清楚確認出當事人此刻所

欲的目標。諮商師需從當事人口中直接探求出當事人期待、所欲的正向目標。
當能了解當事人所欲的正向具體目標為何時,諮商的方向才會明確,當事人
也才知道自己所要追求的方向為何,晤談的效率才會隨之提高。

活動 BOX 2-10：「正向所欲目標」的形成

進行方式：

1. 三人一組,代號各為 A、B、C。A 擔任抱怨訴苦者,以負向語言持
   續描述一個特定事件。

2. B、C 在聽完一段抱怨後,輪流試著以下列語言型式自由變化回應之:
   「你不想……,那麼,你比較想要什麼?」
   「你不希望(他)這樣,那麼,你比較希望(他)變成什麼樣子?」
   「如果可能,你希望情況可以有何不同?」
   「從你的難受中,我猜你很重視(或看重、想要)……」

3. A 可用負向語言一一回應 B、C 的提問,而繼續抱怨。對於 A 的任何
   反應,B、C 則需要持續第二點的回應方式,繼續加以詢問。約進行
   五分鐘。

4. 之後,請 A 繼而選擇與提出一個正向但抽象的目標(如心情更為海
   闊天空),而 B、C 則需要加以行為化、具體化、視覺化,例如:多
   問「若你(的心情海闊天空)……,你會做些什麼?」、「別人會
   看到你做什麼?」等類似的問句。A 則予以一一回答。

5. 三人討論「催化正向所欲具體目標」之歷程心得與挑戰,以及如何
   結合其他 SFBT 技巧的運作。

6. 討論後,三人角色交換,再重新進行前述步驟,並討論有所學習之處。

三、辨識當事人犯錯背後的意圖與需求,引發建設性的解決策略

　　要直接看到當事人的優點來讚美他還算容易,但要在當事人犯錯的時候

仍能記得讚美當事人，如提出當事人之前的好表現，或是在當事人犯錯的行為中去辨識出一些好的部分，那可能就會有些難度了。

當事人雖然有不當的行為，但其行為背後的動機值得了解，往往當事人原始的初衷並非惡質，甚至有時會是值得肯定的意圖，例如：一名於工作業績上造假而被捉到的當事人，雖然有不當所得的行為，但是其背後的動機常是希望有好的表現以獲得別人的看重；而想要獲得別人看重的動機，是值得諮商師辨識出而加以肯定的。

當諮商師能捕捉到當事人不當行為背後的可貴意圖時，便能引導當事人反省目前所採用的不當行為並沒有幫上自己的忙，反而製造了一些非預期的問題，例如：引導工作上造假被捉的當事人思考：如果真正的目的是希望讓別人來看重他，但以造假的方式來贏得別人的看重時，往往會有反效果，當被識破時更會讓別人看不起。當諮商師能從當事人表面的犯錯行為，辨認及肯定出其背後的可貴意圖時，通常會讓當事人覺得深度被了解，而這種被了解的支持，也將會使當事人更願意接受諮商師的引導。最重要的是，以當事人自身的意圖來提醒其不當行為的後果，往往會使看重自我意見的當事人（如青少年）容易接受而願意開始反思。

有時，當事人在接受輔導後，之所以仍然發生類似不當行為的可能原因是：當事人雖改變行為的方式，但其並無法滿足當事人原先選擇採取犯錯行為背後的意圖。舉例來說，面對一名被同學恥笑沒有父親，因此憤而動手打人的青少年，周圍的人常會告訴他不要再打人，或期待他學會控制自己的憤怒；但是，如果當事人再犯，即值得思考：當事人會選擇打人的理由是什麼？當事人想要的是什麼？當事人需要學習的又是什麼？以此例子來說，這位當事人動手打人的背後需求，可能是：不希望被別人恥笑，希望能保護自己與父親的尊嚴；而這位當事人需要學習的是：在面對別人恥笑的那一刻，必須講什麼話、做什麼動作，才能真正有效面對別人的譏笑並維持自己的尊嚴。換言之，諮商師及其他人期待這位當事人能控制自己的情緒不再打人時，仍需顧及這位當事人在乎之處，並針對這位當事人的看重與看法，導引其產生與學習滿足其意圖的、具建設性的有效解決方式，如此才能有效減低再犯的

可能性。

　　記得，諮商師無法改變當事人，只有當事人才能改變他自己。為了辨識當事人不當行為的意圖與目的，諮商師可試著以未知之姿詢問當事人的主觀看法：

　　「你一定有一個重要的理由，會在考試時選擇去看別人答案的這個方法。」（Berg & Dolan, 2001）

　　「我不太了解，打孩子的方式，對你、對孩子會有什麼幫助？你本來的想法是什麼？你可以多告訴我嗎？」（De Jong & Berg, 2007a）

　　SFBT 認為，「問題不是問題，處理問題的方法才是問題」（Walter & Peller, 1992）；當事人處理問題的方式，有時是沒有效用的，甚至是會產生另一個問題的，雖然其原始動機並非不當。因此，面對當事人所謂不當行為時，諮商師若能以開放的態度先去了解當事人犯錯的動機與目的後，就可以進一步與之討論：改用什麼樣的建設性方法，才能真正有效達成其目標。當然，最先可以連結討論的方向，即是先前所提的例外架構，以提醒當事人回顧已經存在的好方法，而成為至少可以開始嘗試的第一步，例如：

　　「以前你何時曾獲得別人的看重？那時是什麼樣子？是怎麼做到的？」
　　「以前你何時也曾獲得好的業績？那時是怎麼做到的？」

　　相反的，如果周圍的人只是一味指責當事人犯錯的行為（如造假）並警告其代價，習於抗拒權威的當事人可能會拒絕接受訓誨，甚至會將原有期待自己有好表現以獲得別人肯定的可貴意圖，都一併銷毀之；此正如殺癌細胞的鈷六十放射線，在殺癌細胞時也將正常細胞給銷毀了一般。所以，在當事人犯錯背後的在乎與目標有被滿足、能以建設性的方法來解決時，當事人就不易再重複發生同樣的錯誤，也不易轉移以別的錯誤行為來表現之。是以，秉持著「問題不是問題，處理問題的方法才是問題」的原則，諮商師值得注

意：要如何在指出當事人的不當行為時，仍能使其良善的動機保留，能真正從犯錯中反思，並學習適當的解決問題、有效達成意圖的方法，如此，歷經犯錯的正向價值才能提至最高！

四、在重要他人的期許及當事人的意圖間取得共識

常見當事人周圍的重要他人要求當事人改變，或者希望諮商師能說服當事人配合之。然而，不管當事人年齡多小，他都有個人的自主意志，常無法勉強而得。當周圍的人認為當事人應該有什麼改變而當事人並未同意時，那麼那些人的期待與目標仍然只是屬於他們自己，對於當事人並未發生作用。這對於諮商師而言亦是如此，諮商師的意見亦不等於是當事人所能理解或同意的目標，所以，就算諮商師或周圍的人真的認為自己的目標是適合當事人、為當事人好的，仍然需要贏得當事人對其認同，才能變成當事人自身的目標，而對當事人發揮作用。

但是，如何贏得當事人對於周圍重要他人對其設定目標的認同呢？諮商師需要先了解，在當事人不接受別人為其設定目標的理由中，有何特別的考量與看重，或者，當事人個人內心真正的目標為何，然後，再仔細思考他人的期待以及當事人本人的看重之間，有何可「重疊」或「相連結」之處，再予以反應，以能從彼此看似對立的兩端，找到可以形成共識的起點。

例如：

「雖然你不喜歡你爸爸約束你的方式，但我看到你們兩個都很希望你的成績是可以進步的。」

「你很希望你的工作能更有獨立自主的空間，而你的老闆希望你有業績，你想當老闆看到你是什麼表現時，會更容易給你獨立自主的空間？」

「當你的業績提高時，會有什麼差別？」

引導當事人思考他人何以會對他有此期待，其背後的關心與看重，也是一個有效選擇，例如：

「老師雖然一直提醒你，讓你覺得很煩，但你想他何以認為改變對你是好的？」

「你的媽媽何以一直不放棄地要求你？」

「在她的心中你是一個怎麼樣有潛力的孩子？」

當然，這樣的提問不宜強勢說服，需要考量適當時機再提出，而且，若當事人的反應是不悅或有壓力時，諮商師需要深入了解與接納，也可能先以其他方向繼續前進。

引導思考意指一個具有對話與討論的過程，而非一個一味灌輸或強迫當事人接受其意見的方式。在 SFBT 中，非常強調以當事人的目標，而非以諮商師的目標，來做為諮商的方向。當然，任何的目標都需要符合法律與倫理的規範，並確保當事人與周圍重要他人的安全。

五、以刺激思考的態度，催化當事人產生可行策略

當事人犯錯時，有些當事人的重要他人，常習慣很快地給予當事人建議，但又會發現其所給的建議似乎不見得有效，甚至招致當事人的排斥，或造成當事人養成依賴他人解決問題的習慣；但是，大家又擔心若不給建議，當事人將學不會、想不到。其實，當事人周圍的重要他人，是當事人很重要的生命示範以及資訊提供的來源，因而如何給予當事人建議，乃為非常藝術之舉。

建議當事人周圍的重要他人，不要在與當事人談話一開始就劈頭給建議。諮商師可以加以提醒：若能先開發與了解當事人已經會的例外資源，以及所欲的正向目標後，周圍的人再提出自己的意見，此時的意見會比較中肯，也比較會切中當事人所需。

諮商師需提醒自己，當有衝動想表達自己的建議之前，其實可先引導當事人想想，生活中是否已有成功的示範者，或者其他人可能會給予的建議為何，如此，將會讓當事人學習運用生活中的資源，而成為主動的問題解決者，

例如詢問：

> 「在你的生活中，有誰被人譏笑時，你覺得他處理得很好？」
> 「他是怎麼做到的？」
> 「你覺得可以拿來參考嗎？」
> 「你的好朋友對於你這個人際的問題，會給你什麼意見？」
> 「你同意嗎？有用嗎？」

　　如果當事人真的強烈要求諮商師給意見，但諮商師又希望當事人能學習思考如何解決問題而能自我負責，那麼諮商師則可針對當事人的問題與要求，提出一般人在此狀況下幾個常見的可行策略，然後再詢問當事人認為哪一個策略最適合他自己（Hansen, 2005）。當然，在當事人選擇某個特定方法後，諮商師需要再進一步的探問：何以會做此選擇？判斷的標準何在？有時就能更深度地了解當事人的價值與目的，並再進一步的精緻化後續可能採取的行動。再者，若諮商師覺得當事人的思考與最後決定值得肯定，便可以大大的讚賞當事人學習思考的努力；若諮商師覺得當事人的決定及判斷不妥，也可進一步與當事人討論，對於這些行為可能會產生的後續結果之看法與預備應對。

　　此外，如果諮商師真的要給當事人一些腦力激盪的刺激，更好的方式是採用假設問句：

> 「如果你試著開始跟你的父母溝通，你覺得會是一個好方法嗎？」
> 「如果當你自己能跟別人打招呼，你會覺得自己的人際關係算是有進步的嗎？」
> 「對於去詢問同事這個工作項目，你會覺得適合你嗎？你願意去做嗎？」
> 「如果你覺得合適，你會怎麼做？」
> 「如果你覺得不合適，你覺得如何修改或處理，會比較適合自己？」

　　此類開放尊重的詢問與引導，一方面，可使諮商師免於過於主觀，避開替當事人做下生命重大決定的危險；另一方面，諮商師也展現了尊重當事人的態度，將較易為當事人所接受。尤其，這樣的方式較具有刺激當事人思考相關解決方法的效果，甚至還能訓練當事人練習判斷與思考的能力，並催化當事人負起問題解決的主要責任。當然，在SFBT中，諮商師是不給意見的，而是一位激發當事人思考自己目標、例外、行動的催化者，而這樣間接刺激意見的方式，SFBT 也較為少用，除非是對真的想不到意見但已知其目標的當事人。

　　對 SFBT 來說，當事人所擁有的各項優點，並非理所當然，乃為難能可貴；而當事人所發生的問題，則是當事人於成長發展過程中必經的學習或陣痛（growing pain）；即，當事人除了於平日可多方學習之外，也特別可以從錯誤中成長茁壯。而在面對當事人之犯錯與不當行為時，諮商師如何思考以及建構輔導的方向，筆者整理前述並摘要如圖 2-4 所示，以協助諮商師更能清楚把握前述之重點。整體而言，面對輔導當事人的不當行為，需能釐清當事人正向所欲的目標或背後的真正動機，也需要在當事人與重要他人之間的目標，找到共識之處，進而再思考如何能建設性的達成其目標；至於採取的策略則可連結過去有效的例外經驗，或提供當事人構思的腦力激盪。

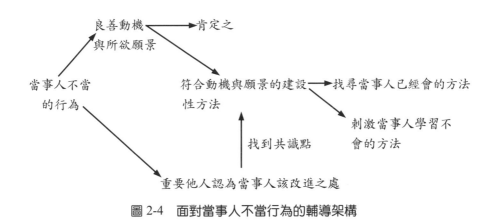

圖 2-4　面對當事人不當行為的輔導架構

肆、培養當事人成為其生命的專家

　　雖然有些諮商師認為自己肩負改變當事人之責，但其實SFBT更為強調，諮商師會催化當事人自己負起責任地找到改變的目標與方法，而讓當事人成為自己生命的專家。

一、以「希望我如何幫忙？」做為開場

　　當事人周遭的人在面對當事人時，常會一連串地告知當事人做錯之處，且叮嚀當事人需要改變的地方。有些當事人能接受之，有些當事人則充耳不聞，甚至一副事不關己的樣子。不知道大家是否有發現一個有趣的現象：當諮商師或周圍的人愈積極處理當事人的問題，有些當事人就會愈置身事外。

　　為了讓當事人能為自己的問題負起解決的責任，諮商師可以試著用「希望我可以怎麼幫忙你？」來做為開場。當諮商師以此姿態出現時，便暗示著負責解決問題的是當事人本人，而諮商師只是輔助的角色。此時，當事人也就不得不負起主控思考之責。

　　類似的問題還包括：

　　「如果來接受輔導可以有用，你希望能有什麼改變？」
　　「今天我們討論什麼主題，對你會最有幫助？」
　　「你希望你生活中有哪些小小的改變？」

　　這類的問題，除了會讓當事人有機會澄清自己所要的目標，也會讓當事人較願意為問題解決負起行動。這樣的問題也代表著一種開放的態度，表示諮商師願意從當事人想要討論的話題開始，並顯現了當事人有決定輔導內容與方向的主權，如此將會增加當事人更為主動參與諮商過程的可能。尤其，若當事人能夠從其想要的目標開始談起時，通常當事人會最為關注並有高度改變動力，輔導工作的成效自然事半功倍。

由此類問句帶出的另一個思考重點是：SFBT 諮商師是協助當事人解決問題的人，並無法替代當事人練習或學習，或者替當事人過他該走的人生。SFBT 並不像傳統的諮商，不以諮商者為專家或以諮商師的專業知識為主要素材；諮商師只是一位輔佐者，不是當事人本人；諮商師若能看到自身角色的意義與限制時，往往會看到更能集中火力地於可協助當事人之處——如何幫助當事人更為「自助」之！

二、描繪未來的願景，以捕捉認同的目標與有效方法

SFBT 認為，每一個人都會為自己的目標前進，每個人的行為都有自己的意圖，所以能夠了解當事人所欲的目標與意圖，才能幫助當事人向前邁進。以坐火車為譬喻，若你不知你的目的地何在，你可能會搭錯車；若你搭錯班火車，那麼那班火車所有經過的車站也就會是錯的。所以，一定要知道目的地才能知道到達目的地的方法；想要擁有或改變什麼，需要與目標進行連結，而非與問題纏鬥。奇蹟問句常用來探索當事人在乎的願景及其中包含的可能目標。

「如果有一天醒來，你帶來這裡的問題因奇蹟降臨而解決了；但你醒來的那一刻，你並不知道奇蹟已經發生。那時你會發現什麼，就知道奇蹟已經發生了？」
「會跟平時有些什麼不同？」

為了使當事人能接受，也可用一點譬喻的方式來改編奇蹟問句：「如果有一個水晶球可以看到你的未來」、「如果有一個神仙給你三個願望」、「如果你突然擁有一個神奇的魔法棒」，以能刺激當事人想像所欲的願景。由於當事人愈能仔細描述美好願景與現況的差異時，諮商師也就愈易捕捉到當事人所在意的人、事、物。必要時，諮商師需配合當事人所能接受代表奇蹟的用字，例如：最期待的未來、最理想的情況、最大的願望、上帝的恩典、神明的神蹟等，來誘發當事人進入問題解決之後的想像圖象，來引發各種可

能性的探尋。

為尋找當事人的目標、解決之道與資源，諮商師需要隨著奇蹟問句，追問很多奇蹟發生後的細節，例如：於奇蹟發生後，當事人會注意到什麼不同？周圍的人會看到或表現什麼不同？這些不同又會帶來什麼影響、改變與人際連鎖反應？以能使當事人置身進入這個奇蹟的願望與圖象之中，進而容易聯想到曾經發生的例外或者最容易開始成功的一小部分。或者諮商師可結合偏好未來、時間序、優勢資源、關係問句、評量問句、循環問句，來變化使用各種未來導向的假設問句，使當事人容易促發於奇蹟中的想像與回應（Thomas, 2013），例如：

> 「在改變時，會看到什麼？」
>
> 「在有進展時，會看到什麼是你想要的？」
>
> 「首先會看到的一些訊號是什麼？」
>
> 「奇蹟發生後你可以做些什麼，是現在所不能做的？」
>
> 「誰會發現你有不同？」
>
> 「別人會最先看到你的第一個小改變是什麼？」
>
> 「若看到時，他們又會有何連鎖的改變？」
>
> 「當你做到時，你一回頭看，會發現什麼資源、什麼人幫助了你完成了這些？」

除了目標的找尋之外，在願景的描述中，透過自發地描述出有可能的作為，而累積解決之道或覓得可立即嘗試的策略：

> 「如果有一天你不再被與太太吵架的事情所影響，那時候的你會有什麼不同？」
>
> 「那時候的你在面對夫妻爭執時，會是如何處理？」
>
> 「能這樣處理夫妻爭執的各種方法，在過去你曾經有做過一部分嗎？」
>
> 「如果有一天你變得很有自信，那時候的你會如何處理同事排斥你的問題？」

「所以，你說，變得自信的你，會在心裡告訴自己，同事的排斥是因為不了解你職責的壓力，所以你會更冷靜的跟他們談。那麼，那時他們的反應可能會是什麼？」

亦即，諮商師可使用假設問句引導當事人想像改變後的自己可能會如何處理問題，有時就會讓當事人回想起一些早已在採用的方法。或者，諮商師也可試著鼓勵當事人去做其在願景中成功理想的自己所採用的方法，因為這些方法是在當事人描述的願景中發生的，也就代表著會被當事人所認同；由於是當事人所認同的方向與方法，諮商師就不需要再費盡唇舌地說服當事人其具有採用或學習的價值。

如果當事人一直無法得知自己要什麼時，諮商師可以邀請當事人回去觀察生活中的點點滴滴：何時何處是當事人所喜歡、希望擁有或持續存在之處，而非替當事人決定應努力的目標：

「在這一週內，你觀察一下你的生活，哪一天做哪一件事，是讓你覺得稍微有些意義的（或開心的、或想要多一點的）？」

如前述，由於從當事人問題的描述中，無法得知當事人想要諮商協助的方向，諮商師需協助釐清並轉換出當事人真正想要的偏好未來為何。在SFBT中，很重要的過程是，要幫助當事人從問題轉換成未來願景，再找到目前可為的目標。在當事人從問題抱怨轉成所欲目標時，往往會看到當事人的期待不見得與問題有直接的關聯。倘若當事人的目標能清楚出現時，諮商師便可透過多元的方法協助當事人完成所欲的目標或願景，而不再陷於問題的情境，所做的行動也才能真正滿足當事人的期待；而多元方法的基礎來源，即是當事人的例外、因應、晤談前的改變，或優勢資源等（如圖 2-5 所示）。

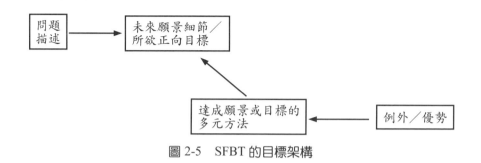

圖 2-5　SFBT 的目標架構

　　所以，SFBT 非常看重與尊重當事人自身設定的目標，以及當事人認為解決問題的步驟與流程應為何；從這引導、澄清當事人之目標與步驟的過程中，同時也協助了當事人認識自己、覺察生活脈絡及發展自我決定。特別是，無論奇蹟問句、假設問句或觀察作業，都暗示著當事人的問題會有解決的時候，若當事人能跟隨回答時，便容易停止悲傷或痛苦的循環，而帶出對未來的希望感——這也是心理諮商治療非常重視的療效。

　　不過，諮商師也需要有心理準備，若當事人的能量很低、對自己很沒有信心、對未來毫不抱任何希望時，是很不容易回應自己想要什麼的目標或願景，因為擁有夢想，是需要相當能量支撐的。因而，在面對沒有目標、暫時不知所謂為何的當事人時，優先採用開發其優勢或因應之例外問句與因應問句，較能滋潤當事人產生「敢於夢想」的能量，進而也能幫助當事人醞釀自我期許的具體目標。

三、克服困難的方法與態度，是可深入工作之處

（一）「如何克服困難」成為次目標

　　輔導當事人時，常會聽到當事人說：「我是很想這麼做啊！但是又因為……（某困難），所以做不到。」而讓諮商師有「踢到鐵板」之感。在當事人提及去解決問題會遭遇到的困難時，「『如何克服』這個困難」或許就可以

變成完成大目標下需要先達成的次目標了，例如：當事人說：「我很想考高分啊，可是我無法專心讀書。」、「我很想不要偷拿人家的東西，可是我忍不住。」此時，「如何讓自己可以專心讀書」、「如何能夠忍得住不拿別人的東西」就成為下一個優先與當事人深入再談的次目標。

　　亦即，遇到當事人想要改善行為的困難時，就可試著往「如何克服困難」的方向思考，讓諮商工作不會因此停滯不前。所以，當有「克服困難」這個次目標後，諮商師可以先用奇蹟問句引導當事人，讓其描繪想像克服困難後的美好願景中當事人會自然表現的行徑，或者細述理想中克服困難的過程時，將可能找到一些當事人現在可以立即開始做的方法。諮商師也可用假設問句來引導當事人思考：

　　「如果你能專心讀書，會是什麼樣子？會跟現在有什麼不同？」
　　「如果你能忍住不拿別人的東西，那時候的你是什麼樣子？是具有什麼樣的能力可以幫助你做到忍住？」

　　如此，將可以刺激當事人去思考能專心讀書以及懂得克制的意義是什麼，然後，再以例外問句引導當事人去發現：何時曾有讀書專心的樣子、或曾做到忍住克制的經驗，以及如何做到的方法、如何多多做到等策略。

　　在討論「如何克服困難」的次目標時，諮商師還可以特別針對當事人對克服困難的「態度」加以介入；亦即，除了討論克服困難的「方法」之外，諮商師也可引導當事人覺察自己對於克服困難的「動機意願」之高低、「信心」之高低、「有把握度」之程度、「願意嘗試的主動性」之高低等向度。一個最直接的方式，就是以評量問句詢問當事人對克服困難的動機、信心、主動性等向度之分數，而促使當事人更全面地理解自己於克服困難「態度」的各個向度；這些不同向度的探討，常促發優勢力量的挖掘，同時，除了可使諮商師理解當事人之外，也可以從此處去引導當事人於各個向度上：「需要發生什麼，才能使分數上升 1 分？」而各個面向的「如何上升 1 分」，又成為克服困難此一次目標下的更小目標。甚至，諮商師還可以與當事人確認，

哪一個向度的一小步提升，是最容易開始去做的地方，那麼第一小步也就因此而容易判得。當然，諮商師也可變化使用評量問句的方式，例如：利用繩索、氣球、糖果、不同臉部表情等媒材或譬喻，讓不同年齡的當事人更容易進行評量。

有時，當事人改變的意願不強，對自己的信心亦不高，諮商師或可結合關係問句來請當事人猜想，生活中的重要他人對他克服困難的態度，會如何給他打分數：

> 「你猜你的老闆，會對你進步的信心有幾分？」
> 「你猜你朋友會說，你會主動嘗試的可能性是幾分？」
> 「他們究竟看到什麼，讓他們的分數跟你有所不同？」
> 「他們的分數對你的意義是什麼？」

當重要他人的分數比當事人高時，有時具有引發當事人提高自身動機與自信的作用；若當事人對自己的自信過高時，則可透過思考別人較自己低的分數，而具有提醒作用。當然，諮商師得判讀，對於眼前的當事人，詢問哪位重要他人的觀點以及哪一個向度對當事人來說是重要的、合宜的，而此即是 SFBT 的專業所在。之後，若當事人在動機、信心、主動性等態度上，能有一些小小的突破時，當事人的困境就可能會有小小的改善，而此時，便可接以讚美強化，使之鞏固與擴大。

亦即，當事人想要的目標是最大目標，克服阻礙目標達成的困難是次目標；而當事人克服困難的態度及他人的觀點，則是在考量如何克服困難時可同時加入的向度。如此，就比較容易在輔導當事人的挑戰或困局中，找到一個開始可以突破的方向。

（二）「如何與問題共處」常是另一個次目標

評估能否克服困難的可能性，諮商師要特別尊重當事人自身的主觀感受，畢竟這是無法勉強的，雖然這種主觀感受可能可經由前述的輔導方式有

所轉移、改變。然而，在現實生活中，有些困難真的是暫時無法克服，或是難以全部解決，甚至是無法改變的，此時諮商師除了尊重當事人的主觀感受以及評估克服困難的可能性之外，諮商師也可先用因應問句引導當事人：「會如何欣賞自己一直在與困難對峙？」、「何以沒有放棄面對問題？」、「是如何幫助自己支撐到現在的？」以充分展現對當事人的支持、理解與欣賞。接著，諮商的目標或許才可以定位於：當事人需要什麼，才能幫助其接受困難暫時無法克服或難以全然克服的事實。當然，這常不會是最先設定的方向。

　　再者，常見當事人期待諮商師能讓問題立刻消失，有些諮商師也希望當事人立刻改善；然而，「羅馬並非一日造成」，問題的產生既然非一日而成，要問題立即消失，有時也如天方夜譚的不可能。「接受生命的限制」，是一個需要學習以勇氣與智慧來承擔的歷程；所以，「與問題共處」也成為面對困境時另一個可能必須練習接受的任務。

　　例如：一個擔憂考不上大學而想休學的當事人，需要接受聯考及其應考壓力存在的事實，也發展如何因應壓力以及有效的考試策略，甚至在後來也可能需要學習如何面對失敗；一名擔心被裁員的職員，必須接受職場的變動與不可控制性，而能在工作更努力的同時，亦開始發展日後可能被裁員的因應技能。又例如諮商師與一位有幻聽的當事人討論：如何因應這些聲音之打擾、何時不會被這些聲音所干擾、何時可以不聽從幻聽的聲音而有自己判斷的力量等例外問句，皆是在談論如何與問題共處的一種方式。至於對生重病或病危者，諮商師或許可以如此提問（Macdonald, 2011）：

　　「到什麼樣的程度，你會覺得這件事是在一個『夠好』的控制狀態？到時候，你的情況看起來會是如何？會跟現在有什麼不同？」

　　「在住院期間，你是如何幫助自己繼續撐過來的？」

　　「你做了些什麼事情，是你在沒有住院時也會做的事情？」

　　「對於住院情況的處理，何處是讓你驚訝自己還表現得不錯？」

　　「若你表現得更好些，你又會如何知道？」

　　「你希望從現在到生病過世之間，你過得是什麼樣的生活？」

「有一天，當死亡來臨時，你希望死亡之前發生什麼，會讓你對生命的結束沒有遺憾或少一些遺憾？」

「現在的生活中若有什麼不同，可能會讓死亡可以變成一種『好的離去』？」

是以，有時在當事人面對無法克服的困難時，諮商師需要協助尋找當事人的勇氣與力量，來面對與接受需與問題共處的生命限制；進而，較能做的是，如何在無法改變的事情及其可能負面影響已然存在的事實下，嘗試找到：讓問題納入生活的調適、減少負面影響的因應方法、去做目前仍能加以掌控的事等，以致於當事人能在現實與生命的限制下，在可能的範疇中，仍能有控制感地發揮創造性的生命智慧。

（三）學習與問題共處中的自我照顧

面對生活中的許多困境或挑戰，很多時候都會成為生命智慧的來源。諮商師需要鼓勵當事人學習與發展「自我照顧」（self-care）此一健康導向的自助（health-oriented self-help）意識與行動，以能朝著健康、成長與適應的方向前進。

自我照顧是人們生而具有的本能。每天人們都會做一些維持基本生存、保護自己免於危險的動作，當人們生病、受傷或遭受威脅時，也會採取必要的措施，而當事件超出人們的理解與經驗時，就會探究該狀況何處不對，並思考接續的介入動作。然而，這些措施、動作及其背後所具備的各種能力，常常會被人們視為理所當然，但其實是一項非常難能可貴的能力。

換言之，在自我照顧的觀點中，所重視的不僅只在治療（cure）或是修理（fix）問題或困境，而是更強調如何懂得「與問題共處」。自我照顧觀點的介入，將會帶給當事人一種自我效能感，讓當事人在面對未來可能會發生的情況時，相信自己應具有一定程度相對應的因應能力，而使當事人的自我控制感增加。這種自我控制感對於降低各種因困難與危機所衍生的焦慮與失控感，是特別具有意義的。而諮商師在與當事人討論面對困難、與問題共處

時，如何能同時提升當事人自我照顧的意識，其重點可為（Johnson & Webster, 2002）：

- ·幫助當事人在面對困境的主觀經驗裡，能夠聚焦地思考與覺察自己是如何在自我照顧的？
- ·哪些自我照顧的方式是特別有效的？
- ·個人所擁有的資源與資訊是什麼？
- ·各種方式、資訊與資源所帶來的差異與效果為何？
- ·如何能將已經擁有的各種技能，應用在不同的情況中，而使自身的因應能力加寬加深？

「自我照顧」觀點的加入，將能幫助當事人以個人最獨特的方式滿足自己獨特的需要，因此懂得自我照顧的當事人即為：能評估情況，有能力執行日常生活所需，能適應目前情況，並可與問題相處，對於生活仍有一定程度的滿意度。所以，在面對困境、與問題共處時，諮商師若能同時催化出當事人的自我照顧能力，提升其個人與社會的適應性，讓當事人懂得自助地減低任何生理或心理可能的傷害，並盡可能維持生活的完整獨立性時，面對困境的工作就不再只是消極地等待，而是具有能積極地從中贏回生命智慧的價值。

SFBT 相信，每一個人的壓力與情緒都是很個別性的，只有自己最了解自己的狀態，所以，每位當事人希望自己在面對困境時自己是什麼樣子，以及期待用什麼方式來達成什麼樣的想望或目標，並不盡相同，也會與諮商師本人的方式及其對當事人的期待有別，而此，特別需要諮商師有所區分與尊重之處。諮商師需要對當事人的主觀世界懷抱著一個好奇的「初始之心」（a beginner's mind），對於非預期的事情能夠開放，願意對當事人的想法有驚奇的發現，彷若每一件事都是第一次聽到、看到，而不會有自動化的標籤作用。在此過程中，諮商師需要特別捕捉當事人描述自己經驗的語言，因為語言是一個重要的媒介，反映著當事人如何在告訴自己與別人，他是如何在詮釋某一特定議題，而此，乃有助諮商師融入當事人的想法，了解當事人主觀詮釋的架構與獨特經驗的意義，而找到可與之對話的位置（Johnson & Webster, 2002）。

尤其重要的是，諮商師在協助當事人發展自我照顧的能力時，需如同一

位護士般，要有一顆「純淨的心」（clean heart）。「純淨的心」是指，來自於對自己、他人與環境的尊重：相信每一個人都是獨特的、懂得如何表現自己的，也認為每一種事物在宇宙中的存在，都是有其特定的意義與目的。「純淨的心」對健康很重要，其也意指「活在當下」（living at the right moment）的同時，諮商師對於自己即將採取的行動能有所思考，並能夠把個人的問題先行處理與照料之，而不致對帶領當事人發展因應困境能力的任務造成干擾。換言之，為了擁有「純淨的心」，諮商師需要先幫助自己處理面對困境的各種情緒與壓力，且將個人身心與家庭環境有所安頓後，才能離開得了自己在面對困境過程中的負面思考，或有能量地去尊重與觀察當事人的力量，與當事人發展正向健康的情感溝通，並協助其找到適合自己的自我照顧之道。

活動 BOX 2-11：突破逆境

進行方式：

1. 兩人一組。一人先扮演當事人，另一人擔任諮商師。扮演當事人者提出一個困境，諮商師則可參考下列問句依序提問，或者從中自由選取適合的問句訪談之。於訪談時，諮商師需要不定時穿插：一般化、重新建構、摘要、簡述語意等形塑的技巧；在結束時，諮商師需以 SFBT 的回饋方式彙整回應給當事人。
2. 兩人交換角色，完成第一點的歷程。
3. 除分享受訪心得外，兩人進而集中討論：如何引導當事人克服與面對困境的方法、態度、可能性，以及如何協助當事人接受困境暫時無法改變的因應。

訪談問句：

1. 你如何描述你現在所面對的這個困境？
2. 發生了這個困境，你是如何一直在面對的？
3. 如果有一天你突破困境了，你的生活會有什麼不同？
4. 過去類似這種困境曾經發生過嗎？之前你是如何克服的？

5. 過去你遇到其他困境又是如何處理的？哪些方法是有效的？

6. 目前要去突破困境的最大挑戰或阻礙是什麼？你覺得你可能需要什麼，就有機會突破這個阻礙？

7. 生活中有誰成功克服了類似困難的？他是怎麼做到的？你若有機會去請教他，你猜對方會給你什麼建議？

8. 如果發生了什麼事情，將會幫助你克服這個挑戰或困難？

9. 你認為克服這個困難的可能性是幾分？何以如此評量？若發生什麼事，就可以讓可能性增加 1 分？若你做些什麼，也會使可能性增加 1 分？

10. 你克服這困境的決心是幾分？何以如此評量？需要什麼才能再增加 1 分？

11. 你克服這困境的信心是幾分？何以如此評量？需要什麼才能再增加 1 分？

12. 你會積極努力克服這困境的程度是幾分？何以如此評量？需要什麼才能再增加 1 分？

13. 若一位十分了解你的人來分別評量你克服困境的決心、信心以及積極程度，他又會打幾分？何以與你的分數不同？他又會認為，若發生什麼事，則會讓他評量各向度的分數再增加 1 分？

14. 如果這困境一時無法解決，你會如何鼓勵自己一直與困境對峙？

15. 如果這困境目前暫時無法解決，你又會需要什麼來幫助現在的自己接受此一事實？

16. 什麼可以幫助你暫時與這問題共處之？

17. 在暫時與問題共處的這段時間，你做什麼事情是最能幫助自己？

18. 在暫時與問題共處的這段時間，你需要如何照顧自己以能支持下去？

19. 在暫時與問題共處的這段時間，什麼能繼續支持你不放棄突破困境？

20. 如果發生什麼或看到什麼，就可能會讓你再次重新設定你未來的目標？

四、將當事人的生命困境轉化為成長的陣痛

不少當事人的問題是很衝擊人心的，例如：天災人禍、家破人亡、虐待遺棄等；諮商師在輔導這些當事人時，也很容易被觸動，甚至覺得無力或沉重。

然而，面對生命的限制，最終仍需要接受與面對，即使這是一個不容易的過程。面對生命的許多突發事件，SFBT 提醒著：事件已然發生，特別能夠改變的是如何看待與如何因應之——如何把生命中各事件的負面影響降到最低、正向影響提到最高——而此也成為諮商師陪伴當事人面對生命各挑戰與限制時的重點工作方向之一。

例如：一個因車禍而失去右腿的當事人，需要接受已經失去右腿的事實、需要與失去腿的事實共處，也需要找到一個可接受的處理策略（如接受醫療技術介入以及新的行走方式），同時，還需要調適內心的痛苦與失落，甚至能從此事件中產生更多悲天憫人的心理，以及自助助人的動力。當事人的生活可能因某事件而有侷限，但其生命的寬廣度反而可能因為此事件而有所拓展。所以，對於當事人所遭逢的痛苦，諮商師是需要接納與理解的，然而，SFBT 也會以一正向的眼光來看待當事人的痛苦——視為一種「成長的疼痛」（growing pain）（Berg & Steiner, 2003）。亦即，在當事人能走過這些痛苦時，將會帶來拓展成長的生命智慧與堅毅韌性。

當諮商師能接受當事人成長疼痛的存在事實與可能性時，諮商師也較能承接當事人許多悲痛情緒的波動與個人狀態的變化。當然，諮商師從此處需要接受一個事實：諮商師無法全然幫助當事人避免生命中不可控制的種種挑戰，當事人也無法省略跳過許多「不經一事、不長一智」的歷程。畢竟，生命是屬於當事人自身的，諮商師所能做的是：幫助當事人成為其生命的專家！

若再回到本章一開始提及的陰陽太極圖來做為此段結論（如圖 2-6 所示），對於生命的苦難及其影響，SFBT 介入重點，會是諮商師較能著力於協助之處，即：接受當事人生活中的負面事件已經存在，且事件的相關負面影響也已經發生，想要使這些事件及其影響未曾發生過，是不可能的目標，

所以，諮商工作應聚焦於協助當事人接納困境並「如何與問題共處」、如何「承受」與「因應」該事件及影響，以及如何於此過程中「自我照顧」，進而發展一些具有建設性的觀點與具體行動，來將該事件的負向影響減至最低，且使當事人能從此事件中變得更為堅強、更有智慧、更有行動力等正向意義之增加，而此，也將會成為當事人未來處理生活中不可預期之負面事件的重要生命智慧。

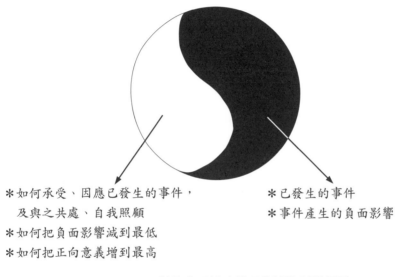

*如何承受、因應已發生的事件，
　及與之共處、自我照顧
*如何把負面影響減到最低
*如何把正向意義增到最高

*已發生的事件
*事件產生的負面影響

圖 2-6　SFBT 對生命困境事件及影響的輔導重點

五、從最容易開始的一小步邁進

雖然前面說了這麼多重點，但其實 SFBT 認為，每次在輔導當事人結束之時，若能幫助當事人找到馬上可以開始行動的一小步，就已是非常難得與足夠的了，特別是對目前正處於困境的當事人而言。

值得注意的是，一些諮商師、當事人及其周圍的重要他人，往往希望當事人立即大步躍進，例如：希望一位成績排名在後的當事人於下次月考時進步十名；要求一位情緒容易失控的當事人能在一週內立刻改變自己的情緒習

慣等。然而，每一個成功行為的背後，都是由很多小步驟所累進構成的。比方說，一位成績差、很少念書的當事人，希望其成績能從三十分變成六十分，此時他需要的改變包括：要擁有讀書的空間與環境、要培養念書與考試的定力與時間，以及學習應考方法等；而一個人的情緒控制則包括：情緒覺察、正向策略，以及自我療癒的能力培養等；所以要當事人立即大幅進步，並非常能立即達成。又例如：許多人要求當事人應該改變的行為，對某些人來說已經是一種自動化的簡單反應，如與人好好溝通、不與人衝突，但是對於從未被同理對待，甚至被暴力相向的當事人來說，好好溝通、不與人衝突乃可能是其沒有學習過的高難度功課。

因此，諮商師如何把自己對當事人的期待降低，以當事人的目標與現況為起點，並且把許多行為改變的過程解析出更為細微的動作，是非常重要的過程。尤其需特別注意的是，當諮商師與當事人設定的改進目標若太大、太難時，當事人很容易再次經驗到挫敗，甚至會導致當事人放棄嘗試。

晤談快結束時，有許多當事人可以選擇出願意開始進行的一小步。除了思考最為重要的一小步之外，SFBT 仍會鼓勵當事人從其所重視的目標中，找到其認為「最容易開始」的一步；因為最容易開始的一步，也就最容易成功之處，而成功之後，也就更容易滾動當事人接續改變的意願與行動，對於處於困境的當事人而言，更為重要。換言之，諮商師除了需要注意諮商的大目標是否為當事人所認同的或想要的目標；當事人愈是認同或想要的目標，當事人就愈容易去執行。同時，諮商師也需注意，每一個目標下的行動之內容與順序，若都是由當事人所決定的，其效果將會更佳；而其中，最容易開始或最容易成功的一步，則是可以優先考量的一個選擇。此外，有時對於執行力較弱的當事人，則可對於一小步如何執行的具體細節，進行詳細的預演討論，以協助當事人增進執行力。

六、小結：焦點解決晤談的簡式架構

整理前述，SFBT 如何幫助當事人成為其生命的專家，乃有一個簡單的架構；Walter 與 Peller（1992）曾提出以「目標架構」、「例外架構」與「假

設解決架構」為 SFBT 晤談架構的三要素。亦即，當事人有問題時，要先協助當事人找到他的目標，此時包括奇蹟問句與假設問句的假設解決架構，乃最能幫助當事人目標的找尋及形成完成目標的承諾，而進入「目標架構」；在當事人的目標出現時，運用「例外架構」來引導當事人找尋既有的策略與資源，是優先的選擇；而當事人假設問題解決時的美好願景，也易催化當事人回想起一些例外經驗的存在。非常重要的是，在這樣的架構下，每次與當事人的晤談結束、給予回饋時，諮商師要記得找到當事人可以開始的一小步，並逐步不斷練習；當事人雖然處於目前的困境中，但是解決方法的產生，可以從過去的例外中找尋方法，或期待更多例外的發生，使其能面對困境，而找到現在就可以開始的一小步；或者，可從當事人看重的未來願景中，找尋到他所認同的目標，而帶出現在需要開始推進的一小步。願景、目標、例外、一小步，是 SFBT 初次晤談或只有一次晤談的流程架構及努力的方向，即使不見得在一次晤談中都能涉及這些重點。接著，在後續的晤談中，不管與上次晤談間隔多久，則都會優先大量探討進展與差異何以發生，然後再循環此一晤談的架構與過程（如圖 2-7 所示）。

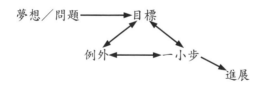

圖 2-7　SFBT 晤談的簡式架構圖

　　這些架構與重點方向，處處呈現於 SFBT 的晤談過程與技巧。以評量問句為例，10 分的位置即是奇蹟、夢想或大目標之位置，0 分則為相對的低點。現在的分數到 0 分之間的距離，即表示例外的存在，而維持在目前的分數可以不更低分，則為因應的概念。如何向上 1 分、更朝 10 分前進，則為一小步的代表（如圖 2-8 所示）。

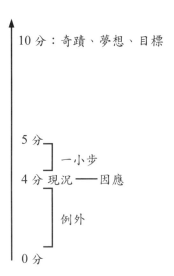

圖 2-8　評量問句與 SFBT 架構的關係

　　不過，在不斷循環此一諮商歷程時，依據「改變不斷在發生」的原則，當事人的目標、對例外的知覺與選擇、一小步的行動及其結果、對成功與進展的定義等，都有可能會隨時修正。舉例而言，第一次晤談中提及一個擔心孩子不讀書而來求助的母親，在孩子開始十分認真讀書之後，她的目標可能會修正成：如何提醒孩子的認真度剛好即可，以及母子兩人何時還可以有讀書以外的互動時間；或者，這母親覺得自己如何對孩子能展現出更多的支持，是後續晤談中她為自己定義的進步向度，而不同於第一次晤談時的諮商目標。

　　甚至，也可以這樣說，SFBT 都是從正向層面找尋可參考的解決問題資源，不管這正向層面是存在於過去、最近或未來。最重要的是，不管是從過去、最近或未來的正向層面之多元檢索後，仍然需要回到此時此刻，當事人能夠馬上開始、願意開始、容易開始的一小步，而讓當事人在有合理控制感的情況下，開始推動問題的改善，至少不是一直卡在問題的僵局中（如圖 2-9所示）。

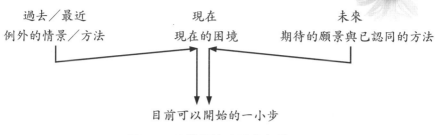

圖 2-9　尋找解決之道的架構圖

　　例如：Iveson（2002）便提出 SFBT 一個可能的流程架構，反映前述架構圖及各重點概念（如圖 2-10 所示）。

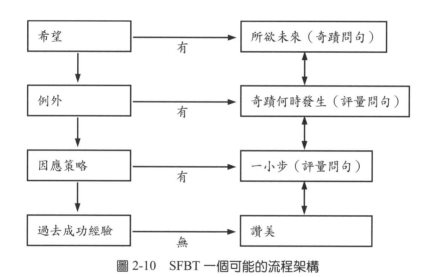

圖 2-10　SFBT 一個可能的流程架構

　　對於情緒，SFBT 不像一些諮商派別會獨立抽出來工作，而是將情緒視為當事人整體知覺的一部分。由於困境的產生，當事人會產生負向情緒，然而這負向情緒往往可以重新建構為當事人在意的目標或潛在的力量，甚至可成為行動的動力。在目標建立並透過例外資源形成行動之後，問題的情境會有所緩解，甚或達成目標時，當事人的正向情緒自然就會產生。所以 SFBT 對於當事人的情緒是接納，但更重視行動導向產生解決之道，並追求正向情緒的產生（如圖 2-11 所示）。

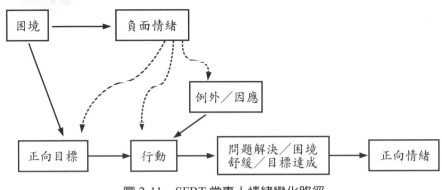

圖 2-11　SFBT 當事人情緒變化路徑

活動 BOX 2-12：六格漫畫──SFBT 架構的體會

進行方式：

1. 於訓練課程中，請三位成員一組，第一位成員擔任引導者（A），第二位成員為畫圖者（B）。A 以第一種六格漫畫內容之六格各方向，配合 B 的速度與語言，以口語化的引導語帶領 B 依序一步步畫出以下第一種六格漫畫內容（Berg & Steiner, 2003）。

．畫出目前問題（或現況）	．想一想可幫助問題解決的協助者（如有力量的人物或英雄）	．協助者送了問題一個好禮物
．原有問題接受了好禮物後的新情境	．未來可能需要召喚協助者的情形	．表達感謝協助者的象徵

2. 畫完後，第三位夥伴（C）邀請 B 依序就每格漫畫內容說明其繪畫的內容與意義，適時以各種問句加以引導澄清。

3. 接著，三人依序輪換角色 A、B、C，但進行的是以下第二種六格漫畫的內容（Macdonald, 2011）。

・畫出現有的問題（或現況）為何？	・想一想可幫助問題解決的協助者（有力量的人物或英雄）為何？	・尋求協助者幫助後，可能會發生的正向改變為何？
・發生正向改變後的擴散影響為何？	・正向改變真的存在時，未來又會因而有何不同？	・表達感謝協助者的象徵為何？

4.之後，三人依序輪換角色 A、B、C，但進行第三種六格漫畫的內容（許維素，2012）。

・畫出現在問題（或現況）像什麼？	・目前情況何以沒有更糟？	・希望最理想的結局為何？
・過去發生部分類似理想結局的例外為何？	・為達理想結局，需要的資源或需要開始的行動為何？	・情況開始有進展的訊號為何？

5.結束後，三人小組就此三種六格漫畫的進行過程討論心得。課程帶領者回應與彙整各組心得。

6.最後，請三人小組重新設計新的SFBT六格漫畫內容及其引導方向，需具有邏輯性；再與其他組分享內容、設計理念、適用對象等。

伍、以柔克剛的非自願來談當事人之輔導策略

　　「非自願來談當事人」（involuntary clients）是諮商師常碰到的當事人類型之一，也常是最讓諮商師頭痛的一群。

　　然而，非自願來談當事人是不能被輔導的！

　　沒有人能強迫被輔導，諮商輔導是無法在被強迫下發生的。就如同你可以推著一個人去相親，但是無法逼他愛上對方。相同的，諮商的歷程也需要當事人「願意」把他的「心」打開，才能造就改變的契機。

所以，非自願來談當事人的輔導首則就是——讓他成為「自願」當事人的「可能性」提高。可能性意指，還是有可能不成功，因改變的決定關鍵點，仍在當事人身上。

如何把非自願來談當事人「變成」自願來談當事人呢？其實，諮商師可以先想想：在生活中，何時自己也會不願意與某人說話？在什麼樣的情況下，又可以從不願意的情況下變成自願者？——對方的善意、誠意、誠實的態度與回應，往往是最為重要的關鍵。換言之，非自願來談當事人也是人，他所面臨的、遭遇的、看待的，以及體驗的一切，就跟一般人一樣，值得諮商師理解與尊重。

其實，處理非自願來談當事人和其他當事人沒有什麼兩樣；任何人都不希望自己被迫做些什麼，也希望自己能擁有最大的決策空間。研究也證實，當事人剛開始來談的態度與晤談的最後結果並無關係。有時事情開始做得愈慢，反而進展得愈快；倘若事情無法加快，那麼，「做得更慢」可能會是另一種選擇（Korman, 2011）。

活動 BOX 2-13：非自願 vs. 自願

進行方式：

1. 於 SFBT 課堂中，兩位學員一組，一人為 A 角色，一人為 B 角色。

2. A 坐在座位上，不願起立。B 則以不傷害自己、他人、事物的任何方式，竭力使 A 從位置上離開。時間限制為二分鐘。

3. 之後，角色交換。

4. 課程帶領者引導大家分享體會。

5. 課程帶領者彙整 B 做了什麼行動會是有效地使 A 願意起立，或探討 A 的心情變化，何以有時會有些微鬆動。進而，探討非自願來談當事人願意改變為自願來談者的可能性何在。

雖然非自願來談當事人常會以不屑、不服管教、抱怨、沉默的態度出現，但是他們這樣的態度仍是一種回應，而諮商師對於他們回應態度的再回

應，將會決定彼此互動的方向與結果。諮商師如何看待與詮釋當事人，就會影響自身回應的態度，例如：SFBT 諮商師不會如其他派別的諮商師，將當事人心理健康的問題和其目前的酗酒、藥癮行為綁在一起以進行詮釋；不會以「操弄」來描述當事人的行為，而會以「當事人擁有這方面的擅長技能」來思考；也不會期待與認定當事人應要全然誠實或立即改變。反而，諮商師相信，當事人自有如此的脈絡，會先接納與跟隨著當事人，並以「當事人希望如何可以更好或想要什麼」作為起始點，例如：對於當事人所謂「說謊」、「不願意合作」，也可用「我很困惑」的態度來表示與詢問之。因此，諮商師需要自我檢視，注意自己不會將當事人的言行歸咎於其特定的特質，反而能積極找尋與當事人可以有效互動的合作方式。

　　尤其，不少非自願來談當事人的世界對許多諮商師來說，是陌生或不解的價值體系，甚至其主觀世界常與諮商師的成長經驗及角色立場迥異。諮商師如果希望能創造影響非自願來談當事人接受輔導的契機，諮商師則特別需要費心力地傾聽與理解當事人，暫時擱置自己的價值判斷，不以為自己是改變當事人的偉大專家，反而是認為當事人才握有改變自己的最終決定權。因此，以不預設的「未知」態度來積極尊重傾聽當事人的任何反應，並嘗試理解當事人的主觀思維脈絡，從當事人的身上學習如何幫助他，會是更易獲得當事人願意開放內心的允許。諮商師需要能夠看到眼前當事人這個「人」而非他的問題，不以標籤化的態度對待當事人（Macdonald, 2011）。注意與尊重當事人的主觀觀點是很重要的；諮商師所認定的「事情該當如何」（包括法律的規定）的觀點，以及所謂「這是為當事人好」的論述，常會促使當事人進入反駁諮商師的立場，增加其反抗與防堵的態度，而使諮商效能無法有所發揮。

活動 BOX 2-14：預設立場的覺察

進行方式：

1.於訓練課程中，每一位成員選擇另一位互相覺得「與自己不像」的成員，進行兩人配對。

2.兩人配對後，輪流分享選擇對方的理由，以及對照「與自己不像」的定義。

3.之後，再請兩人刻意討論列出至少三點以上「兩人相像」之處，並定義何謂「相像」。

4.針對這個歷程，兩人分享體驗，並討論「預設立場」的影響、何謂「未知的態度」，以及每個人擁有不同的世界觀等主題（Macdonald, 2011）。

　　再者，SFBT 有很多可引發這些非自願來談當事人思考的提問問句，將有助於當事人合作意願的提高；因為，SFBT 的問句透露著對當事人接受輔導的意願與改變的速度之尊重，催化當事人去描繪改變後的願景與美好而易引動其意願；或者，SFBT 的問句會讓當事人容易聯想到自己與別人之間的連結、關係與互動，而再次感受到別人對他的關心與期待；至少，SFBT 問句會讓當事人開始面對問題的存在，並思考不改變的影響。凡此，都可能成為催化當事人願意開始負責與改變的動力。當然，切記！諮商師使用 SFBT 問句時，不能像連珠炮一樣一連串的發問，而是需要透過積極傾聽，深入這些非自願來談當事人的世界，組織對他們的了解，使用貼近該當事人次文化的詞彙（特別是青少年），而挑選與改編適合的問句。然而，不管這些當事人對 SFBT 問句的反應為何，諮商師持續的讚美、接納與表達願意多了解的支持性態度，才是增加當事人願意合作的重要關鍵。尤其，前述已提及：諮商師任何輔導的信念與策略，都需要被當事人所接受才能發揮作用，因此諮商師也需要在符合當事人的價值體系與思維運作方式之下工作，才能產生與創造相互對話與彼此合作的可能性；而此，當然也正是諮商師輔導非自願來

談當事人的專業挑戰之一。

以下分享諮商師對於非自願來談當事人一些可以嘗試介入的方向；一旦當事人開始有所討論時，就可以回到一般 SFBT 的諮商階段、原則、技巧來接著處理。倘若當事人再度表示不願意合作，諮商師則可再嘗試其他原則或「做些不同的事」。

一、建立正向運作的輔導氣氛

（一）輔導立場與角色的確立

SFBT 強調，在與當事人接觸的一開始，就是一個關鍵時刻——如何讓當事人覺得安全、放鬆，會是很重要的；所以諮商師可以先與當事人有一些簡短的社交對話（Lipchik, 2002）。然而，要使當事人覺得安全、放鬆，諮商師也需要是自在的，因而諮商師若有事先的自我照顧，包括角色的轉換與心理的預備，會有助於晤談的開始；同時，諮商師也可提醒自己過去類似的成功經驗及方法，以幫忙自己面對非自願來談當事人。

「真誠」是最易感動人心的表達。在一開始晤談時，諮商師可以先表明自己的立場與角色為何，或與當事人進行角色釐清，會是很重要的，例如：諮商師表達個人關心的立場，或說明諮商師是有其特定的任務的。非自願來談當事人需要清楚地認知諮商師的角色與位置，因為他們往往容易設定諮商師是校方、資方或官方派來的「間諜」或「打手」，或認為諮商師就是另一個來訓斥他的人（Walter & Peller, 1992）；甚或，當事人會對諮商師有不合理的期待，例如：認為諮商師可以讓他不用被記過處分或不會被資遣。因此，諮商師輔導角色的定位與說明，配合機構、轉介者及派任單位的考量與職責，切實不浮誇且中立偏正向化的說明，是很重要的開場架構，也是贏得當事人信任的一個起步動作。

諮商師可以直接點出因為何事當事人才會被轉介前來，並扼要表達對當事人的關心，真誠地說明自己的意圖（許維素，2003），如此將能以關懷、誠懇的態度打動當事人恐懼擔憂或想保護自己的心。在說明事件時，建議諮

商師在提及當事人的不當行為表現時，能以「客觀平實」的方式描述之，例如：「昨天下午你與爸爸發生口角，然後媽媽制止你們，你就立刻離開家裡。」而非使用「大逆不道、令人擔心」等用詞而激怒當事人。其次，在表達自己的關懷與角色時，除了需真誠說明理由之外，或可提及當事人平日的良好表現，以及和其他人之間的情感基礎。若當事人對於轉介事件是採否定的負面態度，諮商師也不會予以強烈面質，因為那將表示當事人是錯的，而諮商師是對的；SFBT 諮商師會改採想要了解當事人何以有此想法的姿態，來激發合作的關係。若合適時，諮商師也可如對一般當事人所最常說的開場：「我會盡力來幫助你，我也相信你會盡力幫助你自己」（Korman, 2011），而讓當事人在感受到諮商師的關懷下，開始負起自身改變的責任。

（二）透過讚美，建立合作的輔導關係

SFBT 會鼓勵諮商師：在諮商一開始時，先詢問當事人一些生活中例行的、簡單的日常事物，讓當事人從容易回答與談論的話題開始，或者，從當事人願意吐露的主題為起點，好讓晤談的氣氛是輕鬆有趣，同時又能讓諮商師了解當事人看重的人、事、物，並找到可以讚美當事人之處，例如諮商師可詢問當事人：喜歡做什麼運動？會跟誰一起去？何時去？彼此的默契如何？然後再詢問：在球友眼中，他是一個具有什麼樣優點的人？或者，也可問當事人有什麼嗜好，詢問他喜歡的理由，並再稱讚他的品味與眼光（De Jong & Berg, 2007a）。諮商師還可以對當事人說：「知道你很忙，如果你不被叫來這裡，你會做些什麼事情呢？你平常喜歡做什麼事情呢」（Berg & Steiner, 2003）。甚至，諮商師會直接邀請當事人分享一些關於他的一些正面事情（如業績的好表現、勝任能力）（Macdonald, 2011）。必要時，也可用基本資料表格或優勢向度清單的方式來與當事人一一確認，並適時提問振奮性引導，這對於理解能力較低的當事人，也不失為一種具體協助進入晤談的方式。諸如此類的開場白，會創造一種「正向運作」（yes-set）的氣氛，而有助於後續晤談的順利進行（Steiner, 2005）。亦即，啟動輕鬆或容易回答的對話模式、製造讚美當事人的話題、創造正向和諧的氣氛等，都是與非自願來談當

事人很重要的開場要素。

　　倘若諮商師之前已與當事人有過互動的經驗，不少諮商師會在開始處理當事人的問題行為之前，選擇以讚美當事人之前的表現來建立關係、釋放善意，並意圖引發當事人的合作，之後再嘗試了解當事人所謂犯錯行為背後的理由，例如：「平日你是一個很有義氣、理性的人，今天會與人爭執，一定有特別的理由，你可以告訴我嗎？」當然，這不僅是一種策略，更是對當事人表達對其全貌性接納的態度，而催化雙方建立關係。諮商師在處理當事人犯錯或不當行為時，要能記得當事人原有之好，這不僅能避免負向標籤，也可提醒當事人是有能力為自己負責的。一如一位藥物濫用的當事人，能夠再次走進諮商室，諮商師也會以「當事人願意復原」或願意再次面對自己的議題，來予以肯定，接著便會討論這次來晤談之前，當事人可能已經發生的「晤談前的改變」，以提高正向晤談的氣氛。若能與當事人晤談前就在預約電話中邀請當事人記錄晤談前的改變並在第一次晤談中提出討論，也將會增進晤談成功的可行性。

　　不少諮商師會期待當事人能接受或喜愛諮商師，因而對於當事人的不敬態度會覺得傷心。然而，諮商師不要忘了，在當事人屬於非自願接受輔導的狀態時，很有可能是把諮商師視為「對立的敵人代表」。雖然，先讚美當事人，將可大大展現諮商師的善意，然而，當事人也需要時間來信任諮商師或練習接受諮商專業的協助。所以，一開始，只要當事人有「願意『嘗試』合作」的態度，就可以「開始」進行工作並大大地給予強化，而無須期待或等待諮商關係穩固建立之後；而此，也是 SFBT 強調合作關係建立的信念所在。

　　諮商師需要接受，輔導這些當事人勢必會花上比較多的時間與心力，但是，SFBT 也視這些當事人為具有合作「潛力」的當事人，只要諮商師能辨識出他們真正想要的目標與資源時，他們將會大有不同。當然，如果當事人為兒童或青少年，諮商師還需要讓教養與管理他們的大人，了解這些孩子的優勢以及現階段所需學習之處，以更成為適合他們的「教育引導者」，而直接影響孩子的改變。

（三）運用重新建構的眼光，找尋當事人願意嘗試合作的訊號

非自願來談當事人真的都是十分非自願嗎？其實每位當事人都有程度上的不同，即使真的是極度非自願的當事人，也可能會有願意合作的嘗試。面對非自願來談當事人一開始來的不合作態度，諮商師若能從中看到其願意嘗試合作的細微訊號，將會有助於關係的發展，例如：

諮商師：「聽起來你並不願意來這裡，可是你還是來了，真的很不容易」（Walter & Peller, 1992）。

當事人：「能不來嗎？廢話！」

諮商師：「所以你知道你一定得來這裡，很有現實感喔！我猜你願意來，也可能是希望情況不要再惡化了，對嗎？」

又例如：

當事人：「我太太很煩，要我一定要來找你。」

諮商師：「看起來你很重視太太的意見！你覺得我可以怎麼幫忙你呢？或者說你太太希望我可以怎麼幫助你呢？」

當事人：「唉，我想我太太一定跟你說了什麼了吧！她很煩，到處講我壞話。」

諮商師：「你很在意太太跟我說了什麼。」

當事人：「對啦！」

諮商師：「你很在意太太到處講你，顯然你是希望在別人心中有一個好形象，是嗎？你太太是有跟我說了有關你和孩子相處的事情，可是，我還是想從你的立場，想聽聽你個人的看法喔！」

不斷地看到與反應當事人小小的、願意合作或嘗試的意願，並大大的表

示珍惜之，或者，從當事人的抱怨中，聽到其在意之處，將會使彼此的互動容易更往正向發展。這非常需要諮商師好好發揮「重新建構」的眼光，從當事人種種看似不合作的言行中，找到一絲一毫的正向光芒；當然，這並不是件簡單的事，但是，效果十分之好，非常值得諮商師看重之。

（四）嘗試傾聽與了解當事人的主觀世界

多數帶著問題行為的青少年或非自願來談當事人，很少會是已經準備好要解決問題、積極行動的當事人，其常會是處於還沒進入狀況、還沒意識到事態嚴重，或不願意開始改變的狀態，甚至，還會存在著抱怨別人干涉太多、覺得還不夠過癮的憤怒情緒。由於諮商師、輔導人員、家長及老師往往是積極面對問題者，當欲與這些非自願來談當事人建立關係時，「先辨識這些當事人接受輔導時的狀態與動機程度」，會是很重要的原則；否則，周圍的人就很容易比這些當事人更為積極主動、負起當事人應負的責任，甚或過於積極提供一些適用於別人而非當事人的建議；特別是，當這些當事人沒有相對配合時，就更容易引發雙方的爭執與衝突，而造成諮商師、相關輔導人員及重要他人的挫敗感，反而阻礙了輔導的開展。

由於非自願來談當事人往往有令周圍的人擔心或反對的行為，因而容易激發周圍的人產生不斷指正、批判的反應，而此又容易促使這些非自願來談當事人更加不合作。如同前述，當事人所做所行一定有其重要的理由，諮商師需要對於當事人的想法有一個開放的、不同於其他人的態度，在不批評或錯誤增強當事人的言行下，嘗試了解當事人所想所感的主觀世界，例如：對於藥物濫用當事人，諮商師在了解其使用藥物的頻率、數量，以及因藥物濫用產生的負向影響歷史時，皆以相信當事人所描述的內容為基本的態度，以能建立合作關係。

又例如：諮商師可嘗試理解上網對某些青少年當事人來說是饒富樂趣的，甚至是很有成就感的，若要求他們立刻停止所有上網的行為，對他們來說是痛苦的，若別人直接要求青少年停止上網，很容易令他們產生直接抗拒或消極拒絕的反應。對於所謂尚未改變或改變緩慢的當事人，諮商師則可改

而認為當事人乃知道或需要「穩當」的前進。相對於其他人對當事人的反對與批評，諮商師的理解，反而顯得諮商師的親和更為可貴，而將有助於當事人對諮商師的接納。

亦即，諮商師經常遇到非自願個案輔導的挫折之一是，來談的當事人並不認為自己陷入一個「問題」；即使他們認為那是一個問題，也會表示自己無法改變或不願意改變。面對這樣的當事人，SFBT 提醒諮商師與相關輔導人員：我們無法命令一個人改變，除非他自己願意，而且每一個人都需要時間來學習如何處理問題與照顧自己（Berg & de Shazer, 2004）。因此，如何引發這些當事人產生改變的動機與學習的意願，是進行輔導非常重要的起點。然而，什麼樣的態度最能引發這些當事人改變的動機與學習的意願呢？首先，諮商師或輔導人員需與他們建立合作的工作關係。欲建立合作的工作關係，諮商師或輔導人員需能先理解其主觀想法（例如：何以需要逃家），以一種開放與信任的態度，來傾聽這些青少年當事人所言的一切，同時，也相信他們可以為自己決定與創造出對他們而言的最佳生活。「尊重而不批判」的態度，才能開啟他們與諮商師或輔導人員合作的大門。

活動 BOX 2-15：如何提高合作的動機

進行方式：

1. 五人一組，一人角色扮演一位富翁的太太，因富翁去世而不想再住在這個房子裡，打算把這個房子捐贈出去。其餘四人扮演不同的慈善機構之代表，要分頭來說服這位太太將房子捐贈給各人所代表機構（Taylor, 2010）。

2. 進行角色扮演；四位機構代表輪流進行說服這太太將房子送給所代表的單位，這位太太也可適時詢問或回話。進行約十五分鐘。

3. 之後，大家詢問扮演太太者：

   「妳最想把房子捐贈給哪一個機構？何以如此決定？」

   「該機構的這位代表做了什麼關鍵之舉，讓妳決定把房子捐給他？」

   「還有誰做了什麼，讓妳有些心動？何以如此？」

4.最後大家討論本活動的體會心得，特別著重於：如何催化別人與你合作的動機，以及如何運用這些心得於輔導非自願當事人，包括：如何使當事人的動機有所提高、諮商師與之互動的過程會如何影響當事人的決定等。

（五）當事人說「不知道」時

常見非自願來談當事人對於諮商師的提問，常會不加思索地回應：「我不知道。」SFBT 對諮商師的第一個建議就是（De Jong & Berg, 2007a; Macdonald, 2011）：保持冷靜，不要過度反應，也不要把它當作負向的動機或所謂的抗拒，而是「一般化」地對待之。有時當事人會說我不知道，只是表示他需要更多時間去想或只是「暫時」還不知道；諮商師或許可以先等待一下，表示接納，或以疑惑的表情望著當事人，有時當事人就會提出一些答案。或者，諮商師也可對當事人說：「如果你願意，可以猜猜看啊」或「慢慢想，不急的」，有時當事人就會接著回話。但若當事人仍說「我不知道」時，諮商師或可先禮貌地與之檢核：「你是否在思考我的問題？」若答案是「沒有」，對於有些當事人，以假設問句引導之會是有用的：

「我知道這是一個很困難的問題（停），所以，假如你真的知道，你會說什麼？（好奇地）」

「有時，對於同一件事，我們的確不知道某一個面向，但卻會知道另一個面向，你比較知道的面向是哪一個部分呢？」

「或許我問這個問題的方法不是很適當，你覺得我怎麼問這個問題會比較適合？」

諮商師也可邀請當事人透過別人的觀點，來說明對自己的感覺，一些當事人會因此覺得比較安全，因為「最好的朋友」、「最愛他的人」會是接納他或不會對他有所責難者：

「你最好的朋友會怎麼說呢？」

「對於你目前的狀況，最關心你的媽媽會如何建議？」

當然，對於有些當事人，例如：青少年與兒童，直接接納與回應之可能會是另一個選擇：

「喔，我了解，這是一個秘密啊！」

「現在你不知道，OK，或許下次來之前你願意先研究一下的話，你可能就可以告訴我，你對這個問題的答案。」

假如諮商師決定要對非自願來談當事人提問問句時，很重要的是要允許他們可以有一段緘默時間。諮商師也可趁機仔細想想當事人回應的每個字句，很可能有其隱藏的合作訊號。有時當事人說不知道是因為他們對自己的情況覺得太無助，以致他們想放棄整個未來；若諮商師發現當事人的表情是沮喪憂鬱時，或許接著詢問因應問句會是更好的選擇。

最後，諮商師也可試著想想：當事人回答「我不知道」或緘默，是一個正面的特性，大大展現了當事人直率、堅決的個性，甚或是一種能面對權威的特質，而可透過直接讚美予以回應，以試著帶出兩人關係的改變。

二、從當事人想要的可行目標開始輔導

（一）真誠優先協助當事人的期待，再連結被轉介目標

SFBT根據多年實務經驗發現，能理解與掌握非自願來談當事人最看重、最在乎之處，是當事人與諮商師建立合作關係的重要關鍵（De Jong & Berg, 2007b）。

如果當事人都沒有任何同意轉介者目標之處，諮商師也可以試著直接詢問當事人對諮商師及對生活的期待：

「你最希望我幫忙什麼？」

「你想要成為什麼樣的人？」

「你希望現在的生活有些什麼不同？」

「這些改變何以會對你有所助益？」

「當你朝向你想要的目標前進時，你會發現自己開始在做什麼事情？」

「別人的反應又會有什麼不同？」

「何時是跨出第一步的好時機？」

「每件事都有優點與缺點，如何擁有這件事的優點，同時去除這些缺點？」

「如果今日晤談後發生了什麼小小改變，會對你是有幫助的，即使你一開始來到這裡不是出於你個人的意願？」

　　有時，對於表示拒絕的當事人，諮商師可直接好奇地詢問這些當事人：「你一定有一個好理由一定要做這個行為？」包括被轉介的緣由、不想說話、不想回應諮商師問話的態度。倘若當事人能回答這個問句時，表示這個被轉介要改變的行為或其他行為是他們主動選擇的一個結果，也表示當事人可以開始為自己負起責任。

　　運用上述 SFBT 這樣開場的問句，有時還可能會聽到當事人心中一些其他在意的理由（例如：覺得抗議上司的不公平、逃離學校壓力而到網咖），而此或可成為先行處理的議題；因著當事人得知如何面對處理這些相關議題時，有時將會先減緩不當行為的發生。

　　屬於當事人的諮商，當然是以當事人自己設定的目標才是真正的諮商目標；往往只有當事人自己設定的目標，才能貼近他們的需要與主觀的世界；也只有當事人認同的目標，他們才會有動力真正去完成。當諮商師願意尊重這些非自願來談當事人所期盼的目標與願景時，也同時傳遞著對他們的信任，並尊重他們可以自己的速度與目標前進。亦即，諮商師需要能夠進入這些非自願來談當事人的主觀現實世界，找尋與建立他們想要的目標，並使其成為

諮商的大方向；同時，諮商師需要在諮商過程中，不斷檢核當事人目標的變動，隨時與之協商出正向具體可行的目標。

如果當事人願意先提出一個目標，即使這個目標不是跟強制轉介的目的有關，諮商師也可先與之討論；諮商師若能先與當事人討論其希望談論的話題或願意被幫助的主題，則會建立彼此的信任，並開啟自願接受輔導之門。當然，在諮商倫理下，諮商師對於當事人提出如違法或自殺的目標，是不會予以協助的，但仍然可以先了解其背後理由與真正目的，再以前述原則處理之。

當然，諮商師需要自我支持與維持冷靜，讓自己願意從當事人想要的目標，而非自己關心的主題開始輔導。諮商師不需太擔心，若當事人能開始談自己的問題之後，就更容易有機會來討論被轉介的議題了。尤其，當事人會想談的問題，常常最後會與轉介議題有所關聯，例如：當事人提出想要討論親子管教議題，而不想談有關自己酗酒的問題；諮商師可先跟隨當事人談論親子管教議題，而在談論親子管教議題時，將會涉及到當事人酗酒的處理；亦即，將當事人需要面對的酗酒議題，放在他最想要的親子管教目標之下論之，將會提高當事人合作的意願以及改變的動力，例如：

「你現在更能管教你的孩子了，你是怎麼做到的？」
「你覺得繼續做什麼或不做什麼，將對你跟孩子的關係有所幫助？」
「如果有一天，你不再喝酒了，對於你管教孩子會有何幫助？」

以當事人想談的目標含括連結至轉介目標，乃深具影響當事人改變的效益。甚至，即使都不談到轉介目標，當事人能先產生的正向改變，有時也會在生活中激發漣漪效應地改善其被轉介的行為。

（二）反向操作地探測出當事人的想望

有些當事人並不容易直接提出自己想要改變什麼或願意何處被幫助，也不願意討論問題或說明自己的理由，此時，SFBT 諮商師仍可與之工作——

跳過問題，直接從反向思考的問句詢問當事人：「你希望生活中能『繼續維持』的是什麼？」並深入探討其細節（Berg & Reuss, 1998），其他問句還包括：

「生活中若能多一些什麼，會是你想要的？」
「你不想失去生活中的哪個部分？」
「目前讓你有些害怕失去的是什麼事？」
「如何減低這些事情對你的殺傷性（或負面影響）？」

這些問句對於一時還不知目標為何的當事人，或可助其開始思考自己目前想要的是什麼、在意的是什麼；而這樣的問句有時也提醒著當事人，不要讓轉介的不當行為取代了生活的全部，瓦解了本有的幸福，進而願意從「至少不要讓問題更惡化」來開始改變。

同理，諮商師還可從當事人的抱怨中，提取出當事人所在乎或害怕失去的目標，例如：

當事人：「我來這裡是因為他們說要叫我爸媽來，他們很無聊啊，幹嘛叫爸媽。來就來，怕什麼！」

諮商師：「看起來你很不願意爸媽來找你喔！也看到你很能直接面對。你認為如果爸媽來，可能會有什麼結果？你最不希望發生的是什麼樣的情況？」

在進行這些介入時，最大的挑戰為：諮商師能否聽出或理解當事人所在乎的事情，例如當事人說：「你知道嗎？被笑沒有反擊打人一下，就會被同學看不起啊！」如果諮商師捕捉到的是當事人不符合道德的目標（如反擊打人），將會錯失合作的機會。若諮商師能先把握住當事人害怕被笑的需求是其反擊的動力，諮商師就可進一步帶領當事人思考：如何才能面對被譏笑？如何在被譏笑的情況下，選擇一個對自己安全、不會有慘痛代價的策略？甚

至可以探索，如何真正贏得別人看重、不被譏笑的方法？

亦即，幫助當事人如何可以不失去所在乎的生活與事物，將可能成為當事人願意開始接受輔導的小目標。往往，當事人對這些害怕失去的在乎，終會與被強制輔導的目標有關，諮商師可以耐心等待或伺機串連之；即使未與轉介目標直接有關，讓當事人先有改變而滋長其力量，也常會使當事人更能面對現實或振奮自己。

（三）引發對目標可行性的考量

有時，當事人會提出一個難度很高的目標，基於理解當事人以及擴大當事人的知覺等原則，諮商師也可以將此目標列為 10 分，再詢問當事人現在位置的分數為何，進而確認從現在的分數欲到達 10 分的過程，可能需要多久的「時間」；這樣的作法，一方面可以了解當事人的計畫，另一方面也能幫助當事人的目標設定更為現實化。之後，諮商師接著以「有信心的程度」、「知道處理方法的把握程度」，以及不同角色者的立場，來進行後續評量，例如：

「你覺得凡事順其自然即可，那麼你剛說希望下屬能習慣與喜歡你的作風，若在一個十個刻度的量尺上，是位於 10 分的位置，0 分則是相反的狀況，你覺得下屬的位置位於幾分？你覺得需要多久才能到達 10 分的位置？」

「你覺得不用來晤談，但認為一定可以跟法院要回被帶走的孩子，對於這部分，你的信心是幾分？如果 10 分是很高、1 分是很低的話。」

「就法院的角度，他們對你的信心又會打幾分呢？」

當然，有些當事人會開口說一些不可能發生的目標，例如：「沒有人管我」、「夫妻兩個人永遠不再吵架」，此時，諮商師則可以用「這可能發生嗎？」、「你如何知道這可能會發生？」的方式，來引導當事人比較實際的思考。對於希望「贏得大樂透彩券」的這類回答，諮商師則可帶回當事人一開始來談的關注問題，例如：有了樂透的獎金後，如何有一個美好的家庭以

及讓孩子上學，而繼以帶出如何有計畫賺錢的目標。有時，對於當事人堅持希望諮商師協助他「知道如何賭博」、「如何違反法律但不會被關」等，對於這種無法協商或違反倫理、法律之事，諮商師會直接表示不能幫忙，但接著會表示能幫忙的是，如何讓當事人以合於社會標準的方式，獲得他真正想要的目標（Macdonald, 2011）。

三、協助當事人了解強制轉介的標準，並從中找到起點

（一）理解被強制轉介的動力，常是一個好的開始

　　非自願來談當事人多是被強制要求而來，因而有關「被要求來談」的主題，常是非自願來談當事人「此時此刻」心中最願意談論或最想抱怨一番的話題。諮商師可先問當事人是被誰要求來接受輔導的？被別人要求來接受輔導的心情是什麼？當事人若像連珠炮似的開始抱怨或表達生氣時，諮商師就可以展現同理與理解的態度，適時建立關係，並了解當事人來談的主觀想法及其社會脈絡。

　　當然，此刻考驗的是諮商師會否立刻進入訓誡或說服的角色，制止當事人的抱怨，或明示暗示地指正修正其抱怨內容與態度的不當；若真如此，非自願來談當事人通常會選擇閉嘴、拒絕溝通，甚至更加憤怒。但是，要諮商師展現全部同意當事人所言的內容，是很困難的，尤其當事人的話是指責、憤怒的，或有捏造事實的內容；所以，一個安全的作法是：諮商師可特別先去一般化當事人的情緒、反應當事人看重的人事物，以及肯定當事人小小的優點，而不要先去爭論或急著針對當事人之不當行為或不合理的目標進行討論，例如：

　　當事人：「老師一點都不公平，我又不想打那個人，是他自己跑來惹我
　　　　　　的，為什麼要我來輔導。」

　　諮商師：「看起來你很重視公平喔！」

　　當事人：「老師不是好人啦！」

諮商師：「看起來你很生氣喔！但是難得的是，你是一個會直接說出想
　　　　法的人！」

如此作法，會比較快速地展現諮商師的善意與理解，較有可能讓非自願
來談當事人覺得安全一些。之後，於適當時機時，再就當事人的不當想法與
言論進行輔導；當然，需參考前述各種 SFBT 的原則方法。

（二）了解強制轉介的最高期待與最低底線

當事人常常是被家長、資方、校方或法院強制來接受輔導的。當事人於
被強制來談時，是需要了解被強制輔導的目的與標準。很多被強制來談的當
事人多陷在被轉介的憤怒與無奈裡，不太能明確得知強制轉介者的目的，或
難以感受到轉介者的用心良苦。然而，重要的是，強制轉介者常有評量當事
人的決定性影響力（例如：退學與否、可否繼續留任、影響判決結果），讓
當事人知道他正受到什麼樣的評量標準，以及可能會面臨的結果，是當事人
的權利，也是讓當事人自我負責的開始。當然，諮商師亦需要知道轉介者的
標準，因為有時諮商師需要向這些轉介者回報當事人接受輔導的成效所在。

所以，諮商師需要先與當事人確認：

· 當事人是如何得知要被強制輔導的？

· 強制轉介者又是怎麼說明轉介的理由？

· 以強制轉介者的角度，他認為當事人如果有了什麼樣的改變，會對當
　事人產生好的影響？

· 當事人被期待改變的最低底線是什麼？若沒有改變的後果是什麼？

例如諮商師可以詢問當事人，對於來到這裡的看法與解釋（De Jong &
Berg, 2007a）：

「你認為自己何以會在這裡？你會如何解釋呢？」

「你必須來到這裡，是誰的意見？」

「是什麼讓他認為你必須來這裡？」

「他認為有問題之處是什麼？」

「他有什麼理由認為你有問題？」

「你是否同意讓你必須來談的理由？」

也可以試著詢問當事人對強制轉介者的期待與理解：

「他認為你必須有些什麼樣的不同？」

「他會覺得如果發生了什麼事，對你是有幫助的？」

「若發生了什麼，他就會真的相信你已經有所改變了？」

「在最低限度下，他會說你至少必須要有哪些小小的不同才行？」

「在他的想法裡，你比較能接受的是什麼？」

秉持前述原則，如果當事人覺得一直被叫來輔導是很煩的事情，諮商師或許可直接與當事人澄清不用再被叫來輔導的標準：

「你猜，如果你變成什麼樣子，他們就不會再叫你來接受晤談了？」

「如果 1 分是不好，10 分是很好，你認為他對於你現在的情況會打幾分？到幾分左右，他就會比較不再來提醒你必須來輔導了？」

「何時你就知道你不用再來了？」

「我會如何知道你可以不用再來了？」

「你需要如何說服他說你不用再來接受輔導了？」

「你必須有些什麼改變，就可以相信自己不用再來了？」

此即是以配合當事人「如何不用再來接受輔導」的初始期待，來嘗試建立非自願來談當事人的目標。需注意的是，諮商師是以一種客觀而關懷當事人的態度，來提問上述這些問題，並且給予當事人選擇同意或不同意的空間。此外，一些當事人即使知道了被期待的標準，仍會覺得憤恨不平或覺得做不到，此時，諮商師可以引導當事人嘗試思考需要改變的「最低底線」，這常會讓當事人覺得容易許多；從最低底線開始改變，是一個起點，接著就可以

朝著如何不會被要求再來接受輔導的方向繼續邁進。

除了詢問當事人對被轉介理由之觀點，容易開始對話之外，諮商師也可以直接提出所知機構結案的標準（Berg & Steiner, 2003），直接讓當事人了解，以期提高願意合作的程度，並促進當事人對於現實感的增加；當然，諮商師要記得，在此所提出的標準需是正向所欲的、可具體評量的結案標準。同樣地，若能從這些結案標準中找到當事人同意或能做得到之處開始推進，將會是更具效益的。

（三）覓得當事人同意之處為著手之點

雖然當事人與諮商師都需要理解強制轉介者的目標，不過，諮商師需特別注意：千萬不要太受到轉介者的期待而變得躁進，或者一直處在要當事人遵照轉介者目標的立場，因為這樣很容易讓當事人更堅信諮商師是轉介者的盟友或打手，而破壞了好不容易建立的諮商關係。因此，在討論轉介者的目標之後，除了前述作法，諮商師需要同時詢問當事人：

「你的看法呢？」

「你的意見呢？」

「雖然他們有跟我說了今天發生的事情，但我很想先聽聽你的想法，因為每個人的角度都是不一樣的。」

這除了讓當事人有表達自己想法並覺得被尊重的機會之外，也讓諮商師在理解當事人對於被強制轉介的看法與感受的同時，可以特別觀察當事人是否有「一點點」同意轉介者的意見，而此一點點同意之處，即為可開始切入輔導之點，例如：

當事人：「誰不知道英文老師就是要我在上課不要吵他啊！誰要吵他啊？是他自己有問題，自己來找我麻煩的！」

諮商師：「所以你在英文課上也不想要吵老師，或者也不希望跟老師起衝突？」

又例如：當事人周圍的人常想要當事人改變到一個非常良好的地步，而引發當事人的反彈，但諮商師可以用評量問句詢問當事人，10 分若表示強制轉介方的期待，1 分是相反的狀況，他希望自己到達幾分的位置就好，以及他何以認為這樣的分數是足夠的，而更貼近當事人的現況；之後於適時的機會，再與當事人探討何時可能會願意往上一步。這樣的方式，是比較容易增加引導成功的機會。

換言之，諮商師需要幫助當事人活在現實系統中，理解別人對他的要求與期待，但是諮商師又需要在當事人面對別人的要求與期待的抱怨中，傾聽出當事人的主觀想法以及小小的同意之處；如此，將能尊重當事人的自主性，也能提升當事人的合作性與自我負責能力。當然，此時挑戰諮商師的是，諮商師如何從當事人憤怒或不合作的表達中，以重新建構的耳朵，傾聽到當事人一點點的同意所在。諮商師切勿操之過急，記得仔細傾聽這些非自願來談當事人的陳述，尋找他們現在願意開始有一些些改變之處，例如：「我少上網一點就不會被爸媽煩了。」、「我有上學，老師就沒有辦法罵我打電腦了。」而非以機構輔導人員、家長、老師、老闆經常預設的高期待（如「立刻不再上網」）做為起點目標；因為這些暫時性的替代目標（如「如何少被罵、少被爸媽煩」），類似於「如何不用再來輔導」的目標，比較是靠近當事人立場之語言，較會被當事人所認同與接受。如果在輔導的開始階段，這些當事人能夠因這些小小的同意處而帶來一些成功經驗及正向影響，將會維持著諮商關係的穩定，並促使他們願意更持續投入於改變中。

四、找尋激發當事人改變動力的契機

若當事人不願意改變或不同意轉介者之目標時，諮商師是無法強迫當事人改變的，此時，諮商師可以試著透過以下幾個方向的探問引導，以提升當事人改變的意願與動機。

（一）回想例外的美好與優勢，產生再次行動的信心與動力

「上個星期你都能和英文老師和平相處，那很棒啊！你是怎麼做到的？」

「當你能和英文老師和平相處時，在上課時、在班上、在學校時，會跟你與老師有衝突的日子，有些什麼不同？」

「你何時沒有讓毒品阻止你接觸你的夢想？你是怎麼做到的？」

「那時感覺如何？」

「對自己有多欣賞？」

「是什麼可以幫助你啟動這個拒絕的動作？」

「你在監獄裡是如何控制自己的脾氣，而沒有動手打人的？」

　　同樣的，對網路成癮的非自願來談青少年進行輔導時，倘若這些青少年當事人仍然不想要停止上網，諮商師則可探問：有沒有想過要少上網一點，何以會想過？想到些什麼？有沒有為上網的事情掙扎過？何以掙扎？然後，積極讚美與詢問當事人嘗試的掙扎與努力，強化當事人能夠掙扎的正向力量，而幫助這些青少年當事人從被成癮力量打敗的狀態，轉而變成進入懂得控制此慾望的位置。如果這些青少年當事人自己也吐露了希望自己少上網或不上網，此時，諮商師要先讚美他們何以會有此想法、何以願意做此決定，然後再多問他們：何時曾經停過上網的行為？何時會少上網一些？是如何發生的？如何做到的？這些重要的例外時刻，諮商師要以珍惜的姿態詳細探問相關的人、事、時、地、物的促發細節，並予以大大增強，而不要像多數人只重視他們沒有上網的行為結果而已。此番不為理所當然地詳細深究這些小小的例外，將有助於這些青少年當事人提高自信心，有意識地再現曾經成功的有效方法，以及確認出能幫助他們控制自己的內外在力量，而激發當事人希望再次擁有過去美好的動力。

　　有時，諮商師還可以反向地思考：當事人是怎麼做到沒有讓上網的行為成為生活的全部？有沒有曾經有過這樣的機會，當事人可以傷害別人、偷竊（做比上網更糟的事），而當事人卻選擇不去做？當事人何以能有此決定？這樣的角度思考會看到當事人仍然擁有自我控制力，而能促使其更為自我負責。在諮商師專心傾聽之下，這些例外切入點有時還能找到當事人在乎的人、事、物（例如：家長的叮嚀、希望有畢業證書、害怕被司法單位監禁、不要失去工作等）；如此一來，諮商師可以幫助他們從這些角度多加思索如何完成這些在乎，而漸進強化他們改變的動機。

　　此外，因應問句也會刺激這些非自願來談當事人為改變做預備：

　　「你如何沒有讓你的生活更糟？」

　　「你的家人會如何表示，你做了什麼，讓你的生活至少可以維持如此？」

　　「你每一天是如何判斷與決定做哪些事是對自己有利的？」

　　「雖然你多年來因為家裡的事情讓你很有壓力、一直想上網；那麼，在這麼多年中，你還用了哪些方法幫助自己能夠承受這些壓力？」

　　對很多當事人來說，尤其是對被強制來談的當事人而言，「沒有讓情況更糟」往往就已經花費他們很多的能量與力氣了。所以，諮商師可以採用一種當事人「正在如何儲備與醞釀足以改變的能量」之眼光來對待這些當事人，而使他們更懂得理解自己並加速匯聚採取行動的能量。

（二）想像願景的影響與好處，帶動一小步的開始

　　在當事人拒絕接受轉介者的目標時，如前述，諮商師可試著引導當事人回想自己曾經做到過的例外，這一方面諮商師展現了欣賞當事人的誠意，另一方面也讓當事人明白他是有能力可以做到的，也曾經選擇做過的，且回憶起在過去做到時，當時的生活對他本人乃具有哪些意義與好處。如果探討例外無效時，諮商師也可引發當事人想像：未來如果願意去做、決定去做時，他的生活會有什麼樣的美好願景或實際的好處發生。如此，也可能會引發當

事人相信，有所改變的未來，會是對自己有益處、有意義的，而增加了當事人改變的可能性。

亦即，當例外難以被發掘時，運用奇蹟問句來幫助當事人形成願景與解決之道，會是很有用的技巧。諮商師要記得探問奇蹟發生時之人、事、時、地、物的相關細節，讓奇蹟的願景在當事人心中明朗鮮明化，將可幫助當事人產生盼望與方向。接著，諮商師便可以運用奇蹟問句的內容，幫助當事人找尋與形成具體的小目標，例如：

「這奇蹟的一天，跟現在有哪些不同？這些不同對你何以會有幫助？」

「如果有一天你可以不用喝酒就能睡著，你想你家人的反應是什麼？」

「他們會有多高興？他們會怎麼對待你？」

「你的生活中會發生些什麼不同？還會發生哪些事是現在所沒有的？」

「你如何知道自己已經做得夠好了？誰會第一個注意到？到時，別人會如何不同的對待你？還可能會有什麼差別？」

「在你的生活裡，最近什麼時候有一點點類似你剛說的奇蹟生活之一小部分曾經發生過？」

「你在現在的生活裡，願意多做一點什麼，而讓奇蹟的一小部分能夠開始發生？」

奇蹟問句使願景與現今生活產生連結，且暗示當事人的生活蘊含豐富的解決之道；此舉將會帶給當事人信心與改變動力，並能幫助他們選擇邁進奇蹟願景的第一小步。

「若你能開始改變，你認為什麼樣的一個小訊號，會讓你知道自己已經開始在改變？」

「所以第一步會是什麼？」

「如果你願意做的話，你想你有多少信心可以去做這第一步，若10分是信心很高，1分是信心很低？」

「需要發生什麼事，你的信心就會再增加 1 分？」

「他（轉介者）會對你做到的信心打幾分？」

「他（轉介者）的分數看來比你的分數低，你想，什麼是你覺得自己已經做到，而他卻沒有看到的？」

「如果他（轉介者）看到的話，會有何不同？」

「你要如何幫助他（轉介者），讓他看到並相信你真的做到了？」

「你去做這第一步的機率有多高？他（轉介者）評量的分數又會是什麼？」

「若你做了這一小步，他（轉介者）會注意到什麼？」

「若做了這一小步，對你的生活（家人、工作……）會有什麼影響？」

「你有多想要去做這些事情？目前分數會是幾分？」

「需要什麼才能增加 1 分？」

（三）重要他人的建議與觀點，使當事人擁有現實系統的脈絡與支援

不少當事人，特別是青少年，會重視身旁周圍人的看法與意見，尤其是重要他人對自己的評論。若當事人不想改變時，諮商師可以就當事人看重或喜歡的人（如好朋友、老闆、父母親）之角度來提醒他（Berg & Reuss, 1998）：

「關於你想辭職這件事，你的好朋友會有什麼意見？」

「在你的朋友當中，誰曾經成功地減少了上網行為？你想他會給你什麼建議？」

「關於你不想來上學的事情，對你的父母會有什麼影響？」

由於這些重要他人是當事人所看重的，連帶他們的意見與反應，也會是當事人重視的，因而較易打動當事人本來堅持的心。有趣的是，當這些意見

是從當事人透過他人眼光而說出時，效果往往最好；而這些意見若是由諮商師直接提出來的話，反倒會使當事人認為是諮商師在找麻煩。

再者，諮商師也可以提醒當事人，別人的反應又會如何影響他：

「當你太太生氣你辭職時，她會有什麼反應？她可能會做什麼？」
「這對你又會有什麼影響？」
「如果你不來上學了，你的好朋友會有多想你？」
「他們會有因為想念你而做些什麼事？」

當然，諮商師也可以從改變對他人產生的正面影響與反應來提醒當事人：

「如果你決定不辭職了，你的太太會有多開心？她的開心對你又有何影響？」
「如果你決定不休學了，誰會最開心？他何以會最開心呢？」
「如果你有改變了，誰會因此而獲益？他會受到的影響是什麼？」
「如果你有改變了，誰一點都不會意外，早就知道你可以做到？他何以如此相信你？」

每個人都有重要的人際社交關係，其往往是一個人實際的生活系統，當事人也不例外。每位當事人的人際系統皆是獨特的，常不同於諮商師所認定的。在引用關係問句來引導當事人思考別人對其改變或不改變的意見與反應時，其實也在幫助當事人發展同理別人的能力，而且，這樣的方式還幫助了當事人能更真實地活在他的生活系統脈絡中，且更為實際地面對可能發生的一切。

「你覺得不用來晤談，而且法院也一定會很快地將孩子還給你，對於這部分，你的信心有幾分？若 10 分是很高、0 分是很低的話。」
「就法院的角度，他們目前對你的信心又會打幾分呢？」

「法院需要看到什麼，分數才會上升 1 分？」

「誰可以幫上你的忙？你何以願意讓他們幫忙？」

活動 BOX 2-16：非自願來談當事人的訪談

進行方式：

1.四人一組，一人扮演非自願來談當事人，兩人擔任訪談者，一位擔任觀察員。

2.扮演當事人者，先簡介當事人之背景。其扮演的當事人，雖然為非自願來談，但仍可回答問題。兩位訪談員則自行選擇下列問句中合適者，輪流提問，每次由一人提問，一次僅提問一句，當事人則立刻予以回答。訪談者需適時予以讚美或重新建構，並把握下方所列「增進當事人承諾」的要則（Berg & Reuss, 1998）。而觀察員則觀察當事人的反應。

3.四人就各個負責的角色進行體驗經驗的討論：對於非自願來談當事人，予以什麼樣的態度與提問方向，會最能順利開場並與之建立合作關係。

訪談問句：

1. WHO（誰）

・誰要你今天來這裡？

・誰通常會給你推力而讓你容易開始行動？

・誰是你尋求支持的對象？

・誰會幫助你擺脫麻煩？

・在你的家人中，誰之前解決過○○（如飲酒）的問題？

・在你目前所知道的朋友當中，誰之前成功處理過○○（如公司強迫裁員）的問題？

・誰會想要看到你的改變？

‧誰將會是第一個注意到你有改變的人？

‧誰將會從你做的改變中有所受益？

2. WHAT（什麼）

‧你最想要的是什麼？

‧你想要在你的生活中，有些什麼樣的不同？

‧○○（當事人重視的人）會想要你去做什麼？

‧他會想要看到什麼改變？當你決定做這些改變時，什麼事情將會不一樣？

‧你可接受的最小改變是什麼？它將會帶來什麼樣的不同？

‧當你不改變時，將會發生什麼？

‧當你真的做到了我們討論過的改變，將會發生什麼事？

‧○○將會注意到的第一件事是什麼？並會說「這次有效耶」？

‧當○○注意到這些改變，你將會做些什麼？

‧當你有衝動要倒退（或復發）時，你將會採取什麼行動？

‧什麼是你可以採取的第一小步？

‧你需要什麼，方能踏出第一步？

‧在採取了第一步之後，下星期你會有何不同？

3. WHEN（何時）

‧這些改變必須何時開始？

‧何時你將會採取第一步？

‧何時你會想要人們幫助你？

‧你認為我們應該何時再碰面？

4. WHERE（何處）

‧當你注意到第一個不同時，你會是在哪裡？

‧當他（重要他人）注意到第一個不同發生時，他／她會是在哪裡？

‧如果你沒有做這些改變，明年你將會在哪裡？

‧當你真的做了這些改變，這一年你會是在哪裡？（或會處於什麼情境？）

5. HOW（如何）

- 你將會如何去做這些改變？

- 你如何知道你可以做到這件事？

- 過去你如何使其他改變發生在你的生活中？

- 你將如何知道這次改變是真的？

- 你將如何知道這次不過是另一個該死的失敗，所以你可以預防它再次發生？

- ○○（重要他人）將會如何知道這次的改變是真的？

- 你將會如何讓你自己保持在改變的軌道上？

- 要做這些改變，你的生活會如何難熬？你將會需要做些什麼來幫助自己支撐下去？

增進當事人承諾的要則：

- 讓當事人知道，你從他的話中聽到了什麼內容。

- 在整個晤談脈絡中，重複使用當事人的語言。

- 詢問當事人所有與行動有關的意願（我們要「如何」進行、要「做什麼」）。

- 提醒當事人他已經做到的每個步驟。

- 對當事人想要什麼（目標）充滿好奇。

- 在整個晤談脈絡中，使用正向所欲的目標詞彙，以「要……」（而非「不要……」）的目標句型，至少三次。

- 於每個段落清楚地重述目標。

- 在特定目標上與當事人重複確認。

- 宣布困擾議題的變化，可做為行動脈絡的里程碑。

- 在持續對話的過程中，當事人能表現出朝向改變前進的承諾，是很重要的事。

- 好的承諾，會使當事人產生不同的想法。

- 有時候，不斷地與當事人重新約定，是很自然正常的事。

五、從認為別人應該改變的邏輯，改尋自身可掌控之處

　　非自願來談當事人之所以處於非自願狀況，常是因為他們認為問題不是自己的責任，並堅持別人才是造成問題的導因。對於有這樣觀點的當事人，周圍的人常會認為當事人有推卸責任的不成熟，但是諮商師究竟要如何鼓勵當事人負起改變之責呢？

　　建議諮商師可以先表示願意理解當事人的邏輯思考，並在了解他對問題的想法與定義之後，試著引導當事人思考：如果對方真的改變了，當事人的反應會與之前有何不同？當事人因著對方的不同而繼以改變時，對方又會因而有何差異？如此，將會幫助當事人看到兩人相處其實是一個相互循環的過程，而可能提高當事人願意先改變的動機，之後，再回到自身的責任，例如：

　　「你說是同事有問題你們才會有衝突，如果同事改變了，你希望他變成什麼樣子，那麼你們就不會起衝突了？」

　　「如果同事變成比較不找麻煩了，你又會如何反應？」

　　「那時你會如何與他相處？」

　　「當你變得比較配合他的意見時，同事接著又會有什麼反應？」

　　「這會跟以前有什麼不同？」

　　「原來你們是很看重對方、也會受到對方影響的，尤其你也可以影響他的行為喔！」

　　「如果發生什麼，你就有可能會願意先改變？」

　　「你猜如果是你先改變的話，又會有什麼效果？」

　　或者，諮商師也可以引導當事人思考：別人改變的可能性有多高？他是如何判斷別人可能改變與否的？例如：

　　「你認為是爸媽的要求不合理。你猜猜看爸媽不再堅持你不可與這女友交往的可能性有多高？」

「你是看到什麼而讓你認為你爸媽是有可能會改變的？」

「需要發生什麼，你父母改變的可能性就會增加一分？」

「你如何催化這件事發生？」

　　如此一來，在了解當事人的邏輯及期待的同時，也能幫助他們評估現實。如果當事人認為別人是有可能會改變的，諮商師則可試著引導當事人思考他自身需要做什麼才能影響對方改變，因為對方往往並非來接受輔導者，例如：

「你覺得這個同事不應該來找你的麻煩；當你處理這件事的方式與以前有何不同時，他就比較不會有機會來找你麻煩？」

「你希望孩子能自動自發，這是很重要的，也看到你是一個好母親，知道孩子需要學習什麼。過去，當你用什麼方式時，孩子比較願意改變或比較容易帶領得了孩子願意學習新的事物？」

　　如果當事人繼續期待對方改變，其實是把改變的決定權放在對方手中；由於對方往往不是當事人所能控制的，因此，當事人的想法並不會成真，容易繼續失望，情況也易持續僵持。當別人難以改變而當事人又堅持對方需要先改變時，諮商師可詢問：

「萬一你的室友近期內不會改變，而且目前在這大學裡，你暫時也不能換寢室時，那麼你打算如何繼續面對室友這樣不合理的行為呢？你要如何幫助自己渡過這畢業前最後辛苦的幾個月呢？」

「如妳所說，妳婆婆年紀大了很難改變，如果婆婆就是難以改變，但妳又可以讓妳的婚姻少受到她的影響，那麼那時可能會是什麼樣子？」

　　亦即，當別人改變的可能性不高時，當事人就需要能「與問題共處」；諮商師需帶領當事人思考：如果別人或情況不可能改變時，又要如何面對？如何承受？如何決定下一步？也就是說，當別人或現實暫時不能改變時，當事人

更需要看到自己在限制下所能做的選擇與決定，也需要學習跨出於現實中可執行行動的第一步。接著援用例外與因應，常是一個可能的後續介入方式。

六、若當事人堅持不願意改變時

（一）好奇探問堅持不願意改變的主要理由

SFBT 相信每個人在每一刻，都會為自己做出一個決定與選擇，是他當時認為最適合自己的。所以，任何行為「一定有一個重要的理由」，當事人堅持不改變與堅決不合作的行為亦為如此。

諮商師可以用好奇尊重的態度，探問當事人堅持不改變的意義與理由，有時就會深入了解當事人真正在乎的目的，之後再進一步引導他以建設性的方式來達成目標，而非堅持以不改變的姿態來完成目的，例如：

諮商師：「你可以讓老師知道，是什麼讓你堅持要休學嗎？我想一定有一個重要的理由。」

當事人：「家裡都沒有錢了，還念什麼書！」

於是可知，當事人是一個顧念家庭經濟的好孩子，諮商師在讚美當事人之後，便可以與當事人討論如何才能真正幫助到家裡的經濟，比較「休學」與「不休學」的實際結果、長遠效益，並且可利用關係問句詢問當事人父母認為真正幫助到家裡的方式為何。有時，對一個孩子來說，不讓父母操心、把自己照顧好，即是很大的幫忙。

又例如，當事人說的理由是：「來不及把書讀好，所以乾脆不念了。」、「別人又不會相信我想改變，做了也是白做。」諮商師就可以得知當事人的擔心，是怕自己努力後不成功，而這份擔心成為改變的阻礙。此時，諮商師就可運用前述「如何克服困難」的觀點，帶領當事人思考：當事人需要做些什麼才能增加成功的可能性，或者，需要發生什麼，當事人才會化解擔心、提高願意開始努力的意願。

　　有時當事人並不會告訴諮商師他的理由，因為連他自己都不太清楚；諮商師則可試著先用前述的角度來思考當事人的堅持，再多方打聽、觀察與思索當事人不改變的理由。當後來諮商師能夠猜到當事人的意圖與目的時，有時會讓當事人有深度被了解的支持感，而可成為諮商工作的突破。當然，不少諮商師還會關心當事人「說謊」隱瞞的問題；相同的，SFBT 相信，當事人一定有一個重要的理由要「說謊」，所以諮商師需要思考的反而是，何以說謊會出現在晤談中？當事人如果說實話，會對他有什麼好處或負面影響？當事人如何能認為跟你說實話會對他有幫助？這樣的思考方向，將能協助諮商師更加貼近當事人並與之建立關係。

（二）了解當事人知覺需改變的底線，以覓得突破契機

　　有時，當事人之所以不改變，是因為他認為現在還不到需要改變的最後關頭，儘管周圍的人可能已經急得不得了。與其告訴當事人「何必不見棺材不掉淚」，不如試著詢問當事人他們認為非得改變的標準為何：

　　「如果有一天你決定不吸菸，那時的好理由可能是什麼？」

　　「你現在認為沒有必要改變，可以讓我了解一下，在什麼樣的情況下，你便有可能決定不再這樣做了？」

　　「現在你覺得大家幫忙沒有用，所以我想知道，你認為何時你就可能會覺得需要別人的幫忙？」

　　諮商師也可用評量問句立即性地了解當事人此時此刻的狀態，特別是對諮商的看法（Hansen, 2005）：

　　「以 1 到 10 分，10 分是別人覺得你過得很好、不會要你來輔導，1 分是別人覺得你過得不好、大力要求你來輔導，你覺得就他們的角度，他們會評量你目前的情況是幾分？」

　　「那麼你對於自己是否要接受輔導，又會打幾分？」

「以 1 到 10 分，10 分是你認為晤談會對你很有幫助，1 分是沒有幫助，你覺得目前的情況是幾分？」

「需要發生什麼，才能增加 1 分？」

「增加 1 分需要多少時間？」

在了解當事人願意改變或接受諮商的底線，認識當事人的邏輯與在乎之處後，就比較有機會能找到可能可以小小突破之處。當然，這個可能突破的一小小步，仍需符合當事人思考問題的主觀邏輯運作模式才行。

（三）最後才關懷不解地詢問堅持不改變的代價

如果當事人認為繼續目前不當行為是沒什麼大不了的事情時，諮商師仍需要秉持耐心、關心與開放的未知態度，來理解當事人的思考邏輯、重要理由及看重之處，同時引導其開展面對後果的思考：

「如果你繼續翹課，可能會被退學，你會在乎嗎？」

「萬一你真的被退學了，你會如何處理？」

「是什麼讓你寧可不要上這老師的課，而冒著可能會被退學的結果？」

「如果你繼續與這同事相互循環衝突，很有可能會被上司評比為很差，對此，你有什麼看法？」

「如果上司真的對你評比很差時，你想你的日子可能與現在會有什麼不同？」

「是什麼讓你寧願被評比為很差，也一定要去找這個同事算帳？」

此類問題，是一些諮商師最容易在一開始輔導非自願來談當事人時就提問的方向，但是，此類問句若在輔導一開始時就提出，很容易讓當事人認為諮商師是在教訓他、威脅他，或與他站在對立的位置，如此一來，諮商師的善意並無法被正確地接收與理解。所以，建議諮商師先按照前述各個輔導非自願當事人的方向嘗試無效後，最後再提出此類問句，反而更會顯出諮商師苦口婆心的關懷。

　　諮商師在提出此類問題時，需要特別注意：其所提的行為代價，必須是當事人所看重的、害怕失去的，而不僅僅是諮商師或周圍的人所在意的。如果不是當事人看重的事物，此類問句的效果將無法發揮，例如：若諮商師提醒當事人蹺課會被退學，而當事人正好不想念書，那麼此提醒之效果就不存在了。因此，諮商師需要同時了解當事人對行為所需付出代價的看法，並將之納入考量後續介入的設計。

　　最後，諮商師可以提出行為的代價與後果，詢問當事人將如何處理。由於很多當事人並沒有想過後果，所以當他們開始思考行為的代價時，有時就會讓他們願意妥協與改變。當然，此時諮商師的態度不要是一副企圖當頭棒喝的姿態，反而更需要明顯地展示關懷，表示相信當事人有其判斷能力，甚至以一種困惑且可惜的態度來詢問當事人，何以願意付出這些代價，如此，當事人才會願意開放自己就這些問題的後果進入思索的狀態，而較能開始為自己的行為選擇負責。

　　當然，輔導非自願來談當事人之所以困難，除了其願意接受輔導的意願不高之外，也因其常是所謂的問題難度很高、很嚴重的困難當事人，所以諮商師必須要有創造力地製造當事人改變的契機，也需要有意志力地持續輔導這些當事人，並且耐心地等待他們的成長！

活動 BOX 2-17：非自願來談當事人的諮商

進行方式：

1. 三人一組，一人扮演非自願來談當事人，一人擔任諮商師，一人擔任觀察員。

2. 扮演當事人者簡介相關背景後，諮商師就前述各項輔導非自願來談當事人的原則，開始進行晤談。觀察員則記錄諮商過程。約十五分鐘。

3. 三人進行討論，針對諮商師哪裡做得不錯、哪裡可進行修正，提出回饋。

4. 在討論之後，三人角色繼續維持，再次重頭進行諮商，並再相互分享有何學習。

5.最後，三人討論第二次諮商與第一次諮商有何差別，從中掌握了哪些輔導非自願來談當事人的一些原則。

輔導非自願來談當事人的相關原則：

首則：化非自願為自願

1.建立正向運作的輔導氣氛。
 · 輔導立場與角色的確立。
 · 透過讚美，建立正向運作的氣氛及合作的輔導關係。
 · 運用重新建構的眼光，找尋當事人願意嘗試合作的訊號。
 · 嘗試傾聽與了解當事人的主觀世界。
 · 面對當事人說「不知道」時的處理。

2.從當事人想要的可行目標開始輔導。
 · 真誠優先協助當事人的期待，並連結被轉介目標。
 · 反向操作地探測出當事人的想望。
 · 引發目標可行性的考量。

3.協助當事人了解強制轉介的標準，並從中找到起點。
 · 理解被強制轉介的動力，是一個好的開始。
 · 了解強制轉介的期待與最低底線。
 · 覓得當事人同意之處為著手之點。

4.找尋激發當事人改變動力的契機。
 · 回想例外的美好與優勢，產生再次行動的信心與動力。
 · 想像願景的影響與好處，帶動一小步的開始。
 · 重要他人的建議與觀點，使當事人擁有現實的系統脈絡與支援。

5.從認為別人應該改變的邏輯，改尋自身掌控之處。

6.當事人堅持不願意改變時。
 · 好奇探問堅持不願意改變的理由。
 · 了解當事人知覺需要改變的底線何在，以找到突破契機。
 · 最後才關懷不解地詢問堅持不改變的後果代價。

7.堅持後續輔導。

陸、堅持後續輔導的重要性

　　常見需要接受輔導的當事人，其問題形成的歷史往往很久遠。不少轉介者都希望當事人能在接受一次輔導後，有如被魔法石一點，從頭到尾徹底地改變，立刻就從冥頑不靈變成甜美可人——這當然是不太可能的！更何況每位當事人之行為表現都其來有自；要當事人在一、兩個月內改掉十餘年來，甚至更久的習慣思考與行為，立即學會大家希望他改進的表現，常為強人所難！所以，當事人改變的發生，需要諮商師與當事人共同持續地努力，即使SFBT 的介入會大大加快當事人改變的腳步。

一、化解三尺冰凍，非一日之熱

　　一位當事人可能同時面對很多個問題，亟待諮商師協助。根據前述，諮商師需要一個一個將當事人的問題行為，導引轉成一件件明確所欲的正向目標，且此正向目標是當事人所同意的，甚至此正向目標應是當事人用自己的語言說出的，以符合其參照架構。正向目標能幫助晤談能聚焦於當事人的在乎而有方向性，因此能加快晤談的效能。不過，在每次的晤談中，最好以一個目標為主，如此才能深入探討。當然，這也意味著當事人經常會同時具有數個問題與目標，諮商師需要耐心一步步地來幫助之；然而，由於當事人的進展常超出諮商師的期待，有時在進展發生後，當事人的一些問題行為，會自然隨著化解，所以所謂需要改變的行為與目標會有所變動，是需要不斷檢視的。

　　亦即，SFBT 強調，於後續輔導中，除了深入探討進展之外，仍需持續不斷檢核與確認當事人於每次晤談中的所欲正向目標，即使當事人仍有著多重問題。特別是在覺得晤談有停滯之感時，諮商師更應直接詢問當事人對晤談效果的看法，以隨時與當事人對焦晤談的目標：

「對你來說，這次晤談的進展如何？」

「我們要繼續圍繞這個話題，還是你對○○更感興趣？」

「這是你感興趣的嗎？這是我們要花時間談論的嗎？」

「我們談論什麼，才能幫助到你？」

「有什麼問題是你希望要我問（或你認為我應該問），而我卻沒有問的？」

「在 1 到 10 分的量尺上，1 分代表這次晤談沒有任何幫助，10 分代表好到不能再好了，你覺得這次晤談的得分處於什麼位置？」

「如果要你給這次晤談的分數提高 1 分，我需要做些什麼？」

「如果要你給這次晤談的分數提高 1 分，你需要做些什麼？」

其次，諮商師應持續積極開發當事人的例外優點與資源。當事人的優點與資源不只是拿來安慰當事人、鼓勵當事人而已，更需將其連結與建構為解決問題、達成目標的方法與策略；其中，能協助當事人達成正向目標的例外，會是最為重要、也最需要優先開發的。可貴的是，在探詢例外優點與資源的過程中，當事人的自尊即會同時上升，進而提升願意改變的動力，也會間接協助其改變自己、達成目標。而第一次晤談前的改變以及各次晤談間的進展，亦即是非常值得反覆檢視與多加利用的例外資源。

是以，圖 2-12 所顯示的路徑圖，呼應著 SFBT 的晤談架構（如圖 2-7 所示），是 SFBT 當事人改變的過程，也可以成為諮商師持續輔導當事人的著力方向。

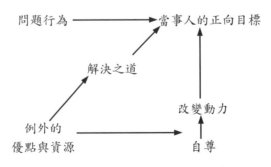

圖 2-12　SFBT 當事人改變的可能路徑

二、以「行動研究」的實驗精神，進行後續輔導

　　不少人士希望諮商師能發展出一勞永逸、一蹴可幾的輔導策略，但是實際上，當事人究竟需要什麼才能改變，是充滿變數、不可預期的。為使諮商師與當事人免於期待而又失望之苦，諮商師可用一種「實驗」的態度來進行工作；亦即，諮商師不預設什麼樣的方式會最適合當事人，也不期待自己能找到萬全之策，而是以開放式的態度來發現當事人最願意接受的是什麼樣的輔導方式，以及什麼樣的策略是對當事人最為有用。以這樣開放的實驗態度來提醒當事人，也將幫助當事人透過行動的結果認識自己：什麼樣的目標是最適合自己的、什麼樣的策略是自己做得到的；特別對正在發展自我而自我尚未穩定的青少年，或對環境與自我覺察力需要增強的當事人來說，這種「發現歸納式」的過程，會是一個很適合的方式。所以，SFBT 的輔導過程，就像是「行動研究」（action research）的歷程（Berg & de Shazer, 2004），讓諮商師與當事人在合作中，不斷透過實際行動的結果，讓當事人來教導諮商師，如何接續引導當事人修正目標與發展有效的行動策略，使當事人在不斷累積小成功之下，學習掌握適合自己的成功之道並穩定前進。

　　更清楚地說，在協助當事人找到行動的一小步之後，當事人可能會變得更好、沒有改變或是變得更糟。當事人若變得更好時，諮商師值得與當事人討論他是如何做到的，而能幫助當事人繼續維持之、擴展之。若當事人沒有改變或變得更糟時，諮商師仍能引導當事人去學習反思：是多做了什麼或少做了什麼，而讓情況持平或惡化，以能進一步修正原先的策略或目標；甚至可先著重於需要先做什麼讓情況不更惡化，例如：對青少年當事人而言，在行動後會增加對自己與現實的認識與評估，而促使其會再對目標或策略加以修正，也因此會提高日後的成功率，並成為當事人的一項成長資源。所以，諮商的過程不是一個能事先設計或能全然由諮商師掌控的過程，而是一個透過諮商師與當事人一起合作、一起發展目標與策略、一起實驗與修正的行動研究過程。而此依據實驗態度的行動研究歷程，SFBT的晤談精神可如圖 2-13 所示。

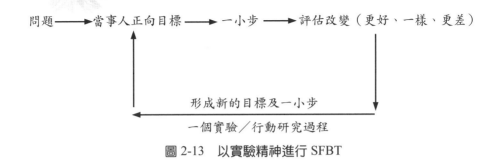

圖 2-13　以實驗精神進行 SFBT

三、趁勝追擊：確認、維持與推進當事人的小小改變

　　在 SFBT 中，當第二次晤談見到當事人時，會先詢問當事人：「什麼地方變好了（What is better）」（De Jong & Berg, 2007a），而非是：「有沒有變好？」選擇前者來詢問，欲暗示的是：當事人一定有變好的地方，因而會接以積極探問當事人稍有改善之處。若發現當事人有小小變好之處，諮商師則會用 EARS 的技巧（請見第一章的說明）接續探討並增強之。

　　通常當事人變得不好或實驗無效時，多會主動告訴諮商師，但若有小小改變時，當事人則不見得會向諮商師提及。諮商師記得一定要詢問當事人接受晤談後的不同——唯有諮商師問了，才會知道當事人有沒有進展（Korman, 2011）。

　　探討當事人於晤談後小小的進展，是非常重要的，因為這些改變都是好不容易得來的，需要特別加以強化之。若能進一步大大增強這些小進步，並加以擴大鞏固，將可能扭轉當事人的問題行為模式，帶動正向行為表現的穩定循環。因此小小的進展，乃具有激發當事人持久改變的可能性。

（一）敏於發掘當事人的小小進展

　　如何發掘當事人小小的進展，是一個挑戰。諮商師需要積極傾聽當事人話中所表露與隱含的正向改變，例如當事人說：「我雖然沒有看電視，但是讀了五分鐘的書以後就讀不下去了啊！」從這句話中，至少能看到當事人已經

開始做到不看電視，甚至會開始讀書了，這些都值得諮商師反應之、深入之。

　　除了傾聽之外，諮商師也可以透過不同層次的例外問句，主動引出當事人的小小進展：

「還有哪裡變得更好了？」
「上次晤談後，有什麼事情是順利進行的？」
「上次我們見面後，你做了什麼對自己好，或讓自己驚訝的事情？」
「在這個禮拜裡，你曾經表現得比較好的時候是什麼時候？」
「生活總是會有起伏的，哪些時候比平常一般狀況要好一些些？」

　　諮商師可以注意自己引發進展的詞彙，是否容易讓當事人聯想得了自己的改變，例如：當諮商師詢問當事人是否有變得「很好」時，答案很容易就是「沒有」，但是若探問的是有無「一點點」的、「小小」的進展（如「比較」能睡得著、「稍微」沒有聯想到痛苦等），則比較容易引發當事人的回想，而找到當事人的小小努力或成功之處，例如：

「這幾天，你哪一天被上司少罵一點？」
「在這個星期中的哪一個晚上，你心情是比較平靜一些？」
「在你所有的課程中，有哪一堂課是你現在最能忍受的？」
「以 1 到 10 分，10 分表示很好，1 分表示不好，你覺得自己的狀態，從上週到這週，是從幾分到幾分的變化？」
「在這一週內，哪一天是最高分，何時是最低分，何以能有此最高分的發生？」
「相較於前幾週，過去這一週，有什麼地方是比較好的呢？這是怎麼發生的？」
「在這一週內，有哪幾天是感覺好一些的呢？」
「你是如何讓日子能感覺好一點點的？」

類似於評量問句，「檢核表」也常被用來引導當事人看到自己的改變。表 2-2 和表 2-3 所呈現的評定表，就是一些很好的例子。透過檢核表可公平地、詳盡地報導出當事人許多難能可貴的小小進展。需要特別注意的是，檢核表中每一個欄位的內容都是：正向的、非常細小且可觀察的行為向度，以及為成長與學習過程中重要但易被視為理所當然的向度。用檢核表及其向度報導當事人的進步，對於系統中其他的行政人員、轉介者、經費提供者、諮商師、當事人、當事人家屬，是特別有意義的。尤其，若當事人周圍的人透過檢核表或觀察，可以開始注意並讚美當事人小小的改變時，往往當事人也就更容易繼續努力、穩定表現而有所進展。當事人在這些進展向度的證明，特別適用於爭取各系統中的相關資源與支持（如經費）；先以檢核表適時蒐集資料，並彙整提出，即是一種作法。當然，檢核表中當事人尚未達成的向度，則是可再與當事人具體討論是否為其想要前進的方向。

表 2-2 「青少年解決問題評定表」

當事人姓名：		評定者：	日期：	
請就當事人的表現回答所有的問題，除了回答每一個項目之外，也同時標出發生的程度。	一點也不	只有一點點	相當之多	非常之多
1.尊敬成人				
2.交到朋友／保持友誼				
3.控制興奮				
4.與他人的想法合作				
5.展現學習的能力				
6.適應新的情境				
7.說實話				
8.在新的情境覺得自在				
9.表現出適齡的行為				
10.保持注意力				

表 2-2　「青少年解決問題評定表」（續）

	一點也不	只有一點點	相當之多	非常之多
11.服從長輩				
12.對壓力情境有很好的處理				
13.完成已經開始的事				
14.為他人著想				
15.表現出適齡的成熟行為				
16.保持注意力				
17.表現出適當的情緒				
18.遵守基本規則				
19.和平的處理爭端				
20.與兄弟姊妹和平相處				
21.適當處理挫折感				
22.尊重他人的權利				
23.基本上是快樂的				
24.有很好的胃口				
25.有適當的充足睡眠				
26.覺得是家中的一份子				
27.為自己說話				
28.身體健康				
29.可以等待關注或酬賞				
30.可以忍受批評				
31.可以與人分享成人的關注				
32.受到同儕接納				
33.表現出領導能力				
34.表現出公正				
35.妥善處理分心的情形				
36.自己犯錯時，願意接受責備				
37.與成人合作				
38.可以接受讚美				
39.在行動之前會思考				
40.整體評論				

資料來源：Kral（1988），引自 Murphy（1997）

表 2-3 「伴侶暴力者的行為進展表」

	一點也不	只有一點	相當之多	非常之多
當事人姓名：　　　　　　　　　　　　　日期：				
請當事人自行評定每一個項目，同時也標出發生的頻率。				
1.我與伴侶有爭論時，可以冷靜和他（她）對話。				
2.我可以專心地聽我伴侶說話。				
3.我找到一種方式，可以和我的伴侶輪流說話。				
4.我能接受我的伴侶有生氣的權利。				
5.我感覺到我的伴侶珍惜與關懷我。				
6.當我的伴侶生氣時，我可以等他（她）冷靜下來。				
7.我不使用輕蔑的言語對待我的伴侶。				
8.當我的伴侶用輕蔑的言語對我時，我知道如何反應。				
9.我們能尊重彼此不同的觀點。				
10.我們信任彼此。				
11.在爭執時，我能夠做到不使用挖苦譏諷的方式來對待我的伴侶。				
12.我與我的伴侶能沒有恐懼地誠實相對。				
13.當我開始有憤怒的表現時，我知道如何穩定我自己。				
14.我知道擁有生氣的情緒是可以的，但強烈表達生氣的行動是不好的（包括語言）。				
15.我知道對於我使用暴力所造成的傷害，我是需要負責任的。				
16.我知道我沒有權利使用暴力來讓別人都聽從我的意見。				
17.與我的伴侶爭論時，我覺得我並沒有需要一定要爭贏。				
18.我更清楚之前我是何以會認為暴力行為不是什麼大壞事。				
19.對於暴力的言行，我會加以挑戰質疑。				
20.當我與伴侶爭論時，我們都不擔心有人會因此失控。				
21.我找到一些方法，讓我的伴侶更容易與願意告訴我關於他（她）的想法。				
22.我可以處理工作上的挫折。				

表 2-3　「伴侶暴力者的行為進展表」（續）

	一點也不	只有一點	相當之多	非常之多
23.我可以控制我的酗酒行為。				
24.我可以抵制嗑藥行徑。				
25.我可以清楚禮貌地表達我的需求，而不是期待我的伴侶能夠猜透我的心思。				
26.當需要時，我會願意尋求協助。				
27.我們會經常討論：如何使我們的關係是非暴力的、可以更好的。				
28.我能注意自己的人際關係。				
29.我能關注自己的情緒問題。				
30.我能經驗到正向的自我形象。				
31.我能承認自己與別人的錯誤。				
32.我能正向看待過去的問題。				
33.我更能因應壓力。				
34.我的作息中有加入正常運動。				
35.我能對別人的福祉保持關心。				
36.我對生命，能體會到祥和感恩。				
37.我能尋求家人／朋友的支持。				
38.我能增進工作與家務的投入與表現。				
39.我能運用我的天賦和能力，來讓自己變得更好。				
40.我關注自己的未來。				

資料來源：改編自 Macdonald（2011）

　　同樣的，諮商師可依當事人的整體狀況、目標、特定議題來設計這類的檢核表，例如：睡眠、情緒穩定、與人聯絡、運動等向度，以具體幫助當事人檢查自己的小小進步，繼而探討當事人如何能夠做得到、何以願意去做、他人所觀察到的差異，以及下一個努力的方向。

（二）大大強化當事人的小小進展

當然，在當事人能夠有一些進展時，就需要如前述的例外架構，振奮地進行「自我讚美」或「間接讚美」之引導，來強化當事人的改變。特別值得探究的重點還包括：當事人到底如何決定與判斷要去做，何者為重要助力，執行時的人、事、時、地、物，以及做了之後對於自己與別人的影響為何等，以深入細緻地檢視改變歷程及其影響，並讓當事人能夠且願意再次複製與擴大相關行為，例如：

「這是你之前做過的嗎？」

「你是怎麼發現的？」

「你怎麼會想到要這樣做？」

「你又是怎麼做到（或表現）的？」

「多告訴我一點，你做了什麼，讓你不再發脾氣？」

「你可以走開，而不是回罵他——做出這樣的決定，誰最驚訝？」

「你當時是怎麼決定把書拿出來看的？」

「當你開始照顧自己時，你的父母看到了什麼？」

「之後，他們對你又有何不同？」

又例如：當事人在晤談後兩週，竟然能擁有一個「好」日子，但「好」日子的定義有很多層面，達成的方法也會很多元。所以，需要多運用一些「WH問句」追問細節，例如：

1. WHEN：「何時做到的？然後發生了什麼？」

2. WHERE：「你在哪裡做這些事？你還可以到哪些地方去做同樣的舉動？」

3. WHO：「誰在旁邊？誰注意到了？誰幫助了你？他們的反應是什麼？你是怎麼注意到他們的不同？當他們的反應不同時，你做了些什麼？他們認為你的改變對你有什麼幫助？你的改變又怎麼影響你們的互動？」

4.HOW：「你怎麼做到的？你是怎麼判斷這是對的？你是怎麼決定要這樣做的？這何以有用？你是如何知道你可以再多做一點的？」

當諮商師能對當事人的進展歷程探討地愈細緻並涉及愈多面向時，當事人愈易覺得改變的可貴性高、影響效益大，也愈容易覺知重複好的行為表現之重要性與方法。是以，進展乃和例外的效益很像，都會讓當事人知道更如何朝向解決之道並獲得所欲的生活。

諮商師記得要正向增強當事人的改變，例如：非口語的增強，包括：身體的前傾、表情的專注、聲調的喜悅驚訝等，並配搭一些口語的增強：「太棒了！你再說一遍！」、「你真的做了！哇！」等「直接讚美」當事人的反應，或詢問：「你是怎麼做到的？」來引發他們的「自我讚美」。之後，諮商師重新再循環探討進展的歷程，持續尋找、欣賞、擴大、精緻化這些當事人種種些微的成長與進步；因為，當此當事人能多做正向有利的事時，問題的發生就會自然減緩。

（三）「如何維持」是一個重要階段

有時，有些諮商師或周遭的人在看到當事人有一些改變時，多會希望立刻加速當事人的進展，然而，有些當事人反而因此覺得大家是不夠欣賞自己、別人要求過多，或自責自己的努力仍然無法讓大家滿意，因而故意反彈而大大退步，特別是對一開始是非自願來談者。所以，在推進當事人產生更大的改變之前，諮商師可以思考並與當事人討論的是，如何多做或多做什麼而能「『維持』目前的改變」，例如詢問：

「你如何還願意再做一次？」
「如果你多做幾次，你的生活會有什麼不同？」
「你需要什麼力量，才能持續去做？」
「你有多少信心可以繼續維持現況？」
「你的好友會如何幫助你繼續穩定你的心情？」
「當你能繼續做時，別人的反應會是什麼？」

「先繼續維持，對你的生活有何影響？」

　　每個人改變的曲線並不盡相同，有些人是跳躍性的前進，有些人則是螺旋式的改變，有些人則如階梯，一步一步的往前，有些人則為前進一步後，需要很久之後才能再進到下一步。所以配合當事人改變的速度與方式，先「維持」當事人的改變，是在期待當事人更有突破之前，可以先大大致力之處。之後，在當事人更穩定時，才再多提醒他未來的可能挑戰，或是鼓勵他再向前一步，如此才會較易成功。畢竟，當事人的每一個小小改變，都是需要一小步、一小步地向前邁進，而且，對某些當事人而言，維持改變，就已經不是一件容易的事了。

　　維持與前進才能帶來當事人的自信，自信將會強化當事人自我協助的意願與能力，而使當事人在平穩中發展。當然，往往當事人整體的狀況能夠到達 10 分量尺狀態的 7、8 分左右時，晤談就可以準備結束了；因為，此暗示了當事人的狀態已經是「夠好」地可以應付後續生活，也同時表露出諮商師信任當事人可以自己處理至滿分的態度（De Jong & Berg, 2012）。

四、行為復發是學習與發展的一個正常過程

　　當事人周圍的人常有生氣與失望之感，乃是因為當事人之問題行為似乎很容易再度復發。復發，往往讓諮商師覺得輔導功效不彰，也常常會讓付出努力的當事人及親友覺得挫敗。

　　然而，對於復發，SFBT 的看法卻不是如此。SFBT 認為，復發是當事人學習新經驗的一個正常過程；一個行為的穩定，有時會是透過復發多次的過程，才能從中學會如何控制或穩定。尤為重要的是，當事人的問題復發時，表示兩次復發之間，有一段平穩的時期——「復發」代表著「例外」已然發生（Berg & Reuss, 1998）。沒有變化，哪知何謂平穩；沒有復發，哪知例外的存在。

（一）復發時的諮商方向

　　為了使當事人能夠再次回復至復發前的例外平穩，諮商師可以用 SFBT 的復發觀點，來思考並形成再次介入的策略。對於當事人的復發事件為例，諮商師可以思索或努力的方向，如圖 2-14 所示。

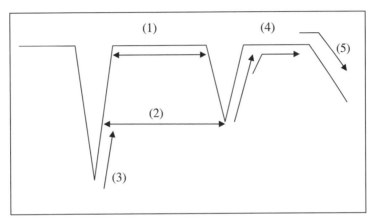

圖 2-14　當事人問題復發時的介入重點

圖中數字處代表的重點為：

1. 兩次復發間的例外如何能存在？——當事人在兩次問題行為發生之間，何以能停止該行為？是怎麼做到的？當事人的生活系統中擁有什麼或減少什麼時，就會維持當事人的行為穩定？在此處特別值得注意的是，當事人有了改變進展之後，周圍的人多會撤走對當事人的關注與輔導，或開始增加對其要求，而容易造成當事人問題行為的復發，所以，如何再恢復與維持穩定，當事人內外在及生活系統穩定機制的營造，是一個重點所在。

2. 兩次復發的內容有無差異與進步？——第二次問題行為的復發情況，有無比第一次的情況來得輕微一些？這代表著當事人已然產生了些什麼樣的改變？他又是如何做到的？諮商師做了些什麼，幫助他有了這些改變？諮商師在發現此差異時，又會如何鼓舞當事人並引導當事人從中學習？

3. 前次復發時，恢復正常的方法可以如何適用於此次復發？——上一次問題行為發生後，當事人如何慢慢地從發作或低潮中再次恢復至正常生活的？上次的經驗可以如何幫助他這次狀況的復原與回穩？當事人又是如何說服別人他已恢復正常的？在上次的經驗中，諮商師或周圍的人做了什麼而能有效幫助他？從低潮中復原的調適過程，乃是人生非常重要的學習任務，值得當事人更加意識那些對自己有用的相關方法。

4. 此次復發恢復正常後，要如何維持？——有這復發經驗後，當事人需要繼續做什麼或不做什麼，才能維持自身的穩定？諮商師以及周圍的生活系統，需要繼續做什麼或不做什麼，才能幫助當事人維持穩定？維持穩定，往往是一個挑戰。能使例外維持的時間延長，本身就是一個成功所在，同時也是一個讓當事人內化改變方法的重要關鍵時期。

5. 如何預防下次復發？——從這兩次的復發經驗中，當事人學習到什麼？對自己的認識又增加了什麼？與當事人如何討論減少或預防其再次復發的可能？當事人的信心與把握度為何？當事人需要什麼，才能增加維持穩定的信心與把握度？當事人的家人有何建議？諮商師及相關系統又需要做些什麼？凡此，都是諮商師可以引導當事人思考之重點，或於案例研討時可以自我督導、團隊討論的方向。

（二）復發為決心再學習的起點

由前述可知，諮商師若能視當事人問題行為的復發，為一行為學習穩定的練習過程，諮商師與當事人就比較不會為之氣餒，甚至還能從當事人復發的事件中，學習到更多協助當事人如何自助的方法，而使復發的經驗成為後繼輔導策略之「顧問」，以幫助他們再次產生與運用造就改變的力量與要素。

因此，在當事人復發後願意開始再來晤談時，就表示他們已經開始往復原的方向前進了。諮商師可鼓勵地問著當事人：

「這次，你如何知道自己應該要來再次處理自己失控的問題？」
「你何以願意繼續嘗試努力？什麼樣的人、事、物幫助了你？」

「你如何發現你的計畫開始失效的？」

「你曾經做了哪些努力幫助自己停止喝酒？」

「是什麼告訴你應該要停下來，不要再上網了？」

「你何時注意到你真的需要停止打孩子了？」

「是誰提醒你要停止？」

「你需要向誰求救？」

「你如何走到要決定停止做這件事的這一個重要轉捩點？」

「什麼人、事、物在這過程中仍然對你有所幫助？」

「開始上網與沒有上網的生活，有何不同？」

「你之前的什麼方法，曾有效地幫助過自己？如何再多使用這些方法？」

「你又可如何強化與擴大自己曾有的成功表現？」

這些問題，皆在催化當事人思考：「哪些行動容易開始去做」、「哪些有效方法值得多做」、「哪些無效的方法不用再做」，以及「從這次復發事件中學習到什麼」，而積極幫助當事人從現在此時此刻的位置轉為「復原的起點」，再次啟動他們造就改變的運作機制，而漸進地學會如何面對自己的復發、學習如何維持穩定，甚或更進一步地逐步掌握如何預防復發的發生。

（三）系統支持為預防復發的重要力量

另一個強化當事人改變以及預防復發的最佳方式之一，就是當事人的生活系統也能同時有所改變，例如：諮商師可以具體提出當事人的小小成長給家長、老師、同事知道，並鼓勵他們一起來增強當事人的改變，或者，協助他們學習以當事人能夠接受的有效方式，讓彼此的互動有所改善，並發揮提醒與預防當事人可能復發的功能，那麼，將能事半功倍地提高輔導這些當事人的成效。

所以，諮商師非常需要深入了解在當事人的生活中，誰對當事人最有影響力？當事人最在乎誰？誰最能幫助當事人維持改變？誰能定時評量與鼓勵

當事人？誰對當事人的復原有興趣？他們如何對當事人有所助益？多利用關係問句的探索，將會十分有幫助。切記，若當事人的支持系統也隨之強化時，當事人（特別是青少年）的正向行為也就較容易產生與維持。

（四）關注當事人整體進步的幅度

SFBT 提醒諮商師：需要時時評估，當事人從一開始接受諮商到目前的進展。尤其，有些諮商師很容易氣餒於當事人改變的「平原期」，因而諮商師需要提醒自己，回頭看看當事人在接受諮商前後整體轉變的程度，會相當具有鼓舞與提醒作用的，例如詢問自己：「以 1 到 10 分，10 分是指當事人表現很好，1 分是指當事人表現不好，當事人剛接受輔導時是幾分？目前是幾分？何以能有小小進步？他又是怎麼做到的？」並可用此架構適時多次地直接詢問當事人。

同理，在面對當事人復發而使諮商師與周圍的人倍感挫折時，諮商師也可以想想，從一開始輔導這個當事人到今日，整體來說，以評量問句來想，這個當事人進步了幾分？此時也可運用「負數」的概念，例如：當事人目前的表現或許只是 2 分，但別忘了剛來輔導時，他是處在 -5 的位置，亦即，當事人已經進步了「7」分之多（如圖 2-15 所示）。

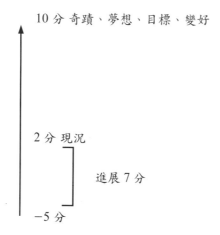

圖 2-15　以評量問句的負分向度探測進展程度

　　或者，當事人雖然常令人注意到他起伏的復發行為，但是大體來講，在看似不斷復發的過程中，諮商師也可整體回顧當事人是否仍有進步的幅度（如圖 2-16 所示）？當諮商師、當事人、家長、相關人員看到當事人雖起伏但仍繼續成長的進展幅度與變化時，又會有何不同？——至少對諮商師來說，相信應可能產生堅持輔導當事人的力量。進而諮商師也可再次思索：究竟自己採用了哪些策略是有用的？是值得繼續多用的？又，當事人何以能在跌跌撞撞中仍有匍伏前進般的小小成長？當然，最為重要的是：「公平」的意義成為被突顯的力量與證據；亦即，當事人是有努力改進自己的、諮商師的輔導是有成效的！

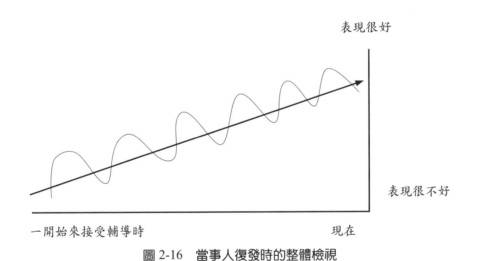

圖 2-16　當事人復發時的整體檢視

五、堅定等待願意改進的時刻來臨

　　輔導並無法速成。助人功能的發揮，奠基於諮商師的用心與專業，以及當事人的合作與努力之上，然而，當事人的穩定成長與改變，仍然是需要時日努力的。對過於期許輔導當事人要有成效的人而言，往往會有耗竭反應，也易使得當事人容易放棄自己。

（一）沒有改變，是正常的；能有改變，是難得的

對於當事人的改變，SFBT乃用以下的心態看待之：當事人接受諮商後，能有一點小小的進步，是非常難得的，如果沒有馬上見效，是很正常的；因為，當事人既然到達覺得自己必須來諮商的程度，顯然於來談時，當事人帶來的問題就是有一定的難度（De Jong & Berg, 2007a）。「小小改變，十分難得」的心態，與其說是一個事實，不如說是一個選擇相信的信念。當諮商師能夠以這樣的心態來看待當事人的改變與輔導成效時，諮商師也就比較容易變得更有能力與耐心，而能繼續協助當事人並等待他的改變。

當然，有時雖然當事人是有進展的，但其實是他的環境與條件突然惡化，以致於相對來說，當事人覺得並無改變；所以，諮商師要能了解當事人的生活脈絡，並予以有效的辨認與反應改變與否的意義。

（二）先維持不更糟的意義與價值

即使在協助當事人之後，他看起來仍然跟以前一樣，並沒有更好，也沒有更糟，那麼輔導此當事人是否仍具意義？例如：若有一位當事人一進中學就有抽菸、賭博、打架、喝酒的行為，經過持續的輔導，到了三年級，仍是抽菸、賭博、打架、喝酒等行為不斷，情況一模一樣，大家的輔導是否成功？

答案當然是肯定的，因為按照常理，當事人於一年級時會抽菸、賭博、打架、喝酒，到了二年級時極有可能進入幫派，到了三年級時極有可能進入司法體系，因此，令人好奇的是：大家究竟是如何讓當事人的情況「沒有更糟」？又比方說，一位復學的中輟生回來學校後，情況沒有更好，但是他如果至少繼續維持來學校，這對他、對其家長、對學校、對社會又有何幫助與意義呢？——至少可以減低他流浪街頭、變成犯罪少年的可能性。是以，令人值得安慰的是：即使當事人是「暫時」先維持「沒有更糟」的現況，仍是有其意義與價值存在（Berg & Steiner, 2003）。

當然，這樣的想法不是指大家應滿足於當事人的沒有改變；透過當事人的持平表現，諮商師值得思考的是：在協助過程中，何人究竟用了什麼方法

與策略，讓當事人的情況「沒有更糟」？如果這些方法與策略再多加使用的話，當事人是否會更有所不同？

　　有時，當事人維持一陣子的沒有進展，會是有意義的，因為有些當事人需要醞釀下一步改變的力量；但是，在此停滯時期，諮商師與周遭的人持續的輔導、鼓勵、支持、陪伴，將會是當事人醞釀的動力，以及決定是否要有所突破的關鍵力量。尤其，值得諮商師捫心自問的是：如果諮商師的輔導就真的只能讓當事人的情況至少暫時不要更糟，甚至只能延緩當事人問題行為的惡化，那麼是否仍然有輔導的助人意義？而諮商師是否還願意繼續協助當事人呢？相信很多人的答案會是肯定的。

（三）山不轉路轉的多方嘗試其他改變的可能性

　　諮商可能會成功，也可能會失敗；當事人亦有權利覺得諮商是無效的。當諮商師努力輔導當事人之後，仍未見成效時，諮商師需要檢查一下：諮商的目標，是否是當事人所認同的？當事人最想討論的目標又是什麼？亦即，重新檢查一次諮商目標的定向，是一個可以先行嘗試的方向。當然，若當事人仍沒有改變時，諮商師則可再去做些不同的嘗試，而非去指責當事人或自己。

　　例如：若當事人的改變緩慢甚至停滯時，諮商師或許可以提供當事人以下的回家作業，將會帶出當事人自發創造差異的力量（Macdonald, 2011）：

　　「請每天做一件對自己有益處之事，下次我們來討論這些事帶來的小影響。」

　　「雖然你目前還無法擊敗這個問題，但至少你可以不讓它成長，或可以讓它延遲惡化。請去嘗試一下『不會讓問題惡化』這一類的行動。」

　　「請去做一件事，是『對你自己有利』，但卻是『對這問題有害』的行動；請注意你做了什麼，或覺察自己有何變化？」

同樣的，若當事人沒有改變，諮商師也需要重新檢視自己是否自行為當事人設定了目標，或此目標不是當事人願意去做或能夠做得到的。同時，諮商師可以反思或引導當事人的家屬思考：

「我想要幫忙當事人改變什麼？」

「是什麼讓我想要幫他？」

「是什麼讓我覺得我有能力幫他？」

「是什麼讓我覺得他願意接受我的幫忙？」

「是什麼讓我覺得他能做得到我希望他改變的行為？」

「是什麼讓我覺得他願意去做我想要他改變的行為？」

從這些檢視中，諮商師一方面可以試著幫助自己與周圍的人重新設定對當事人期待的合理性，也可以試著找到讓當事人願意改變的一個小小突破點——諮商師到底要如何做，才能增加當事人的一些些合作與改變的意願呢？

此外，由於當事人的改變是需要時間的，當事人暫時不願意或無法改變時，諮商師可以先了解與評估一下：在當事人的生活系統中，除當事人外，誰最容易或願意改變？或者思考：「系統的改變」，是否會是比較容易的選擇？舉例來說，當事人不願意停止去網咖的行為，而當事人的父母願意改變，諮商師或許可用一種稱許、欣賞的態度，來與當事人的父母討論：他們可以採用什麼不同以往的處理方式來面對孩子，或許就會推動當事人的小小改變。又例如：青少年當事人陷於孤單無助之中，諮商師可以與導師討論，如何先邀請班上功能良好的同學主動邀當事人外出；再例如：患有憂鬱症的當事人無法每節課都去上課時，學校的制度若能允許當事人先到學校輔導室自修，並且從某幾節課開始進班，將可助其慢慢突破之。如同「牽一髮而動全身」的概念，SFBT 相信當事人系統中的小改變，將可能會帶來大改變，包括當事人自身的改變。當然，系統的合作需要在系統可承受的合理範圍下執行。

（四）接受與等待當事人願意改變的成熟時機

如果當諮商師做了所有的努力，當事人仍然沒有任何的改變時，諮商師的挫折感是必然存在的；然而，這樣的挫折感，值得諮商師先自我欣賞的是：自己對當事人的關心，以及願意協助當事人的意願與努力。

當事人之所以沒有改變，是「暫時」、「目前」的狀態，不等於永遠都會如此，「日久見人心」、「滴水穿石」等「精誠所至、金石為開」的可能性，仍是存在的。諮商師或周圍的人若能繼續付出與關懷當事人，仍然很有可能會感動或影響當事人。

然而，要眾人皆能擁有這樣的耐心，實屬不易，但 SFBT 鼓勵諮商師理解：每一個人願意改變的時機是不盡相同的，且每位當事人學習如何照顧自己、懂得運用諮商師此一資源的時間長短與步驟流程，也會不盡相同。諮商師需要接受與尊重當事人是否願意改變的決定，以及是否願意接受諮商師協助的自主權（Berg & Steiner, 2003）。同時，諮商師也需要再次提醒自己：即使自己身為諮商師，也不等於具有改變當事人命運的神奇力量，仍然必須接受當事人之生命得由他自己決定的事實與限制。

所以，諮商師持續的輔導是一種邀請，如同很多輔導機制則僅是創造了一種給予當事人改善的機會與空間；或許我們不能逼當事人改變，但是至少「創造與等待當事人改變的空間與機會」，卻是系統能做的、諮商師能為的！就如同水果的成熟需要一定的時序一般，諮商師是無法揠苗助長的（Berg & Steiner, 2003）；堅持的等待、不放棄的努力，仍是持續協助醞釀足以讓當事人改變的契機與能量！

柒、結語

SFBT 的晤談對話乃涉及一位諮商師與當事人共同建構不同新意義的治療過程，而讓當事人有所改變；這個過程多以諮商師詢問相關問句來推進之（Trepper et al., 2010）。在 SFBT 晤談中，明顯可見地，晤談常見的重點方

向包括：當事人所在乎的重點、當事人偏好的未來、當事人例外中的優勢資源、與達成願景相關的資源、當事人的動機水準及找到解決之道的信心、當事人的進步評估等；這些重點的探索與推進，將能使當事人美夢成真。簡言之，SFBT 會努力讓晤談從「問題式談話」（problem-talk）漸轉變成「解決式談話」（solution-talk），並維持在「建構解決之道」的軌道上（De Jong & Berg, 2007a; Pichot & Dolan, 2003）。

整個 SFBT 的晤談過程，相對於傳統以問題為焦點的取向，即是一個正向「重新建構」的歷程，也是一個能力導向、復原力導向、動機提升導向、當事人中心、非病理導向的晤談（Trepper et al., 2010）。當諮商師能以不同的眼光來解讀當事人的問題時，也將影響諮商師的情緒反應及選擇介入的策略，因而本章前述的各項重點，與其說是介紹相關的當事人輔導策略，倒不如說是看待當事人問題及如何協助當事人的正向詮釋。然而，正向思考不表示只是一味地看到生命的光明面（positivity）而棄問題於不顧，反而是去察覺援用生命的正向力量來創造解決問題的各種「可能性」（possibility）！此「可能性」的最大資助來源，即是當事人身上已然具備的力量，包括其例外與目標。亦即，SFBT 努力於找到當事人既有的力量，強化鞏固之，並奠基於此力量再往上拓展之，而非從頭開始營建改變所需的一切。更為難能可貴的是，在引導當事人發展可能性與自助的過程中，SFBT乃透過一個「尊重」的態度來進行，因為尊重本身就是一個極具療效的因素，而諮商師的尊重，也成為當事人對待自己、面對問題的一種示範。是以，在此正向思考與尊重的態度之下，SFBT 其實有著許多培養當事人「自我決定」與「自我負責」的意圖；亦即，SFBT 是希望能透過以解決之道為焦點的諮商過程，讓當事人察覺到並懂得使用各種自助的方式，而能真正獨立成長。

在晤談過程中，SFBT 諮商師乃主動參與著當事人的故事改寫與重述之過程，並藉此幫助他們成長。協助當事人講述自己故事的心理治療取向有好幾種，而 SFBT 即是以當事人的目標為本，盡可能引導他們自己來改述自身的故事，而非像其他諮商取向一般，以當事人的故事為本，但卻由諮商師從他們的故事中來設定目標（Berg & Dolan, 2001）。SFBT 相信，未來是可以

創造與協商的，所以在 SFBT 晤談中，諮商師與當事人之間是具有創造性的關係，諮商師有義務站在當事人這一邊，並且隨時與他合作。SFBT 諮商師採取著不預設未知的立場，盡可能多了解當事人的思維歷程、世界觀，以及生命定位，進入當事人的參照架構，並在當事人的參照架構中工作，而非企圖顛覆這個架構與當事人的世界。換言之，SFBT 不是引導當事人往何處去，而比較像是「身後一步引導」地「輕拍著當事人的肩膀」，用合適的問句刺激當事人用新奇的眼光來看相同的舊事件，至於當事人要選擇舊有的方式或含有新觀點的行動，都由當事人決定之（許維素，2006；Berg & Dolan, 2001）。當然，由於每位當事人都是獨特的，每位當事人的諮商過程也不會相同，所以諮商師需要靠著自己的經驗與專業，深深信任 SFBT 的哲學，彈性運用組合本章前述的各種原則與技巧，配合當事人生命發展階段的發展任務，使用當事人能接受的語言、方式與速度，方能真正幫助當事人走過生命的低谷，而展翅高飛。

　　綜言之，SFBT 遠離問題導向的諮商取向，認為當事人來到諮商室並不是帶著問題來尋求協助，而是已經帶著解決方法，只是需要有表達的機會而已。SFBT 信任當事人身上有各種問題解決的寶藏，而諮商師正是引導當事人開挖寶藏的引導者；而當事人彷若是一個藏寶處，蘊含著許多解答自身困境的寶物。所以，SFBT 看待當事人，是位於一個欣賞讚嘆的角度、是握著一個挖掘優勢的意圖、是朝向一個鼓舞賦能的立場；而 SFBT 強調的正向思考，並不是一種阿 Q 精神，而是一種建設生命意義與正面價值的重要架構，甚至是一種博大精深的生命哲學！

Chapter
3

焦點解決短期治療於危機處理
與情緒困擾的應用

在助人專業中,危機(crisis)意指當事人目前所遭逢的情境,如災難、離婚、死亡、強暴、自殺等事件,突然打擾了當事人平順的生活,讓當事人產生極大的情緒反應;此時,當事人常會覺得身陷混亂、恐慌、孤單之中,甚至還會做惡夢、不斷回憶創傷事件,或暫時喪失專注於平日生活的能力(De Jong & Berg, 2007a; Lewis, Lewis, Daniels, & D'Andrea, 2002)。在突發危機事件後,人們常需要立即的支持,來穩定情緒,並開始適應這些新加入生活的事件,因此,各種危機處理的服務,包括:醫療服務、危機熱線、庇護所、支持團體、個別諮商等,也如雨後春筍般地增加,以盡力協助這些受創的當事人(De Jong & Berg, 2007a)。

一般危機處理常見的幾項重大原則,乃包括了:把握立即性、現實性、時間限制性,以當事人之安全為最大考量,以及採取立即可用的資源和行動等。換言之,於危機處理當下,並不以當事人的長期或過去的歷史議題為優先介入重點,反而是如何降低危機事件的嚴重性與危險性,以及如何幫助當事人度過目前的危機,才是危機處理的首要原則。當然,「化危機為轉機」,亦是危機處遇另一個期待深遠的介入方向——如何逐步幫助當事人接納與面對現實,讓當事人能從中悟得人生的意義與價值,並重新建構出生命哲學中的正向價值,如此,往往才算真正走出危機、走過傷痛(Gilliland & James, 2001; Lewis et al., 2002)。

前述一般危機處理的基本原則，乃與 SFBT 的基本精神不謀而合。根據 SFBT 目前的發展與介入效益，證明了 SFBT 確實幫助了很多處於危機中的當事人；許多當事人於接受 SFBT 晤談後，多能夠冷靜地知道可以開始做些什麼來改善目前的情況（De Jong & Berg, 2007a）。因此，SFBT 是一個適合在危機處理中加以援用的諮商派別。當然，對 SFBT 來說，協助處於危機中具有高度情緒張力的當事人，在基本信念與諮商架構上，和輔導其他類型的當事人一樣，並沒有大幅的不同（De Jong & Berg, 2007b），不過，由於 SFBT 對於危機處理及情緒困擾仍有其獨特的見解與方法，故非常值得加以介紹。尤其，雖然 SFBT 的信念簡明易懂，但是 SFBT 其實是一個「知易行難」的派別（Berg & de Shazer, 2004）；特別是處於危機事件中的當事人，常陷於「問題式談話」，在回答任何問題時，多為對問題的描述，例如：危機事件有多恐怖，或只表述生活中正在發生的困難事件等，卻少能清楚指出針對困擾情境做了何種處遇，或需要採取什麼樣的行動（De Jong & Berg, 2007a）。所以，在危機處理中要能開啟與維持 SFBT 的「解決式談話」更為不容易，對於不少初學 SFBT 的諮商師來說，會是很大的挑戰（De Jong & Berg, 2007a）。不過，諮商師若能先把握 SFBT 對於危機處理與情緒困擾的一些信念，再嘗試將基本晤談流程與技巧於危機情境中變化應用，將會有所幫助。

壹、焦點解決短期治療對危機處理的觀點

一、危機介入是知覺轉換及協商未來的過程

（一）焦點解決短期治療對話創造知覺轉換的空間

深受後現代哲學思潮的影響，歸屬社會建構論者之一的 SFBT，並不看重過去歷史及問題成因的探究，反而認為個人對現實（reality）的知覺，是一種與社會協商（socially negotiated）的結果。亦即，SFBT 認為，現實是被發明的、被人們賦予意義的，每個人所知覺到的現實不盡相同，也沒有所謂絕

對的、固定不變的、客觀的現實（O'Connell, 2001）；同樣的，災難、意外、疾病以及其他不可預測的事件，都可能隨時發生在任何人的生活裡（Berg & Steiner, 2003），而當事人如何知覺以及賦予危機的意義，才會是關鍵重點所在。

正如 O'Connell（2001）援用社會建構論的觀點認為，壓力或危機不是客觀的情況或疾病，而是當事人在其主觀世界中知覺自己被挑戰到能力的極限，原有能力、觀點、自信以及與人的關係等，皆無法以舊有模式運作，因而無法因應某一特定程度的壓力，以致於當事人的價值、目標及安全感皆被撼動。亦即，所謂突發危機的壓力常是突如其來、非預期的，當事人往往一下子難以立即調整其觀點、期待與行為，原有的認知結構也未能多可即時調適或配合這些侵入性的新體驗與知識，因而在「短時間內」，當事人會相當強烈地焦慮於他的世界被破壞，惶恐於他的社會建構被摧毀，而不免會產生敵意、威脅、憤怒或漠然等情緒；凡此種種反應，都是很自然且可被理解的反應（O'Connell, 2001）。是以，SFBT 對危機的定義，乃採用 Gilliland 與 James（1993）的看法：「危機是當事人對一事件或情境的『知覺』，即當事人會『覺得』此一事件與情境，是超過個人現有資源與因應機制所能負荷的，是一個『目前暫時』不能忍受的困境」（引自 De Jong & Berg, 2007a）。

如同 SFBT 的創始人之一 de Shazer 認為，SFBT 視「意義」乃需透過「社會互動與磋商歷程」而予以了解；諮商師與當事人共同參與治療性的對話，將會發展出新的意義、新的真實與新的敘述。所以，諮商的重點不在為當事人進行解釋，而是在創造一種有意義與開放的回饋循環系統（Simon, 2010）；在危機處理的過程中，亦為如此。由於 SFBT 認為，當事人對危機事件的暫時性無法負荷感，是當事人此時此刻「主觀知覺」的結果，需予以尊重之，所以不是由諮商師來判定此危機是否已然超過當事人原有因應能力所能應付的程度。因而，SFBT 的危機處理工作，是在當事人知覺層面中進行「知覺運作」（a matter of perception）的一種介入，即透過當事人「知覺的轉變」而產生療效（De Jong & Berg, 2007a）。即使在協助當事人面對失落與悲傷課題時，SFBT 亦遠離傳統心理諮商深入探討失落與悲傷之深層經驗

的作法，反而是與當事人共同建構（co-construct）出另一種「真實的感受」，相信一旦當事人對「現況」的感受被「解構」（deconstructed）了（如痛苦並非會永遠延續），那麼，將會打開一個先前並未意識到的新可能性（Simon, 2010）。

簡言之，SFBT運用當事人與諮商師的互動中所建構的「解決式談話」，來協助當事人「轉換」（shift）知覺及其思考推論的架構，以助其能有所改變，以看到新的可能性；而此「轉換」即主要為幫助當事人能發現、證實與確認自己力量與優勢之所在（De Jong & Berg, 2007a），以成為當事人面對、承受、因應、處理，或化解危機的重要資源，例如：SFBT 諮商師會全然接納當事人處於危機中的觀點與知覺；雖然會提供當事人表達情緒的機會，但不會讓當事人一直停留或深陷於情緒的折磨中。對於當事人所體會到的苦痛以及生命的限制，會表示理解；對於如何存活下來，則會更表佩服（Korman, 2011）。進而，諮商師會從當事人各種情緒所反映出的需求、目標與動力，讓當事人在看到自己的力量與資源的當下，透過實際行動的展開，實際解決了部分問題，而讓情緒直接產生向度的轉化與程度的減緩，然後再慢慢將當事人從關注自己的負面情緒，逐步學習如何為自己的生命負責，而能更快幫助其走出「受害者」的角色，產生合理控制的賦能感，轉換為「生存者」、「因應者」的角色，而開始積極處理所遭遇的一切；同時，諮商師也會鼓勵當事人引發與產生關於生命中的愛、愉悅、感恩、快樂、榮耀等正向情緒，以支撐目前的逆境，並擴展生命的順境（McNeilly, 2000）。

（二）危機是個人決定如何茁壯的契機

SFBT相信，人們是持續在改變的，且改變是不斷在發生的（Berg & Miller, 1992）。人們一直都在面對與調適生活中所遭逢的一切變化；當造成危機的事件發生時，此事件已然是當事人生活中一項既定的、存在的改變，所以，人們還是需要如適應其他事情一般，得調適此危機事件的猛然到來（De Jong & Berg, 2007a）。比方說，失去任何心愛的東西，如至親、至愛、一隻腳等，將可能永遠改變一個人；但是，一個人的生命仍需要向前邁進，故得接納這

已然不同的生活，無論這些不同是巨大或是細微渺小的變化（Berg & Dolan, 2001）。除了適應與接受危機帶來的改變外，SFBT 也視危機事件為一個讓當事人茁壯的機會，因為歷經危機的辛苦，有時亦是一種「令人成長的疼痛」（growing pain）（Berg & de Shazer, 2003a），往往促使當事人重新釐清被問題蒙蔽的個人優勢，或者不得不再強化、重組原有的力量，以迅速發展新優勢，而使危機成為學習擴大生命智慧與生活能力的成長機會。

　　然而，關於接受與適應危機事件的發生，以及運用危機成為成長的機會，SFBT 仍會強調，這過程端賴當事人的目標、希望、動機、速度以及能力而定（De Jong & Berg, 2007a），而不像一些其他派別一般，會主動為當事人設定需要突破的目標與方向。這是因為 SFBT 相信，當事人的壓力與情緒是很私人性的，只有當事人自己最了解自己的狀態，且每個人都需要在其主觀世界中繼續過活，因而有關當事人想要改變的面向、層次、程度與強度，以及要用什麼樣的力量與資源來處理危機，都應由當事人來做出決定，諮商師無從事先得知也無權越俎代庖。

　　簡言之，SFBT 相信，問題的解決之道需要由當事人自己創建，而非由諮商師來製作；SFBT 也認為，當事人會帶著個人的目標進入諮商室，而諮商師則需與當事人一起創造解決之道（Berg & Reuss, 1998）。若當事人知道如何選擇自己的目標時，其個人的權力感（power）會隨之增加；反之，當諮商師沒有聽到當事人想要的目標、沒有使晤談朝向當事人想要討論的方向時，當事人就會流失個人的力量（Berg & Reuss, 1998）。所以，在危機處理中，SFBT 仍強調諮商師應秉持著「未知」的態度——不假設當事人面對危機應有的目標與個人需求，也不預設特定的療癒過程與方式一定比較適合當事人，例如：哭泣不見得是向前走的唯一路徑，端賴當事人覺得需要與否。SFBT真正地信任當事人有能力與權利來決定自己如何面對危機，並會透過焦點解決問句，來協助當事人澄清、確認與發展之（Berg & Dolan, 2001）。

（三）危機發生後的未來，仍充滿協商的可能性

　　SFBT 持有一個重要信念：未來是可以創造與協商的。這代表著人們並

非過去歷史的奴隸，不必把未來看成是過去經驗或家族歷史全然決定、無法扭轉的成果；雖然家庭、文化與種族都會影響個人做事的方式，但是當事人想成為什麼樣的人，是可以被創造與協商的。所以，SFBT 常問當事人想要什麼樣的未來，而不深究過去的悲慘歷史。即使當事人想要了解過去的影響，SFBT亦會特別著重於：發掘與確認在過去生活中，對當事人來說最有用處、最有助益、最有學習之處，並探討如何將之應用於現在，如此，將能協助當事人重新詮釋或掌握過去歷史的意義。不論當事人的選擇是什麼，對於過去歷史影響力產生新正向詮釋，將會有助於當事人對未來的決定。明顯可知地，SFBT 對危機影響的看法，乃跳脫了「臨床醫師黑盒子式之思考」，不再侷限於過去「病理學」及不健康的簡化分類，而大大擴充了「健康」的觀點（Berg & Dolan, 2001）。

舉例來說，SFBT 相信，失落（loss）不應被視為是需要解決的問題，失落應會賦予當事人生命截然不同的意義。對 SFBT 而言，悲傷是生活的一部分、是一個動態的歷程，是無法自整體療癒的歷程中直接單獨分開處理，故SFBT會以「兩者／同時」（both/and）的觀點，秉持悲傷與療癒乃可同時並存進行的信念，來協助失落者重新建構生活；甚至，SFBT 相信，當事人能「從自身之失落經驗，彙整出有效的意義」，這可能會比只是「接受失落事實」來得更為重要。是以，SFBT 認為，所謂具諮商治療性的有效對話，乃是在協助當事人於歷經悲傷時，同時建構出療癒；而且，唯有透過諮商師詢問貼近當事人的尊重式問句，陪伴當事人探索歷經失落後的生活，才有可能經由諮商師與當事人之間的合作，提升了對當事人的幫助（Simon, 2010）。

又例如：SFBT 認為所謂的頓悟、詮釋與再架構，即是讓當事人得以重新講述及重新創造故事，而此也正是諮商工作努力的重點。透過重新講述及重新創造生命故事的活動，當事人將經驗到他是一個正在改變中的人，進而能提高改寫生命故事的能力與意願，也將會塑造、再塑造、再協商，以及再修改當事人與周圍之人的關係。因此，當事人可以進出愛、婚姻、離異等創傷事件，能夠邁向新關係與新生活，也可能於新關係與新生活中治癒過去的傷痛，並能重建信任的互動關係及滿意的生活（Berg & Dolan, 2001）。

二、於當事人社會與情緒脈絡中，接納與轉化危機激發的負面情緒

（一）社會脈絡中個人情緒的獨特性

　　危機事件往往帶給當事人強烈的負向情緒。但是，SFBT 視情緒為當事人整體生活型態的一環，認為情緒的意義是與社會脈絡（social context）相互建構而生，且與行為、認知具有高度的交互作用，因而認為情緒無法單獨孤立於社會生活的各層面之外，也不認為一個簡單的因果論，就可以解釋情緒何以發生；是以，在 SFBT 中，並不將情緒明確區分出一個專精獨立介入的領域（de Shazer & Miller, 2000）。

　　SFBT 相信：「個人對於問題的界定，往往決定了什麼才是問題」；很多時候，問題是來自於個人對環境的期待與解釋所致。SFBT 認為，要了解一個人因危機產生的壓力與情緒時，不應僅是探索當事人的內在，而應將當事人放在一個「社會脈絡互動關係」的角度，來予以了解與檢視之；因此，SFBT 會在包含情緒、認知、行為的當事人「整體知覺」中工作，尤其會特別注意當事人的參照架構如何與其生活脈絡的經驗往返互動（O'Connell, 2001），例如：當事人對於配偶外遇事件的憤怒與羞愧，除了反映當事人對配偶關係的信任遭受打擊之外，也可能反映了當事人受苦於社會環境對外遇事件的負面評論；而有些當事人對配偶外遇事件的痛苦，不是來自早已對婚姻關係的失望，而是自責於自己沒有做任何挽救行動的行為所致；所以，每一位當事人因外遇事件而有的憤怒與羞愧都各其來有自，也各有其脈絡因素間的交互作用（de Shazer & Miller, 2000）。

　　換言之，由於每位當事人所處的社會脈絡並不相同，其主觀詮釋與因應行動亦有差異，因而同一危機事件帶給當事人情緒反應的程度與向度，會有很高的個人獨特性，於是，SFBT 對當事人社會脈絡的理解與接納，特別是當事人於特定事件中的深度痛苦，將會透過許多明示與暗示的方式，對當事

人傳遞出一個訊息：當事人自身的感覺、想法、信念、喜好等，都有其緣由，且皆具價值、意義與用處。這不僅會創造諮商師直接與當事人於諮商室內互動的一個社會脈絡，雙方也會在此脈絡中建立了正向的感情氣氛，使得當事人更願意告訴諮商師自己目前狀態與受傷之處，而又增添 SFBT 的療癒性（Berg & Dolan, 2001）。

（二）相信同時存在性，並兼顧一般化及個別性

de Shazer 與 Miller（2000）提出 SFBT 對情緒的三大假設為：(1)情緒是人們生命中的核心；(2)有效的 SBFT，能在符合當事人的情緒脈絡下，推進諮商歷程；(3)熟練的 SFBT 諮商師，在與當事人的互動中，將當事人的情緒放入考量的，雖然經常是在當事人不知不覺的情況下執行之。

亦即，SFBT 諮商師會專注傾聽當事人對問題的訴說與抱怨，也會表示理解當事人的挫折與難過，因為傾聽與理解是助人對話中最為核心的靈魂（Fiske, 2008）。不過，SFBT 諮商師雖然尊重與珍惜當事人願意吐露痛苦的心意，但是諮商不會一直停留在對負向情緒的同理中，因為 SFBT 相信，各種經驗都具有「同時存在性」，例如：生命有其痛苦的部分，但也有其快樂的階段；某一危機事件「有時會」令人感到痛苦，但是當事人「有時不會」感到痛苦；或者，一個人在危機下是會感到痛苦的，但「同時」也長出了因應的力量或成長的智慧（Bertolino, 1998）。在不同意當事人採取傷害性行為的前提下，對於當事人任何經驗中的正反兩面，SFBT 都認為是可能且允許的。因此，SFBT 諮商師會特別避免傳遞出哪些情緒是好的或不好的評價訊號，並會在不脫離當事人目前生活與社會脈絡的前提下，包容接納當事人的任何反應；尤其，SFBT 諮商師會特別注意，在「不更為負面化」其情緒之下，仍能「精確地」回應當事人的感受，同時也避免將當事人的經驗平凡化與邊緣化，而使當事人覺得自己的體會並沒有什麼獨特性或重要性，例如：諮商師會對當事人表示理解「離婚對生活各層面都有很大的影響」，但不會以「身陷於離婚痛苦而無法自拔」之類的字詞回應。

再以失落悲傷的療癒為例，由於 SFBT 認為，「接納失落」是很正常、

很重要的歷程,也是一個人生暫時性的階段過程。由於度過生命的危機、適應與接納危機所帶來的改變,是需要時間的,因而允許當事人在壓力與困惑當中放慢腳步,無須立刻做決定,爭取一些時間,以幫助當事人在兩難的抉擇中,慢慢醞釀與創造新的觀點與新的解決可能。因此,面對剛失去親人而悲傷的當事人,SFBT 諮商師可能會鼓勵當事人自然表達其傷心,因其表達的過程即是一種療程;同時,SFBT 也允許當事人花些時間悲傷,即使是稍微離開現實的世界也可,而這悲傷時間的長短,常視當事人與對方的關係而定。

亦即,「一般化」的深沉接納,會特別展現於諮商師回應當事人的負向情緒反應,特別是對處於危機中的當事人。當事人看待問題常是「永久的、不會改變的、失控的、全面的」恆常狀態,而 SFBT 的語言會在配合當事人的情緒脈絡下,以「暫時性的、變動性的、可預期的、部分化的」方式回應當事人,而造成當事人知覺的變動(Fiske, 2008),例如:諮商師以「在剛失戀的這一段時間,人們常覺得自己是沒有價值的」,來回應當事人表示「因為剛失戀,很否認自己、覺得實在很沒有價值」的描述。然而,所謂的「一般化」,不是安慰敷衍當事人的技巧,是要能展現「常態化」、「去病理化」的接納態度,而大大考驗著諮商師是否能認識與涵容處於各處境當事人所有的一切反應,以及人生的各個發展階段(McNeilly, 2000)。就 SFBT 的觀點而言,一些關於走過危機與失落的「固定」階段論之觀點,極可能限制了失落者個別化的目標與療癒歷程。SFBT 強調,人們療癒自己的方式應由當事人自己決定,並不認為人們一定得「克服悲傷才能重回軌道」,例如:當「暫時性的否認」能及時帶給當事人有效的幫助時,這樣的「否認」仍是值得被尊敬與被理解的。在諮商過程中,即使處在危機裡,只有當事人自己能決定他們要走向何處,諮商師的職責則是引領此過程,而非去設定與要求之(Simon, 2010)。

簡言之,SFBT 對於當事人的情緒是接納的,諮商師所使用的語言會讓當事人覺得諮商師理解其真實痛苦,但同時又開放於個人經驗中有能力與成功的面向;亦即,SFBT 是在「認可當事人的情緒」以及「開發可能性」之

間，達成動態平衡的晤談。當然，對一些當事人來說，討論情緒是一種禁忌，觸碰情緒反而會壓制當事人無法參與諮商的過程，這也是諮商師需要特別注意與尊重之處（McNeilly, 2000）。

（三）轉化出負向情緒中的個人看重，並追求正向情緒

在關注情緒議題的同時，SFBT 將情緒視為當事人在其生活中「特別在意什麼或希望獲得什麼」之一種「有理由」的反應；亦即，情緒是能夠反應當事人目標與資源的一種指標，而非是需要被修補的、有問題的錯誤反應。因而，SFBT 不將情緒視為問題的肇因而予以介入，更不會以情緒的議題作為晤談對話的主軸。對於當事人提出的問題與情緒，SFBT 諮商師會予以接納地「重新建構」，讓當事人看到問題及情緒背後自己真正關心的焦點，但又無傷於當事人所提的內涵或減損諮商師的支持，例如：諮商師對當事人想要自傷的意圖，反映其乃有著當事人對於生命的慎重思考及想要擁有快樂的渴望。當問題另一面的焦點被突顯出來時，問題存在的社會脈絡有時就會改變，當事人的知覺便會有所轉化，其負向情緒也就會隨之更改，如此一來，當事人將能開始朝向真正關心的焦點目標前進，並開始投入於建構解決之道中（McNeilly, 2000）。

重新建構技巧的使用，並非是諮商師一廂情願的自言自語，或存有要求當事人只能正向思考的逼迫；重新建構需要在理解當事人全盤的故事脈絡之後，才考量如何貼近的回應。重新建構常會突顯出當事人習於關注的負向層面，但同時又彰顯了其他同時存在的正面面向，例如：目標、期待、在意、意義、資源、能量等；因此，重新建構是一種很有「力量的」（powerful）介入，十分能帶給當事人賦能感。雖然重新建構有時還不足以全然改變當事人，但重新建構的介入，至少會讓當事人離開防衛的姿態或水深火熱的問題深淵；甚至，有時諮商師只運用了重新建構的技巧，就可能足以讓當事人修改對問題的界定而化解了負向情緒（McNeilly, 2000）。此正如 O'Connell（2001）所強調，透過語言來解構當事人對問題的詮釋，重新建構其對問題的描述，所建立起新的、正向的、有意義的、有方向性的界定架構，往往能

帶來當事人希望感，自然而然地消融當事人的負面情緒，正向情緒甚至能漸進產生。

　　SFBT 強調，諮商師如何回應當事人的情緒，將會影響當事人情緒的運作規則；諮商師與當事人的互動，亦會影響當事人對情緒的覺知與詮釋。在諮商過程中，SFBT諮商師會特別併入當事人用字並配合當事人的語言層次，以使當事人在疲倦、痛苦的狀態中，仍能容易理解諮商師的回應語言。亦即，諮商師在與當事人溝通時所使用的語言，需要是清晰、中立、不批判、不標籤，以及符合事實程度的，以免當事人再次受傷。具體舉例而言，「你好像以自傷來『逃避』痛苦」可能就不及「你好像以自傷來幫助自己『遠離』痛苦」，來得讓當事人接受；又如，「被失戀困擾的人」會比「戀愛失敗的人」來得尊重當事人；而「選擇結束自己的生命」則會比「自殺」來得和緩些。同樣的，諮商師不以「當事人『只是』想引起他人注意」來描述當事人，而是真的理解當事人期待別人的關懷；諮商師也不適合用「成功自殺者」來描述當事人，因為這很容易表示沒有自殺成功者是失敗的人（Fiske, 2008）；選擇如何描述當事人的情況，乃反映出諮商師的價值觀點與態度，以及事實的所在。諮商師使用語言的原則，至少包括：能符合當事人的角度、對當事人是有意義的、貼近當事人生命脈絡與需求的、併入當事人用字的，以及反映了解與接納當事人痛苦及其意義的，不會比當事人更為正向樂觀，但又具有催化當事人反思、希望、可能性與行動的發生。因而，「語言」此一工具對於 SFBT 的重要性，以及語言的選用，是 SFBT 諮商師的一大藝術能力，也是一個需要不斷變動彈性化修正的歷程。

　　其實，SFBT 的諮商性語言是特別設計來幫助當事人能夠展現樂觀、自信、愉悅等正向情緒的，而正向情緒的展現與建構，乃被視為諮商歷程中的莫大資源，例如：SFBT 諮商師會讚美當事人、指出當事人的優勢與力量、探詢成功經驗的存在，或者會運用各種問句來介入引導當事人如何改變自己的情緒；又例如：在當事人改變了原先高漲情緒來描述他問題的狀態時，諮商師便會去探討發生了什麼？何以能做到？或者，諮商師常會探討當事人如何確認，在自己的認知與行為有所改變後，所能夠達成的境界為何，如詢問：

「你說當問題解決時，你的感覺就會更加不同，別人怎麼會知道你的感覺已經不同了？」、「當你的感覺不一樣後，你又會有什麼不同於現在的作為？」如此，將會引發當事人思考如何透過各種改變來產生偏好的結果，進而真正擁有正向情緒（Berg & Dolan, 2001）。

三、信任與催化當事人自發的自我協助

（一）聚焦於與危機同存的因應策略和內外資源

SFBT 發揮著看重正向療效的賦能效益，然而，SFBT 不是直接賦能當事人，而是引發當事人自己賦能自己。如前述，SFBT 尊重危機事件對當事人所造成的影響，但也看重危機事件可能帶給當事人的諸多成長（Hansen, 2005）。然而，一個人要能將危機轉換為成長的力量，並能自我賦能，除了取決於前述當事人如何看待危機之外，如何「因應」危機的方法，更是關鍵所在。因為 SFBT 堅信，一個人所面臨的不是問題本身及問題帶來的情緒，而是在其主觀世界建構中，與環境、自己如何協商的議題（O'Connell, 2001）。一個人的認知、行為與情緒是密不可分、互相關聯的，因而一個人往往因為擁有某些感覺而採取特定行動，但是當他們的行為改變了情境時，他們的認知與感受也會隨之變化。所以，在危機處理中，SFBT 特別關注的一個層面是：當事人此時此刻的所作所為，如何可以更具建設性地幫助自身，減低危機所帶來的衝擊或危險性；並且，如何在度過危機的同時，還能朝向在遭受危機衝擊後所想要的生活及目標前進（Berg & Dolan, 2001）。

處於危機中的當事人，會告訴諮商師非常深且多的悲痛與挫折，常使諮商師覺得沉重；此時，要諮商師能夠看到當事人的資源、例外經驗、因應行動之所在，並加以建構成有效的行動，乃是相當艱鉅的工程。對SFBT來說，諮商師如何持續保有正向態度且較不會感到無力的背後信念是：每一件事都有另外一面，應去發現並探索另一面的存在，例如：諮商師可以在心中不斷地探問與確認：目前一直在談論想要結束生命的當事人仍然出現在你面前，他仍然活著、仍然在呼吸；當諮商師專注於類似方向的觀察時，或許也將會

發現當事人有想要呼救的行動與心意。或者，諮商師也可以這樣思考：當事人雖然遭遇重大的創傷與危機，但是他仍努力在幫助自己生存下來，而他究竟是如何幫助自己活到現在的呢？雖然危機事件的衝擊如此之大，但是當事人又是如何讓自己沒有變得更糟？他是如何幫忙自己來到晤談室呢？如果他更清楚掌握自己是如何幫忙自己的，又會對他有何助益？他又會有何不同？

在危機中，人們往往展現了比原先被認定還要多的資源與力量！聚焦並看重當事人在危機中自發的生存因應之道，往往會讓諮商師與當事人的心中為之一亮。尊重與確認當事人如何能承受痛苦的方式，常對當事人有穩定的鼓舞效益。尤其，處於危機中的當事人常無法學習新的策略，諮商師可提醒當事人多加使用目前已經做到的因應方法，會是比較容易成功奏效的。通常，危機的發生不是當事人所能控制的，探討當事人如何因應，除了會幫助當事人面對壓力之外，還同時能讓當事人更有能力去「承受」這些危機所帶來的衝擊或失落。常見在危機中的當事人，當能談到自身在危機中的一些「例外成功的小小因應經驗」時，將會產生一絲的希望；這樣的成功經驗並不需要是偉大的成就，而是當事人如何因應、掙扎、努力、嘗試、依舊懷有希望的小小行動與可貴意圖（De Jong & Berg, 2007a）。

為能發現當事人的因應之道以及優勢資源，諮商師也可以進行如下的思索：

> ・當事人擁有什麼樣的內在或外在的資源？他們何以沒有更糟？如何增加其內在資源與外在支持力量？
> ・當事人過去有哪些成功經驗中，哪些方法對於目前困境仍然有用？何以有用？
> ・當事人曾經做了哪些有效的方法，使他們得以進展？他們是如何做到的？做了以後結果如何？又學到了什麼？
> ・如何協助當事人逐步有控制感地慢慢恢復平常的活動？

顯而易見地，強調當事人如何因應、承受，以及如何「更能」因應與承受危機的影響，乃是 SFBT 危機處理的重大原則之一。對於處在危機中的當事人，SFBT除了秉持信任當事人可能已經找到資源來因應困境的態度之外，

還會貼近當事人高漲的負向情緒，持續緊密地跟隨當事人，進而引導其能轉而探討過去的例外因應方法以及目前的小小進展，並懂得選用合適於當事人情緒狀態的讚美方式，再予以增強之（Fiske, 2008）。尤其，SFBT認為：小的差異會帶來更多差異；探討與肯定當事人如何能有小小前進，將能帶動滾雪球的大效應；不過，對於危機中的當事人，諮商師與當事人可先求不更糟或延緩惡化，而非期待情況立即有大大改變，也會是一個可以先努力的方向（De Jong & Berg, 2007a）。

（二）催化「與問題共處」時的「自我照顧」

對問題的因應與承受，所反映出來的哲學即是：當事人在危機或困境發生後的這段時日內，是如何「與問題共處」？以及，當事人如何在「與問題共處」時，能有一些「自我照顧」的策略？這些面向的探討，將會協助當事人提升接納與面對問題的能力與意願。亦即，SFBT 諮商師會幫助當事人在承受危機的重大衝擊下，慢慢平靜且聚焦地覺察：自己是如何面對問題與自我照顧的？哪些自我照顧的方式特別有效？個人所擁有的資源與資訊是什麼？各種方式、資訊與資源所帶來的差異與效果為何？以及，如何能將已經擁有的各種技能應用在不同的情況中，而加寬與加深自身的因應能力，以能在正視問題的存在下，採取個人最適合的方式以滿足自己獨特的需要（Johnson & Webster, 2002）。

具體而言，SFBT 會盡快協助處於危機的當事人建立其生理與情緒的安全感，並且透過因應問句的探討，找到當事人目前能夠做到有效舒緩或控制痛苦與混亂的策略，即使是降低一點點程度也好（Fiske, 2008）。舉例而言，若當事人不斷回想其和亡者交往的片段時，諮商師會表示了解與支持，因為亡者的生命本不應從當事人的心中全部刪除；但是諮商師也會引導當事人思考，在近日內，當事人是使用什麼方式，讓亡者繼續活在當事人的記憶裡，除了這方式之外，還有什麼方法也是當事人願意嘗試去做的？SFBT 諮商師除了一般化及接納當事人處於失落的各種反應外，也會詢問當事人近日如何照顧自己健康的方法，並會多提醒當事人執行之（Berg & Dolan, 2001）。甚

至，諮商師還會鼓勵面對失落議題的當事人漸進恢復平常的活動，或者讓哀悼變成一種主動的主控行動，慢慢成為日常生活中重要的「一部分」但非為全部重心；因為走過哀悼以及讓生命往前走這二個歷程，乃可單一進行、也可同時發生的。當然，所謂的「放下」（let go），乃與「遺忘」（forget）或壓抑是不同的，諮商師也會適時與當事人檢核之（Hansen, 2005）。

學會懂得與問題共處及自我照顧的當事人，不僅能夠慢慢評估情況及執行日常生活所需，在提升個人與社會適應性之後，還能與目前的情況共處，減低生理或心理層面可能的傷害，並能盡量維持生活的完整獨立性及滿意度。如此一來，當事人常會產生一種自我效能感，在面對未來可能再發生的危機情況時，便更能相信自己具有一定程度的因應能力，而使其「自我控制感」大大增加；這種自我控制感對於降低危機所衍生的各種焦慮與失控感，是特別具有意義與助益性的（Johnson & Webster, 2002）。

簡言之，由於 SFBT 相信，「改變」是無法避免的，而危機事件對於當事人正是一個改變，因而 SFBT 對於危機事件的看法，即為一種「化危機為轉機」的重新建構。然而，SFBT 在此呼籲的是，不是只要求所謂絕對的正向光明面（positive），而是尋求因應生命種種的「可能性」（possibility）之所在（Berg & Dolan, 2001）；面對危機也正是當事人一個重整原有優勢並發展新力量的一個轉機（De Jong & Berg, 2012）。所以，SFBT 諮商師企圖幫助當事人建構的是：在原有的優勢與自發因應力量下，能發展出較有希望與力量的、較能平衡與適應社會脈絡結構的新方式，來度過危機或與問題共處，甚至，還能更懂得如何因應未來危機，並擁有在危機中的自我照顧能力。如此，當事人經過 SFBT 所帶動的改變，將不會是膚淺的、表面化的或治標不治本的，反而具有較為持久、深層思維模式的改變效益（O'Connell, 2001）。

四、焦點解決短期治療應用於危機處理的介入流程與技巧

在 SFBT 危機處理中，強調同步於當事人，並大致配合著一般 SFBT 的晤談流程（即問題描述、建立目標、探討例外、回饋、探討差異與改變等），綜合運用各種 SFBT 具代表性的問句（例如：成果問句、奇蹟問句、假設問

句、例外問句、因應問句、評量問句、關係問句、差異問句，以及循環問句等），以及 SFBT 常見的基本技巧（例如：仔細傾聽、注意可能性的徵兆、回應當事人的關鍵字與併入當事人用字、開放式與封閉式問句的使用、簡述語意、一般化、重新建構、注意當事人的非口語行為、讚美、確認當事人的知覺、自然同理、聚焦於當事人身上，以及探索當事人的意義等）（De Jong & Berg, 2012）。不過，由於危機情境的特殊性，SFBT 在危機處理的實際介入上，亦有一些值得特別予以掌握的原則。呼應著前述 SFBT 危機處理的信念，在此將 SFBT 的晤談流程步驟及重要技巧的使用實例，分別說明如下。

（一）建立關係並維持正向的晤談氣氛

SFBT 諮商師在晤談一開始時，便企圖增進當事人的尊嚴及自尊感。由於處於危機中的當事人剛來到晤談室時，有時會表現出擔憂、無望、自責、警戒、不知從何說起的狀態，或者會憂慮自己的情緒是很獨特異常而害怕被評價，或者焦慮於未來的不確定性，甚至覺得自己已經被問題淹沒了；因而，在晤談的一開始，當事人所關心與吐露的重點多會停留於自身的過去歷史及錯誤疏失的層面。所以，諮商師需要讓當事人覺得自己放鬆、放心、安全、舒服，或者讓當事人能稍具掌控感、較有能量去開始表達自己的問題等，都是很重要的晤談開場原則（Lipchik, 2002; McNeilly, 2000）。

為了能開始建立正向的晤談氣氛，在一般開場時，諮商師多半需要做自我介紹並致歡迎之意；諮商師除了介紹自己給當事人認識並說明對方如何稱呼自己之外，也會詢問他們希望如何被稱呼。之後，諮商師會接著說明SFBT的進行方式：在晤談進行四十分鐘後，有十分鐘的暫停；於暫停時間中，諮商師會自行沉澱整理或與單面鏡後的團隊討論；再於最後十分鐘時，給予當事人回饋。若有其他機構諮商的相關訊息，包括保密原則，也需在開場時一併簡要解說之。通常，諮商師手中會有一些當事人的基本資料、初次晤談紀錄或轉介來談的資料，但是SFBT諮商師卻會以不同的方式來運用這些資料，而不會讓資料上的內容成為既定的成見。

如果當事人的情況大致是平穩的，諮商師則可運用基本背景等相關資

料，先使用一些中立偏正向的問句來了解當事人的背景資料及生活中平順之處，像是：工作性質為何？擅長什麼？何以能勝任這樣的工作？如何利用大部分的時間？喜歡什麼？有哪些家人和朋友？朋友及家人特別欣賞當事人什麼？這樣的問句除了用來開啟話題之外，還能從當事人的回答中，蒐集與觀察一些可用來建構解決之道的資訊；因為在回答這些問題的同時，當事人已經開始表露「什麼」或「誰」對他們是重要的，也已顯現出他們的優點、付出的努力，或擁有的力量。這樣的開場問句將當事人置於一個專家的位置上，而表達尊重與看重屬於當事人的一切，也能讓當事人暫離問題，開始接觸自己生活中平順或不錯之處，如此，將促使諮商師能夠先與當事人「這個人」而非他的問題做連結（De Jong & Berg, 2007a）。

有些當事人在需要尋求專業幫忙時，很可能會覺得沮喪或丟臉，其生理的狀況也常超過當事人所能控制的。如果諮商師感覺到當事人明顯的焦慮，諮商師則會提供「一般化」的資訊，例如：

「會來尋求專業協助想必是面臨很困難的問題；能懂得運用專業資源是很重要、很難得的。」
「對很多人來說，來晤談常是一個很不容易的抉擇。」
「要對陌生人說出內心的事是很有挑戰性的。」

然後，再關懷地問候當事人：

「現在做些什麼，會讓你覺得比較舒服一點？」
「需要知道什麼相關資訊，會有助於開始我們的談話？」

亦即，將當事人視為一個「人」而非「病人」，以一般化與支持的態度對待之，讓當事人覺得個人的狀況稍可掌控後，再開始談論其他主題；而此態度本身，往往已經具備了療效性（Lipchik, 2002; McNeilly, 2000; Korman, 2011）。

有時，處在危機事件影響中的當事人，一開始會表現退縮的行為，如不太願意說話。面對這樣的情況，諮商師可多注意當事人的非口語訊號，或者，先詢問與確認當事人此刻的經驗為何，並再次保證諮商師對他們的關心：「從你的表情我可以看到你是有些緊張的，我猜你是不是一直回想剛剛發生在你身上的事情。我希望你能知道，我非常願意聽你說說任何你想說的話」（De Jong & Berg, 2007a）。

諮商師透過非口語訊息來傳遞的關懷與尊重，是非常重要的方式。若有必要時，也可引導當事人做一些簡單的深呼吸，以建立一個支持了解與漸進平靜的諮商氣氛（Steiner, 2005）。倘若當事人在危機中覺得非常混亂到無法說話，諮商師也可以只是坐在當事人的旁邊，不發一語的陪伴；光是諮商師的出現與存在，以及間歇性的保證著諮商師的關心與耐心，亦會具有安慰效應（De Jong & Berg, 2007a）。當事人若能開始將其感受訴諸於文字表達時，將可幫助當事人確認與檢視自己的經驗，也可慢慢重拾控制感，這對當事人來說常是很重要的轉折之處（De Jong & Berg, 2007a）。所以，諮商師要記得短期治療的一個主要原則是：「慢速進行」（go slowly）（Fiske, 2008）；尤其，當與當事人晤談是很緩慢在移動時，諮商師就更要「慢速進行」（Korman, 2011）。

換言之，諮商師除了說明 SFBT 的架構與基本的場面構成之外，建立一個尊重與賦能的諮商氣氛與晤談基調，是一開場時最重要的意圖。理想上，諮商師與當事人之間的關係應形塑出一個接納、關懷、了解、尊重、舒適、感性的正向情緒氣氛。諮商師特別需要以一種不評價、不挑戰、不面質、非未卜先知的姿態來對待當事人；如此，諮商師之後才容易把晤談的焦點轉移至了解當事人的主觀世界、當事人所關注的現在與未來議題，以及當事人正向資源與力量等面向上。當然，正向的晤談氣氛必須是持續經營的，不是一旦建立後，就不再注意或予以揚棄；諮商師需在配合當事人的情緒狀態及其可接受的方式下，在於整個晤談過程中，持續維持著檢核與營造晤談氣氛與諮商關係的努力（Lipchik, 2002）。

（二）接納與轉化當事人的情緒

處於危機中來談的當事人，往往無法像一般當事人那般平穩。如果當事人是飽受驚嚇、憤怒或哭泣不已時，諮商師展現出「自然同理」（natural empathy）及「一般化」的態度，是很重要的。所謂「自然同理」是指，諮商師能在「感同身受」的層次上，進入當事人的思考、情感與行動的主觀世界，且不會迷失其中或陷於同情，或是過度解釋當事人的情緒意涵；而 SFBT 強調的「自然同理」，則是指諮商師整個人都自然地呈現對當事人的「整體同理」，例如：點頭、關懷的語調、尊重地等待當事人思考的沉默、複述當事人的關鍵字、反映當事人所在乎的內容等，而不是使用一個單獨切割出的技巧而已。亦即，SFBT 諮商師會對當事人的情緒有同理性的回應，因為同理性的回應能夠幫助諮商師了解當事人情緒與行動的運作是如何產生，並能激發諮商師思索如何幫助當事人改善自身情緒的技巧（de Shazer & Miller, 2000）。SFBT 諮商師要能敏銳於當事人的情緒，了解當事人情緒的意義，而能在符合情緒與認知的層次上適當回應之，包括當事人的在意、目標與動力，而非窄化得只回應當事人負向情緒的層次而已（Biestek, 1957，引自 De Jong & Berg, 2007a）。

至於「一般化」，即是諮商師將當事人在危機創傷事件後會有的任何症狀，都視為一種很自然的現象、可以理解的反應，而非以病理學的診斷來界定之；諮商師也會適時以人生發展階段與事件的性質，來一般化、常態化當事人的情緒，以幫助當事人不過度擴散其情緒效應，並減低擔憂自己過於特異獨行的恐懼。諮商師面對當事人的種種情緒、反應與掙扎時，常會以「當然」、「是的」、「我能了解」、「這是讓人可以理解的」之接納態度來與其對應（De Jong & Berg, 2007a; O'Connell, 2001）。常常，諮商師也會以「暫時的階段性變動」類型的詞彙略修當事人「永久無法改變」型的用字，例如：「在發生地震後的一段時間內，多數人都特別對餘震有反應」、「孩子剛上國中，常需要有一段適應的時間」；同時，諮商師也會以「可預期」、「偶而有正向經驗」的語言，取代當事人的完全失控感與無法忍受的描述，例如：

「思念有第三者的男友，那種感覺有時會強些，但有時也會弱些，是嗎？」、「雖然一開始重新適應單身的生活會有些困難，但慢慢地，看你也漸漸地適應了！」凡此，都是一種輕輕扶起當事人的一些一般化回應（Fiske, 2008）。

「重新建構」也是一個重要的介入，其常運用於辨識當事人各類情緒背後的正向意涵；因為 SFBT 相信：每一種特定情緒的背後，正可反映出當事人的正向特質，或是問題的正面意義，例如：一個人會有自責的情緒，是因為他負責，有道德感；一個人會覺得焦慮，是因為他有現實感及想要行動的慾望；一位太太會悲痛於先生的突然過世，是因為這悲痛中有著對先生深層的愛與眷戀。其次，SFBT 還將情緒視為當事人「希望自己在生活中更能獲得什麼」的一種反應，所以，諮商師對於當事人的情緒，可能會有類似以下的思考與引導：當事人有被壓迫的感覺，正反應了當事人在乎的是什麼？憂鬱的情緒，反應了當事人在意錯失了什麼？恐懼的情緒，則是因為當事人害怕失去什麼、想要保有什麼？諮商師還會鼓勵當事人看重這些情緒的價值與重要性，接納這些情緒的存在，同時協助當事人找尋現在能夠開始於努力追求所欲的目標與方法（McNeilly, 2000）。

對於有自傷意圖或自殺行為的當事人，諮商師於了解當事人的生命脈絡後，或可重新建構當事人的自殺行為是一種「結束事件」的手段，而不是企圖要「結束他們自己」；即當事人企圖自殺的行為可能是一種有目的之行為，可能只是一種達成目的之手段，而不是實際的目標，諮商師值得探究其背後的真正目標——想解決的問題或想改變之處（Macdonald, 2007）。同理，自傷行為則可能是當事人「企圖因應、舒緩自己情緒並希望更好」的一種方式；也可視為是一個人在該情況下暫時找不到其他解決方法，或者生氣和知覺到自己沒有任何的支持與幫助所致；甚至，可能有一個「重要理由」於背後，例如：非常希望他人與事情改變、想到未來的無望感便難以承受、害怕擁有希望感後所帶來的極度失望、只是想要從無法忍受的痛苦中脫身，或者是想要停止再受傷的一種求助行為（Berg & Dolan, 2001）。

當事人：「如果我被裁員了，我就要去死啊！我沒有辦法養家啊！現在看起來就是我會被裁員啊！我沒有希望了。」

諮商師：「你認為目前看起來被裁員的機會是大的，這讓你現在很擔心與一下子覺得沒有希望。但是，我也看到，你最為在乎的是，你想要有工作能夠養家。」

又例如：

當事人：「我還沒有去採取自殺的行動，是因為我很困惑，到底要不要這樣做，我有點混亂於我的困惑啊！」

諮商師：「至少，困惑與思考是一個讓你還活著、很重要的原因與力量。」

若時機合宜時，諮商師也可以提問類似的問句，以引發一般化與重新建構的效益：

「你同時面對這麼多事情發生，若別人也面臨這樣的情況，他們的反應會和你差不多嗎？」

「我知道你擔心孩子不服管教的行為，那麼，你覺得你的孩子跟時下年輕人的表現是一樣的嗎？有多少比例是一樣的？」

「你現在一下子不知道如何處理，嗯，那麼你如何可以得知，其他的父母是如何處理類似的情況呢？」

SFBT諮商師真誠、關懷、接納、堅定的言行，以及自然地展現一般化、自然同理、重新建構，將會使當事人相信諮商師是真心關懷並願意了解他們的主觀經驗，如此將減低當事人常因危機而產生的孤獨感。同時，諮商師對當事人情緒的同理與一般化的回應，本身就示範了一種輔導情緒的方法以及面對生命的寬容接納（de Shazer & Miller, 2000）；而重新建構的回應，往往

在發揮接納當事人負向情緒之效果的同時，還具有深度肯定當事人的作用，能使得當事人在覺得被了解接納的同時，滋養出心理的能量。亦即，SFBT 強調同理心是穿透生命的經驗，通過所有的晤談歷程，諮商師需專心傾聽當事人的一切（Berg & Dolan, 2001）；雖然 SFBT 不會把情緒獨立分割來處理，但是自然同理與整體接納當事人的情緒，仍是 SFBT 於所有晤談過程中重要的態度與任務；諮商師若不能持續地同理、接納當事人在危機中的任何情緒反應，或讓當事人覺得諮商師並不了解其情緒與經驗時，晤談將無法讓當事人願意改為朝向追求個人目標或問題解決的方向前進，而將阻礙後續「解決式談話」的推展與進行。

活動 BOX 3-1：情緒的接納與轉化

進行方式：

1. 於 SFBT 訓練課程中，請諮商師四至六人一組，針對以下案例的敘述，討論如何以一般化、重新建構、簡述語意等技巧回應之，並儘量能擷取當事人的關鍵字於其中。

2. 每一組派一位代表分享小組討論的結果。課程帶領者則予以肯定、修正或補充之。

3. 接著，請各小組中有一位成員扮演此當事人，將前面案例自述的內容，分成幾個小段落，再用角色扮演的方式，口語化地表述出來；此無須按文本順序，必要時，也可自行補充資料不足處。

4. 扮演當事人的成員先表述一個小段落後，由小組輪流派兩位成員，依照當事人該段表述的內容，各選擇以合適的簡述語意、一般化、重新建構等其中一個技巧加以回應。之後，當事人隨意回應，並再接著下一段表述。如此進行四至五次。

5. 結束角色扮演後，扮演當事人的成員發表感想，其他小組成員則進行討論與心得分享，最後提出相關意見與疑問。

6. 針對成員討論的內容，課程帶領者予以回應。

案例簡述：

　　高三的小玲說：「我很不想回家，回到家裡只會看到我爸媽為了離婚老是吵吵鬧鬧。你知道嗎？我爸外遇被我媽發現，我媽瘋掉了，整天一直哭；看到我就問我，爸爸是不是又去找外面的女人；一直說她為了家付出這麼多卻被爸爸這樣糟蹋。好不容易爸爸回來，媽媽煮了飯後要三個人坐下來吃一頓飯，卻又要演得好像什麼事情都沒有發生，假裝一家和樂的樣子。我好難受，好希望自己消失算了！他們明明討厭對方，我卻要配合演出家庭幸福的樣子，也不能回房間。他們兩個人在餐桌上只會一直叫我要努力念書，好假、好噁心。他們自己的問題都搞不好，還要我念書，只會叫我念書、念書，煩死了，我又不是考試的機器，成績好、第一名又如何？考上大學又如何？還不是爸爸不要這個家、媽媽搞到憂鬱症吃藥。整個家都不像家了，只是一個空殼罷了！」

技巧舉例：

　　一般化：「爸爸媽媽的婚姻狀況，特別是爭吵，的確會對愛家的孩子產生很大的影響。」

　　重新建構：「從你的難受中，我聽到你很看重這個家，希望這個家不只是一個空殼而已。」

（三）未知地理解問題的意義，並即探尋目標與資源

1.以「我可以幫什麼忙？」做為起點

　　當處於危機中的當事人，可以平穩地、有掌控感地開始以語言表達自己時，SFBT 諮商師便會試著從「問題導向」的談話開始朝「解決導向」的談話前進，此時可使用諮商師在一般晤談開場中常問的成果導向問句來提問：

「我可以幫什麼忙？」

「是什麼讓你來到這裡？」

「你對諮商最大的期待是什麼？」

「你認為晤談可以帶來什麼不同？」

「有什麼是你希望擁有的？」

「你認為事情可能可以如何改變？」

「當你覺得不需要再來諮商時，你希望那時你的生活會有何不同？」

「你的好友（家人）會認為，現在什麼人、事、物會是對你最有幫助？」

對於非志願前來且處於危機中的當事人，則可詢問：

「你被送來這裡是因為（某人）希望你有什麼不同？」

「他對你的安心與關心，對你來說重要嗎？」

「如何使他安心？」

「你要如何可以離開這裡、不用再來？」

這類的問句會把諮商師放在一個「未知姿態」的位置，讓諮商師可以開放地專心傾聽出當事人在危機中的遭遇與痛苦下，理解其希望透過諮商獲得的協助為何，而非預設處於危機中的當事人一定得獲得什麼樣的特定協助才行。同時，這樣的問句也傳達一個訊息：當事人是他生命的專家，他對自己的未來是可以有一些掌握的，即使這掌握感目前看起來很微小（De Jong & Berg, 2007a）。

有時，在危機中的當事人會先描述自己的創傷事件與反應，甚至在回答開場的問句時，也會透露是否有過自殺的念頭。然而，SFBT 諮商師的工作重點，仍然是特別注意當事人的知覺以及他所使用描述問題的方式與字句，並嘗試詢問與了解：什麼事物或什麼人對當事人來說是重要的？當事人會想

看到的改變為何？會看到第一個改變的徵兆可能是什麼？換言之，SFBT 諮商師會在當事人的參照架構內工作，盡可能理解與尊重當事人所使用的語言，並採取好奇、未知的姿態，來尋問、傾聽及確認當事人的觀點；SFBT 諮商師需傾聽當事人「這個專家」的觀點，不預設自己已然了解當事人的目標與資源，或不自陷危險的假設自己已經知道當事人的特定觀點或某些經驗對當事人的意義。在這個晤談初期的問題描述階段，於支持同理當事人狀態的同時，嘗試了解當事人的在意與期待這一方向，會是建立合作關係最快的方法（De Jong & Berg, 2007a; Fiske, 2008）。

2.以「問題如何影響你？」了解當事人與問題互動

有些當事人前來尋求問題解決時，會滔滔不絕地、主動訴說抱怨他們的問題或所處的危機。由於當事人的思維是流動的，SFBT 諮商師會先使用開放式的問句或沒有預設立場的回應，透過諮商師與當事人相互確認的過程，協助諮商師澄清與理解當事人目前的情況。在此過程中，當事人也有機會反思自身的觀點與情況，並會回應、探索、再思考，以及努力地將他們的想法置入於文字中，而使雙方能了解目前問題對當事人的影響與意義，以及當事人如何與其問題的關係與互動。甚至，有時就在諮商師與當事人開始互動與理解問題的過程中，便會出現一些扭轉當事人想法的因子（De Jong & Berg, 2007a）。所以，在問題描述階段，除了了解事情發生多久、頻率次數、程度、人事時地物的細節等背景資料外，為認識當事人的內心參照架構與主觀看法，並開始初步了解當事人想改變之處並引發一些資源的覺知，諮商師可多詢問當事人（De Jong & Berg, 2007a; Hansen, 2005）：

> 「你怎麼得知（或判斷）這是一個問題？」
> 「這個問題如何影響你（或如何改變了你？）」
> 「看到孩子割腕的行為，你的感覺是什麼？」
> 「看到太太想用自己的生命來抗議，你的解釋是什麼？」
> 「你認為你的生命何以在此刻會出現困擾？」

「歷經地震的情況，如何改變你的人際關係（或生活環境、對未來的選擇）？」

「你沒有因為這個危機事件而改變的是什麼（或仍然保有堅持的是什麼）？」

「對你來說，控制自己的情緒何以會是個困難？」

　　有時，當事人會詢問諮商師要如何說明自己的狀況，諮商師可以回應：「你覺得如何說你的故事，更能幫助我來幫助你？」諮商師可以引導當事人思考：在晤談有限的時間內，如何表述自己的故事才能對自己最有幫助，而使訴說問題亦為一個「自助」與「自我決定」的歷程。此外，諮商師需記得在晤談暫停之前，可詢問當事人：「在結束晤談前，還有什麼要讓我知道的？有什麼你認為我知道是很重要的？」如此給予當事人一個補充的機會，以使諮商師知道當事人認為對其重要的資訊；此時當事人的問題描述內容，也往往會明確扼要些（Korman, 2011）。

　　綜言之，於晤談開始階段，SFBT 諮商師會傾聽與接納當事人自發表述對他個人有意義的、重要的、深入的背景故事訴說，也會協助當事人釐清個人與問題互動的脈絡（包括發生的過程、頻率）、對問題的主觀詮釋（如對事件的感受想法、如何發生、有何影響、何以有困難），以促使當事人更為確認與接納困境的所在及影響；在此同時，諮商師亦會初步聚焦與確認當事人所欲的改變或在意之處，並使當事人開始接受現實而更能為改變做預備。雖然，當事人在此時，常會有不同程度負向情緒之表露宣洩，但是，透過這些有方向性的引導（如思考「沒有被危機改變之處」），當事人的情緒也常會有初步的轉化，而開始對危機或困境產生新的觀點，甚至會開始肯定自己自發因應困境的能力與方式（許維素，2009a）。

3.欣賞信任地詢問：「你試了什麼方法？」

　　一旦當事人能表達自己，或諮商師有機會展現理解與關心時，諮商師就可以開始詢問當事人曾經使用過什麼方法來處理這個情境。通常，當事人來

晤談前已經嘗試了一些方法,當中或多或少有一些成功經驗,即使不太持續。因此,詢問當事人到目前為止對其問題已做的嘗試,將可讓當事人體會到他不是一直處於「挨打」的狀態,而是有主動出擊的時候。諮商師可以採用下列問句來探討「晤談前的改變」:

「你曾試過什麼方法嗎?」

「你做了哪些事來因應目前這個情況?」

「你曾經跟誰討論過這個問題?」

「我們都知道結束生命是你想過可能不得已的最後選擇;之前你還試過哪些其他方法,是曾經稍微解開問題的?」

「你曾經做了哪些努力,讓你可以有一些些不同?」

「對於孩子蹺家、先生極度憤怒的情況,你是如何處理的?效果如何?」

「對於想要割腕的這個衝動念頭,你曾經試過哪些方法來控制它?效果如何?」

「對於自己的不穩定,你曾經做了什麼讓你覺得稍微比較穩定一點?」

「在這麼多方法中,哪一個方法最為有效?」

「何以能夠產生那一點點的效果呢?」

「還需要發生什麼,這效果就可能會再增加一些?」

雖然有些當事人能說出自己嘗試處理的方式,但通常當事人會覺得這個方法並沒有把危機或問題立即全面解決掉。但是,詢問「對此問題你曾試了什麼方法」的問句,乃傳遞了當事人有能力勝任處理問題、有能力促使好事情發生,或者擁有一些資源的來源。透過諮商師訝異地表現出佩服當事人已經為自己、為環境所做的嘗試與努力時,即使沒有立即成功,亦能在開場的問題描述階段中,製造有關當事人力量與優勢的話題,進而增加了開啟解決式談話的可能性(De Jong & Berg, 2007a),例如:

「你怎麼能夠想到要用這樣的方法去嘗試呢？有沒有為自己所做的事情感到驚訝？」

「從你的這些嘗試中，其實看到你對你家人有很多的了解。你是怎麼能對他們這麼了解呢？」

「你是具有什麼樣的能力，才能夠去做這些嘗試？」

除了讚美當事人的這些優勢之外，更重要的是，諮商師可以與當事人善用這些優勢，並將執行行動的結果做為重要參考，而再據以修正設計出可能有效的方法；於合適的時機時，諮商師可詢問：

「之前你覺得你直接用罵他們的方式效果不好，根據你對家人的這些了解，你覺得他們可能比較會接受的方式是什麼？」

如果當事人一直訴苦於所努力的一切都沒有作用時，諮商師則可詢問以下問句，而讓當事人意識到自己所做努力的貢獻之處：

「如果你沒有去嘗試這些方法，現在的你又會有些什麼不同？」

「誰最能欣賞與感謝你曾試著這麼處理這難題？他會欣賞些什麼？」

亦即，當諮商師採取「未知」的姿態時，將可從當事人具體的例子中得知其小小的、成功的經驗，以及以往促使他們產生成功的力量與方法，而可運用於接續的談話中。但是須特別注意的是，這裡所謂的成功或資源，並非全面成功地把所有問題全部解決的方法，而是指當事人小小的「努力、嘗試、意圖與用心」之處；這些成功或資源是已經存在的，值得當事人覺知並持續保有的，而這些成功或資源即是諮商師可以進一步深究與擴大來協助當事人解決問題的基礎，或成為開始完成目標的起點。

4.以「你希望有些什麼改變？」來開啟目標形塑的對話

在晤談過程剛開始的目標形成（goal formulation）階段，諮商師於心中必須秉持著一個思維：「當事人會來到這裡與諮商師晤談，他心中認為自己的生活應該需要有什麼改變？」因此，「你希望有些什麼改變」的這個問句，將能開啟目標形成的對話。這類「希望自己的生命中能有什麼不同」的問句或重新建構的使用，將會大大的幫助當事人「開始去想」渴望的目標及達成的方法，例如：「你說你什麼都不在乎了，這讓你覺得無意義。所以你希望自己可以有在乎的人、事、物，是嗎」（De Jong & Berg, 2007a）。

詢問一位處於危機的當事人「最想先改變什麼」的問題，即是 SFBT 與其他派別不同之處。SFBT 不會沉溺於問題導向的談話，尤其對處於危機的當事人來說，問題導向的談話不見得一定會帶來情緒抒發的效果，有時反而會更讓當事人覺得自己整個陷入危機憂慮的思維中或被危機事件所淹沒。實際上，詢問當事人「在目前如此痛苦的情況下，希望此刻能有的一點小改變為何（即使是很小很小的改變）」的目標形成問句，一如詢問當事人：「你希望我如何可以對你有所幫助」的企圖一樣，乃想傳遞出「當事人對自己的未來仍然可以擁有一些掌控力」的這個重要訊息；這對一個處於危機中的當事人來說，是非常有意義的，也往往是他們立即需要獲得的力量。目標形成問句甚至還能協助當事人開始知覺與萌發生命的各種可能性，以提高當事人的自信、改善他的心情，而願意開始採取行動，改善問題。正因為 SFBT 相信，處於危機中的當事人仍然擁有「想要什麼」的能力與動力，因而在遇到危機中的當事人時，諮商師並不會自動跳躍到各理論認為應該如何推進當事人改變之位置，也不會一味引導當事人趨近諮商師自行設定的目標，反而會很「同步」地跟隨當事人目前的狀態，探問當事人「此刻」心中的願望而尊重之，期待透過盼望及行動的元素，讓當事人逐漸重拾對生命合理的掌控感與希望感。

常見當事人的問題描述通常混雜了問題緣由何在，以及問題與當事人如何相互影響的論點，諮商師會接納認可當事人多樣問題的複雜度與難度，但是諮商師仍會同時直接地詢問：

「在你的生活中，第一個需要改變的又是哪一個？」

「這些事件中，你認為最重要或最需要先發生改變的是哪一樣？」

「對你來說，孩子的功課和先生的憤怒，先處理哪一個比較重要？」

如果當事人回答：「幾乎都是」，諮商師則會接著詢問：

「哪一個問題先改變，會有助於其他問題的解決？」

「哪一個環節先解決了，其他的部分會比較容易接著處理？」

這樣的問題反應著當事人生活中各系統相互影響的系統觀，並仍秉持著以「當事人的觀點」及「尊重當事人的自我決定」的態度，逐步引導當事人釐清可以開始著手處理之處，甚至會澄清出值得優先改變的目標，特別是能帶來後續正向連鎖效應者。

Berg（1989）曾強調，若要幫助一個人改變，需要先獲得他的注意力；而要獲得當事人的注意力，則需要能捕捉到對當事人而言是相當重要的、在意的、有意義的、真實存在的人、事、物，並善加運用而推動之，這也是協助想要自殺當事人的重大原則；想自殺的當事人所欲目標一定要建立在「目前既有的」資源上，而不是緩不濟急地現在才開始尋找資源的那類遠景，而錯失時機性，如此一來，這些當事人的目標才能成為忍受負向情緒張力及挑戰負向認知的資源與力量（引自 Fiske, 2008）。

若當事人可以回應出他想要的目標是什麼時，諮商師便可使用假設問句繼續追問；倘若當事人能夠回答這些假設問句時，晤談便開始朝著解決式談話邁進；此時，諮商師也會與當事人形成本次晤談的共同大方向（common project）（Korman, 2011）：

「如果你的問題解決了，那將會是怎樣的情況？你會與現在有何不同？」

「那時你會做些什麼不同的事情？這樣做又會帶來什麼不同？」

「別人如何能得知情況已經好轉？誰會先察覺你的改變？接下來又是誰？」

「還有什麼其他的事會改觀（改變）？」

「還有呢？」

很明顯的，SFBT 堅持的一個信念是：當事人所遭遇危機的嚴重性，並「無法」成為預測當事人能否開始建構目標的指標；即使當事人的情況甚為嚴重，但並不表示他們失去了建立目標的意願與能力，因而 SFBT 諮商師「不會」以危機事件的嚴重性及當事人出現的症狀，來形成對當事人的診斷與假設，或剝奪當事人自行設定目標的自我決定權利。不過，從當事人回答目標的過程中，由於危機情境的考量，諮商師同時需要了解與「評估」（assessment）當事人的安全性，並判斷在「此時此刻」，當事人是否有能力去執行目標形成的運作，還是需要優先與當事人討論如何先增加目前已經執行或能夠執行的因應策略，才會是較佳的選擇（De Jong & Berg, 2007a）。

5.以「一定有一個重要的理由」，來探知當事人真正的目標

當陷於危機的當事人說出他們想要的目標似乎為不健康或有危險時，SFBT 諮商師仍會認真地看待，並尊重地詢問：「你一定有一個好理由，才會覺得一定要做這個舉動……，可以告訴我嗎？」這樣的問句會讓當事人擁有奇妙的迴旋空間，因為這向當事人表明了：你是一個理性的人，之所以會做出所謂令人不解的行為（像割腕），其實背後一定有一個很好的重要理由。往往，當事人便會就自己的意圖與行為，提出非常符合其主觀世界或推論架構的解釋；如此一來，諮商師不僅能以這樣的方式開啟對話、展現尊重，也能真正進入當事人的主觀知覺，並與當事人開始建立正面合作的關係。其他變化的句型（Berg & Dolan, 2001; De Jong & Berg, 2007a），例如：

「跟蹤她這個行動對你何以如此重要？何以如此具有意義？」

「關於此，聰明的你請告訴我，割腕的行為對你會有什麼幫助？」

「讓我了解，你在這樣的情況下是怎麼熬過來的？是什麼讓你在這樣的情況下，仍堅持選擇你『玉石俱焚』這個目標，這對你有什麼意義？」

　　由於 SFBT 諮商師採取著未知的立足點，並認為當事人雖然選擇了別人眼中認為不適當的選擇，但在當事人的主觀參照架構中一定是有其意義；而且，SFBT 諮商師也信任當事人有能力準確察覺自己的世界，並能對自己的觀點做有意義的陳述。當然，在當事人做任何決策前，諮商師會先與當事人一同探索當事人的不一致反應以及願意進入諮商的承諾（commitment），並且「溫和地挑戰」（gentle challenge）當事人某些觀點，來與當事人進行目標協調。往往，問題對當事人的重要性在於：當事人如何看待該問題、如何看待自己、如何決定參與解決問題。若當事人被賦予選擇的機會時，他們將能做出較好的選擇；尤其，若當事人注意到自己的行為並不能達到他真正要的目標時，則將成為開啟新的思考與改變的空間與機會（De Jong & Berg, 2007a）。可貴的是，當諮商師能尊重與相信當事人的觀點是有意義時，也將使當事人更能為其觀點負責。如此尊重而好奇的態度，也將會協助當事人深入明確了解什麼才是他真正想要的，而能進一步地選擇符合心理健康、法律及倫理的有效行動策略，例如：

　　「我很好奇，你怎麼願意為有外遇錯誤行為的他選擇自殺，你是怎麼做出這個決定與判斷的？」

　　「如你說的，當你割腕時，與你分手的男友會過來關心你，但之後仍會離開，所以我不太了解，你認為割腕的方式，如何可以幫助你挽回男友的心？」

　　有時，處於危機中的當事人會認定是過去的歷史影響了他，而認為需要了解過去事件的影響；此時，諮商師則可詢問（Berg & Dolan, 2001）：

　　「假如，你了解了過去，那麼了解與不了解，可能對你會有什麼差別？」

　　「我可以理解，你想對年輕時發生在你身上的可怕事情做出合理的解釋。假如你真的了解過去的影響，而此了解也令你滿意了，那麼，你會開始做些什麼事是現在還沒去做的？」

　　「如果你了解你與父親的關係對你的影響，你想你現在的生活會有什麼改變？」

「原來你認為了解你和父親的關係，會對你和現在男友的相處會有幫助，所以你特別希望有所突破的是和男友相處的部分？」

如此，當得知當事人認為探討過去歷史可能會產生的差異被彼此討論地愈多，就愈能有機會找到當事人真正想要的目標，也愈能找到當事人可先開始做出的改變。

同樣的，「一定有一個重要的理由」之觀點，也可運用來探討當事人「何以要活下去」的意義，往往這也會反應出當事人在意的目標與人、事、物。常見有自殺意念者，會呈現出「想死去」與「想存活」兩種念頭並存之同時存在性，即在想死的念頭浮動的同時，也仍有想活下來的力量（Fiske, 2008）。去詢問與注意此時此刻對當事人來說什麼是重要的、想要的，將能引導諮商師蒐集到當事人現在與過去仍然可以活下去的力量，以及有潛力成為活著的各項理由；諮商師也需特別注意，當事人如何為他們活著的理由去行動，或是依據此理由而採取的行動。

「活下去的理由」對於有自殺意圖的人來說，是一種「例外」；「活下去的理由」也是治療中具有保護性的角色。在晤談中，諮商師會去了解當事人的現況與想死的促發因素為何，也會同時積極協助當事人發現、確認、強化自己想活下來的理由，讓當事人重新找到生命的吸引力、生命的意義或生命的滿意度，而此將成為一種內心的資源，以更能承受著目前的痛苦、降低其自殺危機，以及阻擋想死力量的影響。專注於「活下去的理由」之探討，常會大大地幫助那些認為自殺是唯一選擇的當事人（Fiske, 2003, 2008），例如：

「如果現在發生了一件事，讓你有一個理由覺得可以繼續活下去，那可能是什麼？」

「如果發生什麼事情，會讓你覺得決定活下去是一個明智之舉？」

「如果有一件事可以有一點點的價值，好讓你覺得有活下來的理由或力量，你覺得那可能是什麼事？」

「現在幫助你活下去的力量是什麼？」

「一直以來讓你活下來最重要的理由是什麼？」

「是什麼樣的信念，可以讓你對抗得了想傷害自己的念頭？」

「你是如何決定讓自己再活一天的？」

「我看到你會在想要結束生命及不能結束生命的兩種選擇間有所掙扎，能承受這個痛苦是很不容易的，你一定有一個重要的力量或理由，讓你能在這樣的掙扎中，仍然支持自己先選擇活下來。（停頓）你可以告訴我，那是什麼樣的理由或力量嗎？」

活動 BOX 3-2：正向開場的練習

進行方式：

1. 四人一組，一人扮演剛到晤談室、有情緒困擾的當事人，另外三人皆為諮商師角色。當事人分段表述自己的困擾，三位諮商師則輪流予以回應。在當事人每一段表述後，一次只有一位諮商師進行回應，之後當事人則順著該諮商師的問句方向予以回答，如此持續對話下去。但輪到諮商師角色回應時，則儘量為不同人負責提問。

2. 於諮商師角色來回應當事人時，乃提出一個SFBT的技巧，並以「正向開場」的大方向及其相關技巧為主，例如：「我可以幫什麼忙？」、「問題如何影響你？」、「你試過了什麼方法？」、「你希望有些什麼改變？」、「你一定有一個重要的理由……」等（可參考前述段落中所列舉的各例句予以修改提問）。

3. 活動進行約二十分鐘。

4. 活動停止後，請擔任當事人者分享其經驗，小組成員也針對過程進行討論。

5. 之後，小組可以再更換扮演當事人者，並進行一至二次前述的演練及過程討論。

貳、積極運用因應問句及例外問句，鼓舞即可執行的有效行動

一、因應問句的介入，是危機處理的重要優先選擇

（一）以因應問句發掘生命隱而未覺的力量

處在危機或高漲情緒中的當事人，很有可能在一開始晤談時，無法想像與回答他們想要什麼改變或者進入假設問句、奇蹟問句的引導；若諮商師一直邀請當事人談論未來如何更好的目標，當事人可能無法接受，甚至會覺得諮商師不理解他。此時，諮商師可以先嘗試引導他們覺察生命中既存的、隱晦的力量及資源，讓當事人的自尊、能量感及希望感能有所提升後，當事人才比較容易進行目標形成的運作，而能開始描繪與想像所要的目標與願景。盼望，是需要能量承載著的；判斷當事人的狀態，並催化能量的提升，即是諮商師的智慧所在。因應問句的應用，即是提升當事人能量的最佳媒介，例如：

「你是如何熬過來的？」

「你是怎麼能撐這麼久的？」

「你怎麼願意持續努力（或不放棄）想要拯救孩子的生命？」

「在這麼慌亂的情況下，你是怎麼幫助自己來到這裡的？」

「你如何能承受這樣的記憶？是什麼幫助了你？」

「到目前為止，你發現什麼人、事、物對你會有一些幫助？」

「到目前為止，你覺得做了什麼對你來說是會有些幫助的？」

「你曾做了些什麼來幫助自己？」

「何以願意？何以能夠？」

「你如何使你與孩子的衝突沒有變得更糟？」

「在這樣的事件中當你有生氣傷心的感覺時，你都是如何安撫自己的？」

「發生什麼事情時，會讓你的罪惡感少一點？」

「對於女兒在國中懷孕的這件事情，最令你感到痛苦的是什麼？你又是如何在面對的？」

「離婚這件事是你生命中最難受的一件事情嗎？」

「你何以能支撐下來？」

「發生被人騷擾的這件事，對你的影響是什麼？」

「你當時做了什麼而沒有讓更糟、更差的事情發生？」

「之後，你是如何能讓你的生命扉頁可以開啟另一章，而能包含了其他面向？」

有時，在當事人訴說很多的苦楚後，諮商師敏感於他可能有自殺的意念時，則需真誠的詢問：「在這麼困難情境下有產生類似想要結束自己生命的念頭嗎？」若當事人表示有時，則可回到前述「一定有重要的理由」之介入或以之後會介紹的評量問句、關係問句接續回應；若當事人表示沒有這樣的想法，諮商師可以用因應問句肯定與探討當事人何以能一直在面對著。

當諮商師以一種願意了解的好奇與尊重的態度來詢問當事人時，諮商師往往會聽到令人感動的力量與人性的尊嚴。因應問句非常難得的是，它不僅暗示當事人已發現、已做到的一些有用方式，也已開始去適應因危機或創傷事件帶來的影響與生活。透過因應問句，諮商師能對當事人自發產生的策略展現出尊重與看重，因而能將當事人專注在害怕、寂寞及驚恐的事件之心力，重新轉向而專注於自己已在為其生存所做的付出。尤其，因應問句能幫助當事人充分覺察、探討與了解自己自發而為的行動，這往往可使當事人覺得自己已在「復原」的道路上，而非如原先想像的那樣地陷於所認定的困局中。這些重要的覺察將會協助當事人開始建構對抗與處理困境的希望與動機，並幫助當事人離開「受害者」的位置，而能轉以「生存者」、「因應者」來行動（De Jong & Berg, 2007a; Hansen, 2005）。

亦即，因應問句將使當事人及諮商師可以共同探討與發掘當事人為對抗

困境所做的掙扎與努力；這將是一個相互協助的發現之旅，因為諮商師本來並不知道當事人的這些因應方式，而當事人往往也沒有特別看重之。因應問句乃尊重著當事人現在所知覺的無力感，但仍然邀請他們看到自己如何存活、如何持續承受或對抗此一困境的小小資源、方法與力量，而暗示了當事人非常值得去探討這些既存成功與隱含力量；這對於覺得自己已經被危機事件擊倒的當事人來說，特別具有意義。尤為注意的是，因應問句乃以「現實為基礎」（reality-based），乃從對話中提取出當事人「微小且不可否認」的成功之處，而非諮商師編造之而給予當事人過高的期待，因其容易致使當事人再次受到打擊。其實，因應問句就是探究既存例外的一種形式；一如例外問句，因應問句的答案有時也會成為拓展成其他具體可行策略的重大基礎（De Jong & Berg, 2007a, 2012）。

（二）具體深究與穩實強化蘊含生機的日常行動

對於處在危機中的當事人，因應問句要特別放在許多非常小的、不起眼的、但確實是已被執行的生活細節上。舉例而言，面對一名一直處於喪失親人痛苦的當事人，諮商師不必先試圖讓當事人從喪失親人的悲傷歷程中轉移到別處，而是去了解，目前什麼樣的事情、當事人的什麼行為，會對他們有哪「一些些」的「幫助」。好比探討當事人如何發現降下窗簾讓房間變暗是有幫助的？整天待在室內的好處又是什麼？或者，所進行某些儀式化的行動，是否具有一些意義？進而慢慢引導當事人在此過程中逐步找到有助於自己的方法、目前可自我照顧的方式，甚至是一個長遠有效的策略（Berg & Dolan, 2001），例如：

「我知道妳先生過世後，對妳影響很大。（停頓）但是，妳早上是如何讓自己起床的？」

「如何面對新的一天？」

「這對妳來說困難嗎？」

「妳是怎麼幫助自己做到的？」

「何時睡覺可以睡得久一點？」

「有睡覺時跟沒有睡時有什麼不同？」

「在這麼難過的情況下，上次是怎麼幫助自己睡著的？」

強調每一天、每一片刻的因應，是很重要的，因為對身陷危機與高度挫折的人來說，能起床、吃飯、穿衣、出門，都是需要花費很多能量的（Berg & de Shazer, 2004; De Jong & Berg, 2012）。在了解當事人日常生活作息時，專心傾聽的諮商師有時還會驚訝地發現，有些當事人竟然可以在發生沮喪的期間，仍能去做些上班、接孩子、煮飯等有功能的事。當諮商師注意到當事人在痛苦中仍能做些與垂頭喪氣「不一致」的、有功能的日常行動時，便可以直接提出（Fiske, 2003; Hansen, 2005）：

「在你目前覺得自己是如此憂鬱的情況下，你是如何能繼續照顧好兩個孩子的日常所需？」

「面對此一鉅變，對很多人來說都會是打擊很大的。但你又是如何能夠繼續照料整個家庭的？」

「你又是如何能照常去上班的？」

想像一下，處於危機的當事人常常覺得忙了一天、花了很多的能量，卻仍在原地打轉，這種沒有進步的感覺自然是很令人挫折。若再加上有其他人指責當事人沒有任何進展時，往往會讓當事人更為痛苦。因此，當諮商師能以一種真誠、好奇的態度來詢問因應問句時，當事人常會有不可置信的驚訝（Berg & Reuss, 1998）。然而，要有心理準備的是，有些處於危機中的當事人，可能還是會否定諮商師詢問因應問句的意義，而此乃是很自然的反應，因為他們只是「暫時」還沒有發現因應問句意圖詢問其特定舉動的價值；諮商師之後可以再試著強調這些舉動的可貴性。倘若當事人很認真地在思考要如何回答時，諮商師便可開始引導當事人去思索這些已然是例外行動的細節，而去發現被當事人原先忽略的力量，或是找到讓當事人沒有更糟的資源（Berg

& Reuss, 1998）。亦即，在當事人提出了一個小小的因應例外時，諮商師要以關係問句、振奮性引導及差異問句來多加停留探討，以助其確認與擴大應用之（Fiske, 2008），例如：

「你當時是怎麼做到的？」

「你第一步先做了什麼？」

「你是怎麼告訴你自己的？」

「還有什麼力量幫助你做到？」

「你的家人會說，你這樣做造成了什麼影響？」

「妳的先生會說，妳是如何熬過這種種的挑戰？」

「在這件可怕的綁架事情發生的當時及之後，你覺得你做了什麼事情是一種正確的選擇？」

「你是怎麼想到的？」

「你的媽媽會怎麼稱讚你？」

「周圍的人看到你的力量時，會如何表現出他們的發現？你又會如何堅持保持這個力量？」

「你是否覺得有些事值得先繼續多做？」

「如果多做的話，會有什麼不同？」

（三）立即多用因應策略，以先求不變得更糟

SFBT 諮商師需持有另一個非常重要的好奇是：如何得知處於危機中的當事人是怎麼幫助自己，而讓情況「沒有變得更糟的」。詢問因應問句可以幫助當事人看到他是如何幫助自己沒有變得更糟，即使當事人沒有太大的進步，但是當他能確認、欣賞、珍惜、感謝自己的付出或與困難對峙時，他將位於一個比較好的位置去做改變（Berg & Reuss, 1998）。亦即，諮商師並不配合當事人期待立刻能奇蹟式的改變所有現況，而是改以在如何「止跌回升」的方向上，引導其思索如何先求「止跌」、再求「回升」，例如：

「你如何使你與孩子的衝突沒有變得更糟？」

「你覺得若多做這些方法，會有幫助嗎？」

「你如何能在有自殺念頭時穩定了自己？」

「這些方法你是如何想到的？」

「當你再有想傷害自己的衝動時，你可以如何幫助自己再次使用這些有效方法？」

有時，危機的衝擊是很大的，不是當事人所能控制。除了先求穩定及不要更糟的方向之外，諮商師有時也可先朝「如何讓惡化的速度減慢」的方向前進，以使當事人覺察目前能力所能掌握之處，而逐步接受一時無法改變的現實，例如：

「面對老化、死亡是我們大家都要學習的課題，這麼多年下來，是什麼幫助你可以一直在學習面對這個主題？」

「生病的確令人難受，但生病的過程，卻又讓你可以一直學習著面對老化，並且更懂得照顧自己。」

「你覺得在你這個年紀如果擁有什麼或多做些什麼，會更能幫助你面對這年紀可能會有的快速老化？」

「你很難過女兒得重病，時日所剩不多，我不知道你在這些日子裡是怎麼還能支撐自己去照顧女兒的？」

「你說你希望能好好把握與女兒剩下不多的相處時間，是你目前最大的在意與力量，那麼，如果你們在相處的時間裡，若發生什麼或做些什麼，會讓你與女兒都更覺得更有意義一些？」

積極優先探問因應問句，將能把晤談焦點轉移至自發的因應策略上，不僅具有深度同理與鼓舞性，又能確認出立即可行的具體行動策略，而能幫助當事人動用自身優勢，重建對其情緒與生活之掌控感，進而能協助當事人承

受生命不可預期的挑戰。特別是在危機中的當事人，往往無法學習新的策略，而因應問句答案中的策略，往往是當事人「立即」可再多加應用而先不讓情況更糟或減緩惡化的策略，是諮商師值得多加提醒當事人之處。所以，在晤談後面的回饋階段，諮商師也會將因應問句答案中當事人所顯現在意的人、事、物加以彙整，連結原有的資源支持系統或再擴大之，而強化提醒當事人在目前所能承受的範圍內，先多做這些因應策略。

　　處於高度危機或情緒困擾的當事人，若能在第一次的晤談中更清楚地得知「目前可以多做且做得到的因應行動」為何，就已是相當不容易的晤談進展。當然，若當事人無法清楚找到有效的因應策略時，當事人也易自知需要更多其他外力的加入協助，如此，諮商師將可於危機評估與介入上，更有把握地引進社區相關資源（De Jong & Berg, 2012）。

活動 BOX 3-3：因應問句的體驗

進行方式：

1. 三人一組，一人擔任諮商師，一人擔任當事人，一人擔任觀察回饋者，進行以下系列因應問句之問與答的體驗。

2. 當事人先述說一件最近讓其後悔或難過一陣子的事情。

3. 之後，諮商師以下列問句提問，當事人則依序回答之，觀察回饋者則記錄當事人回答的重點及其關鍵字。

   ・當你想到這件事時，有些什麼感受與想法？

   ・是什麼讓你這麼看重這件事？你覺得你最在乎的是什麼？

   ・這件事何時比較沒有困擾你（或比較不會想起來）？何以如此？

   ・對於這件事情，你曾經用過哪些方法來處理？這些方法各有哪一些小作用？

   ・你何以願意去處理？

   ・你怎麼有能力去做到這些方法的？

   ・想一想，你當時或後來曾經做了什麼而讓這件事情沒有更嚴重？你是怎麼做到的？

・你怎麼能夠做到這種種的努力？如果都沒有做的話，現在又會有什麼差別？

・你的好友們會認為在你努力過的方法中，哪些方法是對你特別有幫助的？他們何以會這麼說？

・你覺得如果繼續做哪些事情，可能會對目前的你是有幫助的？

・如果你持續多做的話，可能會產生什麼不同？

・你的好友們會看到什麼，就知道你已經產生了不同？

4. 於訪問過程中，諮商師亦需要自然簡短地運用簡述語意、摘要、一般化、重新建構、明確性與一般性回應等技巧。

5. 於訪談結束後，觀察回饋者以SFBT回饋的型式給予當事人回饋，並特別著重於強調當事人目前可再繼續多做哪些已經在做的因應策略。

6. 結束回饋後，當事人分享其回答因應問句的效果。小組並針對前述過程進行分享與討論。

二、深入讚美危機中的細微例外經驗

（一）例外吐露一線生機

「例外往往可成為目標及解決之道的前驅之身」（de Shazer, 1990: 90，引自 Pichot & Dolan, 2003）。例外可賦能地幫助當事人確認「生活中問題不存在、較不嚴重、發生較短的時刻」，也可包括預約之後到前來晤談之間的「晤談前的改變」。例外可進一步幫助當事人發現一些當事人忘記或是沒有注意到的技能與資源（Pichot & Dolan, 2003），也可幫助當事人與諮商師更加覺察到在當事人過去與現在的日子裡，與其目標相關聯的成功經驗與有用策略。當然，例外的成功經驗能發掘與確認當事人生命中確實有些美好的經驗存在，而能讓當事人產生愉悅的感覺，並易促使當事人感受到：未來能夠擁有滿意人生的可能性是存在的、是值得再追求與擁有的，而開始對未來產生希望感，並增加對建構解決之道的興趣。是以，無論當事人的心情多低落，

情況多複雜，SFBT 仍然相信一定存在著不同層次與不同程度的例外。例外問句的探討，將讓當事人發現，他並不是無時無刻被可怕的困境所盤據；這對處於危機中的當事人而言，是相當有意義的暗示與提醒（De Jong & Berg, 2007a）。因此，探討例外（包含因應行為）所獲得的內涵，甚至可視為是防止當事人問題惡化或阻止執行自殺的重要保護性因素（Fiske, 2008）。

亦即，SFBT 諮商師需要在表示理解接納當事人痛苦與掙扎的當下，同時也朝發覺可能性與建構解決之道的方向邁進（Fiske, 2008）。儘管處於危機中的當事人在平日多為沮喪不安，但是在這樣的生活中，一定也有某些較為順利的時刻或成功之處，或是已經做了一些有效行為，並產生了正面的效益，至少，當事人並沒有放棄對生命與生活擁有積極的意圖，而仍願意為獲得更好的日子而努力。至於讚美的介入，就是讓諮商師與當事人了解：這些順利的、成功的情況與意圖，如何可以被產生與被維持（Berg & Dolan, 2001）。

讚美是 SFBT 的核心思維；讚美往往會讓處於危機衝擊下的當事人，開始放鬆、深呼吸，甚至會落淚。讚美使人有一種自由性，可以回復人的尊嚴，並且確認與肯定自己的需求。因應問句以及例外問句中的振奮性引導：「你是怎麼辦到的？」亦蘊含著讚美當事人的姿態，肯定當事人做了一些有助其達成目標或下降危機程度的有效行為，也表達了諮商師對當事人勝任能力的預設與確認。有時，對於極度受苦的當事人（如受虐者），除了可以直接讚美他之外，還可以把當事人表現出例外之處的重點，當場用紙筆寫下來，藉此強調這些重點是如此有效，並暗示當事人的努力是特別具有意義、特別存有價值，以及特別值得肯定的（Berg & Dolan, 2001）。

（二）深究並意識例外的多元層面

由於相信多元、多層次的例外，仍存在於歷經危機的日子中，對危機中的當事人，諮商師會詢問的各種層面例外，包括（Fiske, 2003, 2008）：

> 「我知道這些日子你心裡是容易波動的，但是在這幾天中，有沒有何時

覺得有一些些平靜的時刻（或與家人比較接近的、對自己的工作稍有滿足的）？」

「發生了什麼事？當時你在做些什麼？」

「你有多常想要自殺？想到自殺的時間比例有多高？」

「何時不會想到？那時你在做什麼？」

「你做了什麼讓自己在此事件中活了下來？」

「活下來的意義是什麼？」

「在這幾天裡，在對未來感到如此無望與痛苦的情況下，是否曾閃過對未來一絲絲的期許與希望（或對生活有一些些滿意的地方）？」

「最近有沒有一些時候，雖然情緒比較低落，卻沒有冒出結束自己生命是一個選擇的這個念頭？」

「何時是你雖然想到要割腕，但卻能選擇沒有去做？」

「你是如何做到的？」

「何時比較能控制想割腕的念頭？」

「什麼樣的人、事、物能幫助你？」

「是什麼讓你仍然選擇活下來？」

「是什麼讓你可以繼續過日子？」

「你是如何想到這些的？」

「當想結束自己生命的念頭來臨時，你注意到它會停留多久？」

「你又是如何使這些念頭消失離去的？」

「你擁有什麼樣的力量與優勢，可以幫助你在難過的時候，再度冷靜下來？」

「以前當你想自殺時，又是什麼力量讓你活下來？」

「還有呢？」

在當事人提出了一個例外時，可接以 Murphy 與 Duncan（1997）的「五E 原則」而接續探問，5E 即為：

引出（eliciting）：運用傾聽、觀察、發問來發現例外，例如：「你何時

覺得你自己比較能應付這樣的狀況？」

探究（elaborating）：了解例外的細節，例如：「你在何時（何地）做這樣的一件事？有誰在旁邊？」

擴展（expanding）：將效益擴大或類化，例如：「如果你多跟你的姊姊碰面聊天，你想對你會有何不同？」

評估（evaluating）：針對可能的差異，詢問量化或質性問句，例如：「你認為你多去散步的話，你覺得會更好或更糟？」或以評量問句了解特定向度分數可能的變化。

賦能（empowering）：引導當事人如何自助創造例外，例如：「你是如何能與你的同事建立一個良好的關係，來幫助你維持情緒平穩的？」

進而，諮商師可以運用例外所得的資訊，引導當事人更進一步地探討可能的未來，例如：

「如果妳先生下次仍然打妳，妳可能會採取什麼樣的行動呢？」

「如果你決定繼續活下去了，你將會去做的是什麼事情呢？」

「你如何繼續實踐你活著的理由？」

「如果發生了什麼，會讓活著的理由更加彰顯與意義化？」

「從現在回顧過去這一年，有沒有什麼事情，是讓你覺得值得繼續維持下去的？」

「有什麼事情雖然你還沒有去做，但卻是你已經想過你是有興趣去做的？」

「若你更能為自己的療癒過程做決定的話，是否會覺得更有意願投入於幫助自己呢？」

「什麼樣的小訊號發生，你就知道你自己又慢慢回到正確的軌道上了？」

「有什麼樣的訊號發生，便會讓你知道你沒有變得更糟？」

　　然而，並非每一個例外都會受到當事人的珍視與看重，此時，諮商師要能相信：只要有正確的解答在其中，當事人仍具有能力從例外看到可能的解決之道；因此，在嘗試之後，若當事人仍然決定要從這個例外轉頭走開，就表示當事人目前不認為這例外中存有發展適切解答的可能，或者認為這個過去例外已不再有效，於是，諮商師便需要信任當事人並跟隨當事人而先行擱置之；當然，人是隨時會改變的，也可能在不同經驗與觀點產生之後，當事人可能會再度認可先前提及特定例外經驗之價值。特別是對於危機中的當事人，SFBT 諮商師的速度千萬不要走在當事人之前，或者嘗試去說服當事人目前還未接受的例外，因為這往往會變成當事人的另一種壓力。此外，若當事人聯想到一些儀式化的行為可能會讓自己覺得穩定些時，可予以鼓勵之，但最好這些儀式都是由當事人自己想到或進行設計，諮商師不宜給予建議。又倘若當事人堅持指稱是別人造成該例外時，則該例外就不適用於目標的建構，除非能探討當事人如何促使別人行動的再次發生，或進而轉用奇蹟問句來發展當事人本身可以做到的目標（Berg & Reuss, 1998; Pichot & Dolan, 2003）。

　　例外乃散落在與當事人的談話中，需要訓練有術的諮商師之耳去確認與珍視之，對處於危機中常是問題式談話的當事人更需如此（Pichot & Dolan, 2003）。例外可以分為兩種：一種是當事人已知如何創造的「意識化例外」，另一種是當事人未注意到如何發生的「偶發型例外」；以諮商的目的來說，前者的效益會更高。所以，當諮商師發現了當事人的小小例外時，則會接以詢問如何再發生或維持的細節，以能促進當事人更有意識地再次製造例外；倘若當事人無法意識有效的偶發型例外何以能發生，於回饋時則需要鼓勵當事人於生活中專注於觀察這些例外何以能發生，以將其焦點轉移至正向行為的關注，並得知如何再複製這些例外的方法（Berg & Reuss,1998; Pichot & Dolan, 2003）。

　　亦即，當事人需要經驗到小小的成功，以繼續維持努力的動力（Berg & Reuss, 1998）；由於改變並非總是易事，例外的發掘往往會帶來一絲絲的希望，讓當事人覺得改變是可能的、可以掌握的、可以發生在現實中的。一旦

當事人能找出例外並認可之，不管這個例外經驗多麼模糊不清，諮商師的角色就是要探索及揭露這些例外經驗的細節，探索這例外的獨特與影響，或澄清造就這例外之智慧與方式；除了清楚讓當事人確認前述種種之外，還要能進一步得知：要使例外經驗再次發生，當事人需要掌握什麼重要元素或行動的再複製（Pichot & Dolan, 2003）。

三、奇蹟問句是形塑目標的仙女棒

（一）奇蹟問句的要素

　　奇蹟問句是一個「未來導向」的問句，可以幫助當事人形成一個「問題不存在時」的圖像，促進當事人將注意力專注於如何開始確認與理解自己想要的未來，或者希望看到自己與生活有什麼改變。在回答奇蹟問句時，當事人內心思索的焦點就會轉移了觀點，離開原有的問題情境，而朝向更滿意的生活前進；因此奇蹟問句也提供當事人一個空間，使其無限制地探索各種可能性的發生（De Jong & Berg, 2007a）。

　　奇蹟問句是SFBT重要的核心技術，能使當事人戲劇化地從談論問題「解放」出來，將當事人充滿問題的思緒，轉移至以解決之道為焦點的思考（Fiske, 2008）。在詢問奇蹟問句時，諮商師可先清楚表示要提問一個特別的問句，或表示需要當事人的想像力來幫忙，以使當事人有所預備。在詢問時，要使用一種有些戲劇化的語氣來說出奇蹟問句，就像是很不尋常、很特別的事情一般，也盡可能說得慢一點、溫柔一點。一般問法如下：

　　「現在，我要問你一個奇怪的問題（停頓）。經過了這一天，到晚上也做完平日你會做的事情了。假如今天晚上睡覺的時候，整個房子都非常的安靜，你也睡得很香甜。半夜，奇蹟發生了，你今天帶來跟我晤談的問題解決了。但是，因為奇蹟發生在你睡覺的時候，所以你不知道在一夜之間你的問題解決了（停頓）。所以當你明天早上醒來的時候，你會發現有些什麼不一樣，而讓你可以了解到你今天跟我談的問題都消失不見了？」

「奇蹟發生後的早晨，你還會做些什麼事情？」

「你的家人會看到你有什麼不同？」

雖然諮商師並非保證奇蹟一定會發生，但奇蹟問句會引發當事人一個深層的相信與想像——他們的生活是可以改變的正向信念（De Jong & Berg, 2007a）；而當事人在描述奇蹟問句的細節時，當事人也接受了一種暗示與歷經一種預演：似乎「可以」或「已經」讓問題解決發生了（Berg & Reuss, 1998）。諮商師在詢問奇蹟問句時，可以仔細觀察當事人對奇蹟問句的反應，此時當事人的身體往往會開始放鬆，注意力轉向自己的內在，瞳孔會放大、眼皮也會顫動，甚至會臉露微笑；而此恍惚的反應正如艾瑞克森催眠法（Ericksonian hypnotherapy）所誘導出來的結果一般（Berg & Dolan, 2001）。奇蹟問句不僅邀請當事人想像發生正向的改變，還會去深入至正向改變發生之後對生活的影響或漣漪效應（Fiske, 2008）；奇蹟發生後的影響與漣漪效應的探討，雖然不可能獲得所有當事人的生活資訊，但所得到的訊息常是當事人所在乎的面向（Macdonald, 2011）。當然，Fiske（2008）也提醒，不要讓當事人以為奇蹟就一定會發生；奇蹟問句只是讓當事人跳脫目前慣有思考的一種邀請而已。

Pichot 與 Dolan（2003）指出，在詢問奇蹟問句時，有著缺一不可的五項原則：(1)要發生奇蹟的事，需是對當事人有重要意義的，且此事對當事人來說目前是無法自然發生的；(2)要強調當事人「『帶來晤談的問題』突然解決了」，而非「全部」的問題；諮商歷程並不是涉及所有的議題，如此也比較不會讓當事人混淆要發生的奇蹟方向；而且，由於「問題的處理」與「創造解決之道」不見得是相同或相關的，所以這樣的說法，將會保有許多可能性與發展空間；(3)奇蹟的發生需要在自然場域（如平日現實生活中的家裡）發生，好讓當事人容易自然地聯想相關的立即改變，也能反映出當事人的現實生活脈絡；同時，奇蹟的發生是「立即性」的，通常會描述奇蹟在「今夜」發生，以反映當事人現今的渴望，而非是很久以後才會有，因為改變是隨時在發生的，當事人的目標在一些日子過後，可能也會有所不同；(4)要強調當

事人想像一覺醒來時，「並不知道」奇蹟發生了，如此才能引發當事人去想像有什麼地方會跟現今的生活有些什麼不同，以能辨識可能有些什麼訊號，以及去思考會發生什麼事是現在沒有存在的；(5)繼續邀請當事人去注意一些小小的差別與改變，並猜想他人會看到什麼不同，如此便可進一步地探討這些差異的意義、助益與重要性；而在不知道奇蹟已發生的情況下，去辨識小小的差異，才會比較接近當事人「現今的」、「實際的」生活。

　　然而，由於奇蹟問句蘊含著「問題是可以被改變」之訊息，對當事人來說往往是很不容易相信與接受的信念，因而，大多數的當事人都需要一些時間與諮商師的持續協助，才能進入奇蹟問句的架構思維。特別是對於危機中的當事人，假若他們尚沒有動力想要改變時，諮商師並非像對多數當事人一樣，一開場不久就可詢問奇蹟問句，而是需要創造與找尋適合的時機來適時提出。什麼是合適的時機呢？在問奇蹟問句之前，當事人是需要有所預備的，諮商師至少需確認：要問的奇蹟對當事人而言是重要的向度；而且，需是在當事人已開始能有一些正向思考、已提出晤談的共同方向，或表示預備來解決問題的時候，再去提問奇蹟問句，才會比較有意義，也才會比較容易成功（Berg & de Shazer, 2004; Korman, 2011）。亦即，在當事人能夠說出對他而言什麼樣的人、事、物是重要的，能夠辨識出自己已經開始在做或持續在做一些幫助自己的事情，而能夠產生一些能量或對未來能懷有一絲希望的時候，才會是詢問奇蹟問句的好時機（De Jong & Berg, 2007a）。而少數的時候，諮商師或許在晤談最後結束時，才提出奇蹟問句，讓當事人於晤談中體會到一些正向的時刻，因而激發當事人願意努力、願意再來晤談的動力（De Jong & Berg, 2007a）。

（二）奇蹟發生後的後續提問

　　在一開始詢問處於危機中當事人的諮商目標時，他們通常會同時交錯陳述他們不希望發生的事情，以及他們想要的正向目標；身為諮商師的職責，即是創造出能讓當事人發現其自身解決之道的條件，並幫助當事人深入檢視內心，找出他們真正想要的目標以及如何達成目標的資源。對於正在經歷危

機的當事人，詢問奇蹟問句特別能達到上述效果。然而，詢問處於危機中的當事人奇蹟問句時，若忽略了當事人生活與生命的「脈絡」，則很可能會導致當事人難以有所回應。

奇蹟問句其實是一個開放性的引子，當事人通常一開始所回答奇蹟問句的內容，離所謂良好構成的目標還有一段距離，因此，諮商師接下來的任務是要繼續提出問句，讓當事人對於「奇蹟後會如何生活」產生更為細緻而具體的描述。當諮商師邀請當事人描述奇蹟發生之後的細節，記得要維持在「奇蹟已經發生」的位置上，並重複當事人對於奇蹟已經發生後情形的描述用語，好讓當事人能夠持續停留於奇蹟景象之中，來繼續回答改變後的細節。倘若當事人回答的是抽象的感受與內在想法的變化時，記得邀請當事人表述在此心情與想法下會有何外在具體作為，或者用關係問句詢問別人眼見的變化，以使奇蹟願景更為具象化、行動化。因為，當事人愈能去描述奇蹟發生後的景象時，也愈易受到其所描述結果的增強，甚至可以「預演」一次未來的景象與歷程，而激發可能的行動策略。有時，當事人會描述出願景中希望會發生或是會去做的事情，那麼催化當事人「先」去做這些事情的一小部分，將可能讓危機中的當事人增加更多平靜的力量，或產生一些生活的小小變化（Berg & Reuss, 1998; De Jong & Berg, 2007a; Korman, 2011; Pichot & Dolan, 2003），例如：

「當奇蹟發生時，危機解除了，你心情變好了，也能維持著好心情，那麼你會做些什麼？」

「你的孩子、太太會發現你有什麼不同？」

「如果你心情變輕鬆了，你太太會看到你開始做什麼是最近沒有做的事情？」

「她會有什麼反應？」

「你心情變輕鬆了，又會怎樣影響你們相處？」

「在奇蹟發生後，你會做些什麼事是現在想做而不能做的？」

「或者，可以不用再做些什麼事是現在必須做的？」

「如果你已經在痊癒復原的方向上，你會注意到什麼不同？別人又會注意到什麼差異？」

「這些不同，對你何以會有幫助？」

「何以有意義？」

「何以是重要的？」

奇蹟問句需要當事人以截然不同的語言遊戲來運作思考，也需要將思考的焦點從「危機後的當前感受」轉至「奇蹟發生之後的生活」，所以，要回答奇蹟問句並非易事，需要等待當事人的思考與反應，對於情緒本來低落的當事人而言，更是如此。倘若當事人又掉入難過的敘述時，諮商師記得要予以支持及接納認可，然後再試著邀請當事人回到奇蹟發生之後的變化。因為，在當事人的生活脈絡下詢問奇蹟問句，不僅能在一開始時將解決之道與問題分開來，也提供了能引出解決之道對話的定錨方向，帶出解決圖像更多的細節。同樣地，當晤談過程中當事人的談話焦點朝向負面時，諮商師仍可運用奇蹟問句再度重新定錨，而使晤談再次朝向解決導向的對話（Simon, 2010），例如：

「我知道你現在覺得很混亂、不想去上班。（停頓）但如果奇蹟發生了，這個混亂會有什麼轉變？你會在生活中開始做些什麼事？」

「我知道妳覺得妳講的是很難發生的。（停頓）不過，若真的機緣到了，妳剛說的先生真的對妳更關心了，那麼，那時妳會如何反應？」

在當事人的奇蹟圖像被詳盡描述後，諮商師接著可開始連結過去是否有部分的奇蹟片段已經發生（即例外），並加以擴張之，例如：

「在你的生活裡，最近什麼時候有一點點類似你剛說的奇蹟，或者有哪一小部分曾經發生過？」

「在現在的生活中，什麼事需要多發生幾次，才能使奇蹟發生？」

「如果日子可以照你所希望的理想境界過下去，需要『先』發生什麼？」

在邀請當事人多描述奇蹟細節時，即暗示了當事人的生活蘊含著豐富的解決之道。「多做一點什麼」、「需要多發生一點什麼」的問句，也暗示著當事人早已經讓解決之道發生過，或生活中已存在有所助益的人、事、物了（許維素，2003；Berg & Reuss, 1998）。

（三）奇蹟問句的變化應用

在奇蹟的一天，因著奇蹟，而讓當事人脫離平日的限制、藩籬與圍繞問題的思維，自由地想像與創造解決方法（Berg & Reuss, 1998）。對於奇蹟問句，有些當事人在一開始時很可能會以「不知道」來回應。然而，當事人的「不知道」之回應，不僅具有維持互動對話規則的意義，當事人也給予自己更多空間去思考，只是一下子無法了解問題，或還沒有想到解決之道，所以，暫緩一下是很自然的反應；此時，諮商師需溫柔而緩慢地給予當事人一些時間來組織重整一下想法，是必要之舉。亦即，有時當事人回答「我不知道」，那是因為他正處於一個開始思考的狀態，而非表示他認為沒有答案或真的沒有想法；有時，說著「我不知道」這句話，即可讓當事人自己更為自由地思考，並喚起勇氣說出原先不敢說出口的希望與夢想。對於當事人的「我不知道」，諮商師也可稍微停頓後，以「我知道這是一個困難的問題」來回應，然後再等待一下，有時當事人就會願意再繼續思考；或者，諮商師可說：「假設你真的知道，你將會說些什麼？」當然，諮商師也可以請當事人嘗試「猜一猜」答案，因為沒有人不會猜謎：「當然，你現在一下子不知道，不過，猜猜看……」，來鼓勵當事人慢慢形塑出未來導向的目標（Berg & Dolan, 2001; Berg & Reuss, 1998）。

除了採用「一覺醒來時奇蹟發生」的問句形式外，為了因應當事人不同的接受度，並仍能激發當事人想像力的爆發，諮商師也可創造與改編各種奇蹟問句的變化式，例如：吃了神奇藥丸、當事人走入魔術門後拿到一個神奇

的禮物、當事人坐時光旅行機時產生了生命的變化、諮商師在不知情下送了當事人一個具魔法的禮物、當事人到神奇商店購買神奇禮物、未來的當事人送給現在的自己一些建議等方式（Furman, 2008; Macdonald, 2007; Pichot & Dolan, 2003）。

如果，當事人表示無法接受各種奇蹟問句時，諮商師則可改為假設問句接著詢問當事人：

「如果你可以跟……（某人）因應得一樣好時，你會有什麼不同？……（再繼續奇蹟問句的細節描述）」

「一個星期後，假如情況有一點點的好轉，那可能會是什麼？」

「假如你決定不走上這個最後的方法（如自殺），當你年紀又比現在更年長些、也更聰慧了些時，你會給現在的自己什麼建議，來解決目前的問題（或度過這一段困難時光）？」

「讓我們想像一下、如果你決定不做這個選擇（如自殺），且後來你活到相當老的年紀（70歲、80歲、90歲）時，當你回顧你的一生，看見自己度過了這個難過的時段，而且後來還活得很有目的、過著很有意義的生活時，你發現你的一生會像是什麼樣子？」

「你還做了些什麼事情？你認識了、遇見了哪些人？你會拜訪哪些新的地方？你如何渡過假期？你還會解決哪些人生難題與挑戰？在你退休的時候，你會怎麼分配你的時間？你會在哪裡看到最美的日出與日落？……」

若當事人仍不相信會有奇蹟或認為問題不可能消失，或者仍陷於危機事件的痛苦中時，諮商師則會以允許痛苦存在並通過痛苦的「淚水後之奇蹟」的型態問句來詢問（Berg & de Shazer, 2003b; Bertolino, 1998）：

「當你為此事件痛苦流淚之後，如果（停頓），可以有一個小小的奇蹟發生（停頓），你會希望是什麼？」

「在這樣煎熬的試煉之後，如果，你堅信的上帝能告訴你祂的用意，你

猜祂可能會告訴你，這次的試煉對你的生命會有什麼價值？」

「如果有一天，當你被性侵的痛苦能夠被釋放時，你會看到自己有何不同？」

「如果一年後，你走過了一切，回頭一看這個過程，你想什麼是最重要的事情，讓你可以走過這困難的一切？」

「我知道你很想念你剛過世的母親，當你閉上眼，你會想起她的什麼好（停頓）。雖然你很難過，但想起她的好以及回憶你們可貴的互動，會對於你面對失去她的這個情況，有些什麼幫助？」

「如果你將她的好以及你們可貴的互動在你身上發揮影響力，你又會有什麼不同？」

這樣的問句不僅能大大同理當事人悲痛的現況，又能引導當事人在歷經痛苦之後的此刻，仍能對生活產生小小的盼望，而此盼望的發生並未否認痛苦的存在與影響的事實，所以，對於有些當事人來說，會比較容易引動其願意進入想像的預備。

當然，若奇蹟問句能配合著當事人的文化價值，貼近當事人生命信念的形式，將更容易引發當事人想像與產生渴求的未來；一旦有了渴求，也就有生存與奮戰的動力，甚至是承受壓力與挑戰的力量，例如：可以請兒童想像他喜歡的英雄人物或崇拜的偶像會透過什麼方式來拯救他、指導他；或者，請有宗教信仰的當事人，想像透過宗教儀式的禱告或至廟裡求籤等方式，而突然獲得生活中原本不可能存在的巨大力量，帶來生活的立即改變，以刺激當事人願意去想像所欲的未來圖像（Furman, 2008）。

如果當事人提及的奇蹟，讓諮商師聽起來覺得是不太可能發生的事情，例如：中樂透，則諮商師可以用：「對啊，大家都希望得到樂透獎金」的回應來帶過。若當事人提及的是如希望死去的媽媽活過來這樣的事件，因為這是不可能的事，諮商師則會沉默地看著當事人，當事人有時就會自己回應：「我知道這是不可能的」；或者，諮商師也可直接遺憾地表示：「我們都知道這是不可能的。（停頓）我想知道，過去你的母親跟你在一起，都會做些

什麼事情？她一直都很希望你可以擁有什麼樣的人生」（Macdonald, 2011）。有時，對於當事人提出諮商師認為不可能發生的奇蹟時，諮商師或可先好奇的詢問：「這是可能發生的嗎？生活中的什麼線索，讓你覺得有可能發生？」或許會因當事人的回答內容，諮商師將會修正原本不可能發生的預設，進而跟隨地詢問當事人需要做什麼不同，來讓此可能性更為提高。

活動 BOX 3-4：奇蹟系列問句的練習

進行方式：

1. 二人一組，一人當受訪者，提出一個自己目前關心的議題；另一人擔任訪問者，以下列問句進行訪談，並秉持詢問奇蹟問句的各項原則。
2. 兩人進行訪談。
3. 之後，進行角色交換。
4. 輪流訪談後，則進行分享並特別討論：回答奇蹟系列問句的感想與效果。

訪談大綱（Fiske, 2008）：

1. 你如何可以面對這件事情這麼久？
   你是如何因應的？
   什麼事情對你最有幫助？
2. 關於你的情況，你最好的朋友會認為什麼樣的人、事、物對你最有幫助？
   若有這些人、事、物的幫忙，會有什麼不同？
3. 現在，我要問你一個奇怪的問題（停頓）。假如今天晚上睡覺的時候，整個房子都非常的安靜，你也睡得很香甜。半夜，奇蹟發生了，你今天跟我晤談的問題解決了。但是，因為奇蹟發生在你睡覺的時候，所以你不知道在一夜之間你的問題解決了（停頓）。當你明天早上醒來的時候，你會發現有些什麼不一樣，而讓你可以注意到事情已經有所改變了？

還會有什麼不同？

還有呢？

還有呢？

還有呢？

4. 這些改變會對生活帶來什麼影響？還有呢？

5. 在你生活中，誰會第一個注意到你的不同？

他會注意到什麼？

他會特別注意到你的行為有什麼不同？

他還會注意到什麼呢？

還有呢？

6. 當他看到你的改變時，他會有什麼反應？

你會如何注意到他有了這些反應？

對於他的反應，你又會有什麼反應？

這些連鎖的改變與反應，會如何影響你們之間的關係？

7. 以 0 到 10 分來看，10 分代表奇蹟發生的那一日，0 分表示最糟的情況，你現在在幾分？

何以有這些分數？

8. 到幾分左右，你就會覺得到達自己可接受的狀態？

若要朝此方向邁進，你需要採取的第一小步是什麼？

當你能採取此一小步時，你將會注意到什麼改變可能會發生？

若有這些改變，對你有何意義與幫助？

你需要什麼來幫助自己落實執行這一小步？

（四）透過奇蹟問句發展良好構成的目標

奇蹟問句以及目標設定的原則，將使「現在」成為起步的起點，並使願景目標與現今生活產生連結。若當事人意識到希望自己的生命中可以有什麼不同時，對當事人最大的幫助，會是讓他「開始」去想「如何」讓所希望的

一切發生。大部分的當事人在一開始描述自己的目標時，通常會比較抽象且模糊，此時，諮商師就要幫助當事人更加具象化，好讓當事人具體描繪出他們希望問題被解決時的實際生活是什麼樣子；這樣的過程即稱為「發展『良好構成（well-formed）的目標』」。從一個概括性的想法到發展出一個良好構成目標的過程中，當事人將會有幾個發現：(1)在當事人的視野愈為擴大時，就愈發現自己擁有更多力量達成其目標的可能性；(2)對於「如何」達成目標的考慮，將會反過來影響當事人對目標的「選擇」；(3)當事人也會發現：原來要完成一個計畫，有很多事情需要被落實；(4)於現實的考量上，當事人會更加體會到：找到「可行的」目標，會比找到「完美的」目標，來得更為重要。對於處於危機中的當事人，願意參與目標的形成歷程，其生存意念會逐步上升，所以，需注意目標設定的意義乃更重要於其內容的立刻達成，因而諮商師也別急於進入問題解決的歷程（De Jong & Berg, 2007a）。

　　協助當事人建立與設定良好構成的目標，是很重要的晤談步驟。良好構成的目標通常需要諮商師與當事人的共同合作，且需要依照當事人的參照架構來發展，才得以完成（De Jong & Berg, 2007a）。在危機處理中，目標建立的主要方向是為了要應付危機問題，然而，對處於危機的當事人來說，常並不容易立即開展建立目標的工作，特別需要諮商師的耐心堅持與彈性應用技巧；當然諮商師也可先多圍繞在發揮因應與例外問句發掘的優勢力量、成功經驗或存活理由，將會較易進一步地依此建立目標。而一些策略的強調，也會對當事人有所幫助，例如：與當事人討論增進忍受情緒張力的方法（如自我安慰）、提醒自己負向認知的影響、增加正向自我對話的次數等，都是常見有效的目標方向（Fiske, 2008）。

　　在 SFBT 中，所謂良好構成的目標，主要有以下幾個特色（De Jong & Berg, 2007a）：

1.對當事人是重要的：由於每個人都會為自己認為重要的目標而努力，當諮商師努力看到當事人所重視的事情時，當事人會覺得被尊重而提升其自尊感，也會更有動機去改變自己的生活。當事人所看重之處，可視為是「生命的禮物」這般重要，對於非自願來談的危機中當事人更是如此。

不過，諮商師要能捕捉及理解危機當事人所看重之處，並非易事，需要有一顆開放敏銳的心。

2. 含有關係互動觀點的：因為當事人的期待、力量、限制及可能性，乃深深受到所屬社會脈絡中重要他人的影響，因此可以透過關係問句來詢問：當事人有所改變時，重要他人將會看到什麼不同、他們會發現什麼差異，以及他們對當事人的肯定、期待與關懷會為何等，以協助當事人參酌重要他人的觀點，而真正在所屬社會系統中，豐富、擴大、修正與落實其目標設定、解決方法或具體作為。

3. 具體情境化的：因為當事人在被困境或危機日以繼夜地折磨後，通常會容易覺得他們的問題無所不在，所以諮商師需試圖聚焦於當事人最希望在什麼特定時間、地點、情境下，有哪些具體不同的改變，此將會縮小當事人蔓延的情緒，並增加明確目標形成的可能性。

4. 描述所欲出現之行為：若只是描述不想要存在的問題，往往會使當事人覺得挫折無力或卡住不動；但若能描繪出「想要」什麼時，將會使當事人產生追求的方向、容易開始行動，並擁有正向的力量感。

5. 為能夠開始進行的一小步：若具體目標設定於當事人所希望的最後結果，有時會使當事人覺得困難或遙不可及，並不是一個實際的作法。若能集中於思考在當事人意願及能力所及時，包括：想要的、不想要的、願意做的、不願意做的向度，並以擁有的資源或已經做到的經驗作為基礎，而找到可以「開始」採取的「第一小步」，或者，先做什麼可以讓生活何處「開始」有些小小改變，會是較容易讓沮喪的當事人先「動」起來、先有些成功經驗，如此才能有能量地漸進，達成最後的期待，例如：對於生病的當事人，可先與之商量，目前每日能夠走多遠的路，是其現在體力所可負擔的。

6. 在其角色內確定能做的、可達成的目標：由於當事人往往希望其他人改變，但這不是當事人所能控制的，因而容易使當事人覺得灰心氣餒。諮商師可引導當事人思考：「如果對方做了什麼，當事人會有什麼不同？」或者「當對方不同時，當事人又會如何回應？」在這種相互循環

的互動影響下，可刺激當事人思索自身能先有所努力，以引發對方改變的方向。

7. 符合現實的：當事人常會有超現實的期待，例如：期待心臟病能夠立刻被治好或危機沒有發生等，這些不實際的目標，並無法給當事人帶來希望與更佳的未來。所謂符合現實的目標，是可以達成、可以給予當事人能量，且符合當事人生活脈絡的。諮商師必須與當事人共同檢視對於達到目標所具有的信心與能力，評估及釐清達成目標的必要條件，並將當事人過去的成功經驗及力量引入目標達成中，例如：於「三折肱而成良醫」的經驗下，在當事人有心臟病的情況下，可討論做些什麼事而讓心臟病的影響減至最低，或逐步使病情回穩的實際行動等「與病共處」的努力方向（De Jong & Berg, 2007a）。

8. 可測量的具體行為：有了清楚而具體可行的目標，會使當事人與諮商師能明確評估當事人的改變是否有朝目標前進。若當事人能具體評量自己，並覺得自己在前進時，就更容易持續積極向前。

是以，奇蹟問句可以幫助當事人看到許多小小改變的可能性，以及當事人對自己與周圍的人所具有的影響力，如此一來，當事人的希望感將被提升，且改變也會被視為是可能達成的。尤其，回答奇蹟問句之願景細節圖像的過程，將可幫助當事人預演一次未來改變後的美好願景，而帶給當事人信心與改變的動力，同時，更能幫助他們去追求有意義及可達成的未來，甚至能確認出如何開始邁向願景的第一小步（Pichot & Dolan, 2003）。當然，對於生活中遭受重大打擊的當事人，需記得探問「奇蹟中的哪個部分比較『容易』開始著手」，以促使成功執行的機率提高而帶給當事人一些能量感；或者，於詢問奇蹟問句後可接以評量問句來將其奇蹟具體化、實際化，幫助他們能在此刻的生活中，找到可以真正邁出的「第一小步」之標的動作，並逐步突破目前卡住或惡性循環之處（Trepper et al., 2006）。當然，正如前提及如何掌握提問奇蹟問句的時機，有時處於危機的當事人「暫時」難以進入奇蹟問句中去擁有自己的目標，或者光是想到需處理現在到明日的種種問題，就讓其疲於應付地難以回答所欲的未來；面對這樣的當事人，一直推逼當事人去

進行目標形成或追問奇蹟問句將不會有太大的幫助，此時先多問他們因應問句，反而會是比較好的選擇（De Jong & Berg, 2007a）。亦即，在面對危機當事人時，諮商師的同步與尊重，乃是一樣重要且需持續存在的態度。

正如 SFBT 創始人之一 de Shazer（1994）所言：「奇蹟是當事人與諮商師之間的橋樑，使其能共同創建諮商的未來成功」（引自 Pichot & Dolan, 2003）。諮商師永遠不會知道當事人對於奇蹟問句的反應，除非真的去問（Fiske, 2008）！

四、靈活運用關係問句及評量問句，以推進解決之道的建構

（一）以關係問句開拓社會支持與改變資訊

真實的人生通常有著豐富的情節，對當事人來說，「誰」是重要他人，將可提供諮商師許多極具價值的資訊。運用關係問句可使諮商談話進到當事人真實的人生情境中，也同時能顯示諮商師重視當事人所看重的人與關係。諮商師要特別注意在當事人描述問題或回答因應問句時，所提及之重要的、支持性高的人與經驗，因為這些資源，會成為他們對抗所承受的危機、打擊與困境的重大動機與力量來源（De Jong & Berg, 2007a），例如：

「誰最關心你現在的狀況？」

「若你改變了，誰會最開心？又會對誰最有影響？」

「你的太太如果看到你開始做些什麼，就知道你開始從這個危機中走了出來？」

「如果問你的好朋友，對於你一直陷在這個困境中，你想他們會如何鼓勵你？」

「你的好朋友對於你目前的困境，會給你什麼樣的建議？」

「你的好朋友對你能維持穩定狀態的信心是幾分？何以他們打此分數？你對自己又是打幾分？」

「你說你現在目前是 3 分，如果發生了什麼事，就可以用 5 分來代表？而如果你的女兒發現你從 3 分變成 5 分時，她會說些什麼？甚至，你們之間的互動會有什麼不同？」

對一些想不到自己生存意義的當事人來說，關係問句的提問也會對他有一些刺激與鼓舞（Fiske, 2003），例如：

「過去生活中有誰是曾經幫助你度過低潮的？現在誰最能幫助你？」
「如果你的媽媽（或太太、孩子）知道你想放棄自己的這個想法，他會怎麼說呢？」
「你的朋友（或家人、老師、老闆、寵物、父母）認為對你來說，什麼是很重要的（或最希望生活中有些什麼改變）？」
「他們最希望你能記得自己有哪些優點？」
「他們會希望你不要忘記哪些你想要追求的夢想？」
「如果你的家人認為你的存在對他們是多麼地重要，你想他們會怎麼表達？」
「你的家人有沒有告訴你，你的情況有了改善，讓他們鬆了一口氣？你有注意到他們有著什麼樣的反應？」

若諮商師發現當事人在乎某一個親友時，諮商師可以停留於他們彼此之間的關係與互動經驗，讓當事人回想過去相處的種種美好，回憶這些人對他的期待與關愛，而促發當事人的正向力量，例如：

「你的孫子哪裡像你？」
「你希望你孫子日後長成什麼樣子？」
「你要如何影響他？」
「你覺得你這個祖父哪裡做得最好？」
「你孫子又會怎麼說？」

「日後你的孫子也有了自己的孩子，你希望你的孫子怎麼跟他的孩子描述你這位祖父？」

關係問句往往能促使當事人走出自己的世界，改從和他們關係密切人士之眼光與角度，來觀察自己、回答問題，或想像可以開始做的第一步。關係問句會引發非常具有個人意義的生活細節與例外資源，並增加當事人對另一個人的了解與同理。而且，關係問句也能促使當事人評估，目標的達成會對生活中重要他人所造成的影響，而更增加當事人願意前進的動機（Berg & Dolan, 2001; Pichot & Dolan, 2003）。

關係問句能提供當事人在現實生活系統中的一些實際考量。對於被強制來談或非自願前來的當事人，詢問重要他人的意見以協商目標，也是一個有用的方式（Berg & Briggs, 2001），例如：

「那麼，是什麼想法讓你的母親要你來這裡與我說話？」
「你認為晤談是對你有用還是對她有用呢？」
「是什麼告訴你，自殺對你的家人會是比較好的結果？」
「你是怎麼判斷的？」
「他們會同意嗎？」
「如果關心你的老師看到你有什麼改變，就可以說服他不用這麼擔心你，而非要你再來找我不可？」

倘若當事人在關係中有一些正向的改變時，將一連串地導致此關係或其他關係的正面變化，而更能自發地產生支援當事人承受與抵擋危機負面衝擊的社會支持力。此外，藉由重要他人的看重、關懷與見證歷程，往往可提高當事人對自己優勢力量的肯定，例如：

「誰注意到你做了些什麼改變？他們會怎麼稱讚你？」
「有沒有誰相信你一定可以走過來，而對你的改變並不訝異？」

「在這逃難的過程中你幫助了誰？」

「你何以能幫助他？」

「他會說些什麼感謝你的話？」

「在這過程中，誰幫助了你？」

「何以他願意幫助你？」

「你對他的意義是什麼？」

「你接受他的幫助，對他的意義為何？」

「你在這過程做了什麼處理，給了孩子什麼樣的示範？」

「你希望孩子在未來面對類似的困難時會如何處理？」

「他會從你處理這次事件中學習到什麼？」

　　如果當事人的生活確實存在一個可以提供具體協助的人，諮商師可以先暖化當事人願意嘗試尋求其協助的意願，同時與當事人具體討論針對此特定對象如何尋求協助，以提高求助的成功機率或形成面對各種結果的預備（如活動 BOX 3-5 的練習）。當然，在當事人有些微改變時，可鼓勵當事人再向這些支持者表示感謝，如此又可循環地強化此一支持系統（Furman, 2008）。亦即，運用關係問句來協助當事人找尋生活中真實存在的支持者，將促發當事人生活系統中的重要他人，能實際提供支持、信任、鼓勵與期待給當事人，而讓當事人更能順利地走過障礙，並使這些支持者發揮見證成功、預防與提醒復發的功能（Furman, 2008）。

活動 BOX 3-5：尋求協助的引導

進行方式：

1. 兩人一組，一位擔任受訪者，一位擔任訪問者。

2. 受訪者提出一個希望尋求協助的對象，訪問者則依照下列問句引導訪問之。

3. 之後，兩人角色交換。

4. 兩人皆完成訪談後，對於此一系列問句的效果進行討論，並思考還可以如何引導當事人更為具體地討論求助的行動計畫，以提高實踐的可能性與成功的機率。

訪問問句：

‧你想請對方具體幫什麼忙？

‧你期待對方的反應為何？

‧就你對他的認識，對方可能會如何反應？

‧你若以什麼方式表達，會更增加他願意幫忙的機會（例如：怎麼開口及清楚地說明期待）？

‧你打算何時真的去邀請他幫忙？

‧若他猶豫時，你會如何反應？你什麼樣的反應會讓他可能回心轉意？

‧若之後，你能有所改變了，你的改變對這幫忙者來說，可能會有何意義、好處或影響？

‧對方看到你的何種變化，就知道他已經幫上了忙？

（二）理解現況與推進行動的評量問句

1. 設計評量問句的多元合宜向度，以擴大知覺、連結資源並轉化情緒

評量問句在 SFBT 中是非常廣為運用的。評量問句以數字來代替語言的描述，極具彈性，幾乎只要能懂得數字的人就能回答。評量問句乃聚焦於當

事人與所欲目標的關係，並據以設計多元向度、刻度量尺與相對位置。評量問句的刻度通常有 10 分（也可依需要改為百分制或五分制），通常 10 分是代表當事人所欲的結果或奇蹟的圖像，0 分（或 1 分）則為相對的低點。諮商師只需提出最高與最低點所代表的意義，再由當事人來評量他自身的知覺；或者也可以透過不同向度以及不同人的角度，來擴大當事人對於現況、目標、例外的知覺（Pichot & Dolan, 2003）。亦即，評量問句藉著 0 到 10 分的評分，邀請當事人將自己的觀點、印象與預測放進去，於是諮商師可以幫助當事人表達關於過去經驗的複雜感覺，也讓當事人及諮商師理解：當事人目前的認知與情緒的狀態、對目標與例外的看法、有用的例外優勢資源與所需協助、觀察是否在正確的軌道上有所進步，以及評估未來的可行性，如此一來，特別可使當事人將其強烈或抽象模糊的諸多情感反應，將其轉換變為更具體、可測量以及可介入的行動（De Jong & Berg, 2007a; Hansen, 2005）。

　　評量問句的使用，反應了當事人自身的知覺與評量，乃遠遠重要於諮商師對當事人的評估。評量問句是一個非常有用的工具，即使是在當事人語言表達能力有限的情況下，仍可幫助當事人具體表達出自身的狀況，例如：評量問句可將當事人的感受、態度、動機與想法等抽象概念，轉變成具體的量化資料（如對解決各問題的重要性與急迫性之排序），而能協助當事人自我澄清，並表達與接納難以言喻的內心狀態與目標（如所謂理想的程度、害怕的程度、下決心的程度、願意挽救現況的動機與樂觀之程度）；評量問句也可用來協助當事人評估自身已經擁有的資源、改變的進展（如出現傷害自己念頭下降的程度），或者進行安全與危機的評估（如能控制衝動的程度、自我照顧的能力）等。

　　由於危機狀態的特殊性，諮商師在選擇評量問句的「兩端向度」時，需要配合當事人的狀態、曾描述過的事項，以及看重的在乎之處，創意細膩地設計、訂定評量向度兩極分數所代表的意義，以引發當事人覺察各種微小的正向力量，促發當事人擴大知覺、重新詮釋現況或決定出下一步的行動。同時，諮商師也要特別提醒自己，每位當事人對於不同向度的刻度概念並不會一樣，例如：1～3 分在當事人的標準中不見得是較低的分數；有人會認為 5

分已經是很不錯，有人則認為「不及格」；而當事人認為 0～10 分各個刻度的距離所代表的意義或難易度，也不見得相等，好比說 0～1 分的進展是困難於 1～2 分的提升；也有當事人可能比較會接受 1 分而非 0 分作為底線處的分數，或認為有負分或百分制的描述會更貼近自己。故，諮商師不要去預設當事人打出的分數高低之意義，而需要敏銳的貼近變化處理。

亦即，評量問句可以讓當事人表述的模糊資訊變得清晰，也可能讓已然清晰的資訊，變得更為具體；如何盡可能地「讓當事人的評量分數可以『說話』」，是諮商師重要且具挑戰性的任務（Korman, 2011），例如：

「如果 10 分表示問題解決時你能過你想要過的日子，0 分表示當時你很痛苦地決定必須打電話預約晤談；現在你來到晤談室了，你覺得你目前在幾分的位置？」

「若 10 分代表你正朝著更好的方向前進，0 分表示你沒有任何的動力想要前進，你覺得目前的你是在幾分的位置？」

「如果 0 分表示你覺得這完全是你的錯，10 分表示你對發生的事情毫無責任，現在的你會打幾分？你做了什麼讓分數沒有更低？」

「何以能有此分數？你是怎麼做的？什麼幫助了你？」

「需要什麼才能繼續維持這個分數？」

「你對於自己能在 7 分的位置是暫時還不滿意的，也覺得從 3 分變成 7 分比較容易，但要從 7 分到達 8 分比較難；那麼需要發生什麼，才能往上走 0.5 分呢？」

「以 0 到 10 分，0 分表示你生命中最糟的時刻，10 分代表奇蹟發生之後的日子，你覺得你現在位於幾分的位置？」

「如果問你的家人，他們會看到你在什麼位置？」

「何以不是最低分？」

「你會怎麼解釋自己在 2 分呢？」

「家人認為你做了什麼，才會在 2 分這個位置？」

「需要發生什麼，才能到 2.5 分？」

「如果到了 2.5 分，你的生活會有什麼不同？」

「到時你就可以做些什麼是現在你不能做的？」

「有這些改變，對你何以是有幫助的？」

「你的家人又會認為這些改變會對你有些什麼幫助？」

「他們會特別注意到什麼？」

「誰會第一個注意到你的改變？」

「你又會如何繼續維持在 2.5 分？」

　　危機中的當事人往往難以主動提出任何例外，或是不願描述自己太多生活細節，此時，評量問句就是很適當的工具；因為當事人只需要說分數，甚至不需要詳述分數背景的確實內容（特別是負面的事件），仍能使晤談繼續往前邁進。如上述這些評量問句，當向度不同時，當事人的分數就會有所變化；而透過不同面向的評量與思考，當事人的知覺就會擴大，對問題與危機的看法也會隨之有所轉化。所以，透過評量問句，可了解當事人目前的狀況、已有的例外，也能提供足夠的空間讓當事人確認小小的步驟與改變，因此當事人不論打多少分，都可直接突顯處於危機的當事人仍然擁有的例外與因應能力，而能連結到當事人面對危機的既存資源所在，進而，不同向度的觀點提出，也會同時轉移與改變當事人的知覺。

　　評量問句是 SFBT 極具代表性的問句之一。評量問句將可幫助深陷情緒困擾的當事人創造更有條理的觀點，來重新看待讓他們原本以為抵擋不住、憂心與脆弱的情感困擾，甚至可以提供某種建構性，例如：透過分數的架構化，讓當事人理解自己與情緒的緊張關係出自何處，但同時卻無須隱瞞或扭曲自己的情感狀態（Berg & Dolan, 2001）。若當事人的情感狀態可以被確認接納並且被審慎評估時，往往能幫助當事人辨認出他們可以做到哪些想做的事或必須做的事，進而影響與改變因危機所產生的情感狀態。在面對有創傷的當事人時，評量問句將使當事人能開始溝通他們的需求，於接納情緒的同時，又能產生「處理」情緒的有效行動，而帶來暗示痛苦不會如此一直惡劣地纏著當事人的效應（Berg & Dolan, 2001）。特別是，評量問句 0 至 10 分

之間的各個刻度之存在，可讓當事人不會只陷於是非、對錯或好壞的兩極選擇，且因為能看到中間的連續線段之意義，幫助了當事人在全有及全無的兩極之間，找到可以發展希望之處，並打破原有兩極化的極化思考習慣（Fiske, 2008；Pichot & Dolan, 2003）。

活動 BOX 3-6：突破困境

進行方式：

1. 兩人一組，一人先扮演當事人，另一人擔任諮商師。扮演當事人者提出一個困境，諮商師則可參考下列問句依序提問，或者不按順序地自由選擇適合的問句來進行訪談。於訪談時，諮商師需要不定時穿插一般化、重新建構、摘要、簡述語意等形塑的技巧。結束時，諮商師需以 SFBT 的回饋方式給予彙整回應。

2. 兩人交換角色，並完成第一點的歷程。

3. 除分享受訪心得外，兩人並進一步分享與討論：如何引導當事人克服與面對困境的方法、態度、可能性，以及如何協助當事人接受困境暫時無法改變下的因應。

訪談大綱：

1. 你會如何描述你現在所面對的這個困境？

2. 發生這個困境後，你是如何在因應的？

3. 如果有一天你突破困境了，你的生活會有什麼不同？

4. 過去這個困境曾經發生過嗎？之前，你是如何克服的？

5. 過去你遇到其他困境時，你是如何處理的？哪些是有效的方法？

6. 目前要去突破困境的最大挑戰或困難是什麼？

7. 生活中有誰成功地克服類似的困難？他是怎麼做到的？若有機會你去請教他，你猜對方會給你什麼建議？

8. 若發生什麼事情，會幫助你克服這個挑戰或困難？

9. 你認為克服這個困難的可能性是幾分？何以如此評量？若發生什麼，就可以讓可能性增加 1 分？若你做什麼，也會使可能性增加 1 分？當你的好友看到什麼，就知道這可能性增加了？

10. 你克服這困境的決心是幾分？何以如此評量？需要什麼才能再增加 1 分？

11. 你克服這困境的信心是幾分？何以如此評量？需要什麼才能再增加 1 分？

12. 你會努力克服這困境的積極程度是幾分？何以如此評量？需要什麼才能再增加 1 分？

13. 若一位十分了解你的人，來分別評量你克服困境的決心、信心以及積極程度，他又會打幾分？何以與你的分數不同？他認為若發生什麼事或你做了什麼，會讓他評量的各分數再增加 1 分？

14. 如果這困境一時無法解決，你會如何鼓勵自己繼續與困境對峙？

15. 如果這困境目前無法解決，你又會需要什麼來幫助自己接受此一事實？

16. 談到目前為止，對於困境與自己，你產生了什麼新的想法，或可能會採取什麼行動？

2.評量問句協助危機評估並發掘因應資源

　　由於當事人透過評量問句，將許多難以表達的觀點、抽象的情緒狀態、內在感覺想法等的內容與強度予以量化，將可提供非常有價值的資訊，往往可以協助諮商師評估與了解處於危機中或功能暫時偏低的當事人在此時此刻之狀態。透過評量問句與當事人互動，諮商師可以蒐集一些當事人在危機中的相關背景資料，必要時會加入一些問題導向的探問機制，藉此評估當事人現今的安全性；但是，SFBT 諮商師仍抱持著未來導向，即在了解當事人現今的狀況後，其目的仍然是要接以試圖了解當事人希望他現在的生活可以有什麼改變，目前擁有哪些資源，以及他需要做什麼才能造成此改變；通常，當事人對這些主題描述的愈具體、諮商對話中有更多的細節產生時，當事人

改變的可能性也就愈大（Pichot & Dolan, 2003）。

諮商師常請處於危機中的當事人特別去評量的向度包括：目前恐懼的程度及處理恐懼的能力、目前事情的嚴重程度、能夠承受壓力的程度、自我責怪或需要負責的程度、願意接受結束生命以外的選擇之程度、需要保護計畫及醫療介入的程度，以及認為可以照顧自己或信任自己的程度等。當然，評量問句還可以用來測量其他向度，包含：自尊的程度、晤談前的改變程度、對改變的投入程度、問題需優先解決的次序、對希望的看法，以及願意修復關係的努力度等（Hansen, 2005; Pichot & Dolan, 2003）。評量問句還可以加上關係問句的設計，詢問其他重要他人在同一向度上的評量為何，讓當事人覺察到外界對他的看法與自己的落差，而獲得支持或現實感。倘若當事人與重要他人對當事人自我照顧所打的分數都很低，且認為其自殺意圖很高時，這些探問危機各向度的分數將成為一種證據，會使處於危機中的當事人較願意接受外來的支援或資源轉介。

對經歷失落或處於危機的當事人來說，評量問句具體與可測量的特性，以及不同面向的引發思考，能讓他們在第一次晤談後即能找到自己想要的方向，也能看到自己已經擁有的力量或改變，這往往能帶給他們希望感與期待（Simon, 2010）。對於處於危機中的當事人而言，十分實用與常見的評量問句（Berg & Reuss, 1998; Hansen, 2005; Simon, 2010），例如：

「如果 10 分代表你對自己可以處理這個危機很有信心，0 分代表你沒有任何信心，你打幾分？」

「你打 6 分，6 分代表著什麼？」

「如果你能正常早起，你認為可用幾分來代表？」

「以 0 到 10 分來評分，0 分代表你因為這事件感到很痛苦，10 分表示你已經走出了此事件所帶來的痛苦，你現在是幾分？」

「什麼力量讓你不是處在最低分？」

「如果 10 分代表你能『忍受』目前的這個痛苦，0 分表示你難以忍受，你覺得你自己現在在幾分？」

「10分表示你可以看到一點點的希望與亮光，0分表示完全沒有希望感，你目前在幾分？」

「面對這個困難的情況，若以一個量尺來評分，10分代表你處理與應付這個情況還不錯，0分代表著你一點都無法處理或應付，你覺得自己目前是在幾分？」

「何以還有4分？」

「你做了什麼，讓情況不低於4分？」

「如果要再往前走一格，你覺得需要多少時間停留在4分的分數上？」

諮商師需調整與細心設計評量的兩極向度，包括考量時間序與轉變程度，而使當事人在回答時，能更容易看到自己的進展或發現已有的因應能力：

「如果0分表示情況很糟，10分表示情況『慢慢在恢復正常』了，你現在會給自己打幾分？」

「我知道你正處於一個困難的時期，我也看到你很努力地在解決問題，所以我很好奇，你覺得目前自己解決問題的情況究竟如何？」

「如果有一個量尺，0分表示你就只是在處理問題而已，10分表示你覺得你在處理問題時，表現得比你原先想像得還要好，你覺得自己目前在幾分？」

「你的太太又會認為你是在幾分？」

「10分表示奇蹟發生後，0分表示『開始要變好了』，你覺得你自己目前在幾分？你的好朋友會認為你在幾分的位置？」

「他看到什麼是你沒有注意到的？」

「你又擁有什麼是他還不知道的？」

「如果0分表示你覺得這危機帶給你的壓力很大，10分表示你很平靜地面對這一切，你覺得危機『剛』發生時是幾分？」

「『現在』的你又是幾分？」

「現在的你何以能在這個分數？」

「你是怎麼做到的？」

「曾經有過更高的分數嗎？」

「那時是如何發生的？」

「你覺得可以如何讓它更常發生？」

必要時，諮商師也可直接針對自殺議題，配合當事人所能接受的速度與方向，進行探問與討論：

「10 分表示你決定活下去，0 分表示你還沒有做出決定，你覺得你自己現在在幾分？」

「你需要在情緒穩定的這個量尺上的幾分位置，你覺得你才不會想要結束自己的生命？」

「0 分表示你想要結束自己的生命，10 分表示奇蹟發生後的生活，你需要到幾分左右，才不會有傷害自己的行動？這個分數以前曾經到達過嗎？」

「以 0 到 10 分來評分，0 分代表著你可能會選擇結束自己的生命，10 分表示奇蹟已發生的日子，來晤談之前的你是幾分？」

「決定來晤談時的你是幾分？」

「現在的你是幾分？」

「到幾分左右，你覺得可以不用再來？」

「你需要什麼，才能幫助你自己不往下掉 1 分？」

「需要發生什麼，才能減少想結束自己生命的念頭？」

「你目前會想到自殺的比例有多高？」

「在接受晤談之前，你想起自殺的比例又是多高？」

「何以能下降呢？」

「你做了什麼讓這改變發生的？」

「你家人的評分又會是幾分？」

「他們看到了什麼，是你沒有注意到的？」

「你說你目前是在 2 分的位置，要能停留在 2 分位置，有什麼重要的事

情是你一定得記得繼續做的？另一個也需要記得繼續做的重要事情是什麼？」

「如果你能到 3 分時，你會是什麼樣子？你會做些什麼事是現在尚未做或不能做的？或者不用做些什麼事是現在必須做的？」

「當你好一點時，你的家人（好友）會發現你有什麼不同？你會開始做些什麼不同的事？」

「發生了什麼，才能讓你好一點而增加 1 分？你的感受、想法、行動已會有何不同？」

為使評量問句的回答對當事人產生作用，諮商師記得要先多問當事人「何以能有目前的分數」、「曾經有過更高的分數」等問句，才再問「如何使分數增加」的問句；或者，當提及如何提高 1 分時，可先詢問當事人「再高 1 分會與現在有何不同」的差異問句，以及「周圍重要他人所見所想與當事人的差異」等刺激，才能使當事人有所暖身，而較易激發出如何再增加 1 分的靈感（Korman, 2011）。當然，對於處於危機中的當事人，能先維持目前的分數而不使其更低，也常是一個優先考量的討論方向。

3.評量問句的向度設計需同步於晤談的歷程

評量問句的量尺必須符合當事人對話當下的脈絡與需要，所謂較好與較差的兩端，還是得視對話的方向而定；諮商師可依當事人討論的話題與情況，來選擇適當的評量向度。唯有由當事人與諮商師共同建構出來的數字才具有意義，也才能協助當事人及諮商師了解與澄清危機的情況，並啟動任何改變的可能（許維素，2003）。

舉例而言，Simon（2010）發現，喪親者在親人過世後的頭一兩週時，往往會被親人與朋友所圍繞，通常會處在麻木而不真實的情況中，直到大家都離開後，才開始經驗到失落與悲傷的歷程；當事人的經歷若是真的如此時，在運用評量問句時，諮商師可將 0 分定義為失落事件發生後的兩到三週，並對照目前的分數所代表的改變，通常會比較有效且有意義。又例如：若當事人在選擇一個分數表示自己現況之後，卻表示不知道如何回答這分數的意義

時，但仍表示當事人並不否認自己已經擁有一些優勢力量才能到達此分數；面對當事人的不知道，諮商師可以請他想一想，或換個向度再給予刺激（如從希望感高低換至決心改變的向度），或過一會兒再次邀請之（De Jong & Berg, 2007a; Pichot & Dolan, 2003）。再例如：諮商師需注意當事人目前的能量與改變的意願，若當事人的能量意願偏高，則可多加詢問：為了使分數更接近奇蹟 1 分，當事人本人需要做些什麼；若當事人的能量與意願偏低，則改為先探問「若要進步 1 分，周遭需要發生什麼？」（而非當事人本人得先行動），或者詢問「如何先維持平穩？」而讓當事人不會覺得壓迫感那麼高，也比較容易掌握所討論的內容（許維素，2003）。

尤其，在使用評量問句時，諮商師仍須同步於當事人的狀態且穩紮穩打的進行，不可躁進地將當事人推至某一個評量量尺，或積極期待當事人要快點變至更好的位置，而需考量當事人之能量狀態與傾訴的重點，來加以設計評量問句。諮商師需要視當事人目前的情況，再思考可以如何更朝向目標構形成的方向前進下，建立起一個小小的、可行的、符合現實的良好構成目標與即時行動（Korman, 2011）；例如：若當事人於回答如何提高 1 分的描述是很多的步驟或表示很難執行時，諮商師要再次提醒當事人，只是 1 分間距的行動，或者改以增加 0.5 或 0.1 的小分數，來讓當事人在覺得不那麼複雜困難的情況下，願意思考真正可行的下一小步（De Jong & Berg, 2007a; Pichot & Dolan, 2003）。

除了上述各種評量的靜態向度外，評量問句的設計還可以配合晤談當時的狀況，用來討論諮商過程的立即性，例如：

「如果 0 分表示你覺得談這件事很困難，10 分表示你覺得能很自然地談此事，你覺得現在你會打幾分？」

「如果 0 分表示你現在不願意談這件事，10 分表示你很願意談，你覺得現在的你是幾分？」

「如果 0 分表示你並不願意現在面對這個問題，10 分表示你很願意開始面對這個問題，你覺得現在的你是處於幾分？」

「如果 0 分表示你覺得談論這件事毫無幫助，10 分表示你相信談論此事會很有幫助，你覺得現在的你會認為是幾分？」

「發生什麼才能增加 1 分？」

「前進一格的時間可能需要多久？」

「我需要知道些什麼，就可能會再增加 1 分？」

「我若做些什麼，你的分數就可能會再增加 1 分？」

評量問句可以評估當事人現況及下一步為何，當能再往前一格時，即是在開始發展解決之道了；亦即，評量問句乃有助於了解當事人這個人與其目標和奇蹟的關係，並可鼓勵當事人發掘例外及形成例外的方法，而能在看到晤談的終極目標之下，形成下一步驟或保持進步，在此同時，也將能提高當事人的意願與信心，並向具現實感的更小目標邁進（Berg & Reuss, 1998; Pichot & Dolan, 2003）。當然，諮商師可以適時請處於危機的當事人評量其願意與能夠努力的程度，也需要接納有些當事人目前暫時太疲倦、太沮喪或太害怕於採取行動（Fiske, 2008）。所以最為重要的是，以評量問句來了解當事人與推進改變的過程，都是在接納、尊重而不駁斥當事人任何主觀的評量，且不放棄在當事人所認同的方向、方法與速度等前提下，來引導當事人擴大與轉化知覺，而能漸進產生改變，對於處於危機的當事人，更是如此。

此外，由於諮商師都希望自己的工作是有效能的，因而諮商師也需要學會自我督導與檢核工作上的效能。雖然諮商師可以從各系統與角色的角度，來提供對諮商師效能的回饋，但 SFBT 最看重的是當事人本人對於諮商師效能的觀點，所以諮商師會時常詢問當事人其對特定行動效果的探討、對改變與進展的評量、對晤談整體效益的評估等；諮商師也會持續在晤談中蒐集與運用這些訊息，來不斷修改晤談的進行方向。或者，諮商師可直接詢問當事人：

「在 0 到 10 分的量尺上，0 分表示『我可能在二十四小時內結束自己的生命』，10 分表示『我絕對會選擇在二十四小時內繼續活下去』，你剛進來晤談的時候是幾分？現在又是幾分？」

「何以會有不同？」

「晤談如何可以使分數更高？」

「10 分表示晤談非常有幫助，0 分表示晤談非常沒有幫助，你覺得這次的晤談對你的幫助是幾分？」

「是什麼告訴你晤談是有幫助的？還有呢？」

「我們的晤談還可以如何對你更有幫助？」

「在這次晤談中，對你最有幫助的部分是什麼？哪一個部分是最沒有幫助的？」

「你覺得你在晤談中如何幫助了自己？」

「這次晤談有什麼地方讓你感到很驚訝的？」

「你覺得我們下次晤談要繼續維持的是什麼部分？什麼地方又需要改變？」

提供一些給當事人填寫的量表問卷，也是了解諮商效能很好的工具，只是這些工具的內容要能包括正向效果及其方法的向度評量，以能真正協助 SFBT 諮商師懂得如何運用這些評量內容（Fiske, 2008）。

五、回饋

（一）讚美與連接性訊息的原則

回饋乃與 SFBT 晤談各階段一樣重要，因為回饋階段會從當事人自己努力建立的答案中，將一些較有幫助的觀點加以組織與強化，讓當事人的行動得以產生，以能促進改變的發生。經過四十分鐘的晤談後，SFBT 諮商師會於暫停階段的十分鐘，與單面鏡後的諮商團隊討論，或者自行沉澱而形成對當事人的回饋。回到晤談室後，再以當事人能理解與接收的語言與方式，關注於當事人的目標與資源之上，「統整地」予以回饋。在此暫停階段中，當事人亦會整理今日晤談所得，而於暫停後，因對諮商師的回饋產生期待心理，也會對諮商師後來的回饋內容更為專注地接收。對於處於危機中的當事人，

在回饋時，通常會特別集中在建議當事人先繼續去做其於因應對話中已找到的既存有效方法，或者提供讓當事人「帶回家」的訊息（De Jong & Berg, 2007a; Fiske, 2008）。

回饋主要可分為三個部分，第一個部分即是「讚美」。於回饋一開始，就以讚美來回應當事人，也要記得讚美在場的所有人及其關係（如：你們是很好的家庭、很在乎彼此的看法等）。讚美乃肯定當事人本身，也對其為建立有效解決方法所做的努力，表示佩服。讚美能支持與證實當事人的成功，並鞏固這些成功。讚美還能確認與強調對當事人來說什麼才是最重要之處，即使他目前是處於危機中。讚美不僅能創造希望，也暗示當事人：他們對目標的答案，是藉由他們自己成功的例外和力量來製造與發掘的。

往往，開始一連串的讚美，會帶來令當事人驚奇以及戲劇性的效果，至少，當事人會傾向於對你的讚美充滿好奇而感到愉悅。對於非自願前來的當事人，讚美其願意前來以及他已經付出的努力，是很重要的；對一直訴苦的當事人，指出在他們經驗中有一些可以做為提供解決的關鍵和線索，亦有其意義。而對於處於驚恐中的當事人，先讚嘆他們已經做到令人佩服的努力與難得的成果，也常會產生理解當事人及寬慰人心的效果（De Jong & Berg, 2007a; Macdonald, 2011）。

回饋的第二個部分——「橋樑」，乃用以連結先前的讚美以及之後要提出的建議。在讚美他們已經做到的行動之後，橋樑的說明即是讓當事人明瞭：他們現在正是可以開始做些不一樣事情的時候了。任何建議對當事人來說，都必須有意義或為他們所重視，而橋樑提供一個讓當事人去做建議的基本好理由。所以，橋樑的內容經常是從當事人的目標、例外、力量或看法中，揀選或組合出一個連接性的言語，讓建議的執行是具有道理與價值的，例如：對處於危機中的當事人，諮商師有時即會表達認同於當事人想要下降目前危機程度之重要性，因而提出下列這些建議，或者，強調當事人在危機過程中為了所特別重視與關懷的人，當事人需要去執行以下的建議。一些常使用的開頭用語，也能引發當事人更高的注意力與執行的動機（Berg & Briggs, 2001），例如：

「我同意你認為這個時機是應該要做些事情的時候了……」

「由於你讓我相信你的問題有多嚴重、對你有多重要，所以我們給你的建議是……」

「由於對我來說，顯而易見的是，最主要的是你目前的安全，所以，……」

「當你在憂鬱的情況下還能照顧你的孩子，顯然你的孩子對你來說十分重要。為了你的孩子……」

「我一方面在想你的問題是一個難得的、呼救行動的象徵，另一方面，我也認為你可以常常多思考一些……」

（二）建議的選擇原則

回饋的第三個部分，是給當事人一個重要、簡易、可行的「建議」。建議最好是一種具「實驗性」的行動，而不要變成非做不可、非如此做不可的作業或任務。因此，提供建議時的語言描述，可以用一種「實驗」性質的態度；實驗的結果，不管成功或失敗，則都會是一種自然的結果。這將會讓當事人不易患得患失，且實驗的成功亦更能歸功於當事人。

對於處理危機中的當事人，諮商師需要特別從當事人回答「因應問句」的資料中，摘要與歸納當事人已經做了哪些對自己有幫助的行動，或者，讚美當事人目前擁有的力量與新近初步的成功，以及多注意與提醒當事人還有什麼人、事、物及行動，可能可以幫助其適應與因應目前的困境，進而建議當事人「繼續多做」能穩定目前情況的各種有助益的事。在給予建議時，諮商師要盡可能使用當事人的字詞來描述細節，而使疲憊於危機中的當事人較易理解接收之。

換言之，「提供什麼樣的建議」和「怎麼給建議」，是回饋中最難的一部分。通常，諮商師可緊緊跟隨當事人「何以能有改變」的知覺而給予建議，或配合當事人的價值觀、意願與能力，給予當事人最容易接受的建議。當然，

諮商師還需要特別注意當事人目前願意改變的預備度及動機度,來考量建議的類型(Fiske, 2008)。基本上,建議主要有兩種類型:「觀察型建議」和「行為型建議」。對於已能清楚指出自己如何讓例外產生及有因應能力的當事人,或者願意積極處理問題的當事人,就可直接提出行為型建議,例如:建議當事人多做例外與因應的行動、嘗試做部分的奇蹟內容(如多多讓自己與好友在一起,才不會覺得孤單而想自傷),甚至可挑選一日來假裝奇蹟已經發生,並依奇蹟圖像行動(如每天去列出想活下去的理由,並從中找一個來落實)。當然諮商師也可以邀請當事人為自己在這一週內設計一個行動,而使此行動更易被執行(De Jong & Berg, 2007a; Fiske, 2008)。

　　至於觀察型建議,則是建議無法意識化例外何以能發生的當事人,觀察偶發的例外是如何發生的,例如:觀察心情較為平靜、比較不會想起自傷的時刻、自殺意念較弱的時間,以及其何以能發生的種種細節;或者,請當事人觀察在生活中發生了什麼事,是他認為可以指向問題解決的線索,以使其平日生活中集中於正向的思考,避免更陷於負向情緒之中,並能找出具體證據或使其更認識現實,例如:

　　「你可以去注意你是如何控制與平復想自傷的念頭?當能控制時,你在做些什麼?生活有些什麼不同?」

　　「請多去觀察你想活下來的時候,到底發生了什麼?」

　　「注意別人說了什麼話對你是有價值的?」。

　　「請你觀察自己在這一週內,希望什麼事情是能繼續發生的?」

　　這種觀察會使例外的發生成為一種「預言」,藉著給予預言作業,諮商師暗示例外將再發生,可能就在下個禮拜,而會使當事人接受「例外當然會存在」的假定,而會對美好日子產生更高的期待,並易自動地去尋找各式相關的訊號,甚至製造這些訊號。亦即,預言作業之有效性包含了啟發的力量,是一種實現自證預言的意圖,對於穩定當事人的情緒常有莫大的幫助(De Jong & Berg, 2007a; Fiske, 2008)。

（三）其他類型作業

諮商師也可邀請當事人每晚「預測」明日自己狀態的分數，讓當事人發現他的預測不見得準確，進而打破自行應驗的擔憂。或者，運用當事人能夠預測的準確性，擴大他對自己與環境的觀察與控制力。預測建議對於慢性病患者而言，常是很有幫助的（Macdonald, 2011）。

類似效果的，對於難以做決定或自我控制的當事人，諮商師可以給予「丟銅板」或「奇偶日」的建議，以創造改變之可能性的出現（De Jong & Berg, 2012; Korman, 2011），例如：

「每天早上起來時，丟一個銅板。若銅板為正面時，那一天就跟平常一樣過日子，如沒有離開會打你的男友。若銅板為反面時，那一天就過得像是你已經離開男友一般的生活。然後，觀察這樣的實驗會產生什麼不同的影響。」

「每天給予自己十分鐘，於日期是奇數日時，用筆寫下你擔憂的事情以及內心負面的想法，一個擔憂用一張便條紙寫著，並用鬧鐘提醒自己，十分鐘一到就停。於偶數日，你則將前一日所寫下的內容，分成兩堆：一堆是你覺得你需要再多花時間想一想的擔憂，另一堆是你覺得你希望自己能停止去想的擔憂；十分鐘一到，則把想停止的這一堆便條紙，拿去燒掉。而最重要的是，當你在平常又開始擔憂什麼時，你就告訴自己，我會有專屬的時間來想這些事情的。」

還有一種「假扮計畫」（pretend plan），很適合提供給有高憂鬱情緒的當事人。舉例而言，有一位被霸凌而不敢出門的青少年當事人，他記得能開心外出的唯一例外經驗，是參加一個夏令營，但是當事人只記得度假的感受，卻回答不出例外何以發生，因而諮商師便請他這一週試著先假扮在「度假」，以使這青少年可以開始連結成功經驗（Korman, 2011）。除此之外，也可用假扮計畫幫助想要解決問題的憂鬱當事人，提升其對改變的預備度，因為這

些假扮計畫乃與當事人想要的目標相關聯，因而很有可能會奏效（Fiske, 2008），例如：

「你不用特別做什麼事，但每晚睡前就『想像』你已經在執行解決方法了。」

「每晚睡覺前，在你腦中播放一次成功解決後的景象，如電影畫面一般。」

「每一次當你心中又想起這一堆問題時，請開始在你心中重複播放成功解決後的景象。」

「每一天想像你要執行的解決方法三遍，然後思考什麼是你可能會開始去做的一步。」

「每次你見到一個機會時，就在心中練習一次你可能可以做的事情。」

類似於假扮計畫，諮商師也可以邀請一家人都進行扮演，彼此不告訴彼此自己的扮演計畫，但需要去觀察別人改變了什麼以及發揮了什麼影響力，而落實「當事情無效，就做些不同的事情」之 SFBT 原則。

（四）當事人難以改變時

如果當事人真的很堅持自傷行為所帶來的意義，並且表示前述的作法都無法帶來改變的話，諮商師可以考慮協助當事人找到一個殺傷性最小的方式，來緩解這股自殺的衝動，例如：對於喜歡看到自己手腕上有血紅色才能紓解情緒的當事人，可建議他改以口紅塗在手上；喜歡身體有痛感之當事人，則可請他改以用冰塊而非刀子來觸碰自己（Macdonald, 2011）。

至於對目前尚未有意圖想改善現況的當事人，尤其是非自願者，諮商師甚至可以不給任何的建議，因為給予建議往往會促使當事人更加退避三舍。於回饋時，諮商師只是理解、讚美與欣賞當事人，表示希望下次能夠再看到他並能對他有所幫助，也希望下次能協助他發現對當事人有意義的協助為何，以建立與維持當事人來晤談的意願及其與諮商師的合作關係。對於強烈拒絕

諮商但又處於危機中的當事人，除了持續嘗試與之建立關係外，諮商師可能就得更側重於了解當事人所處的系統並得到相關重要他人的積極合作與協助（De Jong & Berg, 2007a）。

儘管在危機中的晤談有時不見得能到四、五十分鐘，但若能在結束前仍然給予簡短的回饋與提醒，則會是有幫助的（Fiske, 2008），例如：

「你會如何讓自己維持在安全的狀態？」

「當你有一個難受的一天時，你想什麼人、事、物對你會有所幫助？」

「這些有用的策略，你要如何提醒自己繼續去做？」

「當你注意到自己開始哭泣時，你會用什麼不同的方式來處理之？你怎麼知道這樣做會有效？」

（五）契約與卡片的應用

諮商師還可以與當事人有一個書面的契約，尤其是在與青少年當事人工作時，這樣的契約有時會提高完成建議的比率。然而，契約撰寫的方式，需是以當事人自己的語彙來描繪，而非以專業的術語而行之；而且，撰寫內容的方式，需明確指出當事人需要出現什麼行為（而非「不要做什麼」的行為），以符合良好構成目標的標準為佳，例如：「當覺察到自殺衝動來襲時，要深呼吸、立刻告知身邊的人、打電話給警察求救」（Berg & Reuss, 1998）。Fiske（2008）甚至以契約為基礎，發展了一張卡片，其含有自殺衝動來臨時，可做的不一樣的事情、自我調節訓練方法、具體求救行為及資源，並讓當事人隨時帶著。亦即，諮商師可以將回饋以及想提醒當事人的事情（例如：平日自我照顧事項、有危機時的自我協助事項，以及立即尋求協助的資源清單），列在一張紙上，或製成契約，或製成一張小卡，而讓處於危機中的當事人可以帶回家，隨時可取得，以持續提醒自己，並於必要時採取有效行動。

（六）第一次晤談的結束

在第一次晤談時，當事人常會先打量諮商師及其提供的服務品質，也會評估是否要開始信任諮商師，或會思考是否要認真和諮商師一同工作。除非明確地知道當事人已經無法再回來晤談，否則 SFBT 諮商師會以「當事人願意再來晤談的立場」給予回饋。在第一次晤談給予回饋後，諮商師會直接告訴當事人：諮商師想要再見到當事人，而且於下次再見時，會希望聽到有哪些情況變好了。此方式將能促進當事人對諮商師的信任與信心，同時也具有助長當事人例外正向改變的效益。接著，諮商師還會詢問當事人：「什麼時候再次接受晤談對你是最有幫助的？」這樣的問句所傳遞的訊息是：相信當事人是有能力做出對自己有利的決定，以及諮商師認為再次晤談對他們也是有助益的；相對的，SFBT 諮商師不會詢問當事人是否會再回來晤談，或再次晤談有無意義，因為這樣會讓當事人以為諮商師覺得自己沒有效用，或者認為當事人沒有能力改變現況。當然，若當事人對於再次來晤談有所猶豫時，諮商師便需進一步了解當事人所考量或擔心的部分，直至當事人對諮商師或是自己的能力變得更有信心時，諮商師才會再與當事人確認下次會面的時間（Berg & Steiner, 2003; De Jong & Berg, 2001）。

活動 BOX 3-7：對自殺意圖當事人綜合訪談練習

進行方式：

1. 三人一組。一人扮演有自殺意圖的當事人，一人擔任諮商師，一人擔任觀察員。

2. 諮商師參酌下列訪談系列問句進行訪談；可按照訪談問句的順序進行，也可適時增加不同的問句。在過程中，要以一般化、重新建構、摘要、簡述語意等形塑技巧穿插之，並儘量併入當事人的用語。

3. 訪談後需執行暫停，由諮商師與觀察員討論如何配合當事人的狀況與晤談內容，給予當事人回饋；然後，再由諮商師整合地提出包含讚美、橋樑、建議的回饋給當事人。

4.結束訪談後，三人討論演練心得。

5.三人接著討論如何修改下列訪談系列問句或討論提出問句的考量。

6.再進行角色輪換，並進行第二、三、四點，直至每個人都輪過三種
　角色為止。

訪談系列問句：

1.你對於此次晤談最大的期盼（best hope）是什麼？

2.當你想起自殺這個議題時，會有什麼特別的感受與想法？

3.你帶著自殺這個念頭多久了？

4.你是如何幫助自己避免去做這件事的？

5.如果你還擁有一、兩個小小盼望的話，那可能是什麼？

6.平時當你感覺到比較不那麼痛苦時，會有什麼不同？

7.還有呢？你還會有什麼不同？

8.現在，我要問你一個奇怪的問題（停頓）。假如今天晚上睡覺的時
　候，整個房子都非常的安靜，你也睡得很香甜。半夜，奇蹟發生了，
　你今天跟我晤談的問題解決了。但是，因為奇蹟發生在你睡覺的時
　候，所以你不知道在一夜之間你的問題解決了（停頓）。所以，當
　你明天早上醒來的時候，你會發現有些什麼不一樣，而讓你可以注
　意到事情有所改變了？

9.奇蹟發生後，你不再感覺到痛苦與害怕，那麼你感受到的會是什麼？

10.這樣對你會有什麼影響或不同？

11.奇蹟發生後你會去做什麼，是現在沒有在做的事情？這對你會有什
　麼影響？

12.這對你的家人與同事又有何意義？他們會因此而有什麼不同？

13.最近何時曾經有經驗到這「奇蹟圖像」的一小部分？是什麼告訴你
　這是奇蹟圖像的一小部分？

14.在0至10分的量表上，0分代表你想要尋求協助的當時，10分代表
　奇蹟圖像，你現在在幾分的位置？

15. 何以是這個分數？不是更低的分數？

16. 你希望至少到達幾分的位置？

17. 若再以另一個量表來評分，10 分表示你很有信心自己可以朝奇蹟圖像的方向前進，0 分是非常沒有信心，你現在在幾分的位置？

18. 是什麼讓你擁有這個程度的信心？

19. 誰對你是懷抱希望的？何以他對你懷抱希望？

20. 誰對你懷抱的希望是較高一些，雖然他可能什麼都沒有說？

21. 是什麼讓你認為他們對你是懷有希望的？

22. 當你覺得自己比較有改善時，你會有何不同？

23. 當對你懷抱希望不同程度的人，發現你有所改善時，他們各會有什麼表現？還有呢？

24. 那時，你想你會因為他們的反應而再做些什麼？

25. 到這裡，你想一想，現在的你能夠做得到哪一個小小的行動，而讓他們能夠發現你有改善？

六、轉化問題、評估資訊，並執行安全性計畫

　　傳統的危機評估是一種問題評估（problem assessment），在機構的行政程序上常為不可或缺的步驟。但是，別忘了，這類問題評估的內容往往缺少對當事人的既存資源、優勢力量、過去成功經驗的了解，也無法蒐集可讓當事人激發改變動力的重要人、事、物，或產生希望的未來願景等建構解決式談話的素材。

　　Fiske（2008）特別強調，要讓每一次與當事人的接觸，都能夠有「治療性」的效益；若諮商師與當事人的初次接觸都只停留在蒐集資料與評估危機，則很有可能會錯過可以幫助當事人的時機，因為不少有危機的當事人不見得願意接受轉介與持續諮商服務；若於第一次接觸時讓當事人覺得沒有幫助時，本就意興闌珊的當事人很可能會立刻離開諮商系統，反之，若能讓當事人與諮商師一接觸時，就能夠建立合作的關係或讓當事人覺得有些收穫，當事人

投入與好轉的機會便會增加。

SFBT 非常強調，諮商師要能懂得評估一個人生命的基本需求，例如：Maslow（1970）所說的生理需求、安全需求、愛的需求、自尊的需求，以及自我實現的需求；而且，SFBT 也特別強調，每一個人想要達成何種需求之知覺是不盡相同的（引自 De Jong & Berg, 2007a）。當諮商師能更熟悉及了解這些基本需求，就能更了解、接納與同理處在危機中當事人的任何反應及內在感受（De Jong & Berg, 2007a）。

換言之，在行政程序上蒐集與評估問題的資料是必要的，有時此舉也能幫助諮商師了解當事人的情況。常見詢問的向度包括：事情何時發生及其經過為何？當事人嘗試自傷否？當事人想像如何結束生命的方法？可能執行的程度為何等。但是，在蒐集這些資料的同時，SFBT 諮商師的主要意圖，則是放在看到當事人的資源與力量，以幫助他們運用適合自己的方式，去達成這些基本需求（尤其是安全與生理需求）。

所以，諮商師會結合 SFBT 的精神詢問當事人一些關於前置因素、系列行為與後果、致命程度等資訊，例如：「有多常想起自殺的想法？」然後再著重於「何時不會想起」的向度；也可問：「以前曾經自殺過嗎？」但更深入探討：「什麼樣的生活不會有自殺的念頭？」或「如何走過之前的低潮？」諮商師也會詢問：「自殺對你的意義是什麼？」、「是否有清楚的自殺計畫？」但之後又會找到當事人所在乎的人、事、物，或運用關係問句來引發當事人改變的動力。有時，諮商師也可運用評量問句來了解當事人拯救自己的決心之高低或其他友人的判斷為何，再找到阻止當事人自殺的各種力量（De Jong & Berg, 2007a; Macdonald, 2007）。類似的問句，例如：

「你想要傷害自己的時間有多久了？」
「你常常會想到這個念頭嗎？」
「哪個時期沒有這個念頭？」
「何以那個時期可以沒有這些想法？」
「最近你有多常感覺到你已到達你的限度終點、覺得無法再處理更多事

情了？」

「何時沒有這樣的想法，或者何時這樣的想法會少一點？」

「那時候何以可以如此？」

「你有想過要怎樣傷害自己嗎？」

「當你有這些想法時，你何以能控制住自己？」

「10 分表示你相信自己會長壽且快樂，並壽終正寢，0 分表示你相信自己會死於主動結束生命，你目前的分數會是幾分？」

「曾經最低的分數是幾分？」

「何以能從最低分到達現在的這個分數？」

「如果你能睡好覺、沒有惡夢，這會讓分數上升多少？」

「對於想結束自己的生命（或搶救自己），你下定決心了嗎？」

「以 0 至 10 分，0 分是決心結束自己的生命，10 分是很想搶救自己的生命，你覺得目前是幾分？」

「何以沒有到 1 分？」

「需要什麼才能上升 1 分？」

「知道你父母是真的關心你之後，這分數有上升嗎？怎麼說？」

「當你處於 10 分時，你猜想你會是什麼樣子？又會做些什麼事情？」

「你有跟誰討論過你想傷害自己的這個想法嗎？」

「假如有，你是跟誰討論的？他們的反應是什麼？」

「你希望他們有什麼反應？」

「如果你聽到些什麼，就有可能決定選擇不再傷害自己？」

活動 BOX 3-8：墓穴旁的故事

進行方式：

1. 三人一組。一位扮演有「輕度」自殺意念的當事人，一位擔任訪談的諮商師，一位擔任觀察員。諮商師依照下列問句引導當事人回答，觀察員則記錄當事人的反應。

2. 結束後，三人討論：「墓穴旁的故事」（Macdonald, 2007）的引導句，對於提升有輕度自殺意念當事人之生存意念有何效果（例如：找到當事人在乎的人），以及應用此活動時應有哪些注意事項（例如：於當事人的死亡意念不是太高時，方進行此活動）。

諮商師引導句：

· 在你考慮了所有的可能性之後，你還是決定做下這最後不得已的選擇。在你的喪禮中，你的身體在墓穴裡，而你的靈魂在三尺上方徘徊，你看著下面聚集的群眾，你會發現誰在那裡？誰是最傷心的？他傷心些什麼？

· 當人們走過墓穴旁，關於你應如何不同地處理事情，誰會對誰說些什麼話？

· 在你做了這不得已的選擇之前，他們可能會想給你什麼樣的建議？哪些方法若你能先聽到，或許你覺得可以先試試看？

· 誰會先撥一把土？當土觸及你的眼瞼時，他們可能會想到些什麼？他們可能會想要跟你說什麼話？哪些話會讓你觸動，或對你有些意義？

　　諮商師會使用前述各種原則與技巧的介入（特別是因應問句），以尋覓讓當事人有效突破困境，或先維持不更糟的具體小行動；也可多引導當事人思考與預測：「當情況可以有小小改善時，自己與他人會注意到的第一個小小訊號為何？」而此問句除了帶來改變的暗示性外，也容易激發當事人找到啟動改變的第一步。

　　換言之，結合 SFBT 的代表問句來進行所謂的危機評估，除了可以初步了解當事人的自殺意圖及致命性外，更重要的是看重提升當事人的安全性和存活資源的發掘，以及任何可以提供正向介入的相關資料。亦即，SFBT 諮商師在蒐集當事人現今危機與問題的性質和程度的同時，特別會評估與著重當事人是否能夠運用自身資源來因應困境。其次，諮商師也會了解與評估，當事人是否還需要哪些資源與行動來幫助自己（如採取住院等醫療策略的介入等）（De Jong & Berg, 2007a）；或者，在目前的情況與需求下，當事人還需要什麼樣的個人與系統改變，會對當事人最有幫助。進而，諮商師將會思考如何協助當事人能夠取得與運用目前已有的資源，來達成這些改變（Fiske, 2008）。

　　也有 SFBT 實務工作者直接用「存活評估」與「成功安全計畫」來取代「危機評估」一詞。Bunn（2013）經過實務與研究的驗證支持了：與當事人集中於探討目標與例外的所在，直接評估安全性、進展度，了解當事人意願、自信、能力，以及確認家庭成員的優勢力量與互動位置等向度，乃是成功評估當事人「安全性程度」的重要核心指標。SFBT 代表人物之一的 Korman（2011）甚至認為，SFBT 對於處於危機的當事人，應「只」側重於「存活評估」（survival assessment），了解當事人活下來的可能性，因為，往往當諮商師在問題評估上有所探討與停留時，反而會使當事人複習了一些負面的思考，而更增加其危險性；反之，當一個人能看到希望、目標、資源與力量之所在時，危機往往就會下降。當然，Korman 亦強調：對於當事人的狀態，仍需要許多經驗的累積與支持（例如：往往堅決拒絕諮商或醫療者，其危險性更高等），才能精準地予以判斷。

活動 BOX 3-9：危機案例的成功生存評估

進行方式：

1. 五人組成一組，針對下列案例，探討可以如何以 SFBT 之理念與技巧
進行安全性與生存評估。

2. 之後，請一位組員扮演這位當事人，其他夥伴則擔任諮商師。每位
諮商師輪流與當事人對話，並分別與當事人進行往返五個對話，中
途不要中斷或與人討論。當事人則依每位諮商師的各個回應，自然
地接話。

3. 結束活動後，所有組員進行分享，並討論對此案例的後續輔導計畫。

案例自述：

　　「老師，我家庭不溫暖，我爸爸在我小時候就外遇。我很喜歡我男
友，他知道我的不開心，他懂我、關心我，他說他會保護我、照顧我，
結果還不是移情別戀。那天被我親眼見到了，我問他為什麼騙我，他就
說不然分手啊！老師，為什麼男人都是這樣的，講一套做一套，我爸這
樣、他也這樣。現在我大學畢業工作多年了，想考研究所，不然工作升
遷不上去，但是我什麼書都沒有念，到時候一定考不好。我活著到底為
了什麼，本來還有一些成績、一些成就，可以讓我爸媽去外面炫耀，現
在弄成這樣連我最後的存在價值都沒有了。我好煩喔！我旁邊的同事看
我悶悶不樂，有問我怎麼了，我有大概跟她說一下，她有安慰我，還約
我到她家聊聊。但是，你知道嗎？我每天到公司去上班，看著我們公司
那棟最高的大樓，都在想說，是不是從上面跳下來一切就解決了。上星
期去那棟大樓六樓開會，我從窗戶看到外面就想說，是不是該跳下去？
網路上面都說只要七樓以上就可以必死無疑。我到六樓開會的時候，就
在想說可以上去七樓⋯⋯」

　　當然，如果當事人的情緒是極強烈或極冷靜的，或強烈地表示結束自己

生命的高度意願，或於評量問句的種種分數都相當接近於結束自己生命的向度時，諮商師需要記得與當事人直接確認他的情況，以決定是否要立即採取其他系統的介入行動（Fiske, 2008）：

「你有多願意，希望自己能夠找到另一種選擇？」

「你覺得『你能平安度過這個週末』的想法，有多實際可行？」

「你有多大的信心，相信自己可以度過這個今天晚上？」

常見治療中會邀請當事人簽署不自殺契約，SFBT 則強調以正面語言，使當事人承諾「活下去」或「願意繼續接受治療處遇」，所以 SFBT 簽署的不自殺書面契約是能幫助當事人執行建議的一份力量，其中撰寫的文字，會是正向具體可行的行動，例如：在當事人心中湧上負向的念頭時，他會試著去做一些有效自我協助的行動為何。

若當事人的危機程度較高且晤談無法使之下降時，安全網的設置等安全性建置行動，就成為重要的優先選擇。在安全計畫裡，需要考量當事人的現實、脈絡以及可行性，同時也需要考量通報與保密原則（Fiske, 2008），例如直接與當事人討論：

「你想是由我來打電話給警察，還是你願意由你的家人陪同你到醫院急診室去？」

「你比較希望是由我來通知你父母你目前的狀況，還是由你自己現在打電話給他們？」

「你覺得需要發生什麼事情，你選擇結束自己生命的行為比較不容易被激發？」

「當你注意到自己開始在發抖時，你覺得接下來找誰談，是會讓你平靜下來的？」

「今晚你住在哪裡會是安全的選擇？」

「需要有什麼不同，才不會再發生昨晚的事情？」

對於家中有危機者，需要與家屬建立合作關係後，清楚說明安全網的目的、欲達成的目標，並特別參考例外與因應資源來建構安全網運作的細節（例如：提醒小卡的設計，鄰居、緊急聯絡人、當場的處理方式等），之後也需要再次評估其效益與進展，以再修正運作方式。對於兒童的部分，甚至可配合圖畫與玩偶，與之預演一次危機處理流程（Bunn, 2013）。

綜言之，SFBT 並不會以病理學的診斷來對當事人的情況進行評估與衡鑑，或以病理學的診斷為諮商晤談的主軸重心，但是 SFBT 仍會進行當事人危機之安全性與生存評估，並建立預防機制，其中，能符合當事人知覺的安全性建置，以及建設性的存活方式之討論，才是 SFBT 的重要評估指標。SFBT 諮商師於進行危機評估時，仍是秉持營造正向對話關係的意圖，而非當事人有問題的姿態，來企圖創造解決式談話的空間。在進行危機評估時，SFBT 同時強調，當事人已經擁有的因應與克服困境之力量，並以「當事人為中心」的哲學，找到當事人所欲的目標，以當事人想要的方法、步驟與速度前進，以能有效降低當事人的危機程度，並找到再次穩定當事人生活的行動與力量。當然，SFBT 的工作執行仍需要是在合乎諮商倫理、法律規範以及心理健康的前提下，尋求安全的訊號，給予當事人立即所需的協助。諮商師也要特別注意，需先以「小小有效」、「延緩問題惡化」、「先使問題不要更為失控」或「穩定當事人」為優先考量，需要運用的是現實中「馬上可用」的資源，以建立的是立即、短程、近期的可行計畫與行動（如這一天內的行動），才能更為掌握危機處理的效益（De Jong & Berg, 2012）。當然，這些危機評估以及晤談進展的成效，都需要於紀錄中適當反應，也需要注意撰寫時的用詞，以利後續的專業使用。

七、後續晤談

（一）引發、珍惜、探究與複製進展

在危機處理中，時時注意什麼樣的介入是能夠有一些小小成效——「有效之處就多做一點」，是一個非常重要的原則。SFBT 認為，當事人能有所

改變是相當不容易的事，能否有改變甚至會是一種挑戰。當處於危機中的當事人沒有進步或進步地非常緩慢時，諮商師會表示：改變本就是不容易，這樣的過程是很正常的，因為這本來就是一個困難的工作，需要持續不斷地努力才行；反之，如果當事人的進步是迅速的，基於上述前提，諮商師會給予大大地肯定讚許──當事人的改變，以帶來個人的自尊感與力量感。此外，若當事人認為改變應是由諮商師造就或想要把自己的責任轉嫁給諮商師時，諮商師會提醒當事人：這樣困難的工作，是需要當事人的參與才能完成的。諮商師需秉持這樣的立場，那麼，在當事人達成改變自己的挑戰之後，才能真正成為當事人自身的一種成就（De Jong & Berg, 2007a）。

　　SFBT 的後續諮商與第一次晤談的架構並沒有明顯的差別，對待處於危機中的當事人與對待一般的當事人也沒有太大的不同，但是會依照當事人來談當時的情況而略有不同的側重重點。從第二次晤談開始，諮商師會於每次晤談一開始先詢問當事人：「自從上次會談後，何處已變好了？」這個問句可反映出諮商師相信當事人於離開諮商室後，是能勝任於執行所需採取的行動；尤其，這個問句亦反映出解決之道乃建構於當事人對例外的知覺，並暗指：即使問題依舊存在，但仍然會有小小例外的發生（Berg & Steiner, 2003; De Jong & Berg, 2001）。

　　通常，當事人對「何處已變好了」的問句，會有以下三種基本的反應類型。

　　第一種反應類型的當事人，能清楚地說出自上次晤談後有發生的一些較好經驗。有些當事人可能需要藉由諮商師的引導、鼓勵或是探索，才會聯想得到；對於情緒過於高漲或低落的當事人，諮商師記得要用「細微變化」的用字（如「一點點的平靜」、「些微的轉變」），才比較能引發當事人聯想到有發生的小小進展。必要時，諮商師甚至可就兩次晤談間隔的每一天，細部探討當事人的情況（如用評量問句了解每天的心情平穩度），以找到差異變化之處，以及何以能有較好時刻的發生。特別是當事人處於危機時，探討進展的細節與效益，將會強化「改變是可以被預期的」之信念，除了易引發處於低潮的當事人一些希望感外，也讓反覆掙扎的當事人更願意開放於各種

可能性的探討（Fiske, 2008），例如：

「什麼時候想起這件事情時，哭泣的時間是比較短一些的？」

「什麼時候想起這件事情時，覺得比較能忍受這痛苦的感覺是高一點的？」

「在整個星期中，每一天的每一分鐘裡，情況都是一樣糟嗎？」

「有沒有一些時候，是沒有那麼糟的時刻。」

「當事情沒有像以往那麼糟的時候，是發生了什麼事情呢？」

「當事情沒有像以往那麼糟的時候，你又有何不同？」

「你如何讓自己可以離開急診室的？」

「你如何減少了傷害自己的次數？」

「如果我問你的好朋友，他會和你有什麼不一樣的看法？他是否會認為你的情況其實是有一些改善的？」

「若從 0 分到 10 分，10 分是心情很好，0 分是心情不好，你這一週大致是在幾分左右？」

「有哪一天的心情，是比 2 分更多一點點的？」

一旦當事人能找出進展，不管這個進展的經驗多麼模糊不清，諮商師皆要大大運用前面章節中所介紹的 EARS 技巧，深究及揭露這些進展的過程細節，其包括：

· 請當事人描述這些進展的例外經驗發生時，與問題存在的時候有些什麼不一樣。

· 這些進展是如何能夠發生以及再度發生的，例如：當事人如何「決定」去做的判斷、執行的過程、行動的效果等。

· 從重要他人的角度來思考進展的過程與影響，以及當事人與重要他人因為有了這些進展後，於彼此關係上的變化。

如果當事人有不易回答進展的反應，或許諮商師也可以用「負分」的方式來加以詢問，有時處於低潮中的當事人就比較容易回答，諮商師則再給予

肯定，例如：「若發生危機的情況是-10分，來晤談後變成 -6分，所以是進步 4分之多了喔！」負分評量的方式，特別適合自我要求較高的當事人，也可提醒周圍的人轉介機構系統來發覺當事人的小小進展。

　　「從憂鬱中復原」的評量問卷，也是一個方便當事人找尋例外與進展的工具。請當事人以 0 到 10 分的程度來進行各向度的評量，10 分代表「總是發生」，0 分相對地表示「從沒有發生」；問卷中評量的向度則需為正向而細小，且能反應改善狀態的（Fiske, 2008），其向度可如：

- ・能夠看電視。
- ・能夠看雜誌。
- ・能專注一段時間。
- ・能專注一段很長的時間。
- ・能夠睡覺。
- ・能夠睡得很沉。
- ・能夠睡得飽。
- ・能夠起床。
- ・能規律用餐。
- ・能健康飲食。
- ・能去運動。
- ・能去上班／上學。
- ・擁有需要的能量。
- ・能幽默因應。
- ・能正向思考。
- ・能夠微笑。
- ・能夠享受事物。
- ・能感受到愛。
- ・能傾聽別人說話。
- ・能尋求別人協助。
- ・能關懷他人。

· 能負起責任。

· 能接受讚美。

· 能感受到自我價值。

· 能期待某事。

· 能期許未來。

· 其他：_____

（二）先求維持、再求突破

對於「何處已變好了」的問句，當事人的第二種反應類型可能會是：「我不太確定」或是「我想事情都一樣，沒有多大改變」。諮商師不必為這種回答而失望，因為其中還是有正面意涵──沒什麼不同，代表事情並沒有朝負面方向變化，當事人所維持的水準還是與上次一樣，而此也需要一些能量才能做到。

若當事人老是繞著自己的失敗打轉，不願意去探索哪些部分有所改變時，很重要的是，諮商師需要尊重地傾聽他們的理由，接受並一般化當事人的失望。當事人若感覺到自己的聲音被聽到了，諮商師便能接著探問何以情況沒有更糟，並嘗試獲得更多細節；此時，就有可能發現當事人其實已經做到一些小小的改變，是連他自己都不自知的，例如：詢問一個每次都得喝十二罐啤酒的憂鬱當事人，是如何知道不要再喝第十三罐的；了解一位因先生外遇而心煩、打孩子的年輕媽媽，是如何減少動手打孩子的次數；這些阻止自己不做更多無效或錯事的時刻，亦可成為當事人可以覺知的小小例外進展。

特別的是，「沒有更糟」對處於危機中的當事人來說，是很有意義的，此表示當事人與周圍系統的支持具有撐住當事人、控管情況不變得更糟的一些資源與力量，甚至表示當事人仍然擁有一些足以控制自己生活的能力，這些探討都會讓當事人更加意識到所擁有的內外在力量，是足以讓危機情況被控制下來的。再者，對危機中的當事人來說，「先求穩定、維持在不更糟」的狀態，往往是很有意義的必要之舉。也就是說，對於非自願來談或處於危機中的當事人，能有小小的進展便是非常不容易之事，所以諮商師在面對當

事人的改變與否，切莫期待過高或推進過急，不少當事人很可能在前進一小步後會需要一段時間的持平，才能有更進一步地提升（許維素，2011a，2011b）。

諮商師在增強一般當事人進展的成功經驗時，除了會大大的讚美之外，更要進一步了解：若要這進展再次發生、多發生或繼續維持，需要什麼重要的要素才能推進之。然而，對於危機的當事人來說，先求維持，或如何於有些微惡化時懂得回穩，更為重要的事。諮商師切記，一定要優先與當事人討論如何維持穩定，才能讓當事人重拾控制感與自信心，尤其，不少當事人要能先掌握如何再複製、維持進展之後，也才能再求提升與擴大；諮商師要避免因為操之過急而揠苗助長，反而易導致當事人的再次挫敗。因此，當危機中的當事人有所進展時，為了要協助當事人懂得如何「維持、穩定與強化」這些小小的改變，常見「振奮性引導」、「可以有何不同」、「重要他人的見證」、「具體進步指標」等方向，都是後續介入可用的回應方式（Macdonald, 2007），例如：

「哇，維持現狀真的很不容易呢！你是如何辦到的？」

「你要如何繼續維持你的安全？」

「你對自己的表現打幾分？若要保持這樣的分數，你覺得應該繼續做些什麼？」

「你如何讓自己維持在這個正確的軌道上？若繼續維持著，會有什麼不同（或有什麼意義）？」

「你需要什麼來幫助你維持這份改變？什麼樣的人、事、物會有幫助？」

「你有多少信心能夠度過這一天／這一週，而不會有傷害自己的行為？是什麼可以讓你有這樣的信心？」

「需要發生什麼，你才能繼續維持這份信心？」

「你特別想跟誰分享你的改變？」

「當你所重視的人知道你這麼努力走過，他們會特別珍惜與感謝你什

麼？」

「他們對你繼續維持的信心是幾分？」

「若你能先繼續維持，對他們會有何意義？」

「如果你又面臨糟糕的一日，你會如何幫助自己想起這些有用之處？」

「如果又發現類似變糟的訊號，你會如何以不同的方式來處理？你怎麼知道這會有幫助？」

尤其，當事人的情況雖然沒有更糟但又無法更好時，在一段時間內「如何與問題共處及自我照顧」，即成為一個可以嘗試的工作方向：

「在你等著事情能有所改善的這個階段，你可以如何更好地照顧自己，以預備下一階段的變化？」

「既然妳已經嘗試了所有方法，並覺得妳無法改變妳丈夫的行為，那麼妳會做些什麼事，來讓自己好一些呢？」

「如果在未來兩個星期內，你能繼續維持在 4 分，會對你的生活有什麼影響？」

「除了這件事目前需要等待變化之外，還有什麼地方是你可以先著手處理的？」

當然，在懂得維持不更糟的情況下，於後來晤談合適的時機再反思如何繼續突破現況，常會是當事人的願望，此時諮商師則可探問：

「需要發生什麼事，才能引發小小不同的發生？」

「我還可以做些什麼事，才能更有效地幫助你？」

「假如你能讓分數提高一點，譬如從 2 到 3 分，你會有什麼改變？你最好的朋友會有什麼不同的看法？」

「如果你從 4 分提升到 5 分，誰會先注意到？你又會有什麼反應？」

於合宜時機時，諮商師也可與當事人探討，如何為未來還有可能發生的

挑戰，進行哪些準備；或者，從這些嘗試經驗中，可以有何學習，以能創造
進一步的穩定或進展，並使這些穩定或進展更內化成為當事人自身或生活的
一部分，例如：

「下次在有這樣的衝動時，你會如何運用最近的學習來幫助自己？」

「根據之前的經驗，下次男友的態度若從辱罵變成動手打妳時，妳又會
如何處理？」

「這小小的改變讓你在工作中做什麼事情時，會變得比較容易？」

「在你過量服藥之前，有什麼是你現在想到、但以前從未想到的事
情？」

「在這個事件中，對你來說有些什麼好的學習／結果出現嗎？」

「假如在六個月之後，當你再回首，這已變成是個有意義的經驗時，那
麼你將看到現在的自己是在做些什麼有助益的事？」

（三）當情況變糟時的可貴因應

而第三種類型的回應，在 SFBT 晤談中是較少見的，即當事人會說他們
變得更糟了。諮商師必須問明詳情，了解讓他們變差的情況與因素。事實上，
災難、意外、疾病，以及其他不可預測的事件及其變化，都可能隨時發生在
任何人的生活裡。諮商師需以尊重的態度，傾聽與接納當事人描述一些突如
其來的其他事件如何影響他們的生活；多加援用因應問句會是非常重要而有
用之舉，因為因應問句可啟發當事人思考與欣賞自己是如何面對與承受目前
惡化中的情況。除此之外，諮商師還需要用開放的心去關注當事人在「處理」
這些情境時，是否有與過去不同之處，例如：採取的方式是否更積極、情緒
反應是否較和緩些，或者已能夠運用一些方式減緩困難情況的惡化速度。如
此一來，在面對所謂更糟的情況下，當事人還可以看到自己已然有所改變之
處（如面對事情的態度與策略），而可維持著當事人的控制感與希望感，例
如：

335

「這星期有這麼多事情出了狀況，你是如何度過各個難關的？」

「許多人在面臨像你一樣的困境時，常無法處理。你是用什麼力量來幫助自己的？」

「在這惡化的情況中，你似乎比過去更能冷靜地處理。這是怎麼發生的？」

「最能讓你保持冷靜的力量是什麼？」

「在這次的經驗中，你有發現最有用的處理方式是什麼嗎？」

「你最好的朋友對此會有什麼看法？」

「與上次惡化的情況比較起來，你覺得這次惡化的情況跟上次有何不同？」

「尤其你在處理事情的方式上有什麼不一樣？」

「何以能有此差別？」

面對當事人變得更糟的反應，諮商師千萬別急著期待讓當事人的情況全然立即改善，反而需要先探討如何讓當事人回到上一週的平穩，或者先讓惡化的進度減緩，如此一來，將比較能找到目前可行的一小步，例如：

「事情總是起起伏伏，有時候會好一點，有時候會變糟，然後又會再好起來。所以你認為需要什麼，才能幫助你再恢復到上週評量分數的狀態？」

「情況似乎是在惡化中，根據這幾週的起伏經驗，你覺得要如何讓情況不再繼續惡化，或讓惡化的速度有所減緩？」

如果處於危機中的當事人對情況變糟表現出較強的負向情緒反應，諮商師可以用評量問句來了解其情緒的位置，詢問在目前的情況下，什麼力量會足以讓他的情緒減緩一些；諮商師還可以轉向於探討當事人解決事情的決心、堅持等向度之評量，以促發當事人看到自己不放棄的毅力。當然，若當事人出現了想放棄的反應，則可能先別與當事人討論要如何改善情況，而是在表

示理解的同時，思考如何試著引導當事人能夠恢復願意繼續努力之心，會是比較重要的優先之舉（許維素，2011a，2011b；Berg & Steiner, 2003; De Jong & Berg, 2001）。

　　在面對第二或是第三種反應類型的當事人，諮商師也可能需要重新檢視一次：當事人的目標究竟為何？諮商師是否越俎代庖地替當事人決定了目標？有時，透過這些歷程，能真正幫助當事人發現自己想要的目標，此時晤談的進展就會大大躍進。不過，若當事人的情況惡化而有立即的生命危機時，立刻採取行動或安全網的建置，就變成第一優先的必要行動了。

（四）結案的考量

　　當然，強調目標、進展與差異的導向，使得當事人對 SFBT 晤談的期待與認知，會比較為短期，並以改變為焦點；如此一來，結案也會因而比較像是一個「畢業典禮」，而非是一種拒絕或拋棄。若當事人覺得目標已經達成且有信心於維持改變，特別是由擁有維持穩定與繼續進展的自信所反應出來的自我協助知覺時，結案便會自然發生。SFBT 諮商師其實持續預備結案的來臨，因為從晤談一開始就會不避諱地提出結案的方向。一些會提升結案預備的問句，包括（Fiske, 2008）：

　　「你覺得什麼訊號產生時，你來晤談的密集度就可以減低一些？」

　　「如果發生什麼事情或什麼訊號，便會讓你知道你對自己的信心已經增加了？」

　　「若 0 分表示情況很糟，10 分表示你大多數的時候是能夠處理與面對這些問題的，你覺得現在的你在幾分？」

　　「生活不會總是完美的，所以，0 分表示你很需要晤談，10 分是你覺得這個階段的諮商已經足夠了，那麼，你目前的位置在幾分左右？」

　　「10 分表示你有信心可以自行處理後續問題，0 分表示你覺得還不行，你目前在幾分的位置？」

　　「10 分表示你有信心可以靠自己使分數繼續往上，0 分表示很沒有信心，

你對現在的自己會打幾分？」

「今日的晤談若我們談了些什麼，會讓你覺得是往『情況夠好』的方向前進？」

「你在這週內若做些什麼，也會幫助你朝此方向邁進？」

關於危機的解除，當然是以當事人主觀的看法為最重要的評估來源，但親近親友及諮商師的同時評估，亦為重要的資料來源。而其他結案的注意事項，則如前面章節所提醒，請自行參考。

八、復發的學習與介入

SFBT 會持續關注並與當事人討論於晤談後所產生的一些小小進展，並用 EARS 探究之。不過，有些歷經危機事件的當事人，經過諮商介入產生一陣子的平穩後，還是有再復發（relapse）的現象。當事人的復發往往會特別讓諮商師感到壓力。某些派別會認為當事人的再次復發是諮商上的失敗，或認為當事人可能還有一些核心因素尚未處理完畢；然而，SFBT 則採取很不一樣的觀點來看待復發。

SFBT 相信，如果沒有過成功，就不會知道何謂失敗；成功與失敗是一體的兩面。大部分的人傾向於聚焦在失敗的這一面，而忘記了成功的另一面。同樣的，沒有成功過，就沒有所謂的復發；面對復發的當事人，諮商師要記得，復發表示當事人曾經擁有一個成功存在，雖然此成功「目前暫時」停止了。其次，SFBT 認為，復發是當事人學習新經驗的一個正常過程。如果諮商師能視復發為一個行為學習與練習穩定的過程，諮商師就會自然地接受當事人復發的事實，並更能平穩地協助其從復發中獲得更多的啟示。諮商師要相信，即使有些當事人需要受到長期的照護與協助，但是很多當事人仍然擁有且保留他們的技能，甚或還是能繼續增加他們的能力（Berg & Reuss, 1998）。

是以，面對處於危機中的當事人又再度復發時，SFBT 諮商師並不探討所謂的失敗原因，反而是先看重當事人在復發後仍來到諮商室此一行動背後

存有的「仍然想要變得更好的意圖」，而聚焦於探問當事人以下三個方向的問題（Berg & Reuss, 1998; De Jong & Berg, 2007a; Steiner, 2005）：

第一，使當事人從前次復發的經驗，來幫助自己此次的復發處理，例如詢問當事人以下方向的問題：

「你曾經發生過類似的情況嗎？」
「上一次你是怎麼走出來的？」
「上次什麼是對你最有幫助的？」
「你是怎麼知道這仍然是有幫助的？」
「你是怎麼找到此人（事物）來幫忙你的？還有呢？」
「還需要什麼才會讓此人願意再幫你一次？如果你再次獲得幫助，你會有何不同？」

若有機會，諮商師還可細問於上次復發接受諮商時，有參與協助當事人的相關專業人員，了解「哪些部分有幫助到他？」、「誰在意當事人的復原？」、「誰對當事人有幫助？」或者，請當事人儘快允許釋放這些相關消息，以邀請更多資源進入諮商。

第二，與當事人探討如何因應此次復發，例如：諮商師會好奇地探究當事人是如何努力的再次處理最近的這一次復發。這樣的探問並非期待當事人把全部的問題立刻處理掉，而是提醒能從如何減低問題的程度開始再次行動，例如：

「從最近這次復發到現在來見我的這段時間，你是如何熬過來的？」
「你是如何讓自己進入恢復的階段的？你是怎麼做到的？」

第三，增加當事人繼續改變的決心，例如詢問當事人：

「當穩定的情緒能維持時，你的生活會有什麼不同？」
「跟復發時的生活會有何不同？」

「你覺得什麼能幫助你更為穩定？」

「經過此次經驗後，你決心想改變的評量分數有何改變？何以變高了？」

擴展前述三個方向，Berg 與 Briggs（2001）還進一步地發展出諮商師處理復發的五步驟模式：

1. 正向的態度（positive attitude）：再度復發的當事人，常會覺得丟臉和感到難為情，因此，諮商師必須對焦於當事人復發前的例外事件——從前次復發到此次復發的這段期間，檢視當事人有多長時間、如何、何處、何時、多久，以及誰能協助其停留在穩定狀態等細節。藉由探問上次的成功是如何產生以及如何再製造一次，來幫助當事人恢復至這次復發前的成功平穩狀態。

2. 控制（control）：若將晤談焦點持續集中於復發何以被引發，固定地以「為什麼」問句來暗示當事人早已知道的失敗，倒不如創造性地將焦點放在當事人是「如何做到終止引發點」的行動上。此時可多加使用的問句，例如：

「是什麼告訴你說，該是停止（該行為）的時候了？」

「當你決定這是該停止的時候時，你讓自己做了什麼事？」

「你注意到自己內心出現了什麼樣的訊息，能讓你知道——夠了，不要再繼續傷害自己？」

「你會從妻子或其他人那裡得到什麼樣的訊息，告訴你該是停止的時候了？你做了哪些對你是有效用的事情？」

「你是如何知道要再來求助的？」

「你是如何知道自己願意再克服一次？」

上述這些都可以幫助當事人有意識地注意到自己已經擁有、已經在做的自我內在控制，而不是受屈於某些外來強加在他們身上的箝制。

3. 選擇（options）：一旦當事人停止做出不當的行為，他們的功能就能部分回復至復發前的狀態。細部地探討如何停止不當行為，往往可以成為有用資源與知識的來源。當然，當事人這些既有的技巧，乃需要其一再、經常且長期地使用，以重建他的生活，例如：

「這一次你是如何向太太道歉的？」

「你是怎麼決定你必須回去工作，並且是如何說服老闆，讓你回去工作的？」

4. 差異（differences）：並不是每次復發與退步的情況都是相同的，注意並確認兩次復發中不同的細節，將會對當事人有幫助。當邀請當事人去比較與對照這次與上次復發的差異時，往往可以確認出一些改變或情況比較改善之處，例如：這次在喝醉後沒有開車、沒有打鬥，或沒有虐待小孩等的舉動。這些小小的細節，表示當事人即使在所謂的失控中，仍有開始能控制自己之處，或者已經具有能使情況小小改善的方法。欲探問這些差異，EARS、評量問句與關係問句都會是很好的工具。

5. 學習（lessons）：諮商師可與當事人討論他從這次的復發經驗中學到了什麼，以及這些新的學習能如何連結到目前的生活。諮商師可以用下述這些問句，取代停留於一個大而模糊的承諾，例如：「我將不再做……」，以幫助當事人從此次復發中有所學習，並能清晰地知道需要發生什麼，才能繼續控制某些行為，以能幫助自己維持平穩，例如：

「是什麼告訴你，你將不再酗酒？」

「不再割腕是個很棒的想法，而且你也增加了對自己的認識。那麼，你將會做哪些不同的事，來遵守你的承諾？」

「假如我問你父母，他們對於這次你的承諾有多少信心？在 0 至 10 分的量尺上，他們會認為現在的你在幾分的位置？」

　　綜言之，復發是一個令人難受的情況，但SFBT諮商師不強調當事人「應該」（must）做些什麼，而是著重於當事人目前「能夠」（can）做些什麼，並積極地讓復發發揮「前車之鑑」的正向效益。除了了解復發是如何發生之外，諮商師會以不批判而接納的態度看待之，並再次帶領當事人聚焦於從經驗中學習如何幫助自己恢復平衡與維持平穩的態度與方式。處理復發看起來似乎像是又再次重新開始，但實際上，仍是以善用過去有效經驗為重要處理原則。而有關於復發中藥物與醫療的使用，也是配合前述原則來處理之。

　　如果當事人仍沒有改善的跡象，回頭檢查當事人的目標，以及先大量使用因應問句仍會是很有幫助的。如果當事人一直沒有改變、一再復發，或沒有意願改變時，SFBT 的信念是：「只有不適合當事人的諮商方法，而沒有諮商失敗的當事人」，因而諮商師需要再嘗試去做些不同的介入，以找到突破的可能性。亦即，對於當事人一直沒有改變的情況，SFBT 諮商師仍會秉持著尊重與了解當事人的態度，信任當事人會停駐於此刻是「有其道理」的，例如：相信當事人需要時間停留於此階段一陣子、需要時間來醞釀突破，或需要時間在此刻做些什麼預備，才能繼續往前走。凡此種種態度，皆因SFBT堅信：當事人之所以會復原，是因為解決之道屬於當事人本人，而非屬於諮商師；而且，只有當事人「自己」可以決定是否要改變，不管諮商師多麼地慈悲、關懷及聰明，倘若當事人目前仍是執意於不想改變，或暫時不想停止破壞性的行為，諮商師也無法替其決定。至於，面對當事人不願意與諮商師在一起繼續努力的態度，SFBT 也會接受當事人乃是因為「有好的理由」，而不對諮商抱持希望，不認為諮商對他是有用的，或目前只是尚未準備好願意接受諮商師能有助其發展對未來的樂觀觀點與正向改變。SFBT 尊重當事人乃是需要時間學習照顧自己，也需要時間來學會運用諮商師這個資源。

　　當然，目前的治療之所以無效，其實有時是因為當事人的生活情境變得比之前更為艱難而有挑戰性，或是諮商方法長期下來已失去了效益（Berg & Reuss, 1998）。然而，諮商師千萬別忘了：改變隨時在發生，當事人很有可能在明天就會接受諮商師的協助，或者突然會有改變的可能。所以，持續願意理解當事人、尊重當事人、邀請當事人、等待當事人之下，先動員當事人

的生活系統與社區資源，則是諮商師此一階段能夠先做的事（許維素，2011c；Berg & Reuss, 1998）。

此外，在結案時，除了討論如何持續維持穩定行為之外，如何預防復發，以及如何處理不預期復發（包括自己與系統支持者的相關預備），也是一個需要先行討論的主題（Pichot & Dolan, 2003）。

參、焦點解決危機處理的其他注意事項

除了前述 SFBT 的基本精神及其應用於危機處理的實用原則與技巧外，因著處於危機中當事人的特殊情況，諮商師還需要特別把握以下幾個注意事項。

一、同步當事人並爭取合作互動

（一）未知之姿的再次強調

由於處於危機中的當事人不見得有高的能量與穩定性，而 SFBT 諮商師又會企圖從問題式談話導入解決式談話，因而，諮商師需要相當謹慎與小心，注意自己口語及非口語所傳遞出來的訊息，是催化或阻礙了合作關係的建立；同時，也要注意自己將要提出的回應、問句及其用字，是否容易讓當事人能夠理解與接受，是否讓當事人覺得諮商師與他同在，是否讓當事人覺得諮商師了解他的困難與痛楚，是否有負向評價與標籤的作用，以及是否有無在當事人可接受的世界價值觀之中。諮商師也需要持續傾聽、反映並運用當事人所使用的語言，而不是試著去改述當事人的語言，而成為諮商師的說話方式（Fiske, 2008）。

由於不見得能與處於危機中的當事人穩定的見面，諮商師如何快速與之建立起合作關係是非常重要的，而快速與當事人建立合作關係的方式，即是以當事人想要的方向與方式來與之互動（Fiske, 2008）。SFBT 諮商師會盡可能地多了解當事人的思維歷程、世界觀，以及生命定位，同時會在不企圖改

變這個架構與體系的意念下，於當事人的推論架構、心靈世界或思考體系中，進行各項評估並協助當事人確認其想要的目標；因為 SFBT 認為，當事人有權選擇他們想要的價值與信仰系統（如信念、宗教與意識型態），諮商師應尊重並有義務站在當事人這一邊。所以，在晤談過程中，諮商師內心要持續地假定：當事人的任何思考和行動都是其來有自、一定是有一個重要的好理由；同時，諮商師也會積極了解與接納當事人的觀點，中止自己的評價與診斷，並特別尊重當事人的觀點與立場，且專注於：當事人是如何看待與定義問題、當事人認為是什麼與誰需要改變、當事人想要什麼樣的諮商工作過程及內容，以及當事人目前所想要的目標等。諮商師還會真誠地呈現給當事人知道，諮商師只有一個簡單的意圖，就是當事人的存在、想望與正向情緒，是諮商師相當在乎與關注之處（Berg & de Shazer, 2003b; Berg & Dolan, 2001; Berg & Reuss,1998; De Jong & Berg, 2007a）。亦即，SFBT 諮商師未知的、好奇的、接納的態度，是一個簡單、不容易做到，卻又非常有力道的影響力量；而此一未知且不預設的放空姿態（mindfulness）、好奇開放的態度，是 SFBT 諮商師特別需要練習的功課，尤其是對處於危機的當事人，更需如此（Fiske, 2008）。

面對處於危機中的當事人，SFBT 諮商師會扣著危機與現況來進行晤談，而「顧及與提升當事人的安全」是最為重要的優先方向；因此，當事人的安全評估與存活評估，會在與當事人建立關係的過程中同時進行。再者，SFBT 希望能接納、穩定與轉化當事人的情緒，進而在當事人的目標下，開發與運用當事人同意且立即可用的資源與一小步，來協助當事人突破現況（許維素，2011c）。不過，諮商師要小心的是：在危機處理一開始的介入，諮商師內心的目標不要想去尋求「治癒」或「全然解決」危機，而應放在如何能「一起合作」及「尋求小小的改變」上；同時強調「和／與」（both… and…）的原則（例如：同時考量症狀與問題解決的可能性），盡快讓當事人允許資源進入以及認同改變的可能性（Macdonald, 2007）。尤其，危機中失落與悲傷的複雜性與影響力，很容易使諮商師急於引導當事人應該做些什麼或不應該做些什麼；雖然給予勸告「看似有用」，然而，遭逢失落者可能會先順從諮商

師的勸告，而延緩了當事人的危險行動，但是，勸告的行為卻可能會忽略了決定性的關鍵要素——當事人本身。若當事人相信改變的力量來自諮商師時，諮商工作將會變得愈來愈複雜與漫長；相反地，若當事人了解改變的力量來自其本身時，諮商工作將趨於簡潔。幫助當事人改變的捷徑，即是讓當事人能夠參與這一個「能尊重個人經驗與想法，並能幫助個人自行想出有效行動」的晤談對話中，特別是當事人往往更願意投入與執行自己所創造出來的解決之道（Simon, 2010）。

（二）當事人為非自願前來時

在危機事件的處理中，有些當事人非常願意改變現況或改善自己（例如：希望能消弭及避免自己自殺的念頭與慾望），但是不少處於危機中的當事人，會處於一直訴說痛苦或拒絕改變的狀態。是以，在晤談一開始，諮商師必須小心地注意當事人何以在此時進入晤談室，以及是在什麼樣的環境脈絡下進入此諮商系統的。諮商師若能了解當事人進入此專業服務系統的狀態與方式，將會獲得許多重要的訊息，而可幫助諮商師決定如何與當事人合作的方式，以及判斷什麼該做、什麼不該做的行動。舉例而言：當事人如果是處於訴說痛苦或拒絕改變的狀態，在第一次會談時便不見得能形成目標，而諮商師於晤談過程中，也需要更為支持與溫和。又例如：若當事人是被強制來談時，可能會覺得對於目標或是達到目標的方法並沒有選擇權，且易覺得是被控制、不公平或喪失了尊嚴，甚至還會視這些受命進行的諮商為沒有理由之懲罰媒介，或僅為滿足某些人舉發罪證的工具，而認定轉介單位會要求諮商師發揮一個社會控制的功能，自然地會有想要拒絕接受協助或產生推翻他人控制的意圖等行徑。當事人若有這樣的反應，SFBT 諮商師會以同理與一般化的態度加以理解接納之（Berg & de Shazer, 2003a; Berg & Reuss,1998; De Jong & Berg, 2007a）。

不少處於危機中的青少年是非自願前來晤談的當事人，諮商師必須確定當事人希望從諮商師這邊獲得什麼，以便開始建立合作關係。有些青少年心不甘情不願地出現在晤談室，一時也說不清楚來談的目的，因此諮商師除了

會將他們不情願的心情「一般化」之外，也可試著提出「結束晤談」的標準，並向他們保證，其行為符合標準時，晤談就會結束，以嘗試提高他們一開始合作的意願與動機（Berg & Steiner, 2003）。當然，若當事人的目標是希望諮商師協助其死亡計畫或說服別人，諮商師是不會與之合作的；但是諮商師仍可選擇能夠與當事人合作的目標，例如：舒緩痛苦、與家人溝通、處理現實種種困難等，因為能與當事人一起發展出非自我毀滅性的目標，本身便是非常具有療癒性的（Fiske, 2008）。此外，諮商師也會秉持著「有用的就多做一點，無用的就不要再做」的基本精神，來詢問當事人：來晤談前有無接受其他諮商的經驗，之前的經驗有何幫助或何處沒有幫助等，而提醒諮商師可以增加「需要嘗試什麼、不需要再重複去做什麼」的判斷（Berg & Reuss, 1998）。必要時，諮商師也需要與當事人直接討論晤談的幫助與方向的調整，以更配合當事人的需求與目標，包括：晤談中最有幫助與最沒有幫助之處、該如何調整，以及下次可談的主題等。當然，在處理危機時，諮商師仍需要因應保密原則的規定進行通報，並保有與當事人之間合理的界線，以便能真正幫助當事人（Fiske, 2008）。

二、聯合系統資源與統整社區方案的彈性介入

SFBT 的談話方式對於快速建立關係非常有幫助，也能用來幫助當事人了解哪些系統、機構、資源能夠協助他們完成自己的目標或控管危機的情況。個別諮商、家庭諮商、團體諮商、住院諮商等，都是很好的介入資源與方式。輔導處於危機中的當事人時，帶入各種現成的系統資源以及各種輔導方式的聯合介入，是常見且必要的行動。但是，諮商師需注意的是，當這些介入方式同時運作時，是會相互影響的，所以最大的考量原則是如何「彈性」地運用之。「彈性」的意義，是以當事人之資源與優勢為最大的考量與焦點，而且應是一個敏於資源（resource-sensitive）、以當事人為專家角色的方案設計，而非是以其他專業的專家來決策當事人生命的一個過程。當事人在此過程中也應是主動參與其介入方案之決策歷程的，畢竟，當事人仍需要判定花費多少錢、時間與精力來促進自身的改變。亦即，各種諮商方式介入的方案

設計，需要諮商師創意地援用各種資源，同時需以當事人的立場為主，考量當事人與系統現實的機制以及可用的資源，而不讓當事人只是被動地配合醫療或是認為醫療是唯一的解決之法，如此才能發揮所有介入方案組合的最大效益（Berg & Reuss, 1998）。

再者，SFBT 諮商師應對於系統資源的運用相當感興趣，尤其面對想要自殺的當事人，諮商師不應是孤單地面對一切的。網絡資源連結及團隊合作是必要的，如此才能提供這些當事人穩固與充分的安全網，也能使諮商師的工作團隊得以相互分享責任與支持（Fiske, 2008）。諮商師在考量當事人與系統現實的機制與可用資源時，需重視多元方案的使用、多元團隊的合作，尤其在處理如自殺危機的當事人時，特別需要一個工作團隊的相互支援合作，以能給予即時且多方的協助。當然，團隊中各成員之觀點與作風的各方差異，也會是諮商師需要面對的一項挑戰；此時，相互的理解與肯定，以「有效協助當事人」為共同目標的建構方向，常會是彼此合作很重要的基礎所在（Fiske, 2008）。

當事人的家人、同事、學校、同學、寵物、宗教團體的參與及支持（特別是其看重者），不僅會帶來當事人生活中真實存在的治療性力量，也常可提供當事人與諮商師許多重要資訊或額外資源，並能見證與穩固當事人的努力與改善，而協助諮商師承擔得了處理危機當事人的壓力，所以，這些都是對當事人與諮商師同樣重要的資源系統。當然，諮商師需要判讀這些系統支援及其在運用上的「排序」與「避開重複性」，以及催化各系統之間的「互動和諧」，以便能對當事人產生「最大化」的幫助。當然，當事人所提及對社會系統的負向看法，或許即可轉為諮商師提醒各系統可以對應變化的正向改變，例如當事人說：「我不喜歡父母對我這樣做」，諮商師即可詢問當事人希望父母怎麼調整，然後再與父母討論之（Fiske, 2008）。

在轉介其他醫療或社區單位，或是提醒當事人使用相關資源時，諮商師可以用「你知道生活或社區裡的一些資源嗎？」做為開場，以幫助當事人認識與回顧之。轉介時，諮商師應詢問當事人以下幾個問題，並將這些資料轉給轉介單位（Berg & Reuss, 1998）：

「你到醫療單位去時，你期待的目標是什麼？」

「你需要做些什麼，才能讓醫療單位懂得幫助你？」

「若有機會問你的醫生，他會說，你過去是如何有效地幫助醫療單位來協助你處理你的問題？」

「你願意多做些什麼，來幫助自己可以從醫療中獲得更多的幫助？」

「你覺得醫療可以幫你多少百分比例的忙？而你自己又可以幫助自己多少百分比例的忙？」

「你以前有住院過嗎？住院時有什麼可以幫助你？」

「你又需要如何做，才能使得這些幫助再發生一次？」

「從以前的經驗中，你如何使花在醫療的金錢付出更為值得？」

「你如何將此想法化為行動？」

「你如何知道你的經驗是值得的？」

「你的諮商目標為何？你希望有什麼不同？」

「這個不同如何讓你知道你正朝向正確的方向前進？朋友與家人如何知道你是在進步中？」

「你如何使你曾擁有的成功效應提升至最高？要如何做到？」

「你會向誰求助？別人現在需要做些什麼，才會對你有所幫助？」

「當你看到什麼訊號（里程碑），就知道你接受醫療是在正確的方向上？」

相同的，對於決定當事人是否需要接受密集照護，仍然取決於對當事人來說，這是否為最好的選擇，同時，儘量讓當事人保有前述主動運用資源的主控位置。諮商師可與當事人及其家人討論以下問題：

「密集照護的目的是什麼？你如何知道這對自己是最好的決定？」

「你從何判斷繼續接受密集照護的方向是正確的？你的家人和朋友會如何知道這件事？」

「你先前的經驗可以如何幫助你善用這次密集照護？」

「你這次又要做出哪些不同，好讓這次照護的效果發揮到最大？」

　　假如當事人的目標僅是想要快速出院，即可告知當事人出院的必要階段，並清楚說明能夠讓當事人得以出院時的必要進展與行為（Macdonald, 2007）；當事人對於諮商師能清楚地讓他們知道哪些行為才是所謂的「進展」時，多會表示感謝。

　　簡言之，SFBT 認為，應讓當事人在獲得其所欲的健康與良好的生活之過程中，扮演一個「主動的」角色，並應協助當事人建立獨立自主與成功感，而非讓醫療的專家們來主控地修補當事人的生活（Berg & Reuss, 1998）。無論在何時，SFBT 都一以貫之地執行讓當事人產生賦能效益的諮商意圖。

三、讓當事人成為援用藥物的主控者

　　有時，當事人在晤談後仍然會覺得陷於絕境，深覺沒有任何內外在資源可以幫助自己（雖然在 SFBT 的經驗中，這樣的例子並不多），或者，透過晤談，當事人自知自己需要更為密集的關懷與照護，在此時，諮商師可再提出需要找尋援用其他社區機構或密集照護當事人的必要性，將較能為當事人所接受。如前述，社區醫療資源的配搭雖然重要，但是在配搭之前，仍應嘗試以此主題進入解決式談話，以探討當事人可以如何運用醫療資源；最重要的是，諮商師需要在一個尊重與了解當事人的態度下，幫助當事人有預備的、主動的來援用這些醫療資源（De Jong & Berg, 2007a）。

　　最常運用的醫療配搭，就是藥物的使用。藥物雖非 SFBT 最為優先的選擇，但是於必要時，SFBT 也同意藥物確實能改善當事人的一些情況。在 SFBT 的架構下，諮商師會先以更大的圖像來審視當事人的運作功能，然後再考慮藥物在整個大圖像中的位置；亦即，藥物只是整個解決之道的一個配件，而非解決之道本身。SFBT 並不視藥物是一種治療「某種病」的唯一良藥，而只是「為了達成某些目標的『一個』手段」而已，因此，藥物就如同運動、營養與人際支持一樣，是一種可加以運用的資源。

　　可貴的是，SFBT 希望在當事人使用藥物的討論中，先看到當事人這個「人」，也希望以「當事人認為什麼及如何有幫助」為晤談焦點。當然，諮商師必須與當事人一同討論對於用藥的看法、自己與家人如何監測、調整藥

物的劑量與使用時機，並避免危險行為，之後再將當事人這些幫助自己的行為歸功於當事人。所以，SFBT 採取「藥物可以為當事人做些什麼」的立場，但不是「藥物可控制與影響當事人」的位置；亦即，是當事人，而非藥物，才是一個「主控主動」的角色（Berg & Steiner, 2003; Fiske, 2008）。因前述理念，諮商師會如此詢問當事人：

「有任何人（如醫師、老師、家人、鄰居）向你建議，藥物可能對你想達成的目標會有幫助嗎？」

「你曾經服用過哪些有效的藥？」

「你曾經服了哪些藥但卻沒有效果？」

「你曾經服用過哪些藥物，對於你要達成你的目標是有幫助的？」

「這種藥可能對你會有效，你對這方面有任何的了解嗎？」

「你有想到如何讓藥物幫助你嗎？」

「藥物可能會讓你睡得比較好、比較有能量等優點，在這部分你有什麼看法？」

「如果服藥對你是有用的，當你看到自己有什麼改變時，你就會知道這藥確實是有用的？」

「如果你可以變得比較好，你希望能變成什麼樣子？」

「當你變成什麼樣子，你就知道你不用再吃藥了？」

「你如何跟藥物成為一個合作團隊？」

「你如何跟你的醫師合作，讓這藥物發揮功能？」

「你的醫師會說你如何讓藥物對你發揮效用？」

「你能有這樣的改變，你覺得有多少比例是藥物的幫忙？有多少比例是你自己的功勞？」

「藥物是可以讓你睡得好一些，但並不能使你願意打扮自己以及能夠上班，所以你是怎麼幫助自己有這些改變的？」

由於藥物對於不同的當事人有著不同的效益，有人很看重，有人很排

斥，也有人很害怕吃了藥以後，會變成與眾不同的奇怪與不正常，所以，諮商師需要以極尊重的態度，來詢問藥物對當事人的影響，尤其是當事人對吃藥的相關經驗，以及他們對吃藥的態度；於必要時，服用藥物將會成為一個主題，包括：用藥如何影響當事人的自主行動力、藥物品質、藥物副作用、診斷問題、服藥意願與動機等。當事人若感受到他們對藥物的看法與知識是被尊重的，才較願意合作於關於藥物的相關討論上（Macdonald, 2007）。有時，當諮商師指出藥物能夠幫助當事人更為寧靜平和、清楚地思考，並且不會影響當事人的認知功能時，會讓當事人更願意進行服用藥物的相關討論；例如：諮商師可以透過詢問當事人一些生活細節與事實，例如：「你母親叫什麼名字？」、「你上什麼學校？」等，讓當事人發現，即使服用藥物也僅是減緩憂慮，並不會改變自身的知識、信念或智能狀態，以使其更為安心。

　　此外，於醫院工作多年的 Macdonald（2007）認為，「未知」的觀點並不意味著諮商師不能基於自己的醫藥知識提出一些實驗性的提議；諮商師對於藥物諮商的清楚訊息，將有助於藥物協商的過程。非常必要時，諮商師會如此對當事人說：

　　「我們尊重你對藥物諮商的看法，但我們相信在這個時候，藥物諮商是必須的。」

　　「假如你不接受藥物諮商，我擔心我們很難與你一起工作。」

　　當然，諮商師一定得先知道法律上有無強制性用藥的相關規定，也需要知道用藥對病人的正負面影響的基本常識。甚至，SFBT 還會考量可以先評估與當事人進行晤談是否有成效後，再評估是否需要再用藥。此外，SFBT晤談方向不與病理診斷名稱有關，因為往往是機構，而非當事人，才需要這個病理診斷名稱（Macdonald, 2007）。

四、諮商師自我督導的方向

　　進行危機處理時，難免會有困境出現，諮商師除了尋求團隊合作以及督

導者的支持外，也可以有一番自我督導的過程。為了使諮商師能更加把握SFBT 的精神，以及對當事人能有所幫助，諮商師可用以下的方向及問句來進行自我督導（Fiske, 2003, 2008; Steiner, 2005）。

第一，當事人的安全與資源層面：

1. 當事人的自殺計畫有多清楚？當事人的處境有多危險？

2. 我可以如何增加當事人的安全性？

3. 如何舒緩當事人想自殺的慾望，即使只有下降一點點？我如何催化？如何直接處理？

4. 誰可能可以成為提升此當事人安全性的協助團隊之一？還有誰可以加入？

5. 當事人會願意選擇誰來幫助他？

6. 我可以如何和其他人連結合作成為一個支援網絡，來維持這位當事人的安全性？

7. 還有什麼資源，是可以用來幫助當事人維持安全的？在當事人的系統內，何處可能存有潛在性的資源？

8. 我可以立刻打電話給什麼人，是可能會有助於我們團隊的？

9. 關於當事人的安全，我的專業可以如何幫助別人聚焦於他們所能做的？我如何提供有助益性的支持？又如何設定合宜與適度的界線與限制？

第二，當事人所欲的目標層面：

1. 當事人會認為什麼是有幫助的？他的定義會是什麼？

2. 對當事人來說什麼是重要的？什麼是他想要的？我是否有將晤談聚焦於此？

3. 當事人會說，什麼是對他有幫助的？以當事人的語言來說，什麼樣的想法、作法、情緒與技能會是有幫助的？

4. 當事人活著的理由是什麼？我是否有花足夠的時間來詢問當事人何以活著的理由，而不只是詢問了當事人何以想死的原因？

5. 當事人認為除了等死或結束生命以外，還有沒有任何可以幫助他的資源？

6. 何以等死及結束生命對當事人有所幫助？或對當事人具有什麼意義？有沒有其他的方法可以達到此意義與助益？

7. 我是否太像父母或專家，而認為自己懂得很多，甚至自動設定當事人應該尋求的目標？

8. 我是否只用病理學的思考在過濾當事人所描述的內容？

9. 我是否相信當事人擁有他的資源與生命的主控權？我相信的程度有多高？

10. 我如何幫助當事人獲得一點點他想要的目標，而非透過自殺的方式？

11. 我如何幫助當事人以符合現實的、有用的、運用現有資源的方式，來達成一點點的目標？

第三，當事人所擁有的資源以及需要的資源層面：

1. 當事人還擁有哪些其他資源、例外、優勢？

2. 當事人會說，他是如何能支撐自己走到今天這一步的？他憑藉的力量是什麼？他的方法是什麼？

3. 當事人目前對於壓力的忍受度、情緒管理能力、社交技巧、主動求援、自我照顧的能力如何？當事人可以如何先繼續去做已經做到的？如何再增加一點點？

4. 什麼可以讓當事人的痛苦舒緩一些、減少一些？即使只有一點點？我如何催化此發生？我可以直接做些什麼？

5. 我如何幫助當事人就這些可行的、與他人的其他連結，將其變為真實存在的、有效用的、比較容易取得的、比較容易運用的資源？

6. 當事人以前曾經自殺過嗎？自殺的次數有多少？自殺是一個循環模式嗎？有沒有什麼人、事、物可以打斷這個模式的循環？過去有被打斷的經驗嗎？以前發生了什麼，而打破這個循環模式？

7. 仔細觀看這個模式，什麼樣小小的具體改變曾經造成不同？如果發生了什麼（例如：與誰聯絡？一個新的技能？一份契約？一位督導？），就能打破一點點循環或創造一點點小小的改變？

第四，當事人的重要他人及其資源層面：

1. 誰在當事人的生活中是重要的？當事人會向誰求助？

2. 他們如何對當事人的復原產生助益？我如何催化他們的參與？我應該先找誰？

3.其他人會認為什麼人、事、物對當事人可能是有幫助的？他們又會怎麼說當事人是如何能讓自己走到今天這一步？他們認為他憑藉的力量是什麼，以及他的方法是什麼？

第五，諮商師本身需求的層面：

1.謹慎地想，我有什麼地方是實際能夠或可能可以對當事人有幫助的？

2.如果我沒有辦法幫助當事人，有什麼樣的支援是可以取得的？

3.我過去的例外成功經驗為何？有何特定的有效方法？

4.我如何從別人處獲得支持或減壓？

5.我如何把焦點放在「諮商師」角色所能做到的？我能做的是什麼？什麼是合理的目標？

6.我如何為諮商師的工作及能做的範圍設限？如果我做不到，什麼樣的支援是需要的？如何獲得此支援？

7.我如何示範自我照顧？

8.我如何讓我自己持續懷抱希望？

活動 BOX 3-10：自我督導方向的練習

進行方式：

1.六位諮商師一組。請一位諮商師提出，目前在輔導的一位處於危機或困難度高的當事人所面對的挑戰，其他諮商師則擔任訪談員。

2.根據前述SFBT諮商師自我督導架構的五大成分，五位訪談員各分別負責一個成分，並輪流訪問該諮商師。每一位訪談員除了參考所負責的自我督導之成分內容外，還可以自行修改符合該成分原則下的其他問句，最後各選擇五個問題來問這位諮商師。訪談員於訪談時，應儘量引用諮商師的用字，併入提問的問句之中。諮商師則一一回答每位訪談員的問題。

3.完成所有訪談工作之後，每一位訪談員以SFBT的精神對諮商師進行回饋。

4.諮商師分享心得感想。

5.小組其他成員再補充討論如何輔導該當事人的後續計畫。

　　要去協助多重問題而引發自殺意圖的當事人，常讓諮商師覺得沉重或無力。此時諮商師要切記在心的是：「做你能做的」（do what you can do），而非要「做到每一件事」或要「每一件事都做得很完美」，如此才能使諮商師及其團隊繼續向前；而這種實際的態度與原則，對於當事人來說也會是一個很重要的示範。當諮商師覺得有淹沒感時，可以特別詢問自己：「現在馬上做一件什麼事情，會是對當事人可能有幫助的？」若沒有答案，就去詢問當事人，或做些不同的事情（Fiske, 2008）；或者詢問自己：「再過兩個小時後，若事情可以有一點點小小的進展，那可能會是什麼？」而找到可以試著嘗試的方向。如果當事人在諮商師各方的努力下仍無法平復時，諮商師要記得如前多次強調地重新檢視：當事人的目標何在？晤談的方向是否有以當事人所重視的、想要的方向前進？同時，諮商師也可集中火力，大量探討當事人的「因應力量」，以使其心理能量滋養與成長。如果晤談仍然沒有進展時，諮商師就需要尋求其他相關的專業督導及資源單位的協助，甚至是進行轉介工作。當然諮商師也需要自我照顧，化解自己處理危機個案時的焦慮，以便能發揮功能（De Jong & Berg, 2007a）。

活動 BOX 3-11：危機案例綜合演練

進行方式：

1. 五人組成一組，針對下列案例，先探討可以如何以基本諮商、SFBT技巧，以及復發的原則來予以回應。

2. 之後，請一位組員扮演這位當事人，其他組員則擔任諮商師。每位諮商師輪流與此當事人對話，並與當事人往返五個對話，不要中斷或暫停，諮商師儘量依據當事人的談話內容接續的回應之。當事人則依每位諮商師的各個回應，自然地接話。

3. 結束後，所有組員根據實作與理論，討論這些對話過程、晤談效果以及可改進的方向。

4. 討論後，根據心得，所有組員重複擔任同樣的角色，並再進行一次第2點的步驟。之後再進行分享與討論，並同時探討組員的進步所在。

案例：

「老師救救我。我以為我已經好了、不會再見到他，可是他今天又故意在走廊上到我面前擋住我的路，我整個腿軟，我新班級的同學叫他借過，他才走掉。我叫我同學陪我來，我同學不知道之前他說喜歡我、騷擾我、跟蹤我的事情，當然也不知道雙方父母到學校協調、他被記暗過，以及學校讓我轉班的種種事情。我什麼都沒有講啊！因為我怕這男生知道我講了他的壞話，他會對我更不利。我好想回去上課，可是我不敢；老師，他會不會在外面堵我，怎麼辦，他為什麼還要過了幾個月後，又回來這樣騷擾我；他難道不知道自己做錯了嗎！他這樣做到底有什麼樂趣？而且老師你知道嗎，前幾天我以前班上的同學打電話給我，說那個男生到處說我主動追求他，被他拒絕覺得丟臉，怕被別人發現才轉班，現在大家都覺得我很差。老師，怎麼會這樣，為什麼他要這樣說我，我這幾天一想到都沒有辦法睡覺，我又開始像之前事情剛發生時那樣，開始亂吃東西，也開始用手打牆壁了。我不知道以前的同學會怎麼看我，我好怕又遇到他，我想到就很煩、很煩，覺得自己消失好了。老師，你之前幫我很多，我也答應我爸媽要好好念書，他們也相信我已經變好了，一直很用心陪我這麼久，現在我這樣，他們一定會很失望。你看，我現在講話都講得語無倫次、不知道自己在講什麼了……」

肆、結語

　　危機介入與基本諮商歷程，各有一些基本運作原則，是無關乎派別取向的，也是諮商師需要先掌握於心或接受基本的專業訓練之處。

　　諮商是要與當事人討論如何過日子、活下去，而非是其生命的庇護而已。因此，於危機處理時，SFBT 特別看重的是：要從當事人個人內在語言的敘述中，接納與理解當事人的痛苦，正視當事人所提及的自我傷害、自殺

意圖與行為以及背後的好理由，並且嘗試增加當事人對個人與外在互動的覺知，以及內外在資源的觀察，而找到可能的既有因應策略或需新學習的替代方法，以通過危機的考驗，帶來生命的成長。

對 SFBT 來說，在進行危機介入時，SFBT 強調集中尋找立即可以協助的資源，並以當事人為中心的個別化考量，不僅要評估危險因子，也要評估保護因子（生理、心理、社會層面等），尤其是當事人因應策略的探討、當事人的目標及系統可以協助之處，是為優先探究的重點（Fiske, 2008）。亦即，在實務技巧應用的層面上，對 SFBT 來說，處理處於危機的當事人仍與原有的 SFBT 流程重點相仿，不過，最大的不同在於諮商師會更加優先於探討每一時刻的因應力量，並且在增加當事人的力量後，再轉向未來目標的建構，同時，在回饋時加以強調，例如：中斷自我傷害模式、正向自我對話，以及持續提醒當事人的資源與方式等（De Jong & Berg, 2007a）。往往，當事人在歷經「解決式談話」後，會考慮選擇新的方式來因應問題，而其方式也常會大出諮商師的意料之外。所以，SFBT 諮商師必須具備謙遜的態度，對於未知有所坦承，並能彈性而細膩化地運用各種介入技巧、尊重當事人的主觀知覺、視當事人於平等地位，而運用著「同步」的原則。

有時，對於當事人帶來的問題與情緒，SFBT 除了引導當事人如何因應之外，也會朝如何減低危機所帶來的壓力與情緒的強度，以及預防該壓力與負向情緒爆發等方向而努力。SFBT 也相信，在當事人主訴的危機壓力與負面情緒的故事之外，應該還有其他的資源與角度，能去改寫當事人在其故事中所扮演的受害角色，而覓得生命其他可能的光明面向。所以，SFBT 會運用「暫時性」及「可能性」的語言，積極找尋當事人的優勢與力量，辨識差異與小改變的存在，透過改變當事人語言的描述，提供一個未來導向、改變導向，以及資源開發導向的思考架構；同時，也給予當事人一個對於問題、壓力及其衍生的負面情緒進行回顧與反思的空間，而此反思的架構不僅能融入於當事人原有的主觀架構，同時也能帶出當事人正向思考與行動。亦即，SFBT 將幫助當事人對相同的危機事件創造出新的意義，或者能修改其原有潛藏的意義，進而轉化當事人對環境、對自己、對生命的看法；而 SFBT 的

介入將可促使當事人修改對危機的描述與知覺，調整對情緒的詮釋架構，而重新建構其主觀世界，幫助當事人因為擁有對於危機的新詮釋，而願意改採不同的協商措施，累進生命的智慧與堅韌強度（O'Connell, 2001）。

此外，在危機處理中，當事人「希望感的增加」，乃是一個成功治療的重要指標，也是讓當事人能繼續活下來的保護因子。與處於危機中的當事人諮商晤談，其實也正是一個尋求希望、點燃希望感，使其到達足以支持當事人的一個過程（Fiske, 2008）。要使當事人具希望感的認知主要有兩個要素：一個是「如何到達一個更佳處境」的路徑思考，如同目標與可能性的相關思考；另一個是「相信自身能夠在此路徑中採取具體行動與步驟」的運作思考，特別是從例外、因應等行動導向的探索而可獲得（Reiter, 2010）。換言之，SFBT 諮商師是對當事人懷抱希望與信任，而晤談歷程則透過對當事人資源的發掘與運用，釐清當事人所欲的未來以及回顧擁有的優勢，以激發當事人在發展解決之道的同時，不僅增進對改變的期待，也增加其對正向結果的希望感（Reiter, 2010）。進而，SFBT 還會促使當事人在「採取行動使情況更佳」以及「注入希望感」兩者之間，不斷創造出建設化的正向循環（Fiske, 2008）。千萬別忘了，當事人若能有希望感地開始願意投入於建構解決之道時，也就表示他就正在逐步地走過危機中！

在危機處理中，諮商師對當事人所能影響的層面或許只有一點點，但仍值得諮商師盡力而為。而於危機情境中，考量當事人的狀態，諮商師的技巧介入需更為快速精準；所以任何危機處理的實務以及 SFBT 應用於危機處理的深奧巧妙所在，仍需要諮商師假以時日、內化熟練地加以精確應用（Berg & Dolan, 2001）。當然，所有的諮商師都需要面對自己「在有限的知識中行動」的事實，甚至接受當事人還是會選擇結束自己生命的可能性。不過，如同 SFBT 所呼籲：「接受生命的限制，但不放棄希望」的堅定信念，諮商師仍應盡力於積極預防任何危機事件遺憾的發生（Fiske, 2008）！

焦點解決督導構成要素
的探討與應用

　　在諮商專業訓練或諮商師專業發展的過程中，持續的「督導」（super-vision）乃扮演了非常重要的角色（Holloway, 1995）。「督導者」（supervisor）意指一位有經驗的專業助人工作者，運用教導、諮商（counseling）、諮詢（consultation）、訓練和評鑑等方法，透過個別或團體的方式，來協助一位或多位新進人員，或經驗較少的「受督者」（supervisee）拓展其專業成長。督導於本質上也具有提升專業能力、監控專業品質與擔任守門員角色等特性，故督導可以發揮指導、督促、評量、顧問與管理等功能（徐西森、黃素雲，2007；Bernard & Goodyear, 2004）。換言之，督導即是一個透過督導者提供指導、回饋與經驗分享的方式，來協助受督者將理論轉化進入實務的專業歷程（Studer, 2005），故可言督導是支持受督者面對困難與分擔責任的最佳方式。對於諮商師專業能力的培養、專業自信的累積、專業認同的建立，乃至於自我覺察、自我照顧、自我發展、開放新學習經驗而言，督導都具有舉足輕重的影響力，是無可取代的一環（朱素芬，2009；蔡秀玲、陳秉華，2007）。當然，督導的終極目的，在於確保所服務對象及整個社會大眾的權益，對於受督者及其所代表的專業，亦有保障之作用（王文秀，1998）。

　　諮商師非常需要優質的督導，以持續協助其實務工作的進步與諮商專業的成長（Schapira, 2000）。然而，督導卻一直面臨著一項重大的挑戰——如何在「訓練諮商師」及「鼓勵諮商師發展」的雙重任務間有所平衡；亦即，

要如何運用督導的機制，在促進諮商師專業水準的發展、幫助其勝任諮商工作的同時，又能擴展諮商師的觀點與視野，激發他們以自己的風格與標準，來發展內在的自我引導、自治性、創造力及賦能感（Presbury, Echterling, & McKee, 1999）。

在督導相關理論中，有強調整合取向的督導模式，也有以各諮商取向為基礎的督導模式（psychotherapy-based supervision）。以諮商取向為基礎的督導模式，即是以該諮商派別的理論與介入技巧為根本，各有其獨特的特色（Pearson, 2006）。以諮商取向為基礎的各個督導模式各有所長，所看重的督導重點也因其哲學理念之不同而有差別。Wetchler（1990）認為，過去傳統的督導模式，重視修正諮商師在諮商工作中的失敗、疏失、缺點，可視為所謂「問題導向」的督導模式。這樣的模式雖然能指出諮商師可改進與突破之處，但同時也很容易讓諮商師因為過度擔憂或緊張自己有無臨床上的失誤，而造成低自尊與負向自我概念，進而影響諮商師的諮商效能，並又再造成諮商師於臨床實務上的挫敗與混亂感，也使得原本低自尊與無效能的臨床工作模式，更顯得惡性循環。Koob（1999）強調，無效能的諮商督導，會造成諮商師的專業枯竭與生涯轉換，他也同意傳統的「問題導向」督導模式是難以提升諮商師的「自我效能」（self-efficacy）。因此，在諮商專業領域上，明顯需要新督導模式的興起。

在目前督導取向中，因應時代所需，Corcoran（2001）認為，「後現代督導模式」應同步於二十一世紀後現代諮商取向的茁壯而有所發展；Peake、Nussbaum 與 Tindell（2002）亦強調，「短期督導模式」則可配合短期諮商取向的流行而加以推廣。亦即，短期和後現代取向的督導模式正在蓬勃發展，亟需樹立其重要性與必要性（Corcoran, 2001; Peake et al., 2002）；而服膺後現代與短期取向的焦點解決督導模式（Solution-focused supervision，簡稱SFS），無論是在哲學上或心理治療模式上，相當不同於傳統的督導模式，為一賦能導向者（Kim, 2006; Rude, Shilts, & Berg, 1997），所以，乃是一個可因應時代發展所需的重要督導模式之一。

本章將先介紹 SFS 的基本精神，接著詳細介紹 SFS 歷程中發揮效能的重

要構成要素及其特色，再簡介 SFS 於個案研討的各種督導變化型式，最後提出 SFS 的督導成效，以期有助於精熟 SFBT 的諮商師，能更進一步地勝任 SFS 的督導工作。

壹、焦點解決督導的基本精神

一、焦點解決督導的基本假定

呼應於 SFBT 的興盛，SFS 現今已成為一項重要的督導趨勢（陳均姝，2003）。SFS 的發展源自 SFBT，其基本假設、理念與方法、技術，皆以 SFBT 為基礎（Rude et al., 1997; Thomas, 1996）。換言之，SFS 亦深受短期諮商、系統觀、社會建構主義的多元觀點之影響，與 SFBT 在理論架構、立場與原則、介入模式與歷程等，皆為同態體（isomorphism）；而 SFS 督導者與受督者之間，也類似平行於 SFBT 諮商師與當事人之間的互動（Thomas, 2013）。SFBT 及 SFS 的相似性與差異，如表 4-1 所示（Waskett, 2005）。

表 4-1　SFBT 與 SFS 之比較

SFBT	SFS
旨在透過諮商與治療協助當事人。	旨在透過督導，協助受督者能面對與勝任諮商與治療工作。
關注於當事人過去的資源和優勢，焦點放在「解決之道的故事」而非「問題的故事」。	焦點放在受督者已經擁有的學習、能力與優勢。
協助當事人注意到，當他們面對困難時，是什麼在幫助他們能面對之，例如：特質、能力等。	協助受督者注意到，當他們在進行晤談時，是什麼可以幫助他們進行之，例如：技巧、能力、有創意的點子等。
在過程中與當事人合作。	為了協助受督者的晤談工作以及考量當事人之故，在過程中與受督者合作。
注意聽到當事人的優勢力量與資源。	為了協助受督者的晤談工作與考量當事人之故，注意到受督者的優勢力量與資源。

表 4-1　SFBT 與 SFS 之比較（續）

SFBT	SFS
邀請當事人仔細描述並發展出其「理想偏好未來」的具體細節。	邀請受督者思考，在他的工作脈絡中，什麼樣的諮商師是他心中夠好者，或者，何謂他眼中理想的諮商師。
利用評量問句與循環問句去記錄和測量當事人與「理想偏好未來」間的改變與進展。	利用評量問句和循環問句去記錄和測量受督者與「理想晤談」間的改變與進展。
保有對於時間、地點、保密的專業界線與倫理守則。盡力做到最好的諮商與治療。	保有對於時間、地點、保密等的專業界線與倫理守則；除對於受督者之外，也對於當事人負有責任。盡力執行最好的督導。

　　由表 4-1 可知，服膺著後現代取向對勝任與反思的看重，與一般督導一樣強調要對受督者的專業實作有協助，SFS 的基本假設主要為（Rude et al., 1997; Thomas, 1996, 2013）：

1. 著重於辯識受督者的合作行為，催化督導者與受督者的平權合作關係。

2. 督導者需要具有彈性與調適力，能辨識受督者獨特的合作模式，也因此，並沒有所謂抗拒的受督者。

3. 督導歷程視受督者為有潛力成長者，看重發現、確認及肯定受督者生活中、生命中、專業中已有的各種能力與資源，並使其茁壯發展、「向上增加」（add on）。

4. 於督導歷程中會創造一種不同的現實，而讓受督者察覺與肯定自己是有其勝任、可控制、成功之處。

5. 視受督者已經擁有某個程度的問題解決取向技能，而目前只是還需要增進一些技能，以便能順利工作，因此督導的任務即是在增強其建構解決之道的技能。

6. 在協助受督者突破其目前的諮商困境時，將受督者視為是「對其『個人』層面的能力、價值、經驗、動機、意圖、問題及解決的專家；但在於諮

商『專業』層面，是『目前此一階段』『尚須』精進者」。

7. 除了相信受督者是擁有足以發揮功能的能力與資源外，也認為受督者能為自己設定具體、清楚的督導目標。

8. 督導歷程著重於「目標導向」及「解決導向」，而非問題導向的對話。

9. 督導目標常包含受督者個人特定的督導目標以及當事人的來談目標；同時，也需考量到一般受督者常見的督導目標，以及符合專業政策與倫理、機構運作等行政目標。即「當事人─受督者─機構」的向度及其互動，都是督導者需要注意的目標層面。

10. 以受督者的目標及改變為主要專業教育的方向，以便滋養受督者，並促使其持續謙虛學習、不斷成長。

11. 協助受督者進步的路徑與方式，是透過強調受督者的優勢而非缺點來達成，故會積極尋找與開發受督者的例外經驗。

12. 改變的產生不一定要透過對問題的深究而來；反而，積極探問受督者及當事人的優勢、改變與進展，才是最重要的工作。

13. 相信改變是無可避免且一直在發生的，任何的小改變都有其意義，快速的改變也是有可能發生的。故，督導者應積極辨認與擴展受督者及當事人的改變。

14. 當受督者的缺失很明顯時，督導者是需要處理的，但應以「如何不要更糟、如何改善，以及如何從中學習」等未來導向的方式前進。

15. 強調沒有絕對的、正確的視框。於督導過程中，督導者會好奇地開發各種可能性；但是，督導的推進是以「可能性高且可改變」的方向為主。

在前述的理念之下，De Jong 與 Berg（2012）以及 Berg（2003）特別強調，SFS 對受督者的假定為：

1. 受督者是擁有良好意圖、利他性，以及正向目標的。

2. 受督者希望自己的工作，在每一天都是一個「好工作」。

3. 受督者希望能夠以自己的工作為榮，並可以創造差異與不同。

4. 受督者想要自己的工作可以對某人的生活產生「改變」。

5. 受督者希望對當事人有最佳的協助。

6. 受督者想要受到所屬機構的接受與肯定。

7. 受督者想要融入機構的任務與目標。

8. 受督者在每一個工作脈絡中都是盡力而為的。

9. 受督者想要學習一些必備技能，以達成前述的動機、目的與任務。

10. 受督者需要多加覺察自己所擁有潛藏的天賦及身邊既存的資源，並予以強化之。

11. 受督者知道什麼對他是最好的目標及策略。

12. 受督者期待受到被機構及督導者尊重與支持，當他們感受到時，將會自然而然地運用相同的尊重態度來與當事人工作。

活動 BOX 4-1：從 SFBT 諮商師進入 SFS 督導者角色

進行方式：

1. 於督導訓練課程中，請參與成員五人為一組，就下列案例，討論 SFBT 諮商師會如何對當事人提問，並將代表問句條列寫下。約十分鐘。

2. 再就同一個案例，同一小組討論 SFS 督導者又會如何對該當事人的諮商師提問，並將代表問句條列寫下。約十分鐘。

3. 小組對照討論兩種提問型態的異同。約十分鐘。

4. 小組對照討論諮商師與督導者之角色與功能發揮的異同。約十分鐘。

5. 配合小組討論結果，課程帶領者再補充說明 SFBT 與 SFS 的異同、督導者與諮商師之角色功能職責的差異，以及 SFS 的主要精神。約十五至二十分鐘。

案例：

　　小花說：「我已經來這裡談幾次了，但是我還是覺得班上的同學在排擠我；我很痛苦，我不敢讓我爸媽發現，只敢晚上常常在棉被裡面偷偷哭。白天上學時，看到同學就會很害怕。回家想到這些不快樂的事情時，就想要吃甜食，我現在常會一次吃掉一整個大蛋糕。我很在意我的成績，但現在我都沒有辦法專心讀書了⋯⋯」

> **提問舉例：**
> ·SFBT 諮商師可能會問小花：
> 「你在這麼痛苦、害怕的情況下，怎麼還能去學校？」
> 「你若看到自己有什麼改變，就知道晤談對你是有幫助的？」
> ·SFS 督導者可能會問小花的諮商師：
> 「你認為小花在這麼痛苦、害怕的情況下，她怎麼還能去學校？」
> 「小花會說你幫助了她什麼，使她願意繼續來這裡找你晤談？」

二、焦點解決督導歷程的互動特色

如同一般諮商專業督導所強調的一樣，SFBT 創始人之一 Insoo Kim Berg 亦認為，諮商師持續擁有督導的資源、支持與腦力激盪（如專業督導或同儕督導），是重要之舉；甚至，諮商師接受督導的行徑，是一種必要的終身學習。配合前述 SFS 對受督者的假定以及各主要假設，筆者對於 SFS 歷程中督導者與受督者的互動觀點，彙整各家說法如下（許維素，2003; Berg, 2003; Cantwell & Holmes, 1994; Marek, Sandifer, Beach, Coward, & Protinsky, 1994; Thomas, 2013; Waskett, 2006）。

（一）重視優勢及去病理化

在 SFS 中，一如 SFBT 對人的信任，督導者相信受督者具備一定程度的專業智能與相關能力，不僅看重受督者的優勢，也致力於使受督者能清楚覺知在諮商情境中如何運用所擁有的資源，而能與當事人一起克服困境。或者，對於當事人之所以會繼續接受晤談，認定是受督者應已然提供了特定的幫助；對於何以能如此，督導者將深入探討之。

於督導歷程中，由於督導者秉持的信念是，關注受督者的錯誤並不會產生什麼幫助，因此督導者會盡可能以合作性的觀點與行動，來辨識、確認或建構受督者的勝任能力。對於受督者與當事人，督導者會展現出理解、肯定

與同理的態度，並特別會依據所觀察到受督者的行為表現、優勢、例外，於合適時機具體運用直接讚美、間接讚美、自我讚美的技巧；而此，也是開啟與維持 SFS 歷程最為有用的簡單工具。當然，讚美的給予或優勢的探討，如何不會誇大或減損事實，其合宜度的設計，乃是一個藝術。此外，並不是每一項例外、優勢都具有同等重要性；最為有用的例外與優勢，是與受督者的督導目標有關，或有助於督導目標達成者，以能發揮「有效就多做一點，無效就改做別的」之實用主義精神。

秉持著「去病理化」及「問題不等於當事人」的原則，督導者會避免標籤受督者、督導關係及其相關脈絡，例如：督導者不會以「在晤談中，你很容易焦慮」來描述受督者，而會以「你正在思考如何處理你的焦慮，以避免這焦慮影響到晤談進行」，來表示理解。又例如：若督導者以「你工作機構有問題」來標籤環境時，有時反而易使受督者提出的問題，更陷於難以動彈的框架中。因此，督導者會在接納受督者的描述時，多以問句來加以引導之，以鬆動原有思維並創造可能性。

由於肩負「督導」職責，督導者需要同時高度敏覺於受督者「已經擁有」的優勢，以及「需要再學習」的技能；然而，當考量受督者需要再學習技能之同時，也需要注意到受督者已經具備能力之處，而以「往上增加」的概念鼓勵其發展；如此，將會使受督者更願意正向對待困境，並願意學習如何突破之。

（二）努力營造平等合作的督導關係

由於 SFS 非常看重督導關係，也認為維護督導關係是督導者的責任，因而 SFS 督導者會透過具體合適的言語，展現接納理解的態度，致力於營造尊重合作的氛圍，以便能與受督者相互鑽研知識、技能與成功之道。許多實務經驗證明，如同諮商師和當事人的關係，受督者與督導者之間愈平等、合作、尊重，受督者學習的動機就會愈高，改變成效亦會愈好。

身為一位督導者，一樣會從督導歷程中有所學習。SFS 相信，在督導者與受督者角色所產生的交互作用中，是由雙方一同對督導歷程產生貢獻，並

各自從督導歷程中獲得諸多學習；畢竟督導者確實需要透過受督者以提出資訊（如所聽、所言、所觀察、所想）為基礎，來與受督者一起進行討論。督導者與受督者之間的相互尊重、彼此的彈性、共同的學習，將能建立真正的合作關係，而不會僅流於一種表面妥協的互動而已。是以，努力趨於平等的督導關係並建立共同參與的學習氛圍，將會產生信任與安全，引發真誠對話，進而能建構發展可能性與解決之道的環境脈絡。

雖然督導者和受督者的關係，的確是不平等且有階級落差，但身為一位SFS 督導者，需要高度意識自己擁有和受督者不同的位階，並知道自己具備引導受督者的權力。在秉持「諮商師是他自己專業的專家」之原則下，督導者會致力於如何降低彼此間的階級差異，包括避免炫耀自己有多懂、多厲害，並與受督者分享權力等。SFS 不強調督導者「全知全能」高位階之權威位置，反而看重受督者的資源與成功；這些態度都將會促使受督者減低防衛，或不讓受督者掉入需要防衛的位置，其實也正是尊重與賦能的一種展現。

督導者除了可提醒自己與受督者：「我並不在那個諮商室內，而你在那裡」，來表現重視受督者在諮商室內的專業性與不可替代性。雖然督導者負有引導的職責，但當督導者能「身後一步引導」地亦步亦趨，並讓受督者自己決定督導目標時，受督者將會更加負起他自己的學習責任。SFS 督導者並不會告訴受督者應該怎麼做或一定得怎麼做，反而會思索如何引發受督者的想法或點子，而由受督者這方產出自己的想法，包含於進行討論和回饋時。督導者還會持續引導受督者如何去聽到當事人的聲音，及其對晤談有效性的主觀評估，進而幫助受督者學習自我評估，並讓受督者決定諮商後續的主題及接續行動。亦即，SFS 與 SFBT 同樣強調著「身後一步引導」的「未知」姿態，努力引發督導者與受督者間的「合作協力」。畢竟，「三個臭皮匠勝過一個諸葛亮」，在面對人類心理與情緒等諸多不可預測及複雜性，督導者與受督者能夠一起思考如何面對與介入，將會勝於只有一人的努力；尤其，位於合作氛圍之中，特別會讓督導者與受督者雙方更易相互激盪出很多創意的思考。

若能於督導歷程中避免進行「受督者表現的評分」，會是較佳的狀態；

當無法避免時，督導者會以合作的方式與受督者進行討論，並伺機鼓勵受督者發展自我評量的能力；當然，這些得在前述各項原則同時運用下，受督者的自我評量能力才易成長。於必要時，督導者仍需要挑戰受督者，但是，亦是在一個支持的環境氛圍中進行，否則仍會讓受督者覺得自己是失敗的；然而，每個人所需要的支持方式與程度並不會相同，督導者需要加以辨識之。亦即，對於給予評分與指導的部分，督導者應嘗試發展各種符合 SFS 精神的語言表達方式，並顧及倫理、政策等規定，而予以適時提供。

雖然，所謂的合作，意指任何對話或工作中參與者之觀點、表達、知覺，都是被賦予價值的，但這並不表示督導者「同意」受督者所有的觀點與作為。因此，督導者需要盡力尊重與嘗試理解受督者對於諮商晤談、當事人、諮商關係、自身表現與經驗等觀點，但是，在此同時，還能於考量受督者的推論架構之下，思考如何引導受督者進行反思。所謂「未知」之姿，並不是表示允許受督者及當事人可以無限制地去做他們想要做的事情，而是在被接受的範圍中（例如：法律、現實條件、倫理等規定範疇），由受督者、當事人、社會的相互協商下，獲得一個所欲的結果；當這結果是對當事人本身有著正向影響時，才能對受督者及當事人產生真正賦能的效果。

簡言之，SFS 一樣落實著同於 SFBT 的哲學，在「諮商師如何對待當事人」以及「督導者如何對待諮商師」兩者間，維持一致性。SFS 並不將督導者視為位階較高的知識來源，反而是去除督導者握有全然專業知識的專家角色，視當事人、受督者為自己生活和工作中的專家。是以，將受督者視為「未來的同事」之 SFS 認為，督導關係的重點在於：建立合作關係、執行相關督導任務、確認受督者對督導的期待、關注受督者的勝任能力，以及看重受督者相信何謂有效介入及其工作意圖與目標。而督導者種種身教的示範，日後也將會影響受督者如何對待當事人。

（三）注意語言的脈絡與運用

欲創建督導歷程中的另一種現實，語言的運用是重要媒介。督導乃發生在對話的語言脈絡中，是一種語言的經驗，甚至可謂，語言乃是督導者主要

且唯一的一個工具，因此，督導者需相當注意「督導對話是如何被建構著」。

　　如社會建構論所言，透過與人對話以及觀察他人，每個人將會發展對於何謂「真實」的看法與定義；而此看法與定義，也會因為與人對話以及觀察別人，不斷地再進行修改，甚至會快速劇烈地發展改變。舉例而言，受督者在一開始被督導時，常以「問題是永遠存在」或「難以改變」的語言描述問題，在經過 SFS 的對話歷程之影響後，其對問題的描述，可能會成為目標化的語言，或改成認為是有機會改善問題的表達。

　　由於 SFS 相信，對話比直接教導會讓受督者更有收穫與學習，因此督導者「如何說話」會比「說什麼」更影響督導關係的發展。督導者也會在提出一個評論與意見後，給予受督者回應及再修正的空間。在這樣的互動中，將創造出一個完全不同的督導者：非常尊重、真誠，且相信受督者是有能力的。

　　督導是一個逐步建構的歷程，乃由連續的問與答對話穿梭其中。這也意味著，督導者和受督者雙方都同時有所投入貢獻於督導歷程中。而對話語言的運用會促使改變的發生、進行差異的協商，以及做出重要的決定。不是擁有良好的態度、價值與信念就足以勝任督導工作；督導者需要特別有意識的敏覺到，完成每天的工作幾乎都需要使用到「語言」此一工具。即使與當事人、受督者、同事、行政人員於電話、電子郵件或面對面的互動溝通中，或只是一方在提問問題，亦是不斷地在交換訊息並運用語言於其中。

　　在督導的進行過程中，督導者應儘量使用一般性易懂的生活用語（如同與當事人說話時），也需要持有開放性、嘗試性、暫時性而非結論性的語言與態度，並特別注意其暗示性，例如：避免使用「不可以……」、「禁止……」等這些語句；取而代之的是，在情境許可下，督導者會運用如：「試試看……」、「這很好……」、「這看起來……」、「這個好像……」、「這似乎是……」、「有沒有這個可能是……」、「聽起來像……」、「也許……」、「我不確定……」、「我想知道……」、「或許你需要試著做些什麼，好讓這樣的狀況或許可以再發生」等表達。尤其，督導者是兼具教學與評量的角色，而一位好的督導者總是會給予正向評價。如同前述語言使用的提醒，以「不要做……」、「停止做……」的語言，並不是一個好的教學方法，所以用「去

做⋯⋯」、「這⋯⋯做得很好、很有效」、「所以你需要的是，以這方式繼續做下去」等，會是更好的選擇。亦即，當給予受督者正向評價時，其語言形式及暗示性也會建議受督者「什麼是可以多做的」或「很有幫助之處」。

當然，督導者會特別關注語言用字的「選用」，其可以如何引發受督者的合作，例如：督導者可使用「我們」一詞來與受督者溝通，好讓受督者感受到彼此是較為平等與相互連結的；或者，督導者可用平等、冷靜而非防衛高的姿態，進行機構政策的解釋；或者，督導者可以優先詢問受督者：「你上個月如何能夠順利完成你的個案紀錄？」而非「你要如何在本週內及時完成你的個案紀錄」，以更凸顯對受督者成功經驗的看重與提醒。凡此，將更易提升受督者的正向回應及完成工作的動機。

亦即，除了重大的事情（如專業倫理、證照議題）外，督導者使用暫時性語言展現的開放性、非評價性的態度，將能敞開溝通討論的大門，邀請受督者表達其意見與想法，包括對督導歷程有效之處的回饋；而此，都將更能影響與教導受督者何謂 SFS 的督導歷程，在降低風險、增進合作、潤滑協商、達成共識的同時，進而增加受督者的學習與收穫。

（四）看重連結實務的應用

SFS 乃相當看重實務的運作。一如諮商，督導歷程不如教學課堂可以事先有所設計，其動態的歷程是督導者得有所覺察與隨時掌握的；督導者所在乎的並不是於督導過程中產生了什麼資訊，而是更為看重「如何」運用已經擁有的這些資訊。SFBT 強調，督導者特別需要注重將抽象的概念轉移至實務的應用上，同時，也需要讓受督者看見行動背後的理論架構，並了解這些概念可以如何連結到現實生活處境中的應用。

在進行督導時，督導者還會同時交錯運用「直接指導」（如直接回饋與建議）或「間接指導」（如以「我困惑⋯⋯」的開場及關係問句來提問）的方式，尤以間接指導為多。由於「在說之前，先問」是 SFS 的一項重要原則，督導者會秉持由受督者告知資訊及說明如何幫助他的平等姿態，以未知、好奇、尊重而同步的態度，透過「傾聽、選擇、建構」的歷程，大量使用具

有預設建設性的技巧（如奇蹟問句、假設問句、例外問句、評量問句、關係問句、因應問句、讚美、一般化和重新建構等），來催化焦點解決式對話的開展，好讓受督者能自己思考並形成答案。在每一次的往返對話中，督導者與受督者都將增進接受彼此資訊的意願，交換與建立起彼此的了解，共同貢獻於督導歷程，而創造了更多各種可能性的發生。期許這樣的督導歷程，將能引發受督者更能進入當事人的參照架構，也能協助受督者在賦能當事人並考量到基本諮商倫理的同時，更為創新思考且積極自助地尋求諮商困境的突破。這不僅能協助受督者發展所欲的未來結果，也將大大地肯定受督者的優勢與資源，並推進受督者的小改變。

　　於 SFS 中，一如 SFBT 看重的是「何者有效」——成功與改變之處，督導者會側重探討受督者做了什麼有效之處，而使當事人產生正向的改變，或者會積極探究於督導歷程中，何謂對受督者有幫助之處。督導者常會大量運用關係問句與評量問句的變化結合，來了解受督者執行諮商工作的效果、專業自信的差異變化與進展，並進而擴大之。同時，督導者也會將當事人、機構主管或專業相關人士的觀點與推論架構，特別是當事人認為的目標及有效之處，加入於督導討論之中。其中，評量問句乃特別能以受督者的經驗為主，貼近其推論架構，而深具獨特性。在進行評量問句時，宜保持其簡易性；在對進展進行評量時，亦要特別能反映出受督者的督導目標。

　　SFS 督導者還會特別注意與發揮「沉默是金」的原則。沉默並不表示互動停止，有時選擇以沉默反應，乃是一種溝通的策略，因為在面對別人沉默的這方，常會認為自己需要接著有所思考與反應。由於 SFS 的提問常讓受督者以「我不知道」做為開場，督導者需要能自在地安於約五至七秒的沉默，並以此沉默激發受督者產生解決之道的自發性。督導歷程的對話一如諮商歷程，是一個讓受督者「大聲思考出來」（think out loud）的過程，而督導者的引導與指導角色，就如同一個「聲音反射板」（sounding board），能讓受督者肯定其行動計畫，並加以確認其於正確的軌道之上。由於 SFS 的安全性與接納氛圍，讓這沉默的壓力轉為一種尊重的期待，而使受督者能「大聲思考」之前沒有想過的部分。當然，督導者的沉默，亦可同時幫助督導者有空

間思考後續的提問，並考量其可能引發的答案。

三、運作系統觀於督導歷程的建構

SFBT 所強調的發展性、復原力、去病理化、尊重好奇，以及實用主義等精神，仍可運用於實際建構督導歷程的運作。

一如一般督導的執行，SFS 督導者與受督者於督導一開始時，有其需要優先討論或予以界定之處，且雙方的觀點都應該同時被尊重；督導者會以SFS的精神來落實實際督導歷程的進行。舉例而言，督導者可先與受督者相互認識雙方的基本專業背景，並肯定受督者已有的經驗。督導者亦需建立受督者對督導歷程的合理期待，包括：可為或不可為之處、督導可能產生的效果、各種進行方式的效益；即使受督者不是 SFBT 的取向者，SFS 督導者仍可運用諮商相關原則對應之，甚至依據焦點解決取向的原則，提供自己所知的非SFBT 之資訊，但是仍須先告知可能無法滿足受督者的期待之處。而關於督導歷程會使用到的相關必備表格，例如：契約、規定或評分等，督導者可以參考SFS的原則，事先予以設計，並於第一次督導時提出說明。至於進行督導的媒材，現場督導的進行是一種方式。若為事後督導，如錄影帶、逐字稿、個案報告、示範、角色扮演、閱讀等，亦是良好的工具；督導者值得事先閱讀或觀看，並與受督者針對某一片段進行回顧與探討，再對照兩者的觀點異同。受督者主觀描述當事人的內容、組織、態度，是督導者值得注意的額外訊息，因其將幫助督導者更能了解與尊重受督者的知覺與專業性，並運用於督導中。

除督導者、受督者、當事人個別的位置之外，SFS 督導者還會特別捕捉關於「改變」此一主題之人際間、互動間的本質，並且注意人際間的系統互動，例如：關注督導者、受督者、機構、社區、政策、法律、倫理、學會等之間各關係的相互影響及其脈絡情境，而此，也可能是督導者需直接先與受督者討論與說明之處。常見重要的議題如：督導之諮商倫理和安全性政策的維護、諮商師角色的運作與限制；對於督導次數的間隔與結束，在可能的範圍內，尊重受督者決定，但是必須同時考量機構對於督導進行的規定與限制

（包括：時間、次數、收費、結束、評分，以及督導主題等的空間），以及機構對工作效益度與提升期許為何。

　　SFS 督導者特別關注於：什麼是現在可能可以改變之處，那些改變又需要什麼管道來帶動之，同時也會考量受督者是否為主動尋求督導。SFS 深具系統觀的色彩，一如多數的督導理論及督導者基本訓練所強調，SFS 督導者會重視受督者現今工作的情境脈絡，以及當事人的生活脈絡等系統觀。因而 SFS 雖然看重與欣賞受督者的目標與優勢，但仍會協助受督者評估自己工作與介入的合適度，並提醒著機構與專業各系統的政策影響。當然，督導者會尊重與符合各系統要求的考量下，提供允許受督者探索、反思與犯錯的空間。

　　亦即，SFS 督導者會保持個人的開放度與透明度（transparency），並直接提出各系統的運作下何處可為與不可為的（書面）資訊，定期與受督者做一些討論與檢核，甚至於非常必要時，會例外地堅持某種原則與處理。因為，雖然督導與諮詢、諮商享有共同的特徵，但督導者身兼監督管理之責，故督導者需要了解所屬諮商與督導各系統的運作與合作，並且能對創造改變的脈絡以及如何在脈絡中行動，具有一定程度的理解度、敏感度與執行力。

活動 BOX 4-2：培養焦點解決取向的思維

進行方式：

1. 五人一組，每個人分享一位當事人變化的歷程或者於某次進行諮商的經驗中，含括了下列任何一個條件之經驗細節（Macdonald, 2011）：
   - 小改變帶動大改變，或一個差異帶出新的差異。
   - 當事人的解決之道是很獨特的，不是諮商師想得到的。
   - 當產生未來美好願景時，引發了當事人的改變力量。
   - 當事人改變情況，比諮商師預期的快與好。
   - 陷於問題中的當事人，卻能幫助別人解決問題。
2. 在每個人都分享完後，討論與分享過程，並進行聽與說的體會。
3. 進而討論焦點解決取向的哲學觀，以及如何運用這些哲學，幫助自己成為一位精熟 SFBT 的諮商師與 SFS 的督導者。

四、機構中督導者的角色

　　SFS 並非將機構中的督導者放置於不可侵犯的專家權威，而是置於類似導師、教練、團隊建構者等位置，分享著自己如何到達目前專業能力的境界之主觀觀點、連續歷程與相關經驗，並落實運用著前述各種 SFS 的原則。在一個機構中，一位督導者常身兼數個角色（Berg, 2003），說明如下。

（一）教師（teacher）

　　督導者會經常協助受督者獲得可應用於個案工作的廣泛性知識，並能對工作產生一個「大圖像」，例如：告知受督者關於機構工作的整體概念以及其中的工作具體細節，提供受督者關於一般個案的工作與機構政策、倫理規範及程序、兒童與家庭發展、目前的社會福利制度等，以有利於協助受督者執行更有效能的工作。當然，若督導者本人也不知道前述相關向度的答案，乃是被允許之事，但是督導者至少要知道如何尋找解答。

（二）行政人員（administrator）

　　督導者會期待自己除了要對當事人有所幫助之外，也能對機構有所貢獻。有時，在一個機構中的督導者，會覺得像是「三明治」一樣，被上級長官與下級受督者上下擠壓著；但是，SFS 提醒督導者，要能看到自己同時具有對上、對下的影響力。督導者的確需要知道所屬機構的宗旨、目標以及工作程序等，並向下屬能清楚說明之；同時，還要能清楚向上級長官溝通所需要的具體支持及協助。

　　對於受督者適當的工作量、工作時間表，以及工作流程，督導者需要安排、調整或重新導向之。督導者也會關注於受督者是否遵循專業、倫理、法律等導引著實務工作的種種標準與規範，以保護當事人、受督者本人以及所屬機構。有時，此一行政人員的角色考量會與受督者的期待有所衝突，或者不同受督者之間也會有衝突的目標，此時，督導者在傳遞訊息的尊重態度與方式，將會造成決定性的影響。當然，督導者在考量當事人的最大福祉原則

下，也需要考量任何一個決策所能發揮的效益及機構所需的開銷成本；而在做任何會影響各受督者的決定時，一定要充分蒐集資料，並朝著「目標協商」（包括：排序、具體目標、行動、效果評量等）的大方向前進。

（三）導師（mentor）

督導者亦會特別強調要去協助每一位受督者的個人發展，以便能於專業領域上有所成長。每位受督者需求的差異（如希望更多指導性或更多啟發性的差別），也需要被重視與顧及。督導者會協助受督者認同與了解自己如何有貢獻於協助當事人，以及如何能於所屬機構及專業社群中，更佳發展與維持他們的專業效能。因此，督導者會朝向「我們何以在這裡」以及「我們想要看到的成果為何」此二目標邁進；必要時，督導者也會自我詢問：「如何協助受督者變得更好？」、「如果受督者變得更好時，自己會是什麼樣子？」等問題。凡此種種，都將持續使督導關係有所提升。

（四）教練（coach）

督導者會直接與每位受督者討論其和當事人的工作，以及機構內的個案工作量與其他任務，以協助受督者達成機構任務及個案工作目標。督導者亦會幫助受督者應用與精進實務技能，發展特定領域的專長，並增進其於機構與專業社群的整體功能。而督導者「如何」達到此角色功能，是值得督導者好好思考如何能產生所欲效果；具體可行的方法如：如何基於讓受督者體會到督導者支持的前提下，欲對受督者提出溫和的挑戰時，還能同時考量到每位受督者所需要及同意的支持程度與類型；又好比，如何給予指導，並表達允許受督者擁有實驗、嘗試犯錯、累積經驗的空間，而非直接加以嚴厲指責等。

（五）團隊建構者（team builder）

此一角色在文獻中並不常被提及，但實際上，多數機構的督導者會發現，建立一個工作團隊來支持、滋潤與帶領受督者們，是非常重要之舉。同一個單位的工作人員也都希望能相互連結、支持與信任地建立一個團隊，並

使團隊擁有一個正向的工作氛圍。由於助人者皆希望自己能對當事人有所幫助，所以督導者的任務之一，即是幫助受督者裝備專業能力，讓其具備可以幫助當事人創造改變的信心與能力。

雖然團隊的建立需耗時費力，但是一旦建立起來，對於團隊工作人員的工作效能、工作士氣皆有事半功倍的影響力。建立團隊精神與正向工作氛圍的最佳方法之一，便是自然地、隨時地提出讚美，將功勞歸屬於工作人員，鼓勵彼此討論成功經驗，並從成功進展中相互學習。而團隊目標、工作進展，甚至是圖騰象徵，都可於團隊會議中進行討論。設定例行性的團隊聚會，也將使受督者覺得容易取得或預期獲得督導者的支持，而產生內心的安全感。

督導者乃視自己為團隊成員之一，並去除長官角色，所以督導者不會表示能夠了解所有情況或自行決定任何決議。督導者會將受督者所擁有的技能，視為一種資源的運用，例如：當新進受督者需要透過資深的工作人員給予協助與指導時，督導者會肯定資深者所擁有的知識與技能，並鼓勵其協助新進者，以創建工作團隊中的正向關係。督導者還特別需要讓大家覺察與學習到，如何不以批評的方式分享知識與技能，以及如何有效催化與經營工作團隊的正向環境。當然，公平對待不同的受督者並處理其間的衝突，會是受督者很關注的重點；而督導者如何為受督者的利益考量，並贏得受督者的敬重，乃是處理衝突的關鍵因素。

是以，督導者要能願意持續面對挑戰、接受不同觀點，並不斷開放與跳脫框架，以具備引領受督者發展新思維模式的專業能力。

（六）系統鼓舞者（cheerleader）

此為督導者長久沒有改變的角色之一。督導者需要成為個人、工作團隊及機構的鼓舞者，有如啦啦隊長負責鼓舞士氣一般。助人工作者都希望能覺得歸屬或認同於某一個團體或組織；而認同於一個成功的專業組織與團隊，將會帶來組織的凝聚力，帶動工作人員的士氣及提升績效動機。常見增進機構凝聚力的方式，包括：協助受督者於工作與個人生活間維持平衡、辦理慶生活動以凝聚關係、轉化負向言論至有效解決的方向等；或者，慷慨地於公

開或私下的場合讚美受督者，肯定大家對機構的付出，並使這些讚美迴盪於彼此的互動之間等。即使不見得每個工作人員都能相互喜歡彼此，但是強調目標及共同性，會比強調彼此的差異度，更容易來得讓彼此共同合作。

此外，系統鼓舞者角色常與行政人員的管理者角色合併存在，可結合發揮之。

（七）社區關係建造者（community relationship builder）

督導者常會代表所屬機構對外與社區資源聯絡，並與各社區機構形成連絡網；這對於較小的社區而言更為重要。督導者需要適時過濾與選擇所屬機構可運用的各項資源，以提供當事人最佳的服務。而對外宣導正面的專業形象，也是增進機構組織定位與工作士氣的方式之一。

此外，督導者對於機構的現況、運作、發展、遠景，若能主動進行更多的了解與付出，將會有助於督導者於工作中進行決策的歷程。督導者不要拒絕有關社區及國家層次的資訊及資源，因為透過一些行政性的運作歷程，將會使機構、自己與受督者的生涯，產生不同的連結、突破與發展。

即使 SFS 強調降低督導者與受督者雙方的位階差異，使其儘量平等合作，但督導者仍身負不同於諮商師的眾多職責；亦即，在一個機構中，督導者常為「眼觀四面、耳聽八方」的身兼數職。因而，Berg（2003）建議，機構可以製作一本實用性高的「督導者手冊」，以列點的方式，精簡說明工作各向度，以協助督導者勝任其角色功能，例如：督導者日常生活可獲得資訊的各種管道、對挑戰性高的工作人員如何處理的方法、能與其他主管機構建立網絡的電子網路策略、相關法規的解釋與應用、建立一個資源目錄並在電腦上具備簡單查詢的功能、對於另一個單位要求執行一項獨立調查時提供指導，以及設計能促進彼此之間關係和相互學習的活動等。

從前述 SFS 督導歷程的互動特色及督導者角色可知，SFS 相當重視人們的自主權和主觀經驗，特別是正向資源和內在力量。SFS 也看重如何在督導過程中，創造人們對未來的視野和期待，增強解決問題的想法，強化負責任

的行動，並且提升對生命和工作的合理控制感（Greene, Lee, Mentzer, Pinnell, & Niles, 1998; Juhnke, 1996; Thomas, 1996）。在這樣的脈絡下，Briggs 與 Miller（2005）乃大力讚揚 SFS 乃是一個「成功賦能」的督導模式。

貳、焦點解決督導歷程的構成要素

不少實務工作者和研究者，已經嘗試從實務經驗與文獻中，界定出 SFS 歷程的構成要素；這些構成要素即是能顯著發揮 SFS 效能之關鍵因素。Wetchler（1990）最早在「SFS 兩階段模式」中提出「解決之道」（solution）與「臨床教育」（clinical education）為督導歷程的兩大階段。爾後其他學者陸續提出的模式，幾乎皆以 Wetchler 模式為基礎，再予以擴展或修正；當然，每位學者所提出之模式的構成要素不盡相同。Marek 等人（1994）認為，目標設定、期望、評量問句是 SFS 歷程中最重要的要素；Seleman 與 Todd（1995）則提出四個假設，來描述 SFS 的歷程要素，包括：受督者與督導者的合作、發現並強化受督者的例外、如果沒效就做點不同的事，以及確認受督者之督導目標。Thomas（2013）彙整多年的學者言論與研究，提出 SFS 督導要素，包括：假定受督者是有勝任能力、優勢與資源的；致力於成功的擴大；將受督者的例外經驗轉化應用於諮商師的角色上；傾聽、好奇與尊重；督導階層權力的平等化；以受督者的目標為督導方向；為目標與未來導向；認同建設性預設立場的語言系統的使用，尤其是 SFBT 的代表性問句；改變的不可避免性及持續性等。

較具階段步驟性的是 Juhnke（1996）以進行個別諮商的實習諮商師為受督的實驗對象，研發出一個 SFS 模式。此模式的特色及督導重點為：

1. 督導前提供受督者自陳問卷，並開始營造正向積極的督導氣氛，啟動受督者思考個人特質、技巧、資源及諮商觀點，而使受督者更能辨識與擴展個人資源、優點及成功的諮商經驗。

2. 以目標導向、奇蹟問句引導受督者建立具體、合理的督導目標。督導目標則包含「階段內完成的督導目標」以及「單次督導目標」兩種。

3. 協助受督者找尋例外成功經驗,以擴展其正向資源與解決方法,例如: 「什麼時候你不會那麼擔憂當事人?那時你的行為會和現在的表現有何不同?」

4. 協助受督者辨識成功有效的介入策略與技巧,例如詢問:「你是如何做到的?」、「當時你做了什麼來幫助當事人?」,以引導受督者能針對有效方法進行更深入的細節思考,並發展更多有效的解決策略。當受督者表示難以回應這類的問題時,督導者可以運用假設問句、奇蹟問句、例外問句來予以引導;或者與受督者共同觀看諮商過程的錄影帶或逐字稿,來協助其辨識成功有效的介入策略與技巧。

5. 運用評量問句協助受督者探索與催化專業進展,鼓勵與回饋受督者的進步,以增強其專業自我效能感,例如詢問:「如果用 1 到 10 分的量尺來評估你上次督導時想改善的諮商技巧,1 分代表沒有成功,10 分代表非常成功,你的分數為何?」

而 Triantafillou(1997)整理前人的督導架構,提出一個著重於開發受督者之能力與資源的 SFS 模式,其重點為:

1. 建立積極正向、支持、合作及重視受督者能力資源的督導氣氛。督導者可正向直接的讚賞與肯定受督者的能力與優點,例如:「我很欣賞你在諮商中所做的……」;亦可以間接的方式讚賞與肯定受督者的能力與優點:「不是每個人都可在此狀況下做到……」、「以我身為督導的經驗,我認為你所做的……讓我印象深刻……」。

2. 以 SFBT 進行個案概念化,澄清如何運用 SFBT 技巧,以協助受督者針對當事人的困擾與目標,尋找可能的解決之道,例如詢問:「你的當事人想要改變的是什麼?」、「你如何得知你的當事人已經在進步中?」(澄清性的目標問句)、「如果詢問當事人,當事人會說你在諮商中做了什麼,對他是最有幫助的?」(例外問句)、「如果當事人想要達到的最好情況是 10 分,最糟的情況是 1 分,當事人會認為他現在的位置在哪裡?當事人如何從 2 分進步到 3 分?他需要做些什麼不同的行動?你又需要在諮商中做什麼,才會讓當事人覺得你協助他採取了這些行

動？」（評量問句）。

3. 關注與記錄受督者接收督導者各類讚美時的反應，針對受督者同意與看重之處，提供有效回饋或進行臨床教育。督導者亦需提醒受督者嘗試做些不同的事，以協助其能更具體辨識出有效方式所在，例如提出：「在此次與下次督導之間，除了剛才我們所討論出來的方法外，你想你還可以再多做些什麼，可能可以讓你的諮商更具成效？」

4. 督導後續追蹤。詢問受督者，在前次督導後的諮商晤談中，有何更好的發展或改變，並進一步探索與了解，以增強其有效的介入與成功經驗。

為了更深入探討、完整統整與實際驗證前述各 SFS 的構成要素，筆者於 2009 年透過諮商師個別督導歷程的逐字分析研究結果發現，於 SFS 過程中重複出現的構成要素主要有七項：正向開場與問題對焦、確認正向督導目標、深究受督者與當事人的例外、發展其他可能性、正向回饋與臨床教育、形成第一小步，以及探討差異與改變。有關這七個 SFS 歷程中的構成要素，以及其中的組成成分、技巧應用、介入方向，分別詳細說明如下。當督導者能掌握 SFS 的精神與構成要素，將能有助自己在進行 SFS 督導歷程時，更懂得聚焦的重點或工作的方向，而更能發揮 SFS 的效益。

一、要素一：正向開場與問題對焦

（一）正向開場

在一開始進行督導時，督導者可先與受督者設定督導的氛圍，例如：先詢問受督者平日是如何能夠將諮商工作做得不錯；或者詢問受督者對於接受督導的預備度，以及雙方做些什麼，將可促使這個督導過程對他更為有效用。此處的意圖，即是想正向開啟督導歷程的對話，傳遞 SFS 是具有方向性的一種歷程，且此方向是循著受督者所提出的需求為依歸，而非是由督導者來決定督導目標，例如：

「你希望我可以怎麼協助你？」

「如果我們集中於探討什麼主題，會對你特別有幫助？」

「當今天的督導結束時，如果發生什麼事，會讓你覺得你從這次的督導中有所學習？」

在第二次及後續的督導中，督導者都會先詢問受督者：於前次督導後有什麼較好或改變之處──包括受督者、當事人與諮商歷程；同時，督導者也會積極探究受督者改善諮商歷程的細節，詢問受督者何以能幫助當事人做到改變，一如探究例外的方式。之後，再回頭詢問受督者：「在有了這些改變之後，於這次督導中，又希望於何處再有突破？」而再開始進入此次督導的目標開始階段。因為，當受督者看到自己與當事人有所改變後，有時原先要提出的問題，就會被再次修正，或變得更為聚焦明確。

當然督導者也可多探問受督者有效的學習或精進方式、如何擁有優勢與成功的方法，並從這些方式中協助受督者多加善用之。

（二）問題背景描述

在受督者提出諮商上的困境或工作上的需求後，督導者會扼要地探問受督者所提出之問題的一些關鍵背景，例如：

- ‧受督者與當事人的基本背景資料。
- ‧當事人初步來談時的問題及其目標所在。
- ‧受督者認為當事人目前的狀況及其需要突破困境之處。
- ‧受督者與當事人的實際對話內容與順序（特別是在受督者認為關鍵問題的對話處）。
- ‧受督者認為所謂諮商成功與失敗之定義。
- ‧轉介緣由以及轉介單位的想法與期待。

之後，督導者會進一步澄清受督者於描述問題情境時，所使用的關鍵用字之定義，並了解受督者當時選擇介入的原有觀察與思考歷程，以幫助督導者進入受督者所描述的問題情境脈絡及其推論架構中。此舉，往往也會提供受督者再次回顧與澄清所需討論的問題重點所在。舉例而言，督導者可以如

此詢問：

「整體來說，你對這次的諮商有什麼樣的感受與看法？」

「可以多說一些嗎？是什麼讓你覺得當事人對於自己的感覺不夠接納？」

「是誰要求當事人來談？當事人對於轉介單位的期待又有何看法？」

「當你發現當事人對先生說不出她的需求時，你是如何反應接話的？」

「當你提出了當事人與女兒之間的互動模式後，當事人接下來的反應是什麼？」

「你認為當事人『抗拒』，你是怎麼發現的？」

「你剛說你不夠貼近當事人，你指的是什麼？」

「你當時會這樣引導他思考該如何表達憤怒的考量是什麼？」

「你想別的諮商師在此情況下，是否與你會有類似的考量與引導？」

「若當事人達到他想要的——找到生活中『新的意義』時，他會做些什麼和現在不一樣的事？『新的意義』這個名詞對他來說代表了什麼？他會怎麼知道他正在往這個目標前進？」

對於所謂的問題背景相關資訊，SFS 督導者會以中性的開放式問句來詢問這些「必要或重要」的背景資訊，以大致了解受督者於諮商過程的樣貌及其所在乎的議題。同時，督導者也會提醒受督者要提出的說明，是督導者「需要知道」的資訊，而非是「全部」的資訊，而且，督導者不會再將時間精力更深究問題的歷史與過多的細節，以能接續建構良好的目標與解決之道。對於一些諮商師來說，特別是新手諮商師，有時並不能很精準地判斷哪些才是重要的關鍵資訊，需要提供給督導者知道，因此，督導者需要根據經驗以及訊息的前後脈絡，主動詢問更多當事人與受督者「實際互動」的細節與脈絡（特別是當事人所說的話語）。

此外，在 SFS 過程中，受督者對困境或目標的定義，常會隨著督導對話之歷程而有所修改；如果受督者在督導過程中再次修改督導的需求、問題或

目標時，督導者則會再適時詢問類似前述必要的相關背景脈絡。

（三）了解問題與受督者的互動，並對焦之

在正向開場與問題對焦這一個 SFS 構成要素中，「了解問題與受督者的互動，並對焦之」是此一構成要素中最為重要的一個步驟。這個步驟是希望能了解受督者的問題對其影響，以及受督者如何對問題及其影響給予回應，然後再從受督者與問題如何相互影響的互動過程中，確實地對焦出受督者真正的需求並形成督導目標。這個步驟常需要督導者專心傾聽與理解受督者提出的困擾之處，並詢問類似如下的問題：

「你覺得你對自己疏失的自責，是如何影響你後續的工作？」

「當你看到當事人不講話了，你是如何看待自己與當事人的？接著你是如何回話的？」

「通常大部分的人在剛開始接案時跟你一樣，都會感到焦慮。但是在上次的晤談後，你是如何處理你的焦慮？」

「你覺得這個當事人有三個問題，你認為哪一個問題先解決比較重要；或者，哪一個問題先解決後，你比較能夠幫助當事人解決其他問題？」

「當事人的看法會跟你一樣嗎？」

通常，督導者在了解當事人及其問題的互動之後，會先以欣賞而好奇的未知態度，詢問受督者何以能清楚覺察這些問題的所在或予以處理。在肯定受督者已經做到之處，接以「何以有困難？」、「何以是個問題？」等方向的問句，進一步確認與對焦受督者真正認為的具體困境所在，並且釐清其背後界定困境的邏輯推論與詮釋架構。有時，當受督者能更為澄清自己對於問題的界定標準（例如：對「當事人應如何改變」的定義或「何謂諮商成功」的堅持），有時就會修正先前提出的督導問題，或是對其問題更為縮小化、具體化，而更能聚焦出此次督導的明確目標。其具體問句，例如：

「這位當事人已經很信任你了，所以去探討自傷議題，對你來說這何以會是一個困難？」

「這當事人目前暫時並不想談他的喪親之痛，這對你來說何以是個問題？」

「這當事人在你的協助下，已經有進步了，但是你覺得他應該更快有所改變，你想是什麼讓他無法更快有進展？他的狀態可能是什麼？」

「在你可以跟當事人有這麼多深入的對話與成功經驗後，對於深入他在意的情感議題，何以會成為你的困難？」

「你認為當事人在車禍後的反應，應該是什麼樣子才是正常的？是什麼讓你會特別擔心當事人目前的狀態？」

「你認為這當事人需要改變到什麼程度，你才會覺得他可以結案？」

「何以他不同意你的看法？」

「何以你處理其他當事人時沒有此問題？」

「何以你在協助此當事人的其他主題時沒有這個問題？」

在督導者提出「何以是個困難（問題）」此類的問句之後，受督者有時就會提出另一個問題或是不同性質的資訊；此時，督導者處理的方式可以是：

· 再確認受督者回應這些資訊的意義性，並以接納的態度，嘗試理解這些資訊與先前提出之問題的關聯性，例如：「我不太懂你現在補充這些當事人的行為，跟你剛剛說你無法談他自傷的主題有些什麼關係？你怎麼會聯想到這些的？」

· 直接邀請受督者確認想要先談哪一個問題，例如：「聽到目前為止，你與這當事人的談話，有前面提到的『切入喪親之痛』的問題，以及現在你提到『如何聽懂他的表達』的問題。你覺得先談哪一個問題，會對你最有幫助？」

· 受督者若一時無法整理時，有時督導者可就受督者提出資訊中所反映的共同性與特定議題，再詢問這是否為受督者想要討論的主題，例

　　如:「聽起來你特別在意的好像都是:當事人一直軟性地不跟隨或反

　　　駁你的引導。」

　　有時,督導者可能會先連結其他 SFS 構成要素後,再回頭詢問受督者何以認為「這是個問題」或「何以有困難」,例如:先引導受督者去看到自己與當事人的例外、優勢與進步,或者探討其他的可能性、給予一些回饋與臨床教育之後,受督者對問題的詮釋及問題的嚴重性常會再有所修正,進而便會聚焦於一個更為明確的議題上。督導者可用之引導方向,例如:

　　「我看到你用了這些方法讓當事人在工作上有所進步,你是怎麼做到的?」

　　「我困惑的是,這些方法用在當事人新提出就職的議題上,何以不適用?」

　　「在我們剛剛討論,面對失落的過程可以用一般化技巧來進行之後,你覺得對於這個當事人的後續介入,現在你特別需要討論的是哪一個部分?」

　　當然,在進行督導需求與問題聚焦的過程中,督導者乃會持續傾聽與摘述受督者所說的重點,並且會以大量的一般化、讚美與重新建構回應之,例如:

　　「通常新手諮商師都會擔心自己是不是做得不夠好。但是,我也看見了你願意面對這個挑戰,並且希望自己有所進步。」

　　「雖然你目前暫時還不知如何介入,但從你擔心當事人的情緒穩定來看,我覺得你是很關心當事人。」

　　「當事人知道你對他的關心嗎?」

　　「雖然一般剛分手的當事人,在一段時間內都會歷經情緒的波動,但你對當事人的擔心,也反映了你特別重視要去確認當事人安危的敏感度所在。」

　　亦即,於此階段常見的正向回饋之讚美向度,例如:

　　‧受督者提出的議題是常見的諮商困境。

　　‧受督者的擔憂有其道理存在。

‧受督者雖非完美，但很真實的面對自己。

‧肯定受督者對當事人的用心。

‧受督者能看得到諮商困境存在之敏銳度，以及想要突破的意願。

‧受督者對於當事人任何的觀察，正可成為後續介入的方向。

這些正向回應，常使受督者可以放下一些焦慮等負向情緒，也能讓受督者更為開放地面對問題，而更能促使受督者澄清自己真正在乎之處及想突破的重點所在。

正向開場與對焦問題此一要素，多於督導的前期進行，當然也會與其他的構成要素循環往返，並特別是與第二個構成要素「受督者正向督導目標的界定」有所關聯。通常，在進行 SFS 第一個及第二個構成要素之後，受督者於進入督導時所提的問題，將會更具體聚焦，甚至會重新修改與界定之，而使督導產生更為明確的方向性，如此一來，督導的效益將更易被提升。

二、要素二：確認正向督導目標

常見受督者提出的督導目標，包括：個案概念化、個案管理、諮商關係、諮商歷程、特定諮商技術、專業勝任度或者與機構互動等議題。在 SFS 中特別強調，督導目標的形成與發展，是由督導者與受督者「共舞」而得的一個動態歷程。依據著「改變不斷在發生」的原則，透過每次督導及諮商的歷程，將影響著受督者不斷修正提出的問題、期待的目標，並展現不同的知覺轉化、介入的行動。而一個督導目標的形成與建構的過程，常包括以下幾個成分。

（一）轉為正向具體之界定

未來導向的 SFS 相信，當受督者更知道自己真正想要什麼之時，將比較容易聯想到如何去獲得；知道所欲的目標，有時即已完成了一半的督導任務。當然，這個督導目標是需要對受督者具有意義性；對督導及機構而言，也需具有一定程度的重要性。然而，從問題的描述中，不見得能對應出受督者真正想要的督導目標，故督導者會致力於引導受督者澄清與說明其「正向所欲

的」目標，例如：「想出現的」、「想達成的」、「需做到的」目標。當目標是以正向所欲、具體行為化、實際可行的詞彙來加以描述時，督導者較能確認受督者想要追求的方向與具體行動；而「不要變成什麼」的描述，並不具有讓受督者知道要做什麼努力的明確性，甚至會產生評價受督者不夠勝任的色彩。

在這個步驟中，主要分為兩大方向：第一，當受督者描述一個問題情境並進行問題對焦之後，督導者會接著詢問受督者希望問題解決或問題不存在之後的狀況，以確認督導進行的大方向是處於正確的軌道上。常以假設問句進行此處的探問：

「你希望你給當事人的幫助是什麼；或者說，你希望當事人能有什麼改變？」

「如果有一個奇蹟發生，你希望當事人可以變成什麼樣子？到那時，別人又會看到他有什麼不同？」

「你最希望你與當事人的諮商是一個什麼樣子的過程，會是對你最具意義的？」

「一週後，當你再來督導時，卻興奮地告訴我與這當事人的諮商真的有了突破，那麼，你想你會告訴我的是什麼呢？」

「你如何知道自己是有改進、不再卡住了呢？」

「你如何得知這晤談是有進展的？」

「若你擔心的事情改善了，你會看到有何不同？」

「你如何知道我們已經可以開始討論另一個主題，而不需要再談論這個議題了？」

「你看到什麼訊息就知道事情開始有轉機了？」

「當有一些改變產生時，又會連帶產生什麼其他的變化？」

如果受督者仍是以「不要什麼」的用詞來描繪自己的目標，督導者則會持續以「那麼，取而代之的（instead），你想要什麼」，來繼續確認出受督

者真正想要的目標，此時，奇蹟問句、假設問句、差異問句是經常使用的引導技巧。舉例來說，受督者希望自己在晤談中「不要再那麼焦慮了」，督導者便會接著邀請受督者回答：

「不那麼焦慮時，你會看到自己是什麼樣的表現？」

「當你不再那麼焦慮時，你的心情會是什麼樣子？」

「當事人會看到你有什麼不同？」

「若你已經改變了，諮商室的攝影機拍下了你的樣子，我們於錄影帶中會發現你與之前的樣子有何不同？」

「如果奇蹟發生了，明早起來你不再為這件事困擾了，你會有何不同？」

「你會如何得知奇蹟已經發生了？」

「在你還沒有告訴我之前，我又可以如何得知你已經不同了？」

評量問句、關係問句及循環問句也常是於此時被用來引導受督者思考不同面向的技巧，以使督導目標更加明確化、正向化、可追求化，或者能激發受督者將抽象的努力方向，化為具體的行動，甚至產生可優先努力或容易成功介入的諮商方向，例如：

「我了解你認為當事人目前迴避你想與他討論的問題。如果從當事人的社工員角度，她會認為當事人若有什麼其他改變，對當事人也會是有幫助的？」

「當事人對於婚姻是很擔憂的，但是他在挽回婚姻的信心或動機的評分為何？」

「何以有此分數？」

「哪一個分數需要先提高（或者是最容易提高）？」

「我知道你擔心當事人的情緒還不夠穩定，不過，我請你評估一下當事人的整體狀況，1 到 10 分，10 分是不用再來晤談了，1 分是毫無進步，你認為當事人現在處在幾分的位置？」

「當多 1 分時，當事人又會有什麼不同？」

「當事人目前在這問題上的情況是幾分？若增加 1 分又會變成什麼樣子？會和現在有何不同？」

「當事人如何增加 1 分？你需要做什麼，才能使當事人真的能去執行增加 1 分的行動？當事人又會說他希望你如何幫助他？」

這些引導，乃企圖讓受督者從「問題的描述」轉而說明「正向所欲的目標」，並幫助受督者澄清與檢視自己所設定之督導目標背後的參照標準與詮釋架構，以更能浮現出受督者真正想要的督導目標。當然，督導者也會持續努力傾聽與回應受督者的描述，捕捉與推想受督者的需求與在乎的重點，並再與受督者確認是否為受督者想突破之點。必要時，督導者還會以下列方向引導受督者再次檢視自己的價值與目標：

· 何以認為這個諮商目標是合理的目標，其準則何在？

· 這個諮商目標的重要性為何？

· 受督者何以一定要堅持達成這個諮商目標？

· 當事人需要什麼資源或行動才能產生這樣的轉變？

具體例句如：

「是什麼讓你覺得當事人要負起更多的責任？負責任對這個當事人有何意義？」

「你與當事人對於『要變得更負責任』的看法與定義，各是什麼？」

「這樣聽來，你其實是希望當事人的行為能符合校規而不要被母親責打，在你關心如何讓他的行為符合校規以外，還同時關心的是，當事人如何可以減低被母親責打的機率。對嗎？」

「你想當事人如果變成什麼樣子或者有什麼行為，就會讓當事人的母親比較願意平和地和他說話？」

「在這個環節上，你覺得你要從哪個方向優先切入，會讓當事人比較容易接受？」

如前，督導者的讚美、一般化與重新建構的反應，也會持續適時地提出，以能滋潤、支持受督者，並更能聚焦於正向督導目標建構的工作。常見的重點為：

- 肯定此目標是有其意義的。
- 讚美受督者能對問題有初步的看法或解答。
- 重新建構受督者能從問題找到了一個重要的介入方向，儘管暫時還不知道如何做。
- 肯定受督者對自己表現的擔憂，而此也正是努力的動力所在，以鼓舞受督者能繼續面對挑戰。

當然，最後所形成的督導目標，常常是一個「可以馬上開始行動」的方向，而非是所期許的最終結果。

當受督者能回答這個步驟中的各引導問句時，有時督導者會回到構成要素一，再次確認此問題何以是困難的，並於構成要素一與構成要素二之間循環、深入，確認受督者真正所需突破的督導目標。或者，於必要時，督導者會進入構成要素四，提出一些其他可能性的思考與方法來加以探討，並再以構成要素二，回頭確認受督者真正的目標。

（二）兼顧當事人主觀想法與諮商目標

SFS 的歷程，常會協助受督者更能進入當事人的角度及推論架構來進行思考，尤其是在 SFS 的督導過程中，除了關注受督者的需求之外，也會請受督者同時顧慮到當事人的目標，甚至會強調 SFBT 以當事人目標為主要方向的原則。

督導者會就受督者提出的督導需求，詢問受督者以下幾個方向的問題，以引導受督者擴展對於當事人狀況與目標的了解，進而協助受督者檢視所設定的諮商目標，是依據受督者需求還是當事人的標準而設定的：

- 當事人一開始來談時所希望探討的問題或目標。
- 當事人希望問題解決時的圖像。
- 以關係問句引導受督者思考：當事人對於受督者所認為的諮商困境或

為其設定的目標，會有何意見，包括當事人會同意受督者想法的內容與程度？

‧也會引導受督者思考，就當事人而言，要產生特定改變，「何以會是一個問題？」

具體例句如：

「當事人一開始來談的主題是什麼？針對這個主題，如果你問他，你猜他希望問題解決時的美好願景會是什麼？」

「是什麼讓你覺得，如果當事人交了更多朋友會對他比較好呢？可以多說一些嗎？」

「當事人知道你這些考量嗎？如果他知道了，會對他有何影響？」

「你如何讓當事人知道，他若有這些改變會對他產生的正面影響？」

「你想當他聽到時，會有什麼反應？」

「如果對媽媽好好說話就可以改善關係，你想是什麼讓當事人沒有這麼做呢？」

「他的困難在哪裡？他需要什麼才能有所突破？」

督導者於後續的合宜機會，便可直接詢問受督者，如何將前述這些討論的結果以及督導中的任何體會，應用於引導當事人的目標建構或例外探詢上。

如果受督者提出的困境是，當事人不願意配合改變或產生所謂的抗拒行為時，督導者則會引導受督者去思考：

‧當事人真正需要的目標為何？

‧當事人不願意改變的理由為何？

‧當事人堅持不改，乃存在著什麼好處？

‧什麼是阻礙當事人改變的因素？

‧當事人需要什麼才願意改變？

‧過去曾經在哪些主題上的探討，是當事人曾經或比較願意與受督者合作的？

．當事人接受受督者看法的可能性為何？程度為幾分？如何增加可能性？

．如果當事人堅持不改變時，當事人會面臨的後果與挑戰為何？受督者將如何告知當事人，才比較會讓當事人理解不改的後果？以及，受督者又要如何面對當事人的不改變？

這些提問的方向能用來擴展受督者對當事人的全盤理解，也會促使受督者找到能與當事人合作的方法，並初步形成後續能協助當事人的方向。往往，這個討論過程也會更為確認出受督者需要突破與努力的重點所在，而有助於形成後續具體督導目標之確立。

有時督導者會先直接進行構成要素三的探討，先去了解當事人既存的例外及何以能發生此例外，或者，會先協助受督者看到自己之前對當事人於其他主題上的成功介入及方法後，再回頭進行此一步驟，以便讓受督者澄清該當事人的真正需求、困難、目標，或者較容易成功突破的諮商方向。

（三）含括受督者之專業成長

有時，受督者會直接開門見山地提出自己於專業發展上的困境；有時，則會在督導者的帶領下，從討論諮商當事人的困難中，漸漸澄清出自己需要突破的是目前於專業成長或諮商師角色的個人困境。舉例而言，有些受督者會擔心自己不是個夠好的諮商師，或是做錯了一些介入，而影響諮商結果。對於此類議題，督導者亦是秉持前述發展與確認正向界定目標的原則加以進行，並深入澄清與探究：這個專業成長或諮商師角色的議題，對受督者的意義為何；這些議題有所突破或目標達成後，會與現況間的差異有何不同。或者，以不同角色、理論觀點的多元角度，引導受督者重新檢視其對諮商師角色與諮商工作的界定標準與詮釋內涵，以自發創造出處理困境的想法，例如當受督者提及：希望能「罩得住」這位當事人時，督導者則可接著詢問：

．「罩得住」的定義是什麼？

．他目前對當事人「罩得住」的程度為何？

．什麼樣的諮商師才足以「罩得住」？

‧「罩得住」何以如此重要？

‧當事人希望諮商師「罩得住」他嗎？

‧當受督者真的做到所謂「罩得住」時，他會表現得跟現在有什麼不一樣？那時的受督者又具備了什麼樣的能力與特質？又會做什麼不同的介入？

又例如：當受督者評價自己的表現不夠好時，督導者常會先了解受督者所謂夠好、夠理想的諮商師之定義為何，以及他目前對自己表現的評價內涵，例如：

「什麼樣的表現，會讓你覺得自己是夠好的、是讓自己滿意的？」

「一位所謂理想或夠好的諮商師，可以帶給這個當事人什麼不同的協助與影響？」

「這樣的標準從何處來？這些標準是你自己的標準，還是從當事人的標準來看？」

「這些標準何以這麼重要？」

「當事人認為的理想諮商師，與你對自己的期待之間有何差別？知道這個差別，對你的意義是什麼？」

「如果你真的成為一位最棒、最完美的諮商師，那時候的你，在諮商上的表現會和現在有什麼不一樣？」

「到那時，對於當事人目前的狀態，可能會如何介入？」

「如果我問當事人，他會認為什麼樣的諮商師才是理想的？」

「就這當事人的角度，他會期待你做些什麼，才會讓他覺得你真的有幫到他？」

「你對他的看法又有何想法？」

此外，督導者還可就受督者於專業工作上想改變的向度或有困難的主題（例如：能夠拉開僵局、掌控場面、提升信心、自在表現等），以評量問句來請受督者加以評分，以找出具體的督導目標，例如：

「若 10 分表示你是十分認同諮商所能產生的效果，1 分是十分不認同，你覺得自己目前在幾分？何以會打此分數？當看到什麼情況時，你對諮商效果的認同會再增加 1 分？」

「以 1 到 10 分，10 分是如你期待自己能夠成為理想的諮商師，非常能夠理解當事人，1 分則是相去甚遠，那麼在 10 分時你會是怎樣展現你對當事人的理解？你目前的表現又是幾分？你是如何評量的？你又何以能有此分數？」

「10 分表示你表現得很好，1 分則正好相反，你期待在面對這個當事人時，自己至少要有幾分的表現？怎麼說呢？」

「10 分表示你很能引導當事人思考，1 分表示不懂得引導任何當事人，目前你會自評幾分？」

「而一般的當事人會評你幾分？」

「何以這兩個分數有差別？」

「若你的評分再多了 1 分時，你會和現在有何不同？」

「若你要再突破 1 分，會需要什麼？」

由此可知，上述的種種引導，都在催化受督者釐清其所謂理想的諮商師狀態及完好的具體介入標準，並再進一步探究其所需發展的專業能力，或可立即執行行動的方向。當然，督導者也可先探討受督者的例外經驗，讓受督者看到自己已經做得不錯或過去沒有困難之處，然後再回來探究受督者於此階段真正需要在專業角色上向上發展的小目標或行動一小步為何；如此，也往往更能啟動受督者願意努力的動力。

活動 BOX 4-3：諮商師之路

進行方式：

1. 兩人一組。一人扮演接受訪問的諮商師，另一人扮演執行訪問的督導者，並以下列問句依序進行訪談。

2. 訪談後，督導者需要統整訪談所得，並給予受訪諮商師正向回饋。

3. 受訪諮商師則分享被訪問與回饋的過程與內容，對其專業發展的反思有何幫助。

訪談問句：

· 當諮商過程是順利時，你覺得你是如何讓諮商順利進展的？

· 當諮商進行順利時，你會看到當事人的反應是什麼？

· 當你想要預防晤談過程中不好的情況發生時，你曾經怎麼做？

· 你曾經如何讓諮商中不好的情況，沒有變得更糟？

· 什麼人是最能在諮商專業上幫助你的？你是如何運用他們的幫助？

· 最近什麼時候你覺得你諮商過程的哪個部分，這部分以前對你來說是困難的，但現在卻做得不錯？你這次的諮商作法，跟以前有些什麼不同？你何以能有此改變？

· 到目前為止，你曾遭遇過最困難的諮商歷程是什麼樣的狀況？你當時是如何度過與突破的？這經驗對你專業學習的影響又是什麼？

· 你的同事們對你的諮商工作最欣賞之處為何？

· 在諮商專業上，最令你驕傲的成就是什麼？你又是如何達成、如何維持的？

三、要素三：深究受督者與當事人的例外

探討優勢成功及因應力量，將使受督者對自己、對當事人產生力量與希望感，同時，會激發受督者形成可能可以接近目標的具體步驟，再次創造成

功經驗的發生，或得知如何穩定有效行為的出現。

（一）受督者對當事人介入的成功例外

基於看重優勢觀點，SFS 對於受督者及當事人既存的資源、優點、優勢、成功經驗等例外，都會積極開發、停留與探究，以協助受督者及當事人對例外經驗的細節化與意識化，而能擁有或提升其對突破困境的信心、動力與具體策略。在引導受督者逐步形塑出正向督導目標的同時或之後，督導者都會主動積極地探問：受督者對特定當事人曾經成功介入的經驗，並深入當時如何做到等相關主題。

常見督導者會請受督者針對諮商效果滿意度、目前自己的表現，以及當事人何以沒有更糟等方向進行評量，並會對受督者自評出的分數（即使分數並不高），深入探討該分數所代表的意義以及受督者既存的優勢。督導者也會以關係問句請受督者就當事人的角度來思考，有關諮商滿意度、諮商對當事人已發揮的幫助所在、受督者對當事人的意義與重要性、當事人何以能信任受督者而開放自己，或者當事人已經產生的任何小進步等向度，來捕捉與確認受督者已經發揮功能之處，例如：

「以 1 到 10 分的量尺來評分，10 分表示做得很好，1 分正好相反，你為自己的諮商工作評幾分？何以有這些分數？」

「當事人會為你的諮商工作打幾分？」

「其中的差異是怎麼來的？」

「如果具體詢問當事人，他會特別感謝你對他和孩子的協助是什麼？」

「當事人第一次來時的整體狀況是幾分？他目前的情況又是幾分？你如何幫助他產生這些改變的？」

「當事人會說你用的什麼方式，特別幫助得了他？」

「那個方法也適合用在這個主題上嗎？」

「若使用的話，會有什麼結果？」

「你雖然生氣當事人一開始對你說謊，但是，你後來是如何能讓當事人

願意誠實地告訴你這些事情，是她之前對你和對她先生都無法啟齒的？」

「雖然你還沒幫助當事人突破職場的這個部分，但你之前何以能讓他願意採取行動去與家人溝通的？」

「你是怎麼做到的？」

「當事人通常需要什麼，才比較容易改變？」

「你之前用過什麼介入方式，是最容易帶來當事人敢於冒險的勇氣？」

「當事人的情況確實是不容易改善的，但是你認為他是如何幫助自己沒有變得更糟的？」

「之前你又做了什麼，而讓他可以採取這些因應行動？」

「當事人這樣的行為何時較少出現？」

「這個議題何時較不困擾當事人？何以如此？」

若受督者表示不知道當事人的想法，督導者則可引導受督者去思考如何可以得知與確認之。在此處探討受督者對當事人介入之例外經驗的同時，督導者仍會大大地讚美受督者的優勢之處，並追問受督者是如何能夠做到，以讓受督者更有力量感，並可將之內化於協助當事人。常見的向度為：

· 肯定受督者已經做到的有效介入與協助。

· 讚美受督者已經做得不錯之處。

· 讚美受督者於進行介入時，所反應出的個案概念化能力。

· 肯定受督者努力之處。

· 重新建構受督者認為的困境，乃反映了受督者對當事人的了解、尊重、重視或關心。

上述這些督導介入的方向，主要目的是要讓受督者處在目前卡住、沒有進展之際，仍能再次覺察曾經成功的經驗與策略，回顧當事人已經產生的改變，以及回憶起當事人願意接受受督者影響的方式；之後，於後續便可接著討論例外探討的啟發或過去這些成功的有效方法，是否適合用在目前的困境或如何應用於達成目前的督導目標。這不僅能提升受督者的諮商效能感，還可促使受督者深入了解這些例外發生的策略，意識化其背後的支持信念，而

刺激受督者針對同一位當事人再次使用與變化運用之前有效的介入策略；至少，前述引導將促使受督者能更有能量、更有意願地繼續發展出突破目前困境以達成督導目標的方法。

（二）當事人自身例外的運用

在積極開發例外的過程中，督導者亦會運用類似前述的方式，來引導受督者覺察當事人個人的例外成功或因應能力，例如：

- 以評量問句邀請受督者評量當事人在某個向度或某些特質上是幾分？何以有此分數？這分數對當事人與受督者的意義與啟發又是什麼？
- 以關係問句詢問當事人的重要他人，他們會如何稱讚與欣賞當事人的某些例外或改變？
- 直接詢問受督者，當事人在諮商目標的相關層面上，什麼時候是當事人的問題沒有發生、比較不嚴重或沒有更糟的例外時刻？
- 受督者認為可能可以協助當事人突破其問題及達成目標的資源與力量為何？

除了發問之外，督導者也可以在傾聽的過程中去捕捉當事人的優點與例外，並直接分享之。當然，督導者除了直接回應之，還會接續詢問受督者以下問句，以檢核或擴大此例外可能具有的方法與效果：

- 當事人何以能有此例外發生？
- 當事人又是如何幫助自己的？
- 對受督者來說，這些優勢的意義與價值為何？
- 如果當事人知道自己的例外所在以及造成這些例外的方法，他會有何不同？可能會發揮什麼作用？

具體例句如：

「你最欣賞這個當事人的什麼地方？這些欣賞之處對當事人而言，可能會有何意義？」

「當事人看來雖然還不夠穩定，但已經比開始來談時穩定很多。那麼，

當事人何時的情況是比較穩定的？他如何能做到？什麼樣的人、事、物特別能幫助他穩定呢？」

「當事人顯然是很想要在工作上有所晉升突破的。那麼，在關於獲得老闆更多肯定的自信部分，你想當事人會給自己打幾分？你給當事人打幾分？何以不是最低分？」

「不曉得你同不同意，雖然當事人暫時還無法忘了她那腳踏兩條船的男友，情緒也還是會受到波動，但是，至少她已經不會主動去找她男友，甚至還會拒絕男友的聯絡。」

「你會同意這是一種進步嗎？」

「你想是什麼力量讓她可以做到這重要的一步？」

「如果當事人看到自己的自我控制已經增加了，你想對她的影響會是什麼？」

　　在受督者確認與同意當事人的例外之後，督導者可能會再次連結至前述受督者對協助此當事人的其他例外經驗，以引導受督者去思考：該使用何種方式，才能有效幫助當事人覺察、回想、複製與重現這些例外。這樣的方式將能同時賦能當事人與受督者，並提供受督者突破困境的替代性介入方向與策略。

（三）受督者自身例外的探討

　　當受督者的目標是與個人專業成長有關，或者對於該當事人的介入並無任何例外經驗時，督導者或可引導受督者去發覺自己個人其他相關經歷中的例外與因應之處，以協助其承受或處理目前諮商中的挑戰，例如：

- ・以前對於類似背景的當事人或者其他類型的當事人之成功介入經驗。
- ・之前遇到類似或其他的諮商困境（例如：別人對其角色期待的壓力）時，如何成功突破的經驗與策略。
- ・在受督者個人的成長經驗中，是否曾擁有或見過類似於當事人的生活困境及其突破方法。

· 在受督者的平日生活與個人特質中，於類似情境（例如：焦慮、被人理解、對自己不滿意、願意改變）中如何自我協助之資源與優勢。

· 目前對自己專業的滿意度為何？如何而來？

· 受督者不斷突破專業困境的例外經驗，或者之前幫助自己推進專業成長（例如：學習技巧、理解當事人）的方法。

· 在此專業成長的議題上，問題何時沒有如此嚴重。

· 受督者在高焦慮、壓力大或不滿意的情況下，何以仍能：繼續諮商、推進當事人的改變、有一些好的表現，或對當事人有關懷等之因應能耐與策略。

· 過去於專業成長以及生活中的挑戰與挫敗，如何成為生活或諮商工作的智慧。

· 之前於其他機構中可貴的見習與實際經驗。

· 受督者的同事對受督者的欣賞與信任所在，或認為其對機構的貢獻之處。

· 在此督導過程中，受督者的改變與自信曾有所提升的具體轉變方法。

具體例句如：

「你之前使用遊戲的方式幫助了很多小孩，你是如何執行、如何幫助他們改變的？造成他們改變的因素是什麼？」

「其中有哪些因素，是你目前也可用於這個成人的當事人身上？」

「在你過去的成長階段，你是如何面對聯考壓力的？你看到其他同學還運用了什麼方式，會是不錯的策略？」

「你曾說，諮商的學習是一條漫漫長路，所以你之前都是如何幫助自己繼續待在這條路上且持續成長的？」

「我知道幫助這位當事人讓你感到很挫折。但是，你如何在面對這位困難當事人時，能持續不放棄地幫助他？我們的督導又是如何幫助你能夠堅持下來？」

　　在探討受督者的個人例外之後，督導者會就受督者對他自己的肯定與欣賞，來強化與深入這些例外的細節，並再次回到督導與諮商的脈絡，以使受督者能將過去個人既存的例外與此刻的督導目標做一連結。如此一來，例外的效果就不僅只停留於讚美，而更能成為推進完成督導目標的莫大力量與參考策略。

　　當督導者想要強化受督者的例外，以及轉化受督者的負向情緒時，督導者亦會以讚美、重新建構、一般化來回應受督者，特別是當受督者無法辨識出自己的例外時。其反應的向度方式，例如：受督者的焦慮是一種反思、自我期許與自我監控的力量，或者，對當事人的擔憂與顧慮等，正可轉換為介入方向，而使受督者更能接受本身既有的優勢與力量，並有意識地加以發揮之，例如：

　　「看起來你的焦慮幫了你的忙，它激發你能積極檢視諮商歷程，並能在事後願意開放地回顧與反省之。」

　　「當事人讓你擔心的地方是很值得重視的，這也讓你的諮商，有了需要優先介入的排序性。」

活動 BOX 4-4：優勢力量的探究

進行方式：

1.請就下列尋求督導的這位諮商師所描述之接案狀況，以讚美、重新建構的角度與技術，列出這位諮商師與文中當事人各自擁有的優勢之處。

2.再就這位諮商師與文中當事人雙方可再多加探討的例外之處（包括：受督者對當事人的介入、受督者及當事人各自的個人例外），以這位諮商師為受訪對象，對他提出相關的例外問句與因應問句。

「小柔是我們學校的特殊學生，有心臟病及皮膚病。表面上其實完全看不出來小柔有什麼特別的狀況，小柔也不願意讓其他同學知道她的事。所以除了導師以外，同學都不知道小柔的狀況，只隱約感覺她身體不太好。小柔在學校幾乎沒有朋友，話不多，每當上室外課（如體育）時，小柔總是會待在教室裡，漸漸地，小柔不參加的活動愈來愈多，包含：校慶、園遊會等。後來，導師和家長拜託我這位學校的心理輔導老師跟她進行輔導，我也每個禮拜都和她約談，但小柔每次來都不說話，然後全身紅腫，開始東抓西抓（小柔媽媽有表示小柔一緊張就會全身發癢）。我剛開始接觸她曾嘗試了一些方法，包含畫畫、卡片、遊戲等，但小柔總是不太表達。剛開始我也很心疼她，對她很有耐心，但她每次都不太講話，每次問什麼都說不知道，而且超小聲的，我都要很近地聽，所以…我覺得我有的時候都快要失去耐心了。怎麼辦呢？」

例如：

1.可讚美與重新建構之處：

　·小柔的家長是很願意幫助她改變的。

　·諮商師嘗試用了不少方法來幫助小柔。

2.問諮商師的例外或因應問句：

　·在你快失去耐心時，是什麼讓你還願意來找督導者討論如何幫助她？

活動 BOX 4-5：諮商師個人復原力的反思

1.請參考諮商師復原力的技能，包括（Macdonald, 2011）：

　·幽默感。

　·情緒覺察力：對情緒的覺察、控制與負責。

　·衝動控制：對不確定性的忍受，不急著做決定。

　·樂觀性：有現實感，能以建設性的方式來思考不同經驗。

　·多元性：能以多元向度來思考問題。

・人際敏感度：敏覺與理解別人的情緒，並能提供社會支持以及懂得
求援。

・自我效能感：了解自己的優勢與劣勢，懂得運用優勢去因應問題，
以及相信自己可以解決問題。

・突破性：願意適度嘗試與冒險，也接受失敗是人生的一部分。

2.以下列問句反思自己的狀況：

・你不需要全部都高度具備上述的特質與能力，選擇你最強的一個特
質與能力，那會是哪一項？

・你曾經運用這個特質或能力，創造了什麼成功經驗？

・你希望自己可以記得這個成功經驗的什麼地方？何以會想特別記得？

・思考你可以如何更加運用這個特質。你有什麼計畫？

・當你會更加運用這個特質時，你的行動將有何不同？你的工作又將
有何差別？別人又會注意到你有何改變？

3.與三位夥伴成為一組，分享自己於第二點的反思內容之重點及收穫。

四、要素四：發展其他可能性

此構成要素主要是以結合假設問句以及差異問句的問句句型，提出假設
性的情境：「如果……，會有什麼不同？」來拓展受督者原有的思考脈絡，
允許受督者越過挫折情境，進行創造性的想像，並以擴大的、多元的、逆向
的角度來思考諮商困境或督導目標，而激發更多達成正向所欲督導目標的建
設性策略與步驟，以朝向解決之道。

（一）提出不同於受督者困境的假設情境

第一種，主要是根據受督者所提的問題與情境，督導者加以逆向操作地
提出不同於受督者所提的問題與情境，而使受督者產生逆向思考，以激發其
運用內在已具有的經驗與專業能力；當受督者能回應時，則再邀請受督者更
為具體描述之。主要可分為以下三類。

1.如果問題不存在時

以假設性語句邀請受督者思考：「如果受督者認為的問題不存在時」，受督者的反應與處理，會與現在有何不同？例如：

「我發現你很敏覺於環境的期待。如果，當你不再被這些期待影響時（或能顧及所有的考量時），你會採取什麼行動？」

「我看到你很努力地想把事情做好。如果，當你對自我的要求（或別人的期待壓力）不存在時，你的表現會跟現在有何不同？」

「有沒有可能有些人就是會偶而忘記做一件重要的事情，而不見得一定是有所謂的潛意識呢？」

「若這是可能存在時，你對當事人的理解會有何不同？」

「喔，你說你會變得冷靜；當你變得更冷靜時，你會開始處理的第一步是什麼？」

2.如果與現存狀況不相同時

由督導者提出一個與受督者「現存狀況不相同」的假設情境，詢問在此情境與條件下，受督者的反應、考量與作法會如何不同於現在，進而討論受督者認為如何接續處理與介入才會是最佳選擇。與現況不相同的向度，例如：

· 如果當事人的背景條件不同時。

· 如果當事人得知受督者的關心或觀點時。

· 如果受督者是接受當事人的目標時。

· 如果能多停留於當事人認為重要的主題時。

· 如果受督者的介入意圖不同於前，或是沒有一定要往特定方向前進時。

· 如果受督者是能夠注意到自己的焦慮與需求，而非無意識時。

· 如果受督者是依序處理當事人議題，而非企圖同時介入時。

· 如果以後再遇到類似的情境時。

具體例句如：

「如果你不再認為需要優先處理當事人的情緒時,那麼你會介入的方向又是什麼?」

「如果你在諮商中,是更能注意當事人的目標且更接納你自己的焦慮時,你猜當事人會看到你有什麼不同?」

「我不確定當事人內心是否有你所擔心的不合理信念的存在議題,但就你目前重看諮商錄影帶,在能夠觀察及掌握的訊息下,你覺得目前可嘗試的方向是什麼?」

3.如果最壞情況真的發生時

直接詢問受督者「如果最壞情況真的發生時之情境與預備」,例如:詢問受督者,其所擔心的事情真的發生了,包括:諮商歷程真的沒有照受督者之期待發展、當事人情況變得更糟、當事人真的表示對受督者失望、當事人真的結束自己生命等情境下,受督者的反應與處理又會為何。具體方向如:

· 受督者及當事人可能會面對的情況是什麼?

· 對於這個情況,受督者最擔憂的是什麼?

· 這後果對受督者與當事人的意義為何?

· 受督者在此最糟情況下可能會如何處理?

· 有何資源可以立即使用於協助降低危險性與嚴重度?

具體例句如:

「如果當事人真的不想再繼續諮商了,你會怎麼做才符合你一直最在意的方向──對當事人是有幫助的?」

特別當受督者非常擔心並想避免最差的情況發生時,督導者會與之充分討論如何避免事故並轉化危機;但也可能依據情況,提醒受督者需接受傷害與遺憾發生的可能性,並致力將此可能性與影響力降到最低,例如:

「雖然當事人的母親不知道是否真的會結束自己的生命,但是你覺得當

事人與你若現在做些什麼，可以使得這事發生的可能性降低？」

「萬一真的不幸地，他的母親過世了，又有哪些方式能先幫助他預備面對可能的衝擊？」

「還有什麼立即可介入的資源來使情況不要擴散？」

（二）反思運用各種假設性議題的可能性

此成分主要是督導者會針對某一特定議題，以自己的經驗進行假設性之提問，以刺激受督者增加、擴大其反思與檢核的向度，而協助受督者能有更多元的思維以形成具體行動策略。常見督導者提供的向度主要包括以下三類。

1.再次檢視當事人的目標

請受督者再次檢視當事人的狀態與目標，特別是當受督者為當事人設定了諮商目標，而諮商並未有進展時；引導的方向，例如：

- 受督者認為當事人應該以 A 目標為主，但是何以 B 因素會影響當事人？
- 受督者認為需先處理 A 目標還是 B 因素？受督者是如何判斷的？
- 當事人堅持不改變目標的理由為何？當事人需要付出的代價為何？
- 若當事人得知受督者的這些想法，可能會有什麼影響以及什麼反應？
- 如何以當事人能接受的方式引導當事人得知所需付出的代價？過去的晤談經驗可以有何提醒？
- 督導者所分享對當事人的一些看法，受督者同意嗎？對於受督者的介入有何影響？

具體例句如：

「你覺得當事人目前的階段應以升學為主，不然父母的反應會很強烈，然而，你覺得感情這部分會如何影響他的升學？」

「何以當事人還放不掉這份感情？在感情這部分，你打算如何協助

他？」

「這樣說來，你覺得應該先處理升學還是愛情？或者，可以同時處理嗎？」

2.重新檢核所持信念

請受督者重新檢核其所看重或堅持的信念，若合宜時，可予以擴大應用，例如：

- · 受督者對當事人面臨的 A 議題之定義或判斷標準為何？
- · 受督者認為 A 議題何以這麼重要？對當事人的重要性又是什麼？
- · 受督者認為的 A 議題，與督導者所提出認為當事人面臨的 B 議題有何不同或關聯？
- · 在受督者的角度裡，A 議題等於 B 議題嗎？何以是或何以不是？
- · A、B 議題的差異討論，對受督者有何幫助？
- · 如果加上 C 信念或 D 技巧的增加使用，是否還是符合受督者認為的 A 議題範疇？受督者可以如何搭配運用？
- · 若當事人產生了 E 行為，是否會有幫助？
- · 這些思考對於受督者達成督導目標有何幫助？

具體例句如：

「你覺得應協助當事人提高他的自我價值，但是當事人目前在乎的是這個嗎？他可能會在乎的是什麼？」

「當事人改變過去的溫柔，開始憤怒地反對別人，你覺得是什麼讓他有這項改變？憤怒地反對別人，跟自我價值感的提高有關嗎？」

「你覺得如果當事人能接納自己的憤怒情緒並學會表達自己的反對，對他會有何幫助？這算不算是自我價值感提高的一種展現？」

「如果當事人可以更接受與區分人我之間的差異，並合理期待別人，是否會對他的憤怒表達有幫助？」

3.檢核與應用諮商專業的信念

請受督者檢核其對諮商專業的信念，包括反思其對諮商專業發展、角色定位等議題的看法，而後根據這些反思來思索目前的困境可如何突破，例如：

- 詢問受督者會堅持走諮商專業的理由為何？
- 詢問受督者所認為之理想諮商歷程的定義為何？其所界定的當事人與諮商師的角色又各為何？何以有此界定？這些界定如何影響受督者進行諮商？
- 如果受督者發展了或擁有了什麼專業諮商的能力，目前的困境就不再是個問題？
- 面對目前諮商專業困境的可能意義與價值為何？
- 詢問受督者，在專業發展中，這次的困境與經驗如何可以轉換成為專業發展的智慧。
- 督導者先分享自己對於諮商的專業定位、諮商師專業角色與發展歷程的看法，接著，探問這些看法對受督者的意義，及其可能會如何有助於面對目前諮商困境的處理。
- 督導者督導受督者的這個流程與方式，對受督者來說，可以如何參酌於應用至協助當事人的過程中。

具體例句如：

「你對於投注於諮商專業工作的擔憂，好像也發揮了一種自我監控的效果？」

「若10分是如你希望游刃有餘、自在的在諮商室中工作，1分是擁有很高的擔憂，這擔憂若能落在幾分到幾分的程度，比較能發揮自我監控的效果，但又不會太影響你的工作效能？」

「你需要什麼，才能讓現在的擔憂落在這個分數的間距裡？」

「諮商是一個讓當事人可以開放自己、專心反思自己的歷程，就像是督導的過程。你覺得在我們的督導過程裡，有些什麼氛圍是讓你可以專心反思的？」

「你觀察到這些氛圍是怎麼產生的？」

「那麼，在你的諮商中，可以如何創造出類似的氛圍？」

（三）省思介入策略與後續可能性

請受督者就前述種種督導過程的討論內容，嘗試形成後續之介入技巧及思考如何面對介入後的可能結果。此又可以分為以下幾個方向。

1.檢視後續介入的意圖與可能成效

督導者會詢問受督者，到目前為止所形成的後續介入意圖，及其認為可能的成效，例如：當受督者決定選擇某一後續介入時，督導者會詢問受督者的意圖，以及期待當事人的反應為何；而當事人對此介入的反應是受督者所預期或者非預期時，受督者決定分別接續的處理方法又為何？

督導者會與受督者一同整理與討論這些介入方式，以及當事人可能會有的各種反應，進而修改這些介入方式，以更能促使受督者達成諮商意圖。往往這能使各種正反面的資訊都可轉為有效的下一步具體介入，且同時轉化了受督者的能量。

具體例句如：

「在你更了解這當事人雖然表現得很恨母親，但實際上他是很渴望母親的關懷後，你接下來的工作方向會是什麼？」

「若當事人還是表示他很恨母親時，你會如何接話？」

「如果當事人不同意你提出的渴望母親關懷這個觀點時，你會如何接下去反應？」

「你覺得這樣接話，能接近你『要讓當事人釐清自己對母親的情感』之目標嗎？怎麼說呢？」

「你似乎已經能了解當事人拒絕母親關懷的理由了，在更了解之後，根據這份了解，你可以如何催化他與母親的關係能有些改變？你覺得重要的第一步是什麼？你又要如何向當事人提出問句？」

2.後續可有的不同切入

督導者間接提出一些後續可有的不同技巧與切入方向，讓受督者思考這些介入的可能性與適合度，包括探問受督者的看法與當事人可能會有的反應。常見的向度與句型為：

· 如果後來受督者不是以之前所使用的 X 技巧來切入，那麼可能還可以選擇的是什麼技巧？

· 若受督者先以督導者所提出的 Y 方向來切入的話，可能會有何不同？

· 若受督者能先在 Z 主題停留久一點，是否會對目前的諮商或督導目標較有幫助？

具體例句如：

「如果你以澄清的方式取代面質，你想當事人的反應可能會是什麼？效果可能會是什麼？」

「看來當事人與女友的狀況因為第三者介入而複雜了，我從他的擔心中看到他其實很想極力挽回，你同意嗎？」

「如果你先談如何降低被分手的可能性，以及如何挽回目前這份情感，而非談他理想中的男女關係或分手情緒的調適，你想這當事人是否會更願意多表達自己？」

3.目前阻礙的意義與突破

請受督者思考目前面臨的這些阻礙有何意義，或者，受督者如何突破進行某項介入時的阻礙，此時常詢問：

· 是什麼讓受督者不敢做 A 介入？如果發生什麼，就比較敢做 A 介入？

· 受督者表示考慮到 B 狀況時，則再詢問：如何能在考慮到 B 狀況之下做 A 介入？

· 理想中，如何能同時考量 A 介入與兼顧 B 狀況，再形成下一步的介入？

· 如果受督者加入督導者提出的 C 方法，目前的困境會有何變化？這阻礙是否還會是個問題？

具體例句如：

「是什麼讓你比較不敢直接詢問當事人可能快要被裁員的議題？你在乎的事是什麼？」

「如果發生什麼事或你擁有什麼，你就會比較敢直接確認當事人快要被裁員的議題？」

「原來你是考量當事人的心理調適力，那麼你覺得當事人需要什麼，才比較能面對快要被裁員的事實？」

「你覺得若先從成功求職的經驗進入，再帶入被裁員的主題，效果會如何？」

4.促使當事人行動的因素

在有了前面的檢視、反思之後，督導者會請受督者思考可以如何具體可行地催化當事人的改變，其向度如：

・當事人需要什麼，才能有受督者期待（或當事人期待）的改變？

・需要發生什麼事，當事人才比較能接納受督者的觀點？

・受督者認為一個人要如何才能學會執行 R 行動？如果需要有 P 的前置作業方能學會做 R 行動時，受督者又會如何先幫助當事人？

・當事人可以改變（或行動）的可能性為何？需要什麼，可能性才會再增加？（可用評量問句）

・往哪個方向引導，是最容易引發當事人改變的？

・若往這個方向引導，會容易引發當事人改變嗎？

・受督者如何就當事人想要的目標，根據督導歷程中已經討論的各種例外與可能性，引導當事人執行目前他「願意開始做」的一小步？

・若當事人暫時不容易再改變，受督者如何先維持穩定住當事人到目前為止的進步？

・受督者如何與當事人討論，如何面對不改變時，可能會有的未來挑戰？

‧如何應用督導中的任何體會與學習於後續協助當事人？

具體例句如：

「如果 10 分是很有可能，1 分是不可能，你評估目前這位女士能夠反抗先生施暴的可能性是幾分？她在乎的是什麼？需要什麼才能讓這可能性增加 1 分？」

「如果一個人要能反抗暴力，是先需要能考量到安全，並擁有人權的概念，你覺得這當事人需要先突破的是什麼地方？」

「如果當事人暫時無法離開她施暴的先生，那麼你會如何繼續強化她開始不認同先生、想要保護孩子的勇氣？」

「經過討論，你覺得要先介入何處，才能使當事人經常自責自己沒用的行為減少發生，或者要如何減低其嚴重度？」

在探討各種可能性的過程中，督導者還是會持續對受督者給予正向回饋，例如：讚美受督者願意突破以及努力嘗試改變、一般化受督者面臨的困境、認可受督者的困擾正是其突破諮商困境的檢視處與轉振點，或者重新建構受督者目前暫時的混亂是因為其有多種選擇之故。尤其，督導者還會特別肯定欣賞並彙整歸納受督者自己想出來的解答、思考重點、目標與行動，連結至受督者與當事人的例外，好讓受督者辯識出自己的推論架構與優勢力量，而最終能從自己的觀點與已具備的能力中，形塑出下一個自己「馬上能夠」嘗試執行的具體介入行動方向。

如果受督者在此番檢視過程中，又產生新的議題或另一個督導目標，則再循環前面幾項構成要素，以找到達成新的正向督導目標之第一小步。

活動 BOX 4-6：SFS 部分訪談體驗

進行方式：

1. 於督導訓練課程中，帶領者請參與成員兩人一組。一人先扮演督導者，另一人扮演受督者。

2. 督導者先詢問：「今天你來到這裡，你認為我們討論什麼會對你最有幫助？」

3. 受督者扼要地提出目前諮商工作中一個諮商當事人的困境。督導者則簡要詢問相關背景資訊。

4. 之後，督導者以下列問句繼續訪問。督導者可將各問句修改得更口語化，並將受督者的關鍵字放入問句之中（約二十分鐘）：

   · 你希望當事人可以改變成什麼樣子？若當事人知道你的想法，他會同意嗎？他的看法會是什麼？

   · 當事人當初來談的目標是什麼？當事人希望自己的生活可以變成什麼模樣？

   · 對照你與當事人的目標，你覺得你可以幫助當事人邁進的一個比較小的目標或方向是什麼？

   · 若達成這個小目標或方向表示 10 分，1 分則表示距離目標很遠，你覺得當事人目前在幾分的位置？你何以如此評量？

   · 從這樣的評量分數中，你會特別看到當事人什麼樣的優勢力量或成功經驗？他何以能到達目前的這個位置？

   · 當事人有充分覺察到他擁有這些優勢力量或成功經驗嗎？若他更有意識或更了解自己可以如何多加善用這些優勢力量或成功經驗時，他會有何不同？他身邊的重要他人又會看到什麼不同？

   · 到目前為止，你對於自己的諮商滿意度是幾分，若以 1 到 10 分，10 分為最高分的情況來評量？你何以會打這個分數（何以不是 1 分）？你看到自己做了什麼不錯的地方？還有呢？

- 若詢問當事人，他對於諮商的滿意度又會是幾分？何以不是 1 分？當事人會說你做了什麼，是特別對他有幫助的？還有嗎？提出當事人對諮商的滿意或有助之處，對你的提醒是什麼？
- 你觀察到自己使用過什麼方式，是當事人特別能接受的、效果特別好的？你還有其他讓當事人願意嘗試改變的方法嗎？
- 當你看到何事發生了，你對諮商的滿意度就會提高 1 分？
- 如果當事人對諮商的滿意度又提高 1 分時，他會說那是因為你做了什麼不同的事情？
- 還有什麼人、事、物會幫助你的諮商滿意度再進步 1 分？
- 為了繼續協助當事人，你接下來可能會採取的第一個步驟是什麼？你有多大的信心可以做到這個步驟？如果你看到什麼，就會知道這個步驟是奏效的？
- 透過這樣的對話，讓你發現或學習到了什麼？對當事人的認識增加了什麼？對自己的認識又增加了什麼？對於諮商工作的體會又增加了什麼？
- 你如何運用這些心得於你未來的諮商工作上？

5. 最後，扮演督導者需給予受訪者於諮商師角色上的正向回饋（包括專業技能、個人優勢與資源，或對當事人的協助等）。
6. 之後兩人角色交換，重複上述步驟。
7. 兩人皆結束受訪後，則進行受訪經驗的討論與心得分享。
8. 課程帶領者對於各組的討論內容，回應與補充關於正向開場與問題對焦、確認正向督導目標、深究受督者與當事人的例外、發展其他可能性等四個 SFS 構成要素之重點。

五、要素五：正向回饋與臨床教育

　　給予受督者的正向回饋與臨床教育，主要是在督導歷程中較後階段執行，但於必要時亦會穿插於督導歷程中隨時進行，其可分為給予正向回饋以及提

供臨床教育。在進行臨床教育時，必須針對受督者的督導需求與目標，秉持一種「往上加分」（add-on）的態度執行；即基於對受督者已經做到之處的肯定認可之上，再給予一些受督者可以嘗試、改善或變得更好的提醒或資訊。

（一）給予正向回饋

在督導過程中，督導者隨時大量給予受督者正向的回饋與肯定，包括讚美、一般化與重新建構等技巧的運用；於督導過程中督導者隨時給予的讚賞以及整體的正向回饋，不僅會鼓舞受督者更有賦能感，也會讓受督者更容易開放自己去反思諮商歷程，而提升督導效益。

在結束當次督導前，督導者會再次彙整對於受督者整體的欣賞。除了直接讚美外，督導者亦會以間接讚美的方式，來肯定受督者已經做到之處或所具有的專業能力，例如：「我印象深刻的是你所做……」、「如果我是你的當事人（或主管），我會特別感謝你……」。給予正向回饋常包括的向度為：

・受督者已經發揮的功能。

・對當事人的關心與理解。

・已擁有的例外與因應能力。

・願意用心學習與投入專業。

・能夠反思與有行動力。

・受督者與當事人的進步與改變。

這些正向回饋會特別連結受督者的督導目標，以期待受督者能運用這些正向優勢來協助其達成督導目標。

（二）提供臨床教育

在受督者提問一些特定的諮商專業知識與常見議題時，督導者在確定受督者的目標，並探討例外與其他可能性之後，若判斷受督者仍不清楚達成目標的方法，或是對特定專業知識與技巧真的不熟悉時，督導者則會根據受督者的督導需求，直接給予分享、說明、示範，或者與受督者進行角色扮演並於事後討論。值得特別注意的是，督導者所做的臨床教育，是針對受督者的

督導目標並確認受督者真的需要與同意時，才會給予的相關資訊，而非是督導者直接選擇需要灌輸的知識。同時，督導者給予臨床教育的姿態，是具開放性的，並尊重受督者自己判讀這些資訊對他的意義與啟發，所以，也具備前一個「發展可能性」構成要素的引導色彩。

SFS 的督導者，常分享與示範的是基本諮商及 SFBT 的理念與技術。不管受督者是否為 SFBT 取向者，督導者常給予臨床教育的方向，包括：

- 諮商的本質與基本概念。
- 特定主題與特定對象的基本輔導原則。
- 個案概念化與整體輔導計畫的流程與內容。
- 人類特定時期常見的發展心理任務與介入重點。
- 各諮商派別的人性觀與基本哲學。
- 諮商歷程與階段（包括從開場至結案）的架構與具體介入的方向。
- 特定諮商技巧的意圖、鋪陳及其應用的注意事項。
- 與機構合作、角色轉換，以及面對他人的期待之原則與策略。
- 諮商師角色的定位、功能與限制。
- 受督者的專業發展與學習歷程。

督導者在進行正向回饋與臨床教育之後，會確定受督者的理解、同意以及懂得應用的程度，進而再次確認其是否知道如何達成目標之執行細節，以及目前還需要再討論與突破之處。督導者也可能會帶回至前面的構成要素，進行受督者與當事人的例外及其他可能性的思考，而循環 SFS 督導歷程中的前述構成要素。

最後，在一次督導歷程的後半段，督導者也可能會彙整給予受督者的特定學習任務，例如：理解當事人的方法，特定諮商技巧的練習，相關書籍的閱讀，自我信任、自我訓練及自我督導的方法等；甚至，會明確地與受督者確認結束該次督導後，可能會去行動的第一小步。而此也間接讓受督者知道，諮商專業的學習是需要靠自己於督導時間以外，自行多加練習才行。

六、要素六：形成第一小步

　　根據受督者透過督導歷程所確認與發展的督導目標，以及充分探討受督者及當事人的例外、其他的可能性，並給予受督者回饋與臨床教育之後，督導者會引導受督者彙整該次督導的發現與體悟。於每次督導的結束前，督導者也會具體引導受督者探討：在有了前述的發現與體悟之後，以及考量目前的各種現實條件之下，希望看到自己或當事人能有什麼樣的初步改變，以及打算如何採取下一小步。

　　不管受督者的第一小步是鎖定對當事人的介入還是對自己諮商專業的突破，督導者會協助受督者確認出督導結束後可能可以先「開始」的「第一小步」。因為採取行動，將會產生實驗的效果，而使受督者的種種考量，有了落實檢視的機會。當然，此第一小步必須是受督者認為重要且有意義的，也是受督者所能承受與能夠開始執行的，更需是難度合宜的；如此，受督者才能有信心地集中火力於第一小步的行動，而容易成功的突破諮商困境或達成督導目標。有時，督導者也會根據受督者的目標與現況，指派給受督者一些可以有意識地多加練習之學習任務，舉例而言：

　　「在看見你對當事人已有協助之處，知道度過失落的過程是人各有異，以及明白了對當事人而言，要維持在 4 分已經是個挑戰之後，那麼，你的下一小步會做些什麼，才能協助當事人在這個失落的歷程中，先繼續維持在 4 分而不會往下掉？」

　　「現在你知道你與女性當事人晤談時很有創造力，但是目前你需要練習什麼，來讓自己可以與男性當事人談話？」

　　「在下次督導前，你會刻意讓自己練習的是什麼？」

　　「在你更了解當事人的主觀世界及目標後，你未來會如何計畫與這當事人往下合作？」

　　「在你更了解 SFBT 的哲學以及代表技巧後，你打算下一步的行動方向是什麼？」

「如果這一小步成功了，你想，我會看到什麼差異發生？」

「在督導結束之前，我想要給你一個學習任務。希望你能特別關注到什麼樣的介入或方向，是當事人較有反應、讓他較願意多分享自己的；同時，也希望你能特別去練習等待與沉默的技巧，這樣會對於你所在乎的晤談流暢度這個督導目標，將會很有幫助。」

七、要素七：探究差異與改變

在第二次或後續督導的開始，督導者通常都會以：「上次督導之後，你或當事人有些什麼更好的改變或不同之處？」來做為開場，並採用EARS的系列介入技巧，深入停留、加以探討，以協助受督者確認與擴展自己或當事人的進展。擴展，意指讓受督者注意到某件事的發生，並在督導脈絡中加以回顧之；特別會具體討論如何做到的細節、他人（如當事人）的觀點、產生改變的意義，以及受督者本人是如何促使改變的主控性。多次使用「還有呢？」並再追問細節，也是擴大受督者知覺自己改變的重要原則。探討差異與改變的過程，往往會再連結至深究受督者與當事人之例外的構成要素；而在督導脈絡中，「如何做到」的反思，會比只用振奮性引導的讚美，更為重要。

之後，督導者會再推進詢問受督者這次督導的新目標為何。有時，在探討差異與改變後，受督者原本的督導目標又會再度修正。當然，不是每一個改變都是正向的；面對沒有改變或負向變化，督導者需與受督者進行檢視。除了先進行「何以沒有更糟」的因應探討與支持外，可能也需要與受督者再次循環前述各項構成要素，以找到可以真正合宜的督導目標以及開始嘗試的一小步。

於兩次督導間或結束整體督導前，督導者也會請受督者就自己、當事人或重要他人的角度，來思考或評量以下幾個向度：

．受督者於督導目標以及當事人於諮商目標的達成程度各為何？

．受督者與當事人於各個向度的進步與改變為何？

．受督者的改變，對當事人帶來的正向影響為何？

・受督者的改變，對自己專業成長之影響為何？

　　督導者對於受督者與當事人的努力與改變會表示好奇欣賞的態度，同時還會深入探討受督者與當事人何以能有此改變的方法與細節，以使受督者在工作脈絡中產生滾雪球效應式的改變與成長，並促使受督者對於自己的學習、改變等有效方法更為意識化，而能對於「日後如何自助於專業晤談工作的執行與發展」，產生更多的關注、信心以及嘗試，進而希望能提升受督者的諮商效能、自我督導、自我教育與專業發展。

　　此外，於最後一次督導中，督導者會再多加整理與探究：受督者整體的受督經驗與收穫內容、督導過程對受督者之整體啟示，以及受督者日後要如何繼續帶著這些獲得，而能自我欣賞、自我督導地在諮商專業領域繼續前進之。

活動 BOX 4-7：SFS 構成要素的熟練與運用

進行方式：

1. 於督導訓練課程中，課程帶領者請參與成員四人為一組，一位擔任受督者的諮商師，一位當督導者，兩位當觀察員，進行多次 SFS 各構成要素的分段練習。

2. 每一次的分段練習以一個構成要素如何執行之演練為主；每一段分段練習的時間約十分鐘。

3. 在每一次分段練習前，課程帶領者依序簡介 SFS 某一構成要素的重點，並舉例說明之。

4. 於每一次的分段練習中，請擔任受督者的諮商師提出的皆是同一個諮商工作困境的相關內容或脈絡；擔任督導者則根據帶領者規定的特定 SFS 構成要素進行督導演練；其餘觀察員則記錄督導過程。

5. 在每一次分段練習中，小組的督導者、受督者及觀察員的三個角色皆為固定。

6. 每一次分段練習後進行討論，由觀察員分享其觀察紀錄，提出督導者做得很好之處，也提出一些可介入的不同作法。督導者與受督者亦參與討論。

7.於完成每一次分段練習與討論後，再根據各小組討論的心得與疑惑，由課程帶領者解惑與補充說明之。

8.最後，課程帶領者彙整課程討論重點。

SFS 構成要素：

一、正向開場與問題對焦	1.正向開場 2.問題背景描述 3.了解問題與受督者的互動，並對焦之
二、確認正向督導目標	1.轉為正向具體之界定 2.兼顧當事人主觀想法與諮商目標 3.含括受督者之專業成長
三、深究受督者與當事人的例外	1.受督者對當事人介入的成功例外 2.當事人自身例外的運用 3.受督者自身例外的探討
四、發展其他可能性	1.提出不同於受督者困境的假設情境 2.反思運用各種假設性議題的可能性 3.省思介入策略與後續可能性
五、正向回饋與臨床教育	1.給予正向回饋 2.提供臨床教育
六、形成第一小步	
七、探討差異與改變	

八、焦點解決督導構成要素的特色

在了解前述 SFS 各構成要素的內涵後，若能進一步掌握這些構成要素的特色，將能協助督導者更能彈性地執行 SFS 的流程。

（一）各構成要素間為一彈性動態循環歷程

關於SFS構成要素間的關係，由圖4-1可知，SFS歷程的「主要軸線」，仍依照構成要素一至七的順序來發展與推進；但是，構成要素一至要素五（正向開場與問題對焦、確認正向督導目標、深究受督者與當事人的例外、發展其他可能性、正向回饋與臨床教育）之間，存有一個不規則的循環連結關係；而要素五（正向回饋與臨床教育）多放在督導的後面階段，但也可彈性調整在前面階段；最後的階段，則為「形成第一小步」及「探討差異與改變」兩構成要素。

明顯可見，SFS構成要素之間的關係其實反映了，在SFS實作中各構成要素是一個動態循環發展的歷程。這樣的動態循環歷程的變化度，會受到每個受督者的個別需求與差異，以及受督者與督導者的互動過程，而形成每次督導歷程獨一無二的獨特性（Rita, 1998），例如：對於不同專業發展階段的受督者，SFS的歷程可能就會有不同側重的構成要素（如新手督導將會側重於正向回饋與臨床教育）。亦即，SFS的流程與構成要素雖然會提供受督者反思個人風格與諮商歷程的架構，但是並非是既定不動的模式，而是一個不斷因人、因時、因地在變化調整的彈性架構（Hsu, 2009）。

尤為可貴的是，SFS這些督導歷程的構成要素，以及在各階段中督導者會提問的各問句，都可能成為受督者當時及日後自我督導的方向，而使受督者在沒有督導者在旁協助時，可以在晤談前後，自行對於諮商過程之每一片刻的反應、假設與行動有所敏感、覺察、反思，而能自我發展、自我承擔，甚至除了願意維護定期的專業成長、參與同儕督導等相關活動之外，於必要時，也會敏感於自己需要主動尋求專業諮詢。亦即，這些歷程的構成要素以及引導問句，也可成為督導者「自我督導」時的自我提醒方向（Thomas, 2013）。

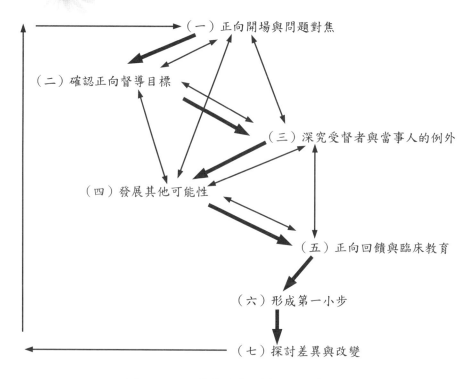

圖 4-1　SFS 構成要素及其間關係路徑圖

（二）突顯目標導向的色彩

　　在 SFS 中，確認正向所欲的受督目標，並以具體行動達成目標，是督導過程中的主要方向。這目標的形成與執行的歷程，大致為：在了解受督者所提問題的相關背景之後，督導者不預設問題所在，反而詢問受督者認為何以有困難，並了解受督者與其困境的互動。在了解受督者對於困境的定義與標準後，督導者會請受督者想像與界定出問題不存在時的所欲願景。同時，針對其他可能性與例外來加以引導，或適時配合受督者之需求給予一些正向回饋與臨床教育，促使受督者獲得新的角度與資訊，而重新看待初來督導時的困境，或使受督者的督導需求可以重新聚焦或再被定義之，並接以循環前述各構成要素，以幫助受督者形成督導後行動的第一個小步驟，並於下次督導時探討行動後的效果與差異。

　　這樣的督導過程，明顯是一種「螺旋式前進」——從負向目標至正向目標、從多目標至單目標、從抽象目標至具體目標、從大目標至小目標、從小目標至小步驟。同時，在受督者的推論架構與主觀知覺中，依循受督者的思考內容與速度，於目標與行動之間，不斷地循環確認，直至受督者確認出合宜的目標及可為的第一小步出現。所以，非常明顯地，SFS的目標導向（goal-driven）以及行動導向的作用，乃貫穿了整個 SFS 的督導歷程。

　　在 SFS 歷程中，從督導目標至第一小步的形成，皆是由受督者所提出與決定的，督導者的角色僅為一催化者，負責澄清正向目標、激發行動策略，以及確認與探討符合受督者目標與現實的可行之道；即使是給予臨床教育，也都是依據受督者的需求與狀態而行，並會再確認受督者對臨床教育的看法及如何應用的計畫。所以，清楚可知，SFS 充分發揮尊重受督者需求、資源、思維、速度的未知原則，持續地將諮商困境的突破功勞歸於受督者，並讓受督者成為懂得處理自己諮商專業問題的專家，而成就了看重受督者自我督導與自我協助的 SFS 精神。此外，SFS 亦結合了「尋找以當事人觀點為基礎的解決之道」的理念（Hsu, 2009; Triantafillou, 1997），反映著一個系統是可以透過不同管道來達成類似目標的系統觀。在督導者引導下，受督者將重新檢視自己對專業的假設，並能更全貌地了解當事人的脈絡。此時，受督者的 SFBT 個案概念化及文化敏感度亦將會有所提升。

　　與一些傳統督導取向不同之處在於，SFS 的督導歷程主要聚焦於諮商專業的推進，而非受督者個人議題。在督導目標的確立方面，SFS 並不以「反移情」或「非理性信念」等長期治療的議題來命名受督者的困境、進行肇因解釋，或成為督導的介入重點（如企圖強烈地面質受督者）。反而，督導者主要是在引導受督者思考：「何以有困難」、「如果變成什麼樣子就可以突破此一困境」，來了解受督者真正需要突破的目標。若真有所謂受督者早期經驗議題浮現，督導者於接納理解後，則會側重「如何從這經驗中有所學習並善用於諮商工作中」的方向來帶領之，而非更為深入探索這些經驗的細節（Thomas, 2013）。

　　簡言之，SFS督導目標的發展，乃是一個「變化、彈性、發展」的過程，

乃會受到督導歷程的發展而變化，也深受督導者與受督者的雙方經驗、能力與限制的互動所影響。此一目標發展的歷程，反映著督導關係的品質，充滿現在與未來導向色彩，亦服膺 SFS 的小改變會帶來大改變信念。是以，符合著SFBT「不以過往歷史為決定論」的基本精神之SFS，整個督導都會是一個從「問題式的對話」轉化到「以解決之道為焦點」的歷程，並於各構成要素中綜合靈活運用SFBT的各個代表技巧，以意圖促進受督者的責任承擔能力，以及進行反思與自我決定能力（Hsu, 2009）。

（三）探究「例外」與「可能性」，是策略產出與情緒轉化的重要關鍵

從圖 4-1 SFS 各構成要素之間的關聯程度中可發現：「深究受督者與當事人的例外」以及「發展其他可能性」此二構成要素，乃與其他構成要素連結最多，是最具催化受督者自己產出有效觀點的要素。

在例外的探究部分，例外的向度至少可分為：受督者對當事人介入的成功例外、當事人自身例外的運用，以及受督者自身例外的探討等三大組成。除了例外的探討之外，督導者隨時的讚美，也能豐富受督者對自身優勢的覺察，例如：督導者對受督者及當事人的理解與欣賞，示範著督導者對他們的信任，往往會影響受督者對自己及當事人的態度與後續介入。又例如：例外的探究，讓受督者對目前困境的界定，轉而變成是諮商專業發展的必經過程，並可從中累積相關智慧，特別能使受督者的焦慮情緒降低，而將能量集中於思考如何突破困境及達成督導目標。而探究後續差異與改變中的正向經驗，亦催化了受督者對自我的賦能，進而促使受督者更懂得如何提升當事人的自我賦能；而當事人的改變，當然也會再次又賦能了受督者。

例外的運用大大彰顯了 SFS 是一種「加分制」的思維，讓受督者在充分了解自身與當事人已經擁有的能力與功能之後，再「往上加分」，好讓自己漸進地、夠好地足以因應困境。在這個追求「夠好」的過程中，仍是以過去的成功經驗為基礎而繼續發展，並非忽略已有的資源，或推翻與顛覆既存的

思維架構而得。特別是一般化與重新建構的效益，讓 SFS 無須大量停留於受督者負向情緒的探究，卻又能將受督者的任何情緒予以接納理解並賦予意義，進而產生轉化至行動的效果（Hsu, 2009）。

在「發展其他可能性」的構成要素中，乃大大地運用了 SFBT 核心原則之一：「如果沒效的話，就做些別的」（Seleman & Todd, 1995）。雖然在發展其他可能性的構成要素中，提供引導的方向非常之多，也有不同的類別，但這些介入皆欲引導受督者重新檢視自己對困境、目標、諮商意圖、技巧介入、特定主題、諮商專業、當事人觀點等之各種假設，並借用督導者的觀點，擴大受督者檢視的角度，以刺激出突破行動的各種可能，進而更為掌握各行動成功的種種要件。明顯可見，SFS 督導者以各種可能性的暫時性與實驗性態度，來刺激受督者開放思考，而豐富了受督者的個案概念化、未來導向的多元介入選擇與彈性思維，並提升做為諮商師的一種行動能力。

參、個案研討督導形式的變化應用

根據許多機構與場合的需要，許多督導者會抽取全部或 SFS 的構成要素，來加以變化應用，即使是與非學習 SFBT 的諮商師或不諳諮商的職場員工等都可予以應用。SFS 團體督導是相當容易進入工作導向的，也非常以受督者及其機構為主體，相當能幫助受督者發揮既有長才於實際的工作場域中（許維素，2011d）。秉持著相信與看重：每個人於特定機構實地工作經驗的不可替代性、團體腦力激盪的效果、團隊支持的力量、在職進修的相互學習效益，以及持續專業發展的必要性等原則，常見的 SFS 變化應用於個案研討之型態，如下介紹之。

一、焦點解決單場團體督導

除了個別督導外，團體督導是諮商師常選擇的專業成長方式，其可配合的督導素材包括：現場觀察、示範、角色扮演、書面個案報告、錄影或錄音器材、網路即時或非即時督導等。團體督導除了省時、省錢、省人力之外，

還能提供受督者替代性的觀察學習機會，減低對督導者的依賴，使團體督導成員有機會認識到更多類型的當事人，獲得更為多元與大量的建設性回饋、示範以及經驗分享，而擁有更多機會來擴大頓悟、增加自信、學習新的行為與人際技巧，以及練習解決複雜的任務（許維素、蔡秀玲，2008）。SFS 亦相當看重同儕間的對話與相互支持地面對挑戰，因其可激發同儕的智慧，而不一定非要依賴督導者不可（Berg, 2003）。團體督導特別對於某些較為單兵作戰的諮商師更為合適，因為團體督導能使彼此對所關切的議題有所共鳴，並擁有平等對話的同儕支持。當然，從團體督導的討論過程及各成員的反應，都可以成為督導者了解當事人的線索，使得督導者能有機會從不同角度看到提案受督者與其他成員的想法或困難（徐西森、黃素雲，2007）。

單場的團體督導，常稱為個案研討或個案研究，是在諮商機構中經常使用的督導方式。每一個案例研討約進行八十至九十分鐘，會較為充裕。SFS團體督導進行的方式不是以理論架構或假設議題為主，多是以真實的案例情境進行探討。在每次 SFS 的團體督導時，先由受督者提出一個真實案例進行報告；呈現案例的方式為案例分析、部分諮商逐字稿內容或片段錄影帶，可由提案的受督者自行決定（許維素、蔡秀玲，2008）。提案的受督者需要簡述與說明的向度，包括：個案是如何進入此一諮商服務系統、當事人的背景與主訴問題，同時也提出自己特別希望被協助之處，以及期待別人如何協助的方式。通常被提出來的是處於危機、緊急狀態的個案，或者是使受督者覺得困難、複雜度高，及「卡住」的個案，甚者是值得機構工作人員特別加以學習的個案類型與議題（Berg, 2003）。

SFS 的團體督導，會深深觸碰到提案受督者想要盡力做好工作的心理，以及想要從經驗中學習的期待。一開始，為了創造正向氣氛，督導者會先強調受督者將會有很多收穫，但也會強調，不管參與成員的工作經驗有多少，每個人的訓練與經歷都會帶來彼此不同的刺激，因而督導歷程會成為大家互相學習的機會。於回饋時，督導者則會強調，大家要運用多元、可能的角度來思考，或秉持著沒有絕對正確的立場來發表。成員除了會給予受督者正向肯定外，於提出個人建議時，並不會對受督者或對其他提出意見者，表現出

批評或分析的態度與語言，反而會以「非絕對性的」、「暫時性的」語言表述，例如：「就我的角度，我目前看到的是……」、「我不太確定這樣做可以不可以……」。因為 SFS 認為，只有提案的受督者對於資訊的提供，擁有決定接受權——即由受督者表示什麼才是對他有用的，而非督導者或其他成員決定之（Thomas, 1996）。

　　創造、催化與維持團體督導中的信任、願意分享經驗、願意相互提供回饋，以及好奇開放的氣氛，才能促使團體成員減低阻抗、能夠討論困難個案及個人接案的挑戰與挫折，並產生重要的有效意見（Berg, 2003）。以下舉例的是一種應用 SFS 構成要素的單場團體督導流程，如表 4-2 所示（楊雅雯、許維素、蔡秀玲，2009）。此流程對於非 SFBT 取向的受督者亦可使用，即以受督者偏好的諮商取向，詢問受督者認為的督導目標、例外及介入方式。

表 4-2　一種單場焦點解決團體督導的流程

督導流程	過程說明	時間	焦點解決督導構成要素
受督者說明及確認初步督導目標	1.提案受督者先扼要說明當事人的背景與狀況。 2.受督者提出自己的督導需求或諮商困境。 3.督導者會詢問受督者的初步督導目標，同時也會探問當事人來談的動機與期待。	十至十五分鐘	正向開場與問題對焦、確認正向督導目標
澄清與補充說明	1.成員提出需要提案者說明與補充處。提問的方向可以是一般背景資料的了解，也可以加入焦點解決取向的技巧來發問。 2.受督者一一回應或整體補充之。 3.根據補充的資料，督導者會再與受督者確認一次其正向所欲的督導目標。	十至十五分鐘	正向開場與問題對焦、確認正向督導目標

表 4-2　一種單場焦點解決團體督導的流程（續）

督導流程	過程說明	時間	焦點解決督導構成要素
開放分享與討論	1.督導者引導所有成員集中思考及提出當事人的目標、例外、資源與進步。 2.全體成員集中回饋受督者已經成功協助當事人之處，以及可持續介入之處。 3.全體成員針對當事人與受督者的互動狀況開放討論、分享經驗或看法，特別是成功經驗與有效方法。 4.督導者彙整大家發言的重點，引導全體成員腦力激盪後續可能之介入。	三十分鐘	深究受督者與當事人的例外、發展其他可能性
督導者指導與回饋	督導者針對當事人概況、受督者的目標及團體討論內容，以焦點解決取向之精神及督導策略，予以提醒、彙整、補充或建議，必要時，甚至可示範與教導 SFBT 的介入技巧。	二十分鐘	正向回饋與臨床教育
回饋與總結	1.督導者確認督導歷程是否滿足督導目標，詢問受督者從此團體督導中的學習，確認其所體會到的督導團體之協助，以及受督者對後續介入的計畫。 2.全體成員提出由此案例聯想到的主題或疑問，督導者進行簡短回應。 3.全體成員自由簡短地分享收穫與體會。	十分鐘	正向回饋與臨床教育、形成第一小步

　　在 SFS 團體督導過程中，督導者必須讓團體討論的脈絡，持續集中於「如何對受督者有助益以及促使受督者可以產生下一步的行動」，也特別會

需要帶入當事人的觀點。當然，在以受督者為主體的考量下，督導者還需要關照每位成員的參與和貢獻。倘若這樣的團體督導是持續進行且成員固定時，督導者也可直接與成員討論，如何修改後續團體督導的進行方式以更符合所需，例如：於例外優勢的討論或指導建議的部分停留更久，或能考量團體成員可以接受的速度進行。對於長期進行團體督導的團體或機構而言，個案督導是更為重要的建構團隊之重要機會。另一種設計是，機構可以在團體督導時間進行前，增加行政事項的宣布與討論；於團體督導後，再依機構的工作組別或服務對象等，分組進行其餘工作細節或進行抒壓、聯誼活動；設計的流程與向度，以如何使所有受督者更願意參與並能擁有收穫為最大考量。此外，對於困難度高或高危機的個案，可以設計評量分數來快速評估其安全性的向度，並優先處理與討論之；當然，若當事人是處於危機情境時，督導者也要秉持倫理，特別強調一些危機介入的行動及如何完成通報的程序（Berg, 2003）。

二、焦點解決反思團隊（團隊個案研討會議）

焦點解決反思團隊（Solution-focused reflecting teams）是由 Norman（2003）及其同事於英國所提出。焦點解決反思團隊對於拓展焦點解決思維之運用，十分有價值，是一種可用於諮商師培訓以及一般工作場域的團隊合作方式，甚至已經被認為是「世界上第一個跨領域的焦點解決訓練之網狀系統與支持團體」（引自鄭娛瑋、劉威成、鐘泂偉、許維素譯，2009）。

焦點解決反思團隊的進行，是以提案受督者簡要陳述當事人概況做為開始，約進行二十至三十分鐘；在此「報告」階段，其他人不發言。之後進入「澄清階段」，其他人開始輪流提問，一次詢問一個問題，受督者則需逐一澄清與回應。接著，由其他人對於提案者令人印象深刻之處進行「肯定」，提案者則保持沉默。在「反思」階段，每位小組成員輪流提供自己的反思或有關這個情境的想法，或者說出下一步可能會如何做；提案者則保持沉默，除非回饋中出現了明顯的錯誤才會簡短回應之。在「結束」階段，提案者則就可能可行的意見或未來的行為計畫，進行簡短的評論（Macdonald, 2007）。Norman（2003）彙整並簡述焦點解決反思團隊階段及其與 SFBT 關

鍵活動的相對應（引自 Macdonald, 2007），如表 4-3 所示。

表 4-3　焦點解決反思團隊架構及其與 SFBT 關鍵活動的對照

階段	活動內容說明	對照 SFBT 的關鍵原則與活動
1.準備	想得到幫助的人（報告者），帶著一個需要被協助的特定實務議題，來到會議中。	當事人知道諮商如何發揮效用。當事人對於他們想說什麼、他們想從晤談中得到什麼，都是有自己的看法。
2.報告	報告者向團隊概述情況。	讓當事人敘說他們的故事，並且說明他們想得到的協助。
3.澄清	團隊成員不必依特定順序來提出「開放式問句」。藉著詢問報告者問題，以便更清楚地了解情況與事實。「事實」是對特定行動的描述（就像於影片中可被看見的行動一般），而非報告者對於事件的解釋；所以不鼓勵使用如「你是否曾想過……？」、「你可有試過……？」等字眼開始的問句，因其追根究底的語氣，會轉移報告者的焦點。在過程中，特別看重當事人及其重要他人的目標。	諮商師以發問的方式，使他／她形成對當事人目標的確認與理解，包括誰涉及其中，以及當事人針對此情況所擁有的能力、資源與技巧。
4.肯定	團隊成員們告訴報告者，對於他／她的處理，最讓他們每一個人印象深刻的部分，真誠與中肯地對討論內容提出讚美。團隊成員對於報告者與當事人所產生的任何進展與樂觀性都很有興趣；同時，也特別想要找出當事人「實際已經做的」，而非只是「想要打算去做的」方法。每位成員腦力激盪地討論可進行讚美的各個向度，或專心就某一向度進行讚美。	會談期間，諮商師會找機會讚美當事人的個人特質、有利的資源與技巧。

表 4-3　焦點解決反思團隊架構及其與 SFBT 關鍵活動的對照（續）

階段	活動內容說明	對照 SFBT 的關鍵原則與活動
5.反思	團隊成員們輪流提供適當的回饋；這個回饋時常能激發出團隊其他成員相關的想法。團隊成員可提出對報告內容所考量到的任何相關事情，包括：技術性的意見、建議、回饋、隱喻，甚至是詩等各種創意性的方式。團隊成員常使用「我想知道」的字句開頭。當某一成員沒有特定意見時，則跳過換人。	諮商師思考「到目前為止所聽到的故事」，並且探索當事人可以更有進展的方法。
6.結束	報告者簡短地回應先前所報告的部分，也會回顧反思階段的內容，或說出他／她覺得最可行的部分，甚至在回饋的基礎上，設立他／她的一個目標。	會談之後，諮商師會與當事人討論當事人可以如何有所進展。

　　Taylor（2010）也修改焦點解決反思團隊且發展為「團隊個案研討會議」（team case conference），並更清楚地給予進行的規範與說明，乃分為以下幾個步驟。

（一）預備階段（preparation）

　　先組成團隊，包括：一位主持人、一位提案受督者，以及四至五位團隊成員。團隊成員彼此面對面坐成一個小圈圈，圈圈的大小以大家容易聽到彼此對話的距離為主。

　　團隊個案研討會議的時間歷時約四十至六十分鐘。受督提案者需預備口述當事人相關內容，有無書面資料皆可。一開始，主持人會先進行很簡短的正向開場，如謝謝大家來擔任團隊的成員，並願意提供提案者一些可能的後續介入方向。

　　主持人是個案研討會議的一位重要關鍵人物，主持人需要讓會議的氛圍保持在焦點解決取向的軌道上；必要時，主持人需要導正會議的走向，以確

保這個會議能達成每個步驟的目的。亦即，主持人對於團隊動力及各項步驟的精神掌握是很重要的，其包括：清楚說明規則，以及維持與示範 SFBT 的精神、態度與技巧等。

（二）案例說明（presentation）

接著，由提案者進行案例說明，時間大約為十分鐘。主持人請受督者簡略說明當事人的狀況及其介入前後之效益。提案者需彙整與判讀：提供什麼樣的相關重要訊息給團隊成員，將會加快團隊成員的理解與進入脈絡。最後，提案者需提出對此次團隊個案研討會議的最大期待，主持人亦需簡要地確認提案者的受督目標。

（三）澄清（clarification）

之後，由團隊成員向提案者澄清案例的整體情況，並促發提案受督者各種可能性的思考，約十五分鐘。主持人會先說明接下來乃是由每位團隊成員（包括主持人）輪流發問問題，以更清楚了解一些當事人的背景資料、受督者與當事人的互動等。發問不需要按座位順序，但發言次數與時間需要平均輪流；大家自由發問，一次只問一個問題；每問一個問題，提案者即立刻簡要說明；沒有問題者可以跳過，約進行三至四輪。

主持人需強調：每個提問的意圖不是要分享見解，而是為事實細節導向的、非個人主觀思考的內容；提問時的態度，是以好奇關懷的態度來詢問，而非是以評價、分析、建議的姿態。主持人亦可鼓勵團隊成員多利用 SFBT 的問句進行提問。

（四）肯定（affirmation）

此階段主要是團隊成員給予提案者肯定的時段。所有團隊成員（包括主持人）直接地、面對面地、輪流地針對提案者的各種例外（包括其付出、難得之處、成功的介入等），給予大量肯定、讚美，以鼓勵提案者；而提案者僅需要接受大家的讚美，不需做任何回應（如反駁或解釋）。時間約五至十分鐘。

（五）反思（reflection）

此階段主要是由所有團隊成員（包括主持人）進行個人主觀反思，時間約十五至二十分鐘。主持人先請提案者的座位退至團隊成員所坐位置的小圈圈之外，但仍位於可清晰聽到團隊成員對話之處。主持人再請團隊成員進行反思，針對前述各步驟所獲得的資料，請大家輪流表述：「如果是你，對於這位當事人及目前情況，於未來的『下一步』或『第一小步』，可能會想要做的是什麼？」而非回頭評論過去的疏失。

主持人需先特別強調：團隊成員在輪流回應時，乃需在理解接納提案者的態度下，提出個人主觀的反思意見，而不要有批判提案者的意味；同時，也請團隊成員多運用「似乎」、「也許」等可能性較高的語言，來提出個人見解。發言不需要按座位順序，但需平均輪流發言的時間與次數；大家自由反思表述，相互激盪，但發言時一次僅提出一個簡短重點，沒有意見者可以跳過，約進行三至四輪。提案者對於團隊的反思無須做任何說明與回應，但可自行記下對其有意義的觀點，並進行個人彙整與反思。

（六）統整（integration）

此階段主要是由提案者統整所得，時間約五分鐘。主持人先請提案者回到團隊對話的小圈圈裡，並請受督者統整剛才聽到的意見中，對其有啟發性或助益性的部分予以發表。而其他成員則不再發言，團隊也不再進行任何討論與說明，以尊重提案者的思維重點，並讓提案者保有完整的統整所得。若有其他事宜需要再進行討論或想學習的主題，則先結束此段落，再另外進行之。

焦點解決反思團隊的模式相當符合經濟效益，其可以在最短的時間內，帶給提案者很大的支持並獲得擴大思考的刺激。焦點解決反思團隊滿足了焦點解決實務工作者與折衷取向實務工作者對於顧問指導與臨床督導模式的需要，也支持與符合了團隊所需要特別召開或臨時召開會議之需求（鄭媖瑋等人譯，2009）。同時，焦點解決反思團隊的模式乃避免了只有一種聲音的主

導，且相當容易執行，所以十分適合一個處室內的同僚進行相互的同儕督導。甚至，已有人將此督導模式進一步地運用於其它領域之中，例如：小組會議（許維素，2011d；Macdonald, 2007）。

當然，焦點解決反思團隊的模式非常需要機構行政體系的支持，以能運作。焦點解決反思團隊的模式亦可依機構、場合、團隊組合及其需求，調整各階段的進行形式，例如：於會議前增加重要的工作報告或危機個案報告，或者於會議前後增加一些處室活動（如暖身活動或讀書會）。各步驟階段之時間亦可彈性調整，例如：當團隊組成分子是新手諮商師時，可能在澄清階段的時間會較久一些。而於肯定階段，可採另一個方式：如請提案者移駕至團隊座位的小圈圈之外，但仍聽得到團隊成員的對話，之後，團隊成員開始進行對提案者的「背後讚美」活動，這方式會使較易接受間接讚美之文化者更易悅納；當然，若遇到拒絕被讚美的受督者，或可用感謝、佩服、尊敬的標題替代讚美二字，或表示其協助當事人發現有效方法的說詞，會使之較易接受，亦即讚美的用詞及強度得考量受督者所屬文化的差異（許維素，2011d；Taylor, 2010）。

此外，參與者參加焦點解決反思團隊的預備，多少是會影響投入意願的；若能先認識SFS或SFBT模式，以及此焦點解決反思團隊的目的與價值，都將會提高其參與性和投入度。而同儕彼此於專業能力的差異，有時會帶來豐富性的討論，有時則不然；至於同儕成員之間的關係熟悉與安全，也會影響焦點解決反思團隊的進行。此外，倘若參與的多位成員，同時都涉及一個案例的介入，那麼他們可以邀請一位成員成為提案者，而其他人則可「假裝」不知道這個案例，再繼續提出好奇的SFBT問句；當然，此為更高階的訓練。

值得大大肯定的是，持續透過焦點解決反思團隊的運作，同處室同儕成員之間的合作、默契與士氣，將會大大提升（許維素，2011d；Hsu & Kuo, 2013）。是以，焦點解決反思團隊的模式，乃是一個易懂、結構化，並能有效提高生產力與效率之資源導向工作模式（鄭媖瑋等人譯，2009），訓練有素的實務工作者可以創意地加以運用焦點解決反思團隊的模式，以成為特定機構與單位的長期支持團體。

活動 BOX 4-8：團隊的形成與互動

進行方式：

1.A、B、C 三人一組，A 用以下的問句訪問 B，C 則摘要回應受訪 B 的內容，並特別側重 B 所提及之機構、團隊以及個人的個別及互動優勢之處（Fiske, 2011）。

2.A、B、C 三人角色互換，至每個人都受訪過為止。

3.小組討論前述訪問問句的意義，並進而探討形成工作團隊的原則。

訪談問句：

·你的工作團隊有幾人？團隊大致的工作情況為何？

·你覺得團隊的成員對機構的貢獻是什麼？以 1 到 10 分來評量，1 分是很少，10 分是很多，你覺得他們的貢獻是幾分？

·你覺得你自己對機構的貢獻是什麼？以 1 到 10 分來評量，1 分是很少，10 分是很多，你覺得你的貢獻是幾分？

·你覺得你如何影響或造就他們對機構的貢獻？

·你覺得他們的貢獻如何影響或造就你對機構的貢獻？

活動 BOX 4-9：團隊個案研討會議的體驗與帶領

進行方式：

1.於督導課程訓練中，課程帶領者先邀請四位諮商師擔任團隊成員，再邀請一位諮商師為提案者，並由課程帶領者擔任會議主持人，示範一次團隊個案研討會議的過程。其他參與課程的諮商師則擔任觀察員。約四十至五十分鐘。

2.請參與示範的諮商師成為一組，負責觀察的諮商師則五至六人成為一小組，以小組的型式來分享與討論：剛才所觀察或參與之心得與疑問。課程帶領者再針對各組的心得與疑問加以回應與指導。約十五至二十分鐘。

3. 以前述之討論小組的成員組成，分組進行一次團隊個案研討會議的過程。於每一小組中，由其中一位成員擔任主持人、一位成員擔任提案者，其餘成員則為團隊成員。課程帶領者則輪流至各組進行觀察。約四十至五十分鐘。

4. 結束後，同組的成員再進行討論，討論的內容包括：團隊個案研討會議的優點、適用場合，以及限制等心得與疑問。

5. 課程帶領者再根據小組討論之所得，予以回應與補充說明。約十五至二十分鐘。

三、個案研討會議的討論大綱

不少機構於內部會議中定期討論個案時，會特別以 SFS 的精神來設計討論大綱；以這些大綱來進行個案研討會議，讓會議具備討論方向與流程步驟，而提升會議的效果。尤其，SFS 個案研討會議的目的，是希望善用所有實務工作者的智慧、特定技巧與知識，以腦力激盪地帶入任何可運用的資源（De Jong & Berg, 2012）。

De Jong 與 Berg（2012）建議以下大綱可做為個案研討會議的方向：首先，請提案者簡短描述希望從此次個案研討中有所收穫之處，或描述其認為所謂有效能的諮商結果為何；再請提案者簡短敘述當事人如何進入此服務系統。之後，詢問提案者以下這些問題：

1. 到目前為止，當事人會如何描述諮商師對他有幫助之處？

2. 當事人想要看到的結果是什麼？

3. 諮商師會說當事人目前有多接近他目標的完成（使用評量問句）？是發生什麼了，而讓他可以到達所評量的這個分數？當事人會同意諮商師的這個看法嗎？若同意，當事人會說何處較好了？若不同意，當事人會打的分數又是幾分？

4. 諮商師與當事人若持有不同的目標時（或當事人的情況改變了），當事人會認為他「目前」需要改變的是什麼？

5. 是什麼告訴當事人，他已經產生改變了？當事人會說，是誰在此過程中對他有最大的幫助？

6. 為了要使當事人對達成目標的評量分數再向上移 1 分，當事人需要優先採取什麼樣的小小步驟？當分數再增加 1 分時，當事人的生活會發生什麼不同？還有什麼其他地方會隨之改變？誰會注意到這些改變？這又會如何改變當事人與生活中重要他人的互動？還有什麼資源是當事人認為可能會有助於他達成目標的？他又要如何獲取這些想要的資源？

7. 你的當事人會說，到目前為止，晤談對他是有何幫助以及如何有用？在 1 到 10 分的量尺上，10 分表示他最希望晤談所能發揮的最高效能，1 分則正好相反，你的當事人對於你目前和他的工作，會給幾分？

8. 猜猜看當事人會說，到目前為止，對他最有幫助之處為何？你同意他的看法嗎？如果不同意，你的看法是什麼？（如果諮商師不知道當事人認為最有幫助之處為何，督導者則可詢問諮商師要如何得知？還要做些什麼才能知道？）

9. 如果當事人認為你對他的幫助又再進步了 1 分時，他會注意到你做了什麼不同的事情？

10. 在 1 到 10 分的量尺上，10 分代表你很滿意晤談工作的進展，1 分是很不滿意，你認為你目前的分數是幾分？當分數再調高 1 分時，你會發現自己做了些什麼不同的事情？

　　Insoo（2006）還特別強調，個案研討會議要特別注意的重要原則包括（引自 De Jong & Berg, 2012）：

1. 對當事人而言，「誰」和「什麼」是重要的，並運用這項資訊與當事人連結。

2. 當事人可能「想要的」是什麼。

3. 當事人是否「能夠」且「願意」去付出。

4. 和當事人討論從「已知道該如何做」之中，選擇簡單且容易的一小步開始。

5. 在當事人的計畫中，「實際完成的」部分是什麼。

6.回顧並重新評估「下一小步」是什麼。

7.不斷重複，直到當事人認為情況已經夠好、可以結束為止。

8.所有的成就都歸功於當事人。

　　Kremsdorf、Slate、Clancy與Garcia（2011）在他們的心理健康機構之內部個案研討會議中，即大量採用SFS精神以及前述之個案研討會議大綱，並加以擴大與在地化。Kremsdorf 等人將他們的會議稱之為「復原導向／焦點解決個案會議」，其主要討論大綱摘要如下。

（一）初始的個案討論

1.簡要地描述提出此案例之緣由。

　　‧切中重點地簡要描述當事人的背景資料。

　　‧呈現問題。

　　‧討論處遇計畫。

　　‧回顧當事人的成功經驗。

2.當事人認為的復原目標為何？

　　‧參與會議的工作夥伴是否都清楚：在當事人認為的主訴問題被解決後，他眼中的生活會是如何呢（即當事人對解決之道的看法）？注意：這個對未來的看待，是需要將焦點放在「生活中正向改變」的出現，而非僅是症狀的消失。

　　‧在邁向康復之路上，當事人較為短期的目標為何？

　　‧參與會議的工作夥伴是否清楚知道：當事人想要什麼及重視什麼？

3.到目前為止，什麼是已經產生幫助的？

　　‧當事人或案家會說治療師／醫生做了些什麼是對他有幫助的事？

　　‧當事人已經做了些什麼，是可以幫助自己足以因應目前的問題（例外）？例如：從開始治療至今，當事人的成功經驗是什麼？在上一次嚴重的症狀發生時，當事人是如何能讓症狀停止的？

4.當事人有哪些優勢、資源和因應技巧，能幫助他面對現在的挑戰？

　　‧當事人在接受治療的這段期間內，展現或發展出哪些優勢能力與因應

技巧？這些優勢與技巧可以如何被運用？

‧在當事人目前的周邊資源中，有哪些是可以提供協助的？

（二）處遇計畫

1.當事人是否有任何需要關心其安全性的注意事項（safety issue）？

‧如果有的話，是否要與當事人制訂相關的計畫？如果當事人沒有安全性計畫，那該如何幫他們制訂相關計畫？

‧在制訂計畫中，當事人的哪些因應技巧和資源是能有所協助的？

2.從當事人自身的觀點而言，他會認為目前有什麼策略是可以幫助其達成目標的？

‧大家可以提出什麼問題，來多了解當事人對於治療計畫的看法，並將當事人意見加入處遇計畫中。

‧當事人是否已經準備好要從事「行為型的任務」（例如：採取某些具體行動）？或者應先請當事人完成「觀察型的任務」（例如：去觀察什麼是有效的方法，以建構解決之道）。

3.關於幫助當事人邁向復原，參與會議的工作夥伴對以下兩個方向有沒有其他的想法？

‧如何協助當事人建立更多的希望感？

‧如何協助當事人增加其對周邊資源和服務機構的參與互動？

4.就長遠來看，哪些步驟是當事人在達成復原之前必經的步驟（例如：不再需要專業的心理健康照護）？

‧對於此位當事人的諮商師而言，什麼是現在要做的第一步？

‧諮商師和當事人是否思考過，需要發生什麼，好讓當事人能夠再回到社會中？

活動 BOX 4-10：焦點解決個案研討會議的討論大綱演練

進行方式：

1. 在督導訓練課程中，課程帶領者請一位諮商師擔任提案受督者，而課程帶領者則擔任會議主持人。

2. 請提案的諮商師先報告所欲討論的案例概況，約十五分鐘。

3. 主持人邀請參與的諮商師閱讀前述焦點解決個案研討會議的討論大綱方向，考量適合目前提案的案例，以 SFS 的精神修改大綱問句或提出新問句。

4. 會議主持人請參與的諮商師依序提出所增修的問句，而受督的諮商師則一一予以回答。

5. 之後，課程帶領者邀請提案的諮商師分享受督的心得與收穫。同時，再邀請參與提問的諮商師提出參與活動的心得與疑問，課程帶領者則加以回應指導。

此外，Kremsdorf等人（2011）還會邀請提案者以及所有工作夥伴，都能去確認自己與當事人晤談時，有無進入焦點解決取向的工作脈絡，而提出以下幾則諮商師自我督導的大綱：

1. 澄清（clearing）：幫助我們自己用開放的心與每一位當事人接觸，不讓過去的經驗影響我們對當事人產生預期或希望。

2. 賦能（empowering）：

   · 將焦點放在進展上，例如：詢問「什麼變好了？」或「什麼進行得不錯？」了解當事人具體做了些「什麼」，而讓這些進展得以產生；將焦點放在這些「什麼」的細節上。

   · 大大強調已經做到（magnifying accomplishment）的部分，例如可回應當事人：「哇！自從我們上次談完後，你就開始去那邊參加活動了！」

   · 讚美：讚美當事人的進步，使用具體而非籠統的讚美。

   · 強化當事人的因應技巧：指出任何諮商師所注意到的優勢，並增強當

事人對於因應技巧的使用。

· 了解當事人對於進展的想法，例如：「以 1 到 10 分，你有多靠近你所謂的康復？」

· 為下次的晤談設立目標，例如：「你現在自評為 6 分，如果做了些什麼，就會變成 7 分？」

· 和當事人對話，因為他是自己生命中的專家，例如：「對於你能讓這些事有所好轉，你是怎麼想的？」、「當上次被困住時，你做了些什麼？」、「當……，什麼會有些不同？」

· 肯定（validating）優勢：當事人提到最近的困難時，確認、肯定他的優勢部分，例如：「雖然在發生車禍後，你遇到了很多困難及不順遂之事，但你到現在為止都沒有放棄。」

· 展現對於當事人的信心，例如：「聽起來這是一段辛苦難熬的日子，在過去這樣的處境你都能度過，我相信現在的你也有能力走過這段日子。」

· 談論當事人看重的生活角色（valued role），例如：「聽起來這個週末你花了很多時間在陪伴你的孩子，讓他們開心。當你帶他們去吃披薩時，孩子們有什麼反應？」、「我猜當你願意借朋友車時，他們一定非常開心？」、「當你……（朝目標一小步）時，你的朋友／老闆／先生會先注意到什麼？」

3. 討論優勢與技能：如果當事人認為自己需要額外的協助（例如：親職教育、放鬆技巧等），則提供他們容易取得的有用資源（例如：和諮商師會談、找護士等）。

四、個案研討報告格式

常見於進行個案研討會議或督導前，會請受督者提供機構或自己整理的接案相關資料，例如：接案時間與次數、個案危機程度、諮商目標、認為結案的標準、期待督導目標、整體個案工作量、一週接案工作量等，好讓督導者可以了解受督者的整體工作樣貌（Thomas, 2013）。許維素（2011d）進一步彙整一般個案研討報告重點、SFS 的精神與構成要素，以及前述之個案研

討會議大綱，將提案者需要先行撰寫的個案研討報告格式，彙整如表 4-4 所示。

表 4-4　焦點解決取向個案研討報告格式（儘量以當事人的語言呈現）

一、基本資料

1.當事人機構編號及開案日期。

2.姓名。

3.身分證件資料（如身分證字號、學生證號）。

4.聯絡資料。

5.性別。

6.基本資料：如年齡、婚姻、學歷、職業，或者學校年級與班級。

7.家庭資料：含出生別、經濟狀況、同居住人基本背景與關係資料（如父母兄弟姊妹之職業、年齡、居住關係等）、監護人資料。

8.社區環境描述。

9.種族概況及使用語言（是否需要語言翻譯者）。

10.整體適應概況：如學業表現或工作表現、師生關係或人際關係、生活適應等。

11.身心健康：重要生理特徵、身心障礙情形、用藥情況、有無藥物濫用。

12.特殊情況：是否為低收入戶、有無接受福利服務、有無特定違法紀錄。

13.相關心理測驗資訊。

14.需立即注意的事項：是否有危機、是否曾就診於精神科，或有酗酒或暴力的行為。晤談時是否會有暴力傾向；與之晤談時的安全性為何。

15.一同協助當事人的各相關機構與單位。

二、當事人轉介資訊

1.如何進入諮商服務系統。

2.轉介單位背景說明。

3.轉介單位聯絡資料。

4.轉介的方式。

5.轉介時間。

6.轉介之目的與原因。

7.轉介單位的最大期待，以及認為當事人需改變之處。

8.轉介單位對於當事人之例外表現的看法：如對當事人現況的例外以及曾有最好狀況之評量與描述。

9.轉介單位認為可能有效協助當事人的方法。

10.轉介單位認為協助當事人的相關注意事項。

11.轉介單位觀察到當事人對於轉介的反應，以及認為如何提升合作可能性的建議。

三、主訴問題

1.當事人來談問題及對其之影響：當事人對困擾問題的觀點與描述；當事人認為問題發生的歷史、促發因素、問題形成的脈絡；以及問題對於當事人與生活中重要他人所造成的影響。

2.當事人個人主觀認為尋求晤談協助的需求與最大期待。

3.當事人個人的詳細願景與明確目標。

四、當事人的優勢分析

1.個人的優勢與力量（包括：動機、信心與努力程度等）。

2.例外與因應：過去的成功經驗或遭遇困境時之有效因應策略。

3.晤談前的改變。

4.個人內外在的正向資源與優勢。

5.發現與應用：諮商師如何發現這些優勢？這些優勢發揮了什麼影響？當事人如何做到的？如何可以複製、重現、擴大、善用或極大化？

五、各次晤談之介入過程簡述

1.每次晤談的內容重點摘述。

2.單次晤談時所給予的回饋（讚美、橋樑、建議）。

3.每次晤談中，當事人所知覺到的目標、例外、一小步、各向度評量、進展、未來工作方向。

4.當事人之安全性的評估與進展：當事人對危機影響其各層面的主觀知覺；當事人對於運用外在資源的知覺與接納度；當事人願意以及能夠採取降低危機之步驟的種類、意願與能力；重要他人的協助與對前述各點的看法為何。

5.當事人於各次晤談間的改變，及其促發因素（如個人、系統與重要他人的協助）。

6.於各次晤談與整體諮商中，對當事人特別有效的介入策略與效果。

六、結案評估

1.結案時，當事人與初次晤談時的各種差異與改變。

2.結案時，當事人及其相關系統所得知如何維持當事人已有進步的策略。

3.結案時，當事人及其相關系統所得知如何預防與處理當事人復發的策略。

4.結案時，轉介機構對於當事人改變的看法與期待的滿意度。

5.若為提早結案，對後續轉介機構的建議：對當事人目前各項知覺的摘述；對當事人有效、可持續的協助方法；安全性的提醒；可嘗試的後續工作方向等。

七、整體反思

（一）成功的徵兆

1.對於成功的徵兆，當事人是如何描述的？

2.對於轉介者來說，哪些是成功的徵兆？

3.對於諮商師來說，哪些是成功的徵兆？

（二）晤談成果

1.你的當事人會說，到目前為止，晤談對他有何幫助及如何有用？

2.你初步評估對當事人最有效的協助是什麼？

3.簡述當事人期待透過晤談之所得為何？在 1 到 10 分的量尺上，10 分表示他希望晤談所能發揮的效能程度，1 分正好相反，你的當事人對於你目前和他的工作，會給幾分？

4.簡述轉介者期待透過晤談之所得為何？在 1 到 10 分的量尺上，10 分表示他希望晤談所能發揮的效能程度，1 分正好相反，轉介者對於你目前和當事人的工作，會給幾分？

5.諮商師對於協助當事人工作的滿意度是幾分？何以打此分數？

6.當事人會如何描述到目前為止諮商師對他有幫助的部分為何？其看法是否與諮商師的觀點一致？諮商師同意當事人的看法嗎？如果不同意，諮商師的看法是什麼？如果不清楚當事人的看法，諮商師要如何得知？諮商師還要做些什麼才能知道？

7.當事人認為最有幫助的一次晤談是什麼？怎麼說？

8.當事人的希望感是否有提升？何以能提升？

（三）達成目標的程度

1.什麼可以讓當事人相信自己是可以達成所欲目標的？

2.什麼可以讓轉介者相信，當事人是可以達成被期待的目標的？當事人對此的看法又為何？

3.截至目前為止，對於目標的達成，有哪些部分已經做到了？

4.諮商師與當事人的目標是否一致？當事人在此刻的目標又為何（如認為目前還需要改變什麼）？

5. 諮商師會說當事人目前有多接近目標的完成（使用評量問句）？當事人會同意此評量分數嗎？若同意，當事人會說何處較好了？若不同意，當事人會打的分數是幾分？又，發生什麼事，而讓當事人可以到達他所期待的那個分數？
6. 是什麼告訴當事人他已經做出了改變？當事人會說是在此過程中，誰對他具有最大的幫助？

（四）未來方向
1. 為了要朝 10 分的方向再前進 1 分，當事人需要優先採取的第一小步是什麼？當前進 1 分時，當事人的生活又會有何不同？還有呢？誰會注意到當事人的不同？還會有什麼其他地方會改變？誰會注意到這些改變？這些改變又會如何影響當事人與生活中重要他人的互動？
2. 還有什麼資源，是當事人認為可能有助於他達成目標的？他又如何獲取這些想要的資源？
3. 為了要使諮商師對當事人的幫助再增加 1 分，諮商師需要做什麼事？當分數再增加 1 分時，當事人又會觀察到諮商師做了什麼不同的事情？
4. 當諮商師對晤談的滿意度增加 1 分時，諮商師會發現自己做了什麼不同的事情？或者又會產生何種不同？
5. 當事人要如何知道自己已經夠好到足以結案？諮商師又要如何知道？為達結案，當事人要做哪些努力？諮商師還要如何協助他？
6. 若要結案，轉介單位需要看到什麼才能相信當事人真的改變並能持續改變？

（五）督導歷程的期待與收穫
1. 希望透過這個督導過程，進行討論的特定督導需求為何？
2. 希望督導者或同儕以什麼方式來進行回饋？
3. 所有參與者對此督導歷程的學習為何？

　　這個報告格式的內容，不僅包括了 SFS 的重點與 SFBT 的紀錄格式內容，也將一般諮商及督導中需要蒐集資料的向度彙整於其中。雖然諮商師蒐集了這些資料，但於進行個案研討或督導之目的，仍是朝向 SFS 的種種意圖與方向前進。在記錄與彙整時，諮商師要儘量能以當事人自身的語言來記錄，如此將更能促發與會者的思考及提供協助。

　　一般諮商師在撰寫具有 SFS 引導色彩的個案研討報告後，便會產生自我

督導的效果；這些個案研討報告格式的重點，也將會影響諮商師於日後晤談時思考與蒐集資料的方向。諮商師應就目前現有的資訊先行彙整後，即使不是每個欄位都有資料填寫，但於個案研討會議或督導中進行報告說明時，將會較具重點，也容易使其提供的資訊具有解決式談話的內容，而更有助於進行 SFS 的督導或個案研討會議的進行。

當然，此焦點解決取向個案研討報告格式也可成為督導者於帶領個案研討會議或進行督導時，用來引導提案受督者補充資料之處，或催化與會者可集思廣益的方向，尤其當提案者並非 SFBT 取向或原提供的書面資料不足時。一如前述單次團體督導所提，在帶領個案研討會議或督導時，督導者要能確認參與的成員不會給予提案諮商師一些不必要的、未被期待的、無法接續討論的建議，並設法建立正向討論的氛圍（De Jong & Berg, 2012）。此外，也建議欲熟練 SFS 的督導者，可先以諮商師的身分以這份格式撰寫一次個案報告，再根據個人體會、工作場域、受督對象等因素，將格式予以修改或提取部分重點，以更能配合所屬的機構或工作脈絡。

活動 BOX 4-11：個案研討報告格式及其重點的精熟

進行方式：

1. 於督導訓練課程中，請一位諮商師事先按照傳統取向的格式提出一份個案研討報告，並擔任提案受督者。

2. 請另一位（或多位）實習督導者，根據個案研討報告格式各大向度之分類，依序依據每一個大向度分類內容，針對提案受督者未撰寫或報告之處，提出詢問受督的諮商師，以引導其能進入焦點解決取向的思考。

3. 之後，課程帶領者、實習督導者與提案受督者討論於前述過程的心得與疑惑，進而討論如何使實習督導者熟練此格式的重點與方向。

五、學校處室個案會議

諮商師或學校輔導室需注意「專業個案研討」以及「學校處室個案會議」兩者的差別。前者是由一群同校或不同單位的輔導教師或諮商師參與，其目的是為了專業上的個案研討，以提升參與者的專業輔導與諮商能力；而後者所涉及的，常是學校校長、行政人員、教官、導師、各科教師、家長、輔導教師或校外專業人士（如醫師、諮商師、社工師）所組合的參與者，其目的是欲討論學校各相關人士到底要如何協助被提案學生改善目前的情況。過去有不少諮商師或輔導教師在執行「學校處室個案會議」時，是以專業個案研討的方式進行，其執行成效優劣不一，不見得能符合參與者的期待；尤其，若諮商師或輔導教師不是 SFBT 取向者，常會猶豫要如何提供輔導過程紀錄內容的質與量以及如何決定會議的討論方向。由於兩者參與人員組合的不同，成員們所持的期待不同，彼此的關係亦不相同，所以兩者進行的流程及注意事項也應有所差異，特別是在注重關係的華人社會及學校系統裡，更需小心處理。

經過許多輔導教師及諮商師的回饋，建議「學校處室個案會議」在進行時，可配合 SFS 的精神及學校場域文化加以修改為如下步驟，以更具效益（Hsu & Kuo, 2013）。

（一）預備

輔導室應先思考，要邀請誰來參加學校處室個案會議？所有成員是否合適同在一室開會，或者分批開會較好？邀請每一位成員參與之目的，以及期待其發揮的功能為何？如何讓預期出席的效果可以充分發揮之？是否需要事先與這些成員個別溝通？此外，輔導教師或諮商師需提供這些與會成員關於個案輔導過程的重要資訊，建議不是將所有個案紀錄加以呈現，而是以前述的焦點解決取向的個案報告格式向度，抽取適合與會者需要知道的合宜資訊；亦即，輔導教師或諮商師要判讀與會者需要知道什麼資訊，以及如何描述資訊，乃是另一項很重要的事前預備工作。

（二）會議方向的掌握

行政人員、家長與教師都應被視為是協助學生改變的協同合作者，其觀點乃與學生的意見一樣，值得被同等重視。由於家長與教師是最為影響學生的日常生活者，其個人需求及獨特性應被尊重之，特別是每個人看待問題與解決方法均有其差異。於臺灣文化中的家長及教師，多身負教導孩子的重責大任，對於學生問題行為的關懷，常易擦槍走火地使各方人士於會議中交相指責或追究責任，所以會議主持人一定要掌握會議的目的，並重新建構開會目的是為了「共同」協助被提案的學生，並以「學生的福祉」為最大考量；當重複提醒此一目標時，多能使會議的討論冷靜下來。

（三）會議目的之設定

為使會議的討論從常見的抱怨大會轉為目標與行動導向，避免與會的家長、導師顏面受損，以及提高與會成員協助當事人的意願，會議主持人可將被提案學生的「問題行為」，重新標籤地轉為他「現在需要『學習』什麼」。再者，主持人可提醒與會者，想要學生行為有所改變，需配合被提案學生的需求與目標，將可事半功倍；對此，負責與學生談話的輔導教師或諮商師則可補充提醒，學生希望被對待的方式以及目前認同大家協助他的方式為何。學生聲音的被聽見及其意見的加入考量，往往使學生的改變較能被啟動與持續之；因此，主持人可以提出以「對當事人最有幫助且為當事人所同意之處」做為行動起點，如此大家行動的成功率將會提升。

（四）與會人員的行動方向

主持人需將會議討論聚焦在，為達成「學生需要學習什麼」的正向目標，大家現在得「如何教導之」；由於教師與家長在臺灣的文化中，為負責指導的角色居多，故多能願意接受此一角色任務，而使教師與家長能有精力投入的方向。支持與鼓勵家長與教師是相當重要的，愈有能量的教師與家長，就愈能提供學生支持與照顧性高的環境。不過，仍需要特別提醒家長與教師，

若要使學生能快速、成功及延續的改變，有以下幾項重要因素，包括：關注與了解學生目前所在乎的方向及其個人的動機狀態、建立與維持與學生之間的合作關係、強調學生的優點與表現良好之處等，都會是非常重要的關鍵；否則，學生的改變很可能只是在系統的要求下暫時妥協之，一旦壓力解除，便又會恢復原樣，而使家長與教師再次陷入挫折與憤怒之累積與循環。

（五）例外經驗的蒐集

會議從討論「如何教導之」，進而邀請每位與會者分享與被提案學生的互動中，有效影響其言行的例外經驗與策略，主持人進而彙整各種可能有效的方法。主持人也應大力激發參與者之間相互欣賞與學習的氛圍。當然，學生自然而然地表現其他良好的例外行為及其促發要素，是會議中另一個值得探討的主題，即使這些良好行為目前暫時看似與轉介問題行為並無直接關聯；往往，這些例外行為的鼓勵增加，將促使學生更有意識地增加其正向表現，進而提增個人自尊與自我期許，甚至會再擴展至目標行為的改變。

（六）行動的計畫

於探討例外經驗及各種可能性之後，再根據與會者的角色、可以勝任的能力及參與的意願，繼而討論如何分工負責合作，主持人應提醒以「實驗」的精神，鼓勵每個人開始嘗試一小步並觀察其結果。除了將會議焦點集中於大家如何行動之外，也可請與會的專業人士或輔導教師提出會對被提案學生可能有效的輔導策略與方法，或請大家不批判地腦力激盪之。

（七）差異與改變的關注

主持人請與會者特別關注大家執行一小步後對學生的影響，並記錄對學生有效的輔導方法或互動策略；同時，也可請與會者觀察學生產生的任何正向改變，不管與目標行為有關與否。對於學生改變的不確定性，主持人可先予以提醒及一般化，即表示學生的改善與進步可能會往返或起伏，且速度可能會依學生各階段的狀態而有不同，以預備與會者對改變的合理預期。之後，

再約定下次開會時間。

（八）進展的深究

於再次開會時，除了了解學生及與會者目前的狀況外，更集中火力於探討被提案學生的進展，特別著重於小小正向行為的改變；同時，再將學生產生的正向改變歸功於與會的參與者，以賦能之。在了解進展時，評量問句會是很合適的工具；必要時，還可以負分向度的變化，提醒與會者有關學生的改變，例如：學生剛來時的表現可能是 -9 分，經過大家努力之後，已到達 -2 分，雖然還是不如一般學生表現，但已經在短短時間內進步 7 分之多；這樣的方式會相當鼓舞與會者，也會穩定提案學生社會系統中的重要他人，而願意繼續協助之。當被提案的學生有復發行為時，主持人則以 SFBT 的處理復發原則來引導大家討論，即如何參考之前的輔導經驗，找出可以回穩的立即有效方法，並再探討被提案學生目前的真正目標所在，以修正大家日後接續的行動方向。

所有參與協助個案的人都需要一個正向支持與高學習性的專業環境，以催化工作效能。曾經嘗試執行這樣的學校處室個案會議流程之輔導主任與教師多認為，其會議重點將使會議氣氛維持在正向、有效能的軌道上，也使輔導室及輔導教師的角色功能更能彰顯，並獲得專業形象；進而，於日後推行學校輔導工作時，便更容易被學校各次系統接受而更有成效。

肆、面對受督者的其他原則

一、面對所謂高難度的受督者

在一個固定機構擔任督導者，有時會遇到所謂高難度的、不合作的受督者。面對這樣的情況，SFS 提醒督導者，應不先以所謂人格或病理的議題看待，因為這樣的思考方式，容易使人不經意即口出人身攻擊之語，或者將解決方法置於改變受督者的性格之上；而且，要改變一個不想改變的人，是很

容易招致失敗的。

　　面對高難度的受督者，Berg（2003）提出「預防」以及「做點不同的事」等兩個可以嘗試的方向。做點不同的事，意指督導者可嘗試用不同的方式與之互動，這是督導者可以特別自我提醒之處。例如：督導者可用新的、不同的思考眼光來重新審視受督者，包括受督者個性與工作型態是否不相合，不同督導者與同一受督者是否會有不同的互動，以及一個讓督導者覺得困難處理的受督者，經時間與情境的改變，不見得會一直是個難題等。當對同一行為賦予不同的意義時，督導者往往會看到不同的角度。

　　而在預防的部分，則有「預防優於治療」的概念在背後支持著，其重點包括以下幾項：

　　首先，督導者需要事先清楚說明機構的原則、規定、契約以及互動的基本禮儀，並以友善的、人性化的態度，正向地帶領團隊與受督者的互動，例如：設定團隊的正向氣氛、經常相互讚美、指出成功之處與方法等，都會是很好的策略。再者，督導者平日對人應是真誠的、願意與人交流的，同時也需具備隨時調整與改變作法的彈性，以及與人協商的特質；對於自己的錯誤及不盡完美之處，督導者能開放與接納，甚至會以幽默的方式自我解嘲，而使督導者與受督者之間的關係更為平等，也使督導者更具人性、更容易與人連結。當然，由於督導不是諮商，督導者不是諮商師，督導者與受督者之間的工作界線，仍是督導者要特別去注意與維持之處。

　　由於督導者常需要同時考量機構的立場以及各個受督者的福利，以致於常會有所謂公平與否的議題出現。當面對此議題時，更穩妥與周全的作法是，從團隊及各受督者處獲得問題的解決方法，以共同承擔責任。當督導者覺知到問題已經發生時，需主動提出，而非等到事情更為惡化時才來介入。即使在不安、緊急的情況下，仍應儘量能考量到受督者的例外表現，甚至還能在大眾面前指出受督者的優點，以考量受督者的自尊及其在機構中的形象。面對高難度的受督者，一如一般的 SFS 督導原則，督導者會採用間接指導的方式，例如：向受督者直接呈現目前的法令以及做決定的必要性、維持中立態度，並詢問要受督者於配合執行時有何困難。「向上加分」的方式也是一個

好作法，即在明確指出受督者已經做到之處的同時，再指導受督者還應做得更好的作為。或者，督導者可直接表示其有監督性的角色，可能是受督者不喜歡之處，但仍想知道受督者對特定事項的看法。督導者也可先提出幾個自己可以接受的選項，再由受督者判讀何者最好，或彼此再從中共同討論如何增修之。必要時，督導者需以平穩的態度提出評論，並以暫時性的、理解性的語言指出可能的錯誤，或以困惑的、未知姿態、帶點幽默的態度，請受督者多加說明之。

舉例而言，當督導者位於管理者的角色，需要處理多次工作進度延遲的受督者時，懷著 SFS 相信受督者有其良好意圖，並秉持未知之姿與身後一步引導的原則，督導者或可如此開場：

「之前，我們有討論過關於你工作進度延遲的事宜，我知道你很努力在改變這樣的情況，也看到你想要負責與為人聰慧之處。不過，目前仍有延遲的情況發生。所以，我就在想，是否需多就你的角度來思考這個問題，或許我還不夠了解。我想，『你一定有一個非常好的理由』（you must have a very good reason）（停頓一下），以致於工作進度還是會有些延遲。或許對你的情況，我還不夠了解可以如何幫忙；你能夠告訴我，你的工作仍然延遲的一些緣由嗎？好讓我更為了解。」

「我很想知道，是否有我可以幫上忙的地方？」

「你覺得這件事可以如何解決？」

亦即，督導者在展現一個支持協助角色的同時，也會把個人的立場與期待解說得更清楚；通常這樣的表達較會讓受督者減低阻抗而回到解決之道。然而，當講完之後，督導者需保持冷靜、靜默等待答案，並具備聽到各種反應的心理準備，因為受督者可能需要時間匯集其思緒，也可能會提出各種解釋，包括所謂的藉口。如果受督者提出了一個可理解的好理由，雙方便可以針對這個理由繼續討論如何找到解決之道，或約好蒐集相關資料後，於下次再繼續處理。

　　督導者不應採取挖苦諷刺、疾言厲色或強烈面質的方式，也應注意不讓受督者產生高度罪惡感或惱羞成怒，因為這些都將可能讓事情的發展更加惡化。督導者如何以真誠好奇傾聽的態度，促使受督者為採取行動解決問題而負責，乃是最大原則；變成威權的處理，似乎是沒有必要與好處。從這個過程，受督者有時也會學習到這些未知之姿而引發合作的態度，並激發自身產生達成正向意圖的解決之道，或者，也會將其應用於自身的諮商工作中。倘若還是無法解決遭遇的困境，必要時，督導者仍須直接指出需要受督者了解與接受之處；不過，督導者儘量嘗試「回想過去的有效方法」以及「做些不同的事」，可能會是更佳的選擇。要記得強烈面質、質疑、挑戰受督者永遠是最後一步，督導者也需要思考這個動作可能的後果（Berg, 2003; Thomas, 2013）。

　　當然，面對難以合作的受督者，督導者也可先行反思自己想要的結果為何，並自問以下幾個問題。這些問題都相當具有啟發性，特別能夠幫助督導者產出不同的行動，或更易表現出合作性、平穩性、正向性的言行：

・有什麼方式可以讓我與這位受督者共同合作，並且一起找到解決之道？

・這位受督者擁有什麼優勢與例外表現？如何可以讓他再次展現之？

・我想要從這個困難的受督者身上獲得什麼？我希望他做到什麼？我要如何具體描述，又要如何傳遞給他知道，而非只是指責他？

・一定要這位受督者承認自己的錯誤嗎？這有多重要？還是，他能產生改變比較重要？

・我希望這位受督者自己想出處理方法嗎？還是我希望他按照我的想法去做？我的考量是什麼？

・一定要這位受督者依照我的方式做事嗎？還是只要他能把事情做好即可？採用他的方式難道不行嗎？我有什麼考量？

・在此受督者所講的內容中，有哪一個部分是有道理的，是可以運用至帶領他產生改變或做些事情的？

・這位受督者的哪些部分是較容易改變的？哪些部分是不容易改變的？

哪些部分是可以馬上改變的？哪些則是一直無法改變的？如何優先著重於引發他「現在」、「容易」改變之處？

二、邀請受督者對督導者的回饋

在督導過程或個案研討會的最後階段，除了督導者給予受督者正向回饋之外，也可發揮 SFS 的精神，邀請受督者對於整體督導給予一些回饋。面對受督者的回饋，並不是一件容易的事情，但是，督導者仍然需要了解自己的督導效能為何，而且這行動也示範了重視相互學習的 SFS 精神（Berg, 2003）。Waskett（2005）即贊同 SFS 的督導者不妨給受督者一個機會，讓受督者來「教導」督導者如何把督導工作做得更好，並從中了解受督者究竟想要從督導中獲得什麼。督導者需要詢問受督者並傾聽之，因為除非督導者知道如何對受督者有幫助，否則督導效益將很難有所提升。

獲得受督者回饋的其中一個方法，乃會藉由「效果評量」（usefulness scale）取得；這樣的資訊也是一個連續性而非絕對性的資料。督導者可以詢問受督者：

「以 1 到 10 分，10 分表示今天的督導對於你及當事人是很有幫助的，而 1 分則是表示沒有幫助的。對於今天的督導，你覺得我們是在幾分的位置？」

這是一個不尖銳且非針對個人的回饋方法，同時也將受督者對於督導過程的欣賞以及在督導過程的進步，一併考量入內。不論回應的分數是幾分，督導者都能進一步去思考：

· 於督導對話中什麼是對受督者最有幫助的，以致於受督者選了這個分數？
· 下次督導時需要有什麼不同（例如：督導者和受督者分別需要做些什麼不一樣的事），而可能讓分數再提升 1 分？
· 如果這督導工作能達到最佳水準——有史以來最好的督導工作——那麼看起來會是怎麼樣呢？

這類評量可在固定督導的回顧中，偶爾使用之，也可於每次督導後進行

之。如果受督者評量的分數一直都很低的話，督導者需要詢問受督者，這個督導過程是否對其有效？是否想要繼續督導？若督導工作仍無法生效，受督者便需要找尋其他的督導者。不過在詢問受督者後，比較常聽到受督者的回饋是：

「我發現從系統的觀點去討論是很有幫助的，這讓我在實務工作上有些不同，也想再做得更多。」

「你問的問題對我很有幫助，但我希望督導過程中，你能多給我一點時間思考。」

「在讚美我的專業能力時，你是認真的嗎？我自己看不到那些部分，但我喜歡去看見並應用它們；我們可以在這方面多談一些嗎？」

「我們可以多談一些關於如何和當事人結案的方式嗎？」

若與受督者有連續性、較長期的督導關係，或於一個單位中設有固定督導者與受督者的配對工作，或機構對於外聘督導者的工作評鑑等，都可運用 SFS 的精神，以書面問卷的方式，蒐集一位或多位受督者對於督導歷程的意見。舉例而言，於問卷中可以詢問的向度如下（Thomas, 2013）：

- 從此督導過程中，你獲得或學習到三件最有用的事情是什麼？
- 你會如何向你的同事描述這個督導的過程與效益？
- 從此督導歷程中，你發現自己在工作或生活中，有何行動上的改變？即使只有一點點？
- 你親近的同事或朋友會說你因為參加這個督導，而有什麼作為上的改變？
- 你喜歡這些改變嗎？
- 你會做什麼來維持這些有用的改變？
- 你需要做些什麼來讓自己成為更有效能的諮商師？
- 以 1 到 10 分進行評量，10 分是這個督導非常有幫助於你成為一個有效能的諮商師，1 分則是毫無效果，對於這個督導，你會打幾分？何

以打此分數？還有呢？

· 如果得分可以再更高 1、2 分時，需要發生什麼，而讓你知道這督導對你的助益提高了？還有呢？

· 你覺得督導者的哪部分作為，是值得繼續延續的？還有呢？

· 你覺得督導者的哪部分作為若能減少，會是較有幫助的？怎麼說呢？

· 你個人下一步的學習計畫是什麼？對於這個學習計畫，什麼樣人、事、物的資源，會對你有幫助？

· 你認為這個督導歷程還具有什麼其他效益之處，是你還想要補充的？

由於當事人的回饋是焦點解決工作的定錨方向，所以督導者或機構還可以設計相關的工具（如簡易問卷或電腦系統），由當事人回饋給諮商師關於諮商效果的評論，並將其帶入督導；或者設計一種循環回饋機制，以了解督導歷程如何影響諮商師於諮商工作的效果，而帶動當事人滿意度的增加（例如：晤談後簡短訪談、單面鏡現場督導等）（Thomas, 2013）。

對於督導者而言，以上的回饋向度都是值得了解且會非常有助益性的，因為這些回饋提供了一些寶貴的指引，讓督導者知道受督者真正需要的是什麼樣的協助；而此，也正是 SFS「以受督者的目標與優勢為中心」之原則，以及「向受督者學習」的重要基本精神所在（Berg, 2003; Waskett, 2005）。

活動 BOX 4-12：成為一個勝任的督導者

進行方式：

1.請四位諮商師一組，其中一位諮商師先進行角色扮演，想像自己是另一個了解自己的同事，並以第一人稱的方式說話，來進行以下幾點的分享：

· 我覺得他做諮商工作時，勝任的部分是……

· 我覺得他很適合當督導，因為他……

· 我欣賞他與同事在分享與討論個案時……

· 我相信他未來能夠成功督導別人，那樣的經驗會像是……

· 我猜想他會努力成為一位好督導的方式是……

2.於分享過程中，其他三位夥伴於必要時澄清所言內容，並邀請其具
　體舉例之。負責分享的諮商師仍須維持在同事的角色上，來回答這
　些問題。

3.結束分享後，其他三位則以分享內容中最讓自己印象深刻或有學習
　之處來給予回饋。

4.再由其他三位輪流進行分享的角色扮演活動，並完成前述各步驟。

5.每一位諮商師皆分享及被回饋後，小組成員進而討論與彙整：

．自己想要成為的督導者是什麼樣子？

．如何幫助自己成為一位勝任的督導者？有什麼人、事、物能夠幫助自
　己？

．目前可以開始嘗試的一小步是什麼？

伍、焦點解決督導的專業效能

　　雖然焦點解決取向的實務始於心理治療，但是焦點解決取向目前已經在
許多專業討論的場合中被使用，包含：護理、感化機構、心理健康機構、醫
技人員、職能治療、中小學的輔導等。所以，SFS 是一種「助人專業的督導」
（supervision in the helping professions），亦可用來開展各種專業的新思考與
新學習。焦點解決取向之所以可以被用於上述的各種場合，並獲得實證研究
的支持，乃因為它所關注的是：實務者對於工作的目標和方向，以及有效性
的存在。

　　近來對 SFS 的研究亦如雨後春筍般地增加，且多能支持 SFS 的有效性
（Barrera, 2003; Corcoran, 2001; Jim, Lee, & Berg, 1997; Juhnke, 1996; Kok &
Leskela, 1996; Koob, 1999; Thomas, 2013; Trenhaile, 2005; Triantafillou,
1997），例如：在 O'Donoghue（2012）的研究中，接受 SFS 的社工師認為
督導歷程是安全且具有個別性的。Thomas（2000）的研究則發現溫暖的 SFS
督導關係，激發受督者更多的熱情。許維素（2007）則透過實際的督導歷程

進行焦點解決個別督導成效的研究，結果證實焦點解決個別督導之成效可分為三大類九小類，各類間有階段性及交互作用的關係存在，其 SFS 的成效包括：(1)督導目標的確立與達成：對目前的個人現況、困境與需求之重新界定；更為理解、信任與尊重當事人；具體得知可對當事人立即介入的多元方向；(2)諮商自我效能感的提升：對已發揮的功能增加了意識與肯定；發掘個人例外與資源而更欣賞自己；增加擔任諮商師的寬容、自信與效能；(3)諮商專業的推進：得知未來需要精進方向；增進對諮商專業與諮商師角色的反思與體認；學習態度的轉變並對諮商專業認同的提升。是以，一如 Briggs 與 Miller（2005）以及許維素（2007）的研究發現，SFS 能成功地協助受督者確認並達成督導目標，其中，特別是有關受督者「自我效能」的提升，乃是 SFS 之督導效果中最被強調的部分（Seleman & Todd, 1995; Waskett, 2006）。

　　若要協助諮商師學習與熟練 SFBT，除施予 SFBT 相關訓練之外，SFS 是另一個重要且必要的選擇。因為以諮商取向為基礎的督導模式，特別能藉由督導者的立即示範，使受督者直接經驗、觀摩與精進該學派的精神與技巧，並產生該學派特有貢獻的個案概念化能力；而且，該督導模式與該學派在目標、主題、原則、介入技巧等基本精神與改變過程等層面，都享有共同要素，因而也特別能發揮該學派最為突顯的效能（Pearson, 2006）。許多研究亦已證實這樣的觀點，例如：Koob（1999）的研究指出，透過 SFS，受督者更能著重於開發當事人解決方法的成功之處；Thomas（2000）以及 Trenhaile（2005）的研究也發現，SFS 受督者於督導歷程中見習了督導者運用 SFBT 的技巧，乃有助於其有效運用 SFBT 的技巧；Briggs 與 Miller（2005）的研究則證實，SFS 的受督者變得更能執行目標建構的工作；Peterson（2005）的研究以 SFS 進行家庭會談督導，亦發現其能有效協助受督者提升運用 SFBT 的效果；許維素、蔡秀玲（2008）的研究則發現，SFS 對於團體督導受督者在「諮商工作的助益」之向度則包括：能認同正向哲學而轉變介入方向、逐漸熟練 SFBT 的運作、減低諮商師專家角色的色彩、諮商困境的突破與個案概念化的提升、諮商效能感的增加、更加肯定 SFBT 適合與青少年工作等。

　　SFS 對處於不同發展階段的諮商師，具有偏重的督導方式與獨特成效，

例如：許維素（2007）的研究發現，新手諮商師常需要督導者較多的歸納、分享與臨床教育，而且，SFS 對於新手諮商師困境的突破，包括：於基本角色、基本諮商架構與運作、如何理解當事人，以及增進對自己督導需求的辨識能力等，皆有所斬獲；對於資深諮商師的助益，多是在諮商專業能力的提升、反思與推進，包括：個案概念化、介入的細膩與多元面向、個人風格的整合、「知與行」之間的拉近、諮商專業，以及多元議題的探討等方面。此外，督導者讚美與探究新手諮商師的例外，乃是以諮商師的個人經驗為主，且其例外資源的「被看見」，十分具有能使新手諮商師穩住陣腳、減低新手焦慮等重要功能；而資深諮商師的例外開發，則可以其過去的各種工作經驗與專業知識為主要來源，且其例外資源的「被看重」，又具有能減低自責、增加自我效能與提高學習動力等重要功能。此類同於 Jacobsen 與 Tanggaard（2009）對不同督導取向進行的研究發現，新手治療師偏好督導者以「具體明確的指導、告訴他們要如何從事心理治療」（引自 Thomas, 2013）。然而，雖然為了研究需要，必須將受試者分成新手與資深的發展階段，不過對 SFS 來說，依據眼前受督者的需求與目標，量身設計的進行督導，是最為重要的依歸。

至於，在 SFS 間接對當事人的協助方面，Triantafillou（1997）的研究發現，接受 SFS 的諮商師，其當事人的嚴重問題行為大幅下降，醫藥使用也減少。但是，關於當事人對於受督者接受 SFS 的效果知覺，這部分的研究相當少。此外，關於 SFS 應用於特定主題的督導或服務對象的受督者（如藥酒癮、職場團隊等），其相關研究與資料，也仍在持續累積經驗與發展中。

一如 Cunanan 與 McCollum（2006）的研究結果顯示，SFS 的確是能有效加速 SFBT 治療師整合所受的訓練、督導和實務工作的學習歷程（引自 Thomas, 2013）。對於 SFS 的「有效因素」，Thomas（2013）彙整了數十篇 SFS 的研究，提出以下幾點：

・設定清楚的目標，明確地評量進展。

・假定受督者有勝任能力並加以確認評鑑。

・當事人的觀點是督導歷程中的重點環節。

‧透過觀察與互動，提供清楚誠實的回饋與評鑑，並邀請受督者回饋。

‧溝通歷程是相互尊重、理解的，而督導關係聯盟的支持，則提供安全感，而有利於督導者與受督者雙方的溝通表達與參與。

‧配合受督者來調整督導歷程，並使用多樣性的督導技術。

　　無論是個人諮商督導、家族治療督導以及輔導教師督導，以個別督導或團體督導的方式來進行 SFS，都已被視為是一個具效能又實用的督導模式（Seleman & Todd, 1995; Waskett, 2006）；一如 De Jong 與 Berg（2012）認為，若於機構中運用 SFS 進行個別督導，將縮短整體督導過程的時間。可貴的是，SFS 的流程不見得只能針對學習 SFBT 的受督者進行督導，也可適用於其他學派與工作場域的受督者（許維素，2007；Thomas, 2013）。

　　亦即，SFS 的歷程不僅能協助受督者對問題產生新的觀點，也帶給受督者高自我效能與諮商效能感。因此，SFS 符合了諮商研究中對於「好督導」的兩個重要標準，其為：(1)促進彼此關係中的互相尊重、支持、鼓勵、相信、讚美、了解、不批評，這些特徵將能夠促進受督者的自我開放、合作、願意冒險、探索和後設認知的發展（Heath & Tharp, 1991; Hess, 1997; Worthington, Mobley, Franks, & Tan, 2000）；(2)教導受督者學習對於特定當事人或諮商情境的處理，集中聚焦於如何協助受督者處理當事人的議題而非其他，且給予受督者的回饋是可學習與應用的（Landany, Lehrman-Waterman, Molingaro, & Wolgast, 1999; Wampold, 2001）。

　　特別是 Lombardo、Greer、Estadt 與 Cheston（1997）曾提及，一般督導者能夠帶給受督者賦能感的四個督導策略是：(1)建議其他替代技巧與觀點；(2)引發受督者的觀點與意見；(3)讚美受督者的優勢與表現；(4)示範介入的技巧。而 Triantafillou（1997）則認為，一個具有賦能精神的督導模式，其包含四個重點：(1)肯定受督者的能力、資源及優勢，營造正向的督導氣氛；(2)幫助受督者進行個案概念化，並尋找以當事人為基礎的解決方法；(3)回饋受督者，包括：讚美、臨床教育、建立與當事人有關之督導目標等；(4)後續追蹤督導，了解受督者諮商效能，並肯定其正向表現。顯而易見地，SFS 的構成要素與前述的各項督導賦能規準及定義，乃有許多相似重疊之處。楊雅雯等人（2009）的研究即證實，接受 SFS 團體督導的受督者所產生的賦能效益，

包括：在「個人內在要素」中，提升自我效能、增加正向能量感、增加接納當事人的動機、了解並接受自己的能力限制、用正向眼光看待人性的賦能類別；在「互動間要素」中，了解個人在系統中的責任與角色定位、更能敏銳覺察與善用資源的賦能類別，以及在「行為要素」中，產生有效因應行為、實際運用督導所學知能於諮商上、對專業成長進行規劃及落實執行的賦能類別。所以，有別於許多傳統的問題導向模式，Insoo 聲稱，執行 SFS 即是使受督者「發光發亮」的工作，真可謂是一種「賦能模式」（許維素、蔡秀玲，2008）。

活動 BOX 4-13：諮商師自我督導

進行方式：

請諮商師就下列問題進行自我督導：

· 以 1 到 10 分，10 分代表最高，1 分代表最低，你對 SFBT 的認同是幾分？何以打此分數？

· 以 1 到 10 分，10 分代表最高，1 分代表最低，你對 SFBT 實務的熟練度是幾分？何以打此分數？

· 以 1 到 10 分，10 分代表最高，1 分代表最低，你對於處理挑戰度高的當事人（例如：有自殺意念、非自願前來之當事人等），擁有多少信心？何以打此分數？

· 你希望前述三項自己能夠到達幾分？何以打此分數？

· 前述三項若要比現在再往上 1 分，需要發生什麼事情？

· 你覺得需要多少時間，前述三項才能各提高 1 分？

· 就前述三項內容，你覺得需要採取什麼的第一小步，來讓自己突破現況？

· 若你遭遇困難時，你會運用哪些過去學習 SFBT 的經驗來幫助自己？

· 以 1 到 10 分，10 分代表最高，1 分代表最低，你有多大的信心繼續留在精熟 SFBT 的軌道上？

· 當前三項到達你最想要的分數時，你的當事人、同事、督導者會發現你有何不同？他們的發現對你會有何影響？

> ·當前三項到達你最想要的分數時，你會如何肯定自己並感謝曾幫助過你的人？你又會如何幫助你的當事人？

陸、結語

每一種督導取向都會有其效益，只是每種取向的特色並不同。從前述之 SFS 的精神、效能以及構成要素中可見，SFS 乃十分符合良好督導的標準，並明顯發揮著賦能的效益，是一個極簡但非簡單或簡化的督導模式。特別是 SFS 以受督者為中心，讓受督者將諮商工作的議題帶至督導關係；而督導歷程的起點為合作支持、覺察與鼓勵特定思考與行為，以及激發在實務工作與自我督導上的勝任能力。SFS 的督導歷程亦會立即給予受督者彙整想法、拉開距離地客觀反思自己實務工作的空間，而帶來一種「專業充電」的效益（Thomas, 2013）。

雖然督導過程的細節，會因各機構與場域擅長的特定實務工作種類之不同而有所差異，但任何督導模式的核心要素反映於督導者的一個任務：「引導」（lead）受督者成為更為勝任、更有能力者，並能不斷提升其專業技能。SFS 相信，要落實這個督導者任務的最佳方式，即是透過建構解決之道的對話來達成，因為建構解決之道風格的督導，即是以一組假設來「引導」受督者所進行的活動，而督導者的工作就是去協助、回應受督者，並在肯定受督者能力的前提下，提問一些有幫助的問句。因此，SFS 的督導歷程是一個教育、監督、滋養、啟發受督者的歷程，同時也是教導受督者「懂得學習如何去學」（learn how to learn）的歷程（De Jong & Berg, 2012; Waskett, 2005）；甚至可以說，SFS 不僅是一種督導方式，更是一種訓練與思考如何思考、如何行動的思維模式。

歸屬後現代哲學並以語言運用為核心的 SFS 取向，其督導歷程的焦點乃在受督者的勝任能力以及對於知識和進步的探尋。SFS 發揮著 SFBT 的極簡哲學，而且督導者會欣賞與珍惜督導歷程中參與成員的多元性或複雜化之討論或介入歷程，並嘗試釐清出一條未來可以嘗試的工作路線。SFBT 創始人 Insoo 也特別看重於督導過程中，如何激發幫助當事人的多元意見，並形成如

何協助當事人的具體計畫，以及保有對於改變的持久耐心。如同所有的諮商與督導，SFS 不會只是一種機械式、匠化式的運作，而是對人、對關係、對歷程的一種深度關愛（Thomas, 2013）。在 SFS 中，督導者並非全知全能者，督導者的臨床知識也不一定是必要或有用的；對 SFS 督導者而言，能與實務者一同沿著新的路徑並走到不同的地方，是特別新奇且有趣的，尤其看著同行的專業者逐步成熟、勝任、自信，將會產生一種喜悅，因此乃成就了一種「循循善誘的專業」（coaxing expertise）（Berg, 2003; De Jong & Berg, 2012; Waskett, 2005）。

　　如同其他學派的督導一般，SFS 督導者致力達到倫理與專業的實踐，並成為受督者的模範；這也包含：能保密與使用知後同意、對於界線有所覺察、能注意對於受督者和當事人的責任，以及能知道什麼方向是適合受督者的。當然，還有許多督導議題於本章中並沒有詳細論及，包括：專業認同發展、個案管理、執照要求、倫理規範、法律責任，以及當事人對督導歷程的回饋等，都是值得未來再多加討論之處。雖然 SFS 的各構成要素可以單獨獨立應用在諮詢與教練等工作上，但是關於 SFS 如何轉化應用於諮詢與教練的工作中，亦為未來值得透過實務與研究繼續累進經驗之處。

　　已經具備實務與研究諸多支持的 SFS，是一個相當值得學習、深入與持續精進熟練的督導模式。一如諮商師需要督導者一般，督導者也需要所屬機構的支持（Berg, 2003）；同一單位的實務工作者可以一起努力，以 SFS 相同的語言持續相互催化專業成長，甚至漸進影響所屬機構的上司與政策決定者，願意同意推動 SFS 於機構中的應用。當然，諮商督導者的培訓與養成有其基本的必要條件與歷程，SFS 的督導者亦然。所以，能勝任地運作 SFS，是資深的 SFBT 諮商師值得再進一步追求的專業晉升方向。期許認同且熟練 SFBT 的諮商師能進而擔任 SFS 督導者，以便能在推動 SFBT 的專業發展之同時，提升更多諮商師的專業成長，並提升當事人接受專業服務的福祉！正如 Waskett（2005）所言：「SFS 就像是一個尋寶的歷程。我們持續聆聽並觀察——被藏在洞穴中的聚寶盆在哪裡？被埋在深土中的珠寶盒在哪裡？我們便能找到當事人和受督者的寶物與珍珠，並讓其反映在我們的面容上。」

參考文獻

中文部分

王文秀（1998）。諮商師被督導經驗對其諮商挫折之因應及其專業成長之影響研究。**中華輔導學報**，**6**，1-34。

朱素芬（2009）。**高中輔導教師之督導者專業智能的研究**（未出版之碩士論文）。國立暨南國際大學，南投縣。

林美珠、田秀蘭（譯）（2000）。**助人技巧：探索、洞察與行動的催化**（原作者：C. E. Hill & K. M. O'Brien）。臺北市：學富。

林家興、王麗文（2000）。**心理治療實務**。臺北市：心理。

修慧蘭、鄭玄藏、余振民、王淳弘（譯）（2013）。**諮商與心理治療理論與實務**（第三版）（原作者：G. Corey）。臺北市：雙葉。

徐西森、黃素雲（2007）。**諮商督導：理論與研究**。臺北市：心理。

許維素（2002）。中學教師焦點解決短期諮商訓練課程方案成效之研究。**教育心理學報**，**33**（2），57-78。

許維素（2003）。**焦點解決短期諮商的應用**。臺北市：天馬。

許維素（2006）。SFBT 應用在教師輔導效能。載於李玉嬋等人（著），**焦點解決短期諮商的多元應用**（頁 313-366）。臺北市：張老師文化。

許維素（2007）。焦點解決督導成效之研究。**教育心理學報**，**38**（3），331-354。

許維素（2009a）。**焦點解決短期心理治療的應用**。中國北京市：世界圖書出版公司。

許維素（2009b）。焦點解決短期治療高助益性重要事件及其諮商技術之初探研究。**教育心理學報**，**41**，271-294。

許維素（2011a）。**SFBT 進階進練工作坊手冊**。中國：杭州。

許維素（2011b）。**焦點解決短期諮商工作坊訓練手冊**。中國：上海林紫心理學苑。

許維素（2011c）。**SFBT 在危機處理中的應用**。中國：臨海。

許維素（2011d）。「**高中職輔導教師督導員訓練方案暨成效之相關研究：以焦點解決取向為基**」訓練手冊。臺北市：國立臺灣師範大學。

許維素（2012）。**焦點解決進階訓練手冊**。中國：寧波人和諮商中心。

許維素、李玉嬋、洪莉竹、張德聰、賈紅鶯、樊雪春（1998）。**焦點解決短期心理諮商**。臺北市：張老師文化。

許維素、蔡秀玲（2008）。高中職輔導教師焦點解決團體督導成效之研究。**教育心理學報**，**39**（4），603-622。

許維素、鄭惠君（2006）。焦點解決短期治療基本技巧的奧秘。**諮商與輔導**，**247**，15-23。

許維素、鄭惠君、陳宇芬（2007）。女大學生焦點解決網路即時諮商成效與相關議題研究。**教育心理學報**，**39**（2），217-233。

陳均姝（2003）。焦點解決督導模式實務。載於唐子俊、歐陽儀、蔡秀玲、陳均姝（著），**諮商督導：實務篇**（頁 181-221）。臺北市：天馬。

陳郁珊、黃淑賢、鄭瑛瑋、謝蕙春、許維素（譯）（2007）。**焦點解決短期治療：社區機構的有效應用**（原作者：T. Pichot & Y. M. Dolan）。臺北市：心理。

楊雅雯、許維素、蔡秀玲（2009）。**焦點解決團體督導對高中職輔導教師之賦能內涵研究**。論文發表於 2009 年臺灣輔導與諮商學會年會暨「多元文化、多元包容：輔導與諮商專業的挑戰與展望」國際學術研討會，臺北市。

蔡秀玲、陳秉華（2007）。受督者在諮商督導情境中的情緒覺察歷程研究。**教育心理學報**，**38**（3），311-329。

蔡翊楦、陳素惠、張曉佩、王昭琪、許維素（譯）（2006）。**學校輔導中的焦點解決短期諮商**（原作者：G. B. Sklare）。臺北市：心理。

鄭媖瑋、劉威成、鐘洄偉、許維素（譯）（2009）。**焦點解決治療應用手冊**（原作者：B. O'Connell & S. Palmer）。臺北市：心理。

英文部分

Barrera, I. (2003). *The impact of solution-focused supervision and social workers.* Unpublished master's thesis, California State University, Long Beach, CA.

Bavelas, J. B., Healing, S., Tomori, C., & Gerwing, J. (2010). *Microanalysis workshop manual.* Alberta, Canada: 2010 Solution-Focused Brief Therapy Association Conference.

Berg, I. K. (1994). *Family based services: A solution-focused approach.* New York, NY: W. W. Norton.

Berg, I. K. (2003). *Supervision and mentoring in child welfare services: Guidelines and strategies.* Retrieved from http://www.sfbta.org

Berg, I. K., & Briggs, J. R. (2001). Treating the person with the gambling problem. From *Solution-focused brief therapy: Overview.* The on-line course in the winter semester of University of Wisconsin-Milwaukee (guawm_7770-1100_2003m11).

Berg, I. K., & de Shazer, S. (2003a). *Solution-focused brief therapy: Overview.* The on-line course in the winter semester of University of Wisconsin-Milwaukee (guawm_7770-1100_2003m11).

Berg, I. K., & de Shazer, S. (2003b). *Supervision and consultation in solution focused brief therapy.* The on-line course in the winter semester of University of Wisconsin-Milwaukee (guawm_7770-1111_2003m01).

Berg, I. K., & de Shazer, S. (2004). *Supervision and consultation in solution focused brief therapy.* The on-line course in the winter semester of University of Wisconsin-Milwaukee (guawm_7770-1111_2004m09).

Berg, I. K., & Dolan, Y. (2001). *Tales of solution: A collection of hope-inspiring stories.* New York, NY: W. W. Norton.

Berg, I. K., & Miller, S. D. (1992). *Working with the problem drinker: A solution-focused approach.* New York, NY: W. W. Norton.

Berg, I. K., & Reuss, N. R. (1998). *Solutions step by step: A substance abuse treat-

ment manual. New York, NY: W. W. Norton.

Berg, I. K., & Steiner, T. (2003). *Children's solution work*. New York, NY: W. W. Norton.

Bernard, J. M., & Goodyear, R. (2004). *Fundamentals of clinical supervision*. Boston, MA: Pearson.

Bertolino, B. (1998). *Even from a broken web: Brief, respectful solution-oriented therapy for sexual abuse and trauma*. New York, NY: John Wiley & Sons.

Briggs, J. R., & Miller, G. (2005). Success enhancing supervision. *Journal of Family Psychotherapy, 16*, 1/2, 199-222.

Bunn, A. (2013). *Signs of safety in England*. UK: National Society for the Prevention of Cruelty to Children (NSPCC).

Cantwell, P., & Holmes, S. (1994). Social construction: A paradigm shift for systemic therapy and training. *Australia and New Zealand Jnl of Family Therapy, 15*, 17-26.

Corcoran, J. (1998). Solution focused practice with middle and high school at risk youths. *Social Work in Education, 20*, 232-236.

Corcoran, K. B. (2001). *An ethnographic study of therapist development and reflectivity within the context of postmodern supervision and training*. Unpublished doctoral dissertation, The University of Akron, OH.

Corey, G. (2013). *The theory and practice of counseling and psychotherapy* (10th ed.). Pacific Grove, CA: Brooks/Cole.

David, T. E., & Osborn, C. J. (2000). *The solution-focused school counselor: Shaping professional practice*. Philadelphia, PA: Accelerated Development/Taylor & Francis.

De Jong, P. D., & Berg, I. K. (2001). *Interviewing for solutions*. Pacific Grove, CA: Brooks/Cole.

De Jong, P. D., & Berg, I. K. (2002). *Interviewing for solutions* (2nd ed.). Pacific Grove, CA: Wadsworth.

De Jong, P. D., & Berg, I. K. (2007a). *Interviewing for solutions* (3rd ed.). Pacific Grove, CA: Brooks/Cole.

De Jong, P. D., & Berg, I. K. (2007b). *Instructor's resource manual for interviewing for solutions* (3rd ed.). Retrieved from http://www.sfbta.org

De Jong, P. D., & Berg, I. K. (2012). *Interviewing for solutions* (4th ed.). Pacific Grove, CA: Brooks/Cole.

de Shazer, S. (1985). *Keys to solution in brief therapy*. New York, NY: W. W. Norton.

de Shazer, S., & Miller, G. (2000). Emotions in solution-focused therapy: A re-examination. *Family Process, 39*(1), 5-23.

de Shazer, S., Dolan, Y. M., Korman, H., & Trepper, T. (2007). *More than miracles: The state of the art of solution-focused brief therapy*. Philadelphia, PA: Haworth Press.

Egan, G. (2010). *The skilled helper* (9th ed.). Pacific Grove, CA: Brooks/Cole.

Fiske, H. (2003). *Considering reasons for living: Solution-focused conversations with suicidal people*. SFBTA conference.

Fiske, H. (2008). *Hope in action: Solution-focused conversations about suicide*. New York, NY: Routledge.

Fiske, H. (2011). *Workshop manual for training for trainers and supervisor*. 2010 SFBTA conference in Bakersfield, LA.

Franklin, C., Trepper, T. S., Gingerich, W. J., & McCollum, E. E. (2012). *Solution-focused brief therapy: A handbook of evidence-based practice*. UK: The Oxford Press.

Furman, B. (2008). *The workshop of solution focused brief therapy for difficult clients*. Taipei, Taiwan.

Gilliland, B. E., & James, R. K. (2001). *Crisis intervention strategies*. Pacific Grove, CA: Brooks/Cole.

Greene, G. J., Lee, M., Mentzer, R. A., Pinnell, S. R., & Niles, D. (1998). Miracles, dreams, and empowerment: A brief therapy practice note. *Families in Society, 79*, 395-399.

Hansen, C. K. (2005). *The workshop of using solution focused brief therapy in crisis intervention*. The Training of Teacher Chang, Taipei, Taiwan.

Hearling, S., & Bavelas, J. B. (2011). Can questions lead to change? An analogue experiment. *Journal of Systemic Therapy, 30*(4), 30-47.

Heath, A., & Tharp, L. (1991). *What therapists say about supervision*. Paper presented at the annual conference of American Association for Marriage and Family Therapy, Dallas, TX.

Hess, A. K. (1997). The interpersonal approach to the supervision of psychotherapy. In C. E. Watkins Jr. (Ed.), *Handbook of psychotherapy supervision* (pp. 63-83). New York, NY: John Wiley & Sons.

Holloway, E. L. (1995). *Clinical supervision: A systems approach*. CA: Sage.

Hsu, W. S. (2009). The components of the solution-focused supervision. *Bulletin of Educational Psychology, 41*(2), 475-496.

Hsu, W. S., & Kuo, B. C. (2013). Establishing and advancing solution-focused supervision with school counselors in Taiwan. In F. N. Thomas, *Solution-focused supervision: A resource-oriented approach to developing clinical expertise* (pp. 197-204). New York, NY: Springer Science+Business Media.

Iveson, C. (2002). Solution-focused brief therapy. *Journal of Continuing Professional Development, 8*, 149-156

Jim, R., Lee. S., & Berg, I. K. (1997). Focused supervision seen through a recursive frame analysis. *Journal of Marital and Family Therapy, 23*(2), 203-215.

Johnson, C., & Webster, D. (2002). *Recrafting a life: Solutions for chronic pain and illness*. New York, NY: Routledge.

Juhnke, G. A. (1996). Solution-focused supervision: Promoting supervisee skills and confidence through successful solutions. *Counselor Education and Supervision, 36*, 48-57.

Kim, H. (2006). *Client growth and alliance development in solution-focused brief family therapy.* Unpublished doctoral dissertation, State University of New York, Buffalo, NY.

Kok, C. J., & Leskela, J. (1996). Solution-focused therapy in a psychiatric hospital. *Journal of Marital and Family Therapy, 22*(3), 397-406.

Koob, J. J. (1999). *The effects of solution-focused supervision on the perceived self-efficacy of developing therapist.* Unpublished doctoral dissertation, Marquette University, WI.

Korman, H. (2007). *Common project.* Solution Focused Brief Association 2007 Conference. Retrieved from http://www.sfbta.org/conferences/2007.html

Korman, H. (2011). *The workshop of solution focused brief therapy.* Beijing, China.

Kremsdorf, R., Slate, L., Clancy, C., & Garcia, J. (2011, November). *Small steps in incorporating solution focused practices within a mental health agency: An interactive discussion.* Paper presented at the 2011 Solution-Focused Brief Therapy Association Conference, Bakersfield, CA.

Lammarre, J. (2005). Clinical training in solution-focused therapy. In T. S. Nelson (Ed.), *Education and training in solution-focused brief therapy* (pp. 143-148). New York, NY: John Wiley & Sons.

Landany, N., Lehrman-Waterman, D., Molingaro, M., & Wolgast, B. (1999). Psychotherapy supervisor ethical practices: Adherence to guidelines, the supervisor working alliance, and supervisee satisfaction. *The Counseling Psychologist, 27*, 443-475.

Lewis, J. A., Lewis, M. D., Daniels, J. A., & D'Andrea, M. J. (2002). *Community counseling: Empowerment strategies for a diverse society.* London, UK: Brooks/Cole.

Lipchik, E. (2002). *Beyond technique in solution-focused therapy: Working with emotions and the therapeutic relationship.* New York, NY: The Guilford Press.

Lombardo, L. T., Greer, J., Estadt, B., & Cheston, S. (1997). Empowerment behaviors in clinical training: An empirical study of parallel processes. *The Clinical Supervisor, 16*(2), 33-47.

Macdonald, A. J. (2007). *Solution-focused therapy: Theory, research & practice*. London, UK: Sage.

Macdonald, A. J. (2011). *Solution-focused training manual*. London, UK: Sage.

Marek, L. I., Sandifer, D. M., Beach, A., Coward, R. L., & Protinsky, H. O. (1994). Supervision without the problem: A model of solution-focused supervision. *The Clinical Supervisor, 5*(2), 57-64.

McKergow, M., & Hoffman, K. (2008). In between-neither inside nor outside: The radical simplicity of solution-focused brief therapy. *Journal of Systemic Therapies, 28*(2), 34-49.

McNeilly, R. B. (2000). *Healing the whole person: Solution-focused approach to using empowering language, emotions, and actions in therapy*. New York, NY: John Wiley & Sons.

Murphy, J. J. (1997). Working with that works: A solution-focused approach to school behavior problem. *School Counselor, 42*(1), 59-65.

Murphy, J. J., & Duncan, B. L. (1997). *Brief intervention for school problems: Collaborating for practical solutions*. New York, NY: The Guilford Press.

Nelson, T. S., & Thomas, F. N. (2007). Assumptions and practices within the solution-focused brief therapy tradition. In T. S. Nelson & F. N. Thomas (Eds.), *Handbook of solution-focused brief therapy: Clinical applications*. Philadelphia, PA: Haworth Press.

Norman, H. (2003). Solution-focused reflecting teams. In B. O'Connell & S. Palmer (Eds.), *Handbook of solution-focused therapy* (pp. 156-167). London, UK: Sage.

O'Connell, B. (2001). *Solution-focused stress counseling*. NY: Continuum.

O'Donoghue, K. (2012). Windows on the supervisee experience: An exploration of supervisees' supervision histories. *Australian Social Work, 65*(2), 214-231.

Peake, T. H., Nussbaum, B. D., & Tindell, S. D. (2002). Clinical and counseling supervision references: Trends and needs. *Psychotherapy: Therapy/ Research/ Practice/Training, 39*(1), 114-125.

Pearson, Q. M. (2006). Psychotherapy-based supervision: Integrating counseling theories into role-based supervision. *Journal of Mental Health Counseling, 28*, 241-252.

Peterson, Y. (2005). Family therapy treatment: Working with obese children and their families with small steps and realistic goals. *Acta Paediatrica, 94*, 42-44.

Pichot, T., & Dolan, Y. (2003). *Solution-focused brief therapy: Its effective use in agency settings*. New York, NY: The Haworth Clinical Practice Press.

Presbury, J., Echterling, L. G., & McKee, J. E. (1999). Supervision for inner vision: Solution-focused strategies. *Counselor Education and Supervision, 39*, 146-152.

Reiter, M. D. (2010). Hope and expectancy in solution-focused brief therapy. *Journal of Family Psychotherapy, 21*, 132-148.

Rita, E. S. (1998). Solution-focused supervision. *The Clinical Supervisor, 17*(2), 127-143.

Rude, J., Shilts, L., & Berg, I. K. (1997). Focused supervision seen through a recursive frame analysis. *Journal of Marital and Family Therapy, 23*(2), 203-215.

Schapira, S. K. (2000). *Choosing a counseling or psychotherapy training*. New York, NY: Routledge.

Seleman, M. D., & Todd, T. C. (1995). Co-creating a context for change in the supervisory system: The solution-focused supervision model. *Journal of Systemic Therapies, 14*(3), 21-23.

Simon, J. (2010). *Solution focused practice in end-of-life and grief counseling*. New York, NY: Springer.

Stams, G. J., Dekovic, M., Buist, K., & de Vries, L. (2006). Efficacy of solution-focused brief therapy: A meta-analysis. *Dutcj Journal of Behavior Therapy (Ge-*

dragstherapie), 39(2), 81-95. (Article in Dutch; English publication planned)

Steiner, T. (2005). *Using solution focused brief therapy with children and adolescents*. Singapore: Academy of Solution Focused Training Institution.

Studer, J. R. (2005). Supervising school counselors-in-training: A guide for field supervisors. *Professional School Counseling, 8*(4), 353-360.

Taylor, L. (2010). *Workshop manual for training for trainers and supervisor*. Presented for 2010 Solution-Focused Brief Therapy Association Conference, Alberta, Canada.

Thomas, F. N. (1996). Solution-focused supervision: Lessons from Insoo Kim Berg. In S. D. Miller, M. A. Hubble & B. L. Duncan (Eds.), *Handbook of solution-focused brief therapy* (pp. 128-151). San Francisco, CA: Jossey-Bass.

Thomas, F. N. (2000). Mutual admiration: Fortifying your competency-based supervision experience. *RATKES: Journal of the Finnish Association for the Advancement of Solution and Resource Oriented Therapy and Methods, 2,* 30-39.

Thomas, F. N. (2013). *Solution-focused supervision: A resource-oriented approach to developing clinical expertise*. New York, NY: Springer Science+Business Media.

Trenhaile, J. D. (2005). Solution-focused supervision: Returning the focus to client goals. *Journal of Family Psychotherapy, 16*(1-2), 223-228.

Trepper, T. S., Dolan, Y., McCollum, E. E., & Nelson, T. (2006). Steve de Shazer and the future of solution-focused therapy. *Journal of Marital and Family Therapy, 32*(2), 133-140.

Trepper, T. S., McCollum, E. E., De Jong, P., Korman, H., Gingerich, W., & Franklin, C. (2010). *Solution-focused therapy treatment manual for working with individuals*. Retrieved November 15, 2010, from http://www.sfbta.org/research.html

Triantafillou, N. (1997). A solution-focused approach to mental health supervision.

Journal of Systemic Therapies, 1, 21-24.

Walter, J. L., & Peller, J. E. (1992). *Becoming solution-focused in brief therapy.* NY: Brunner/Mazel.

Wampold, B. E. (2001). *The great psychotherapy debate: Models, methods, and findings.* Mahwah, NJ: Lawrence Erlbaum Associates.

Waskett, C. (2005). Solution-focused supervision. *Healthcare Counselling and Psychotherapy Journal, 6*(1). Retrieved December 8, 2008, from http://www. northwestsolutions.co.uk/sf-supervision-res.html

Waskett, C. (2006). The pluses of solution-focused supervision. *Healthcare Counseling and Psychotherapy Journal, 6*(1), 9-11.

Wetchler, J. (1990). Solution-focused supervision. *Family Therapy, 17*, 129-138.

Worthington, R. L., Mobley, M., Franks, R. P., & Tan, J. A. (2000). A phenomenological investigation of 'good' supervision events. *Journal of Counseling Psychology, 43*(1), 25-34.

附錄一 悼念焦點解決大師 Steve de Shazer

當電子信箱出現 Steve de Shazer 過世的消息，我在座位上，整整愣了好幾分鐘，錯愕震驚，是唯一的形容！

這該不會只是個謠傳吧？我心裡祈禱著。但是聯想到，近來為中國輔導學會邀請 Insoo Kim Berg，Steve 的太太，SFBT 另一位創始人，在 2006 年 8 月 24 日至 27 日來台講學的最後確認工作，中斷了好幾天；擔憂又再度升高。

搞不好這也只是個巧合？懷著一絲希望、忐忑不安地立刻寫電子郵件給 Insoo。

當從 Insoo 信中收到證實的消息，再也忍不住地，在電腦桌前哭了起來。

幾天內，精神難以集中，腦中一直在縈繞著：Steve 才六十五歲，這麼年輕，為什麼就離開人世了？面對這樣的事實，我又能做些什麼？

於是，我問了一些朋友，我該怎麼辦？他們告訴我，就寫封信給 Insoo 致意吧……

之後，又問了 Insoo 我可以為她做什麼。她覺得，只要我能持續為她與 Steve 祈禱就夠了……

我不知道我會這麼在意，也不知道我會如此傷心。

跟 Steve 不算是很熟，只是在兩次八個月的網路督導課程中有些直接的接觸。印象最深刻的，常常是 Steve 簡潔、幽默又饒富哲學反思的話語：我曾問他，短期諮商的短期是晤談幾次，他的回答是：不做沒有必要的次數；我不知如何去提醒與說服一位案主的女友要跟他分手的事實，他的回應是：這是你的目標還是案主的目標；我問他案主若詢問治療師是否相信他沒有打人，他的回應會是：你是否要我說謊，雖然我的答案是不知道；我說我覺得學了 SFBT 後，跟之前的訓練有些混淆，他便恭喜我：混亂，表示我已經開始改變了……——一位如此豐富而有趣的人，怎捨得離開人世?!

其實，除了網路督導課程中受惠於他智慧與靈敏的回應以外，在這近十年鑽研與熟練 SFBT 的過程中，我的生命就與 Steve 有著間接、奇妙而深入

的互動。SFBT 看重解決之道、生命正向與可能性的思維，對我而言，已不再只是一種治療派典，而更是一種富有行動研究意涵的生命哲學。是以，對Steve離世的傷心，讓我再一次檢視 SFBT 對我個人及專業生涯的深巨影響；對失去 Steve 的在意，也讓我再一次確認對 SFBT 的敬重與感謝，無論是在治療派典的轉移或是在實務上的運用性。Steve的突然過世，在我眼中，無疑是生命中一個意外的失落，而且更是諮商與治療領域的莫大損失。

這樣對 Steve 離世的在意與傷心而激發對 SFBT 的敬重與感謝之分享，在跨國的世界裡，有著熱烈的激盪與迴響；這讓我在有普同感的支持下，平復冷靜了許多，接而湧現的是感恩的懷念。而當 Insoo 開始恢復日常工作並堅信日子要往前走時，我才發現一個我能做的事情：我可以像一些國際友人一般，將 Steve 過世的消息公布，並用中文簡介他的生平，而讓國內更多關心 Steve 的人以及 SFBT 的同好，得知此重大的消息；同時，也能在他剛離開人世的這段日子，一起為 Steve 和 Insoo 祈禱。當然，也期許 Steve 的離世能再次成為集結 SFBT 發展的力量，召喚著更多的熱情、力量與行動投注於SFBT 的茁壯，進而能為更多人們創造生命中更為多樣的可能性！

Steve de Shazer 生平簡介

對於我想說與我能說的一切，

並且對於我所說的一切賦予意義，

我，已然盡力。

～Steve de Shazer（2005 年 9 月 11 日）

Steve de Shazer 生於 1940 年 6 月 25 日，2005 年 9 月 11 日舊疾復發、突然病逝於奧地利維也納，享年六十五歲。

Steve 是焦點解決短期治療（Solution-focused brief therapy, SFBT）的創始人之一，近來，也被視為是家族治療重要的代表人物。從二十世紀七〇年代末期開始，他和他的妻子、同伴以及長期合作者 Insoo Kim Berg，一起花了近三十年的時間致力於形成和改進 SFBT，後來終於得到國際的廣泛認可。Steve 於 1978 至 1989 年期間，擔任美國密爾瓦基短期家族治療中心（Milwaukee Brief Family Therapy Center）主任，並在生命的最後十六年中，擔任資深副研究員。

Steve 與來訪者的溝通風格，很自然地被界定為簡約主義。他經常於世界各地進行演講，頻頻受邀於歐洲、北歐、北美、亞洲等地巡迴講授 SFBT。Steve 最具代表性的著作是：*Patterns of Brief Family Therapy*（The Guilford Press, 1982）、*Keys to Solution in Brief Therapy*（W. W. Norton, 1985）、*Clues: Investigating Solutions in Brief Therapy*（W. W. Norton, 1988）、*Putting Difference to Work*（W. W. Norton, 1991），以及 *Words Were Originally Magic*（W. W. Norton, 1994）；他的著作有將近十四種語言的翻譯出版。Steve 有一本遺作 *More than Miracle: The State of the Art of Solution-Focused Therapy*（Haworth Press, 2007），當中對 SFBT 有許多更新的想法，也已出版。Steve 除了擔任多種國際刊物的編

輯委員之外，還有多篇短文著作及許多專業工作經歷，可詳見美國密爾瓦基短期家族治療中心的網頁（http://www.brief-therapy.org）。此外，Steve 曾取得美國 University of Wisconsin 的社會福利學碩士學位，也曾在 Palo Alto 的「心理研究機構」（Mental Research Institute）進修，由已故的 John Weakland 督導，兩人並因此成為終身好友。

Steve 出生於美國的 Milwaukee，他的父親是一位電子工程師，母親是一位歌劇的演唱家。作為一位反傳統和富有創造才能的天才，Steve 的興趣極為廣泛：他是一位喜愛美酒、美食的美食家，也是一位鑽研食譜、手藝高超的廚師；他是一位不折不扣的棒球迷，也喜歡在清晨或深夜慢走；他喜歡閱讀文哲書籍及偵探小說，也喜歡聽 Duck Ellington、Thelonius Monk 與爵士樂曲。尤為特別的是，他可說是一位天才型的藝術家，曾獲取美國 University of Wisconsin 的美術學士學位；也因為家傳，他接受過古典音樂的訓練，能吹奏數種樂器且有專業水準的演出，在年輕時，他還曾在爵士樂的劇院，以吹奏薩克斯風為生。

在 Steve 的太太 Insoo 心中，他是位專注、努力、熱情的人，也是一位極簡哲學者及傳統反動者；尤其，對於生活中許多細小的不正義之事，也會執著的戰鬥著。Insoo 常聽到 Steve 說：他覺得他很幸運可以擁有這樣的人生，即使是在他生病的時候。在 Insoo 心中，Steve 並非是一個完人，但卻真的是一個很好的人；她非常珍惜與感謝與 Steve 相處的時光。

Steve 的一生不僅留給他的太太、繼女、妹妹等家人無窮的懷念，也給諮商治療專業領域留下無限的影響。

註：本文參酌 Steve 和 Berg 多年的好友 Yvonne Dolan 為其所寫的訃文（刊登於美國焦點解決短期治療協會網頁 http://www.sfbta.org）及 Berg 的致謝文（刊登在密爾瓦基短期家族治療中心的網頁 http://www.brief-therapy.org）撰寫而成。

附錄二　給親愛的 Insoo 督導的一封信

　　Insoo，沒有想到，在 Steve 離世才十六個月之後，我竟然就要為妳的離去而哀悼。妳可知道我心裡的不捨有多強？恐慌又有多深？

　　本來是興高采烈地第四次參與妳帶領的焦點解決短期治療的網路督導課程，才開學不到一個星期，就被課程秘書通知妳驟然過世的消息。怎麼可能?! 前一天我們才通信，妳還答應我要再來臺灣的啊！更何況上一次妳離開臺灣，面對我的依依不捨時，還安慰我說：「我們總會再相見，在任何時候、任何地方都有可能以特定方式聯繫……」妳忘記了嗎？坐在研究室望著電腦，才剛與學生上完這學期焦點解決短期治療最後一堂研究所課程的我，無法置信地墜入了難過的深淵。

　　那天，在研究室裡，我哭了好久；但我沒有想到，我竟然哭了好幾天。將近十天，我沒有辦法做任何事，一說到妳，就忍不住落淚；我也開始害怕再接觸時時出現在我生活中的 SFBT，一碰觸，就想到妳已離去。若不是得知妳是毫無病痛地平靜離開，並想像妳與 Steve 已快樂的在一起，我幾乎無法忍受這份痛苦。一個月內，生活中不斷出現心不在焉下的混亂與差錯；我

知道我正在歷經失去妳的失落，但我不知道這份失落會是如此的多，要走過這個失落是如此之久。安慰我的一些朋友要我寫下對妳的認識與懷念，但是我沒有辦法提筆；我知道我的思緒因著我的哀傷而斷裂、因著對妳的思念而紛飛。……直到今日，兩個月後，我終於能像之前一樣地與妳分享生活中的點滴，開始訴說這兩個月內，在我生命中因為妳的離去而發生的美麗。

就從我的難過與失落開始說起吧！其實，我真的很驚訝我對於妳離世的反應；檢視這份反應讓我知道，我對妳的愛與依賴有多麼的深。

對妳的愛與依賴怎麼能不深呢？因為直接接受妳的多年督導，才讓我真正曉悟 SFBT 的精髓；也透過妳貼近當事人主觀世界的回饋，讓我更為尊敬 SFBT：

「結案的時候不見得一定要是所謂的快樂美好之結局，因為生活與生命是不斷向前走的過程。每一步的前進都是在目前的快樂與痛苦的動態平衡下，所做出的一個現今當事人認為最好的決定……」

「我知道妳很想要幫助當事人結束她的痛苦，但妳知道嗎？只有一個人自己走過自己的痛苦，才能變得真正的堅強。」

「這個世界有很多的不公平，但一個人可以選擇與學習如何面對，讓自己真正長大地處理這些不公平，而不再是用傷害自己的方式。」

透過這些令我深為感動且具省思性的回饋，其實讓我真正學習到的是妳許多看待生命的哲理。我發現妳不再只是我的督導，而已經是我心靈的導師。

尤其，每次在閱讀 SFBT 的書籍時，都會有妳的名字出現；每次我介紹 SFBT 時，都會提到妳的至理名言；我的生活中充斥著 SFBT，而妳也時時出現在我的生命中。由於妳是我在學習 SFBT 背後的後盾，對妳的依賴更是日益加深。

然而，讓我更加愛妳、尊敬妳的原因，是妳對待人與生命的方式，以及妳為人處事的風範：

妳不設立 SFBT 的證照制度，是因為妳希望 SFBT 能普及。

　　妳大方地允諾我隨時可以跟妳提出問題，堅持不願意收費，只期待我將所學傳遞出去。

　　在工作坊面對別人的批評，妳卻說這引發妳更多的戰鬥力。

　　妳告訴我面對其他派別質疑的最好方式，就是去做自己相信的事，而不期待與控制別人的反映。

　　妳在工作坊中對聲稱來看妳大師風範的人之回應是：「這應該不是工作坊的目的；我們也不是宗教團體。」

　　七十餘歲的妳來臺灣時不要我隨侍在側地服務，因為妳說：「我是堅強獨立的女性，我很能照顧自己。」

　　對妳，除了嘆為觀止，還能說些什麼！

　　意識到對妳如此深刻的愛與依賴，撐住了我的悲傷，但卻無法止住我對妳離去的不捨。為什麼呢？我也不知。忍不住與熟識妳的吳熙娟博士聯繫，她竟主動表示可以跟我一起聊聊妳；她溫馨地陪伴並分享對妳的認識——真誠、直接、堅強、熱情、慈愛，就是妳的速寫。她還跟我說妳曾經告訴她，妳認為我很好、很高興認識我，相信很多人可以透過我學習 SFBT。此時，感動的我才知道我還困惑與在意的，是妳對我的愛。

　　重新翻閱這幾年來我們之間往返的信件，妳總會在一兩天內回我的信，除了 SFBT 的討論之外，妳會告訴我妳從哪國又飛到哪國、妳跟哪位朋友在一起做些什麼事、妳所在地的天氣、妳在鏟雪或在過節，也多次的肯定我並叮嚀我要照顧自己的身體……。看著妳多次署名「Love Insoo」，又忍不住哭了起來。從不敢奢望能有妳的關懷，但是妳的愛卻又是如此自然而真切的流露……

　　妳的離世帶給我強烈的失落，這份失落讓我再次釐清我對妳的愛與依賴，也再次確認妳對我的愛與關懷。本來，我是如此恐慌地害怕失去妳，如今，我才明白，在我們之間的愛已經流動，即使不再增加，但這份愛也會一直存在。本來，我憤怒地抗議為何會失去一切，如今我才明白，與妳互動的點滴記憶，是上帝給我的一份意外的、美麗的、值得感恩的生命禮物……

　　懷抱著這份生命的禮物，才讓我想起摯友賴念華博士為了安慰我，曾問

起妳對我的期待；記得妳跟我說過：相信自己，穩建地前進與跨出下一步；但是，怎麼做呢？當新加坡的友人，關懷中心強惠芬主任，鼓舞我可以去協助建構一個新加坡的 SFBT 中心，來紀念妳的離去，我才回想起，妳曾鼓勵我也可以像韓國一樣，找一批同好在臺灣成立 SFBT 中心……。此時，我驀然發現，SFBT 是我們相遇的契機，所以，當繼續投身於 SFBT 時，就會再次感受到妳彷若不曾離開的陪伴，而我們生命的交集，也會如妳所說的，以一種特別的方式，繼續著……延續著……

愛妳的維素敬上

2007 年 3 月

後記：

2013 年 6 月 12 日，在 Insoo 妹妹的帶領下，我終於來到 Insoo 與 Steve 合葬之處。這六年來，我一直不願意清楚回想 Insoo 過世了多久，無法和 Insoo 有更多互動的遺憾，時常浮現於心，即使這遺憾更轉化為投入於 SFBT 的動力，實現著我對 Insoo 的承諾。

我帶著如 Insoo 氣質的向日葵，讓它靜偎在墓碑旁，連結著墓碑上「相信奇蹟」（believe in miracle）的大字。我以為我會大哭、會跟 Insoo 訴說這麼多年的心路歷程；但是，看著風吹輕搖的向日葵，撫摸著墓碑後天使翅膀的圖樣，翻騰的心，漸漸地滲入一份淡淡的、實實的平靜。所以，只有那深邃的珍惜與感謝，緩緩地飄遊於那天陽光照耀下的午後……

Insoo Kim Berg 生平簡介

2007 年 1 月 10 日，
於美國密爾瓦基居家附近，
Insoo Kim Berg 在毫無病痛的情況下，
驟然但平靜地離世，享年七十二歲。

Insoo 與早她十六個月過世的丈夫，Steve de Shazer，並列為焦點解決短期治療（Solution-focused brief therapy）的創始人。生前，她是位於密爾瓦基的 Brief Family Therapy Center 之協同創始人及執行長，也是 Solution-Focused Brief Therapy Association 的創辦人。Insoo 是一位世界聞名的心理治療師，也是 American Association for Marriage & Family Therapy 的合格督導與臨床工作者。Insoo 相當積極活躍於 Wisconsin Association for Marriage & Family Therapy、National Association of Social Workers 以及 European Brief Therapy Association 等機構，並提供諮詢給各種機構與工作方案，例如：大學及中小學校、心理健康單位、藥物濫用治療單位、人力資源單位、社會工作單位、寄養家庭、流浪者之家、受暴婦女庇護所、行為矯治單位，以及家庭教育中心等範疇。近年來，Insoo 經常於世界各國講學及帶領工作坊，足跡遍及美國、加拿大、南美、歐洲，以及亞洲（包括韓國、日本、新加坡及臺灣）。

Insoo 生平撰寫了許多篇短篇文章，也擁有十餘本可應用於心理治療、臨床或社工領域的著作，部分著作在臺灣也陸續翻譯問世，其包括：《建構解決之道的會談》（*Interviewing for Solutions*，心理出版社）、《焦點解決的案例精選》（*Tale of Solution*，張老師文化）、《兒童與青少年焦點解決短期心理諮商》（*Children's Solution Work*，張老師文化）、*Solution Step by Step*、*Family Based Service*、*Brief Coaching for*

485

Lasting Solutions 等。Insoo 也曾擔任 *Journal of Marital and Family Therapy*、*Family Psychology and Counseling Series*、*Family in Society*，以及 *Family Process* 等著名期刊的編輯。

Insoo 於 1934 年 7 月 25 日出生於韓國，並在家境優渥的環境中長大，也獲得韓國 Ewha Women's University 的大學文憑。1957 年，為承襲藥廠的家族事業而赴美進修，但在美國找到生涯的新定向：助人工作，最後獲得 University of Wisconsin-Miwaukee 的社會工作碩士。之後，再參與 Family Institute of Chicago、Meninger Foundation 的碩士後課程，並於 1975 年開始接受 Brief Therapy 及 Mental Research Institute 的訓練，且在 Family Services of Milwaukee 工作多年。因工作之故，於 1977 年與 Steve de Shazer 相戀結婚；兩人鶼鰈情深，除了是專業上的夥伴外，更是生命相倚的伴侶。

在 Insoo 的親近朋友眼中，她是一位天才型的治療師，具有高度工作熱忱並享受於工作之中；她聰明自信、思慮清晰、誠信真實、幽默樂觀、堅強獨立、擇善固執，對人則是敏銳、大方、熱情、溫暖、慈愛、尊重，以及全然信任人的自我決定，也總是會影響與她接觸的人們。在平日生活中，Insoo 生活規律，即使是在寒冬中仍然維持早起的習慣。她喜愛各種活動，包括：散步、肢體伸展、園藝、爬山等；由於 Insoo 的瑜珈素養甚高，所以身體狀況甚佳。此外，聽古典音樂、閱讀小說、做菜也是她的興趣，但 Insoo 更喜愛徜徉於沉默的美麗與大自然的奧秘。

Insoo 的過世，無疑是心理治療界的莫大損失；但她對人類的貢獻，卻又無法不流芳萬世。

註：本文乃參考 Insoo 好友紀念她的文章撰寫而成：Yvonne Dolan（2007）的 Tribute to Insoo Kim Berg 以及 Brian Cade（2007）的 Obituary: Insoo Kim Berg。

筆記欄

國家圖書館出版品預行編目（CIP）資料

焦點解決短期治療：理論與實務／許維素著.
--初版.-- 臺北市：心理，2014.01
　　面；　公分.--（焦點解決系列；22312）
　　ISBN 978-986-191- 588-3（平裝）

1. 心理治療　　2. 心理諮商

178.4　　　　　　　　　　　　　　　　　102026596

焦點解決系列 22312

焦點解決短期治療：理論與實務

作　　　者：許維素
執行編輯：郭佳玲
總　編　輯：林敬堯
發　行　人：洪有義
出　版　者：心理出版社股份有限公司
地　　　址：231 新北市新店區光明街 288 號 7 樓
電　　　話：(02) 29150566
傳　　　真：(02) 29152928
郵撥帳號：19293172　心理出版社股份有限公司
網　　　址：http://www.psy.com.tw
電子信箱：psychoco@ms15.hinet.net
排　版　者：辰皓國際出版製作有限公司
印　刷　者：辰皓國際出版製作有限公司
初版一刷：2014 年 1 月
初版三刷：2020 年 9 月
Ｉ Ｓ Ｂ Ｎ：978-986-191-588-3
定　　　價：新台幣 500 元